Allgäuer Hausberge

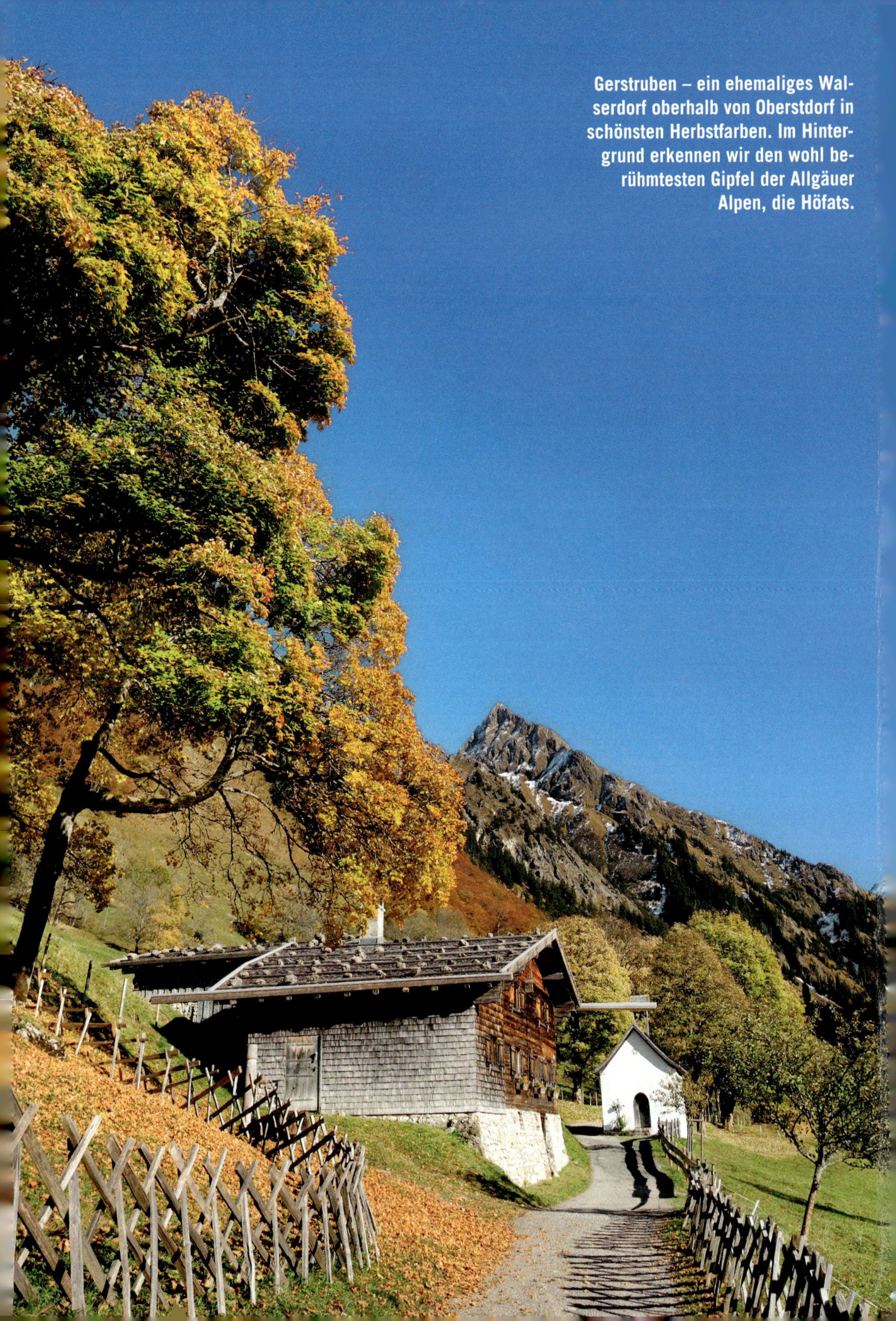

Gerstruben – ein ehemaliges Walserdorf oberhalb von Oberstdorf in schönsten Herbstfarben. Im Hintergrund erkennen wir den wohl berühmtesten Gipfel der Allgäuer Alpen, die Höfats.

Heinrich Bauregger

ALLGÄUER HAUSBERGE

Die 70 schönsten Gipfeltouren zwischen Füssen und Bodensee

BRUCKMANN

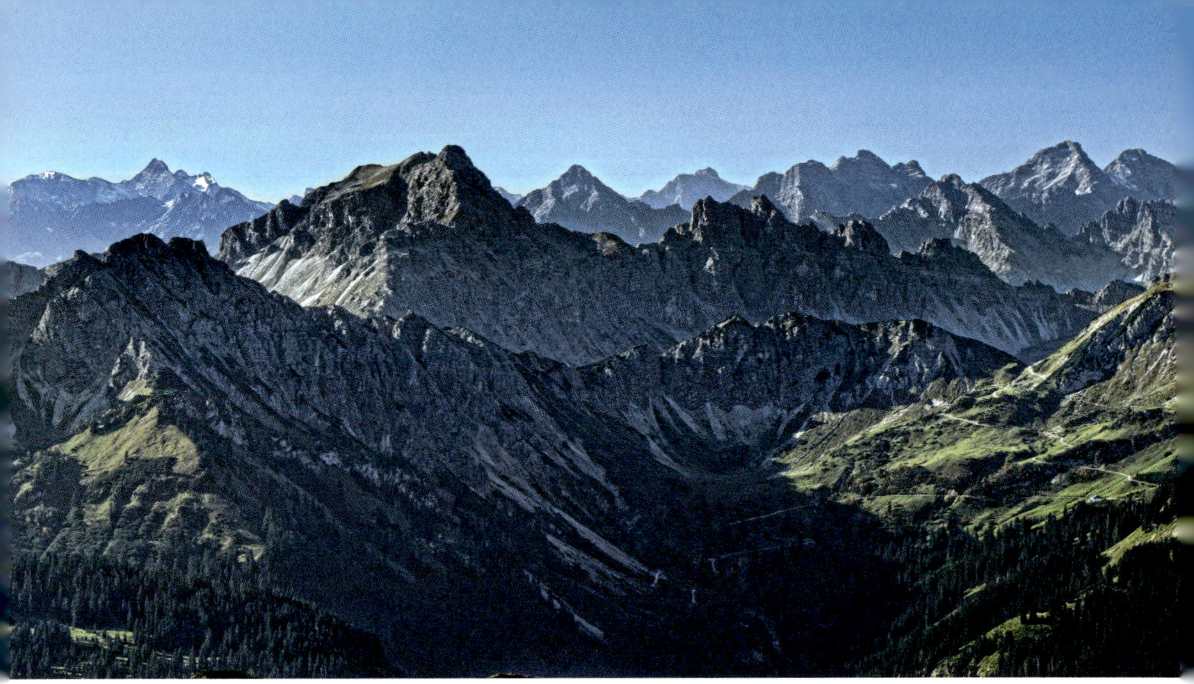

Blick über die Vilsalpseeberge hinweg ins Herz der Allgäuer Alpen.

Inhaltsverzeichnis

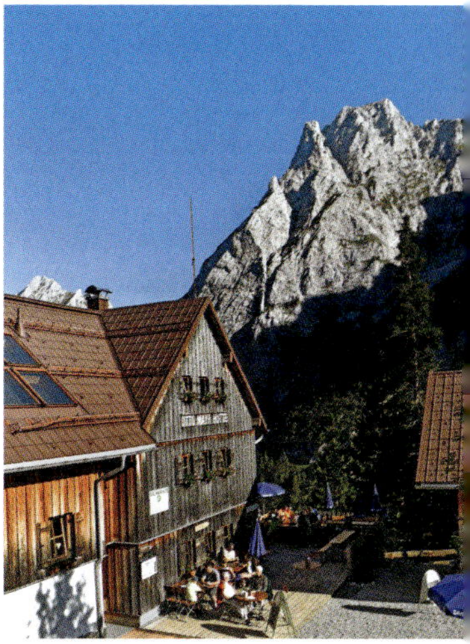

Die Otto-Mayr-Hütte im Reintal ist Basis für den Anstieg zur Roten Flüh (Tour 5) und zur Großen Schlicke (Tour 9).

Tiefblick vom Anstieg zur Lachenspitze (Tour 16) auf den Traualpsee; davor erkennen wir die Landshuter Hütte.

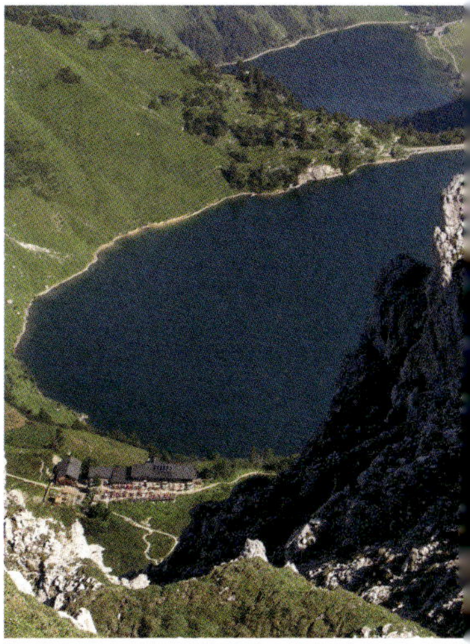

Die Krinnenspitze (Tour 21) über Nesselwängle gehört zu den beliebtesten Zielen in den Vilsalpseebergen, da ihre Ersteigung mit einem Sessellift unterstützt wird und zusätzlich drei Einkehrmöglichkeiten bestehen.

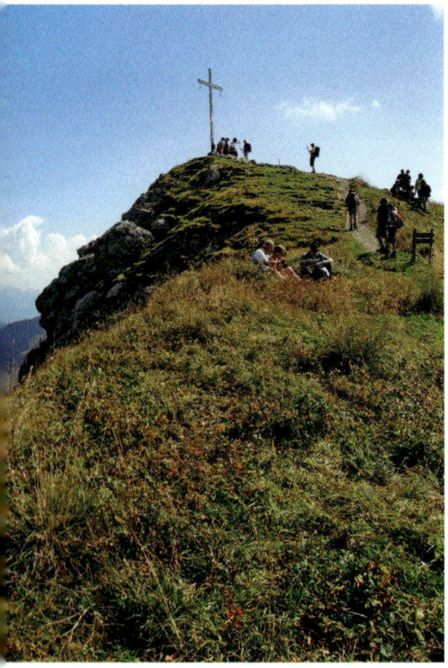

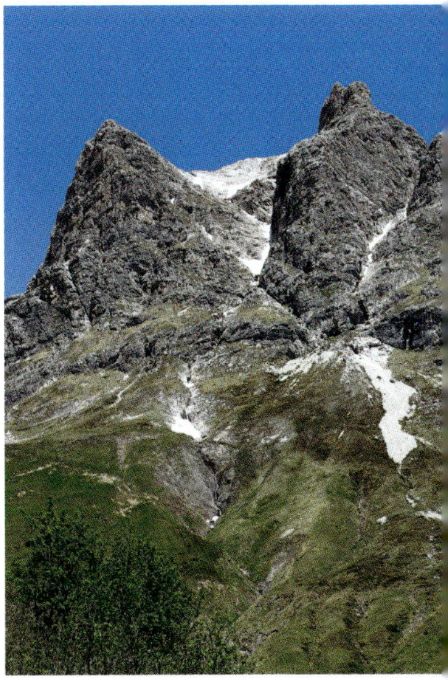

Schon durch seine wuchtige Form beeindruckt der Große Widderstein (Tour 43); seine übliche Ersteigung erfolgt über die Südseite, wo uns mit der Widdersteinhütte eine gute Berghütte als Stützpunkt dient.

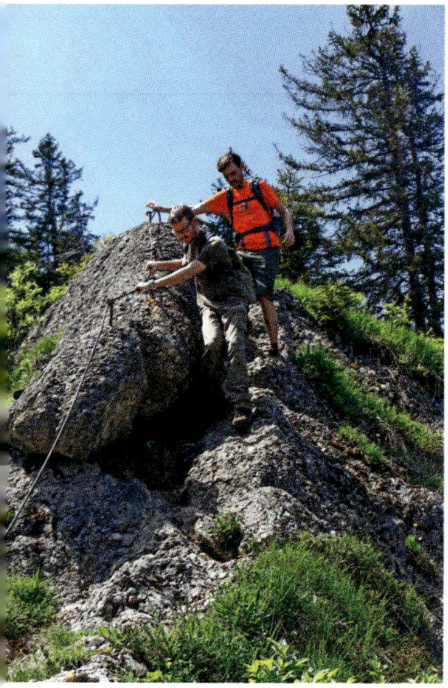

Beim Hochhädrich (Tour 54) endet die Nagelfluhkette im Westen, und so dürfen wir an einigen Stellen noch etwas »Hand anlegen«.

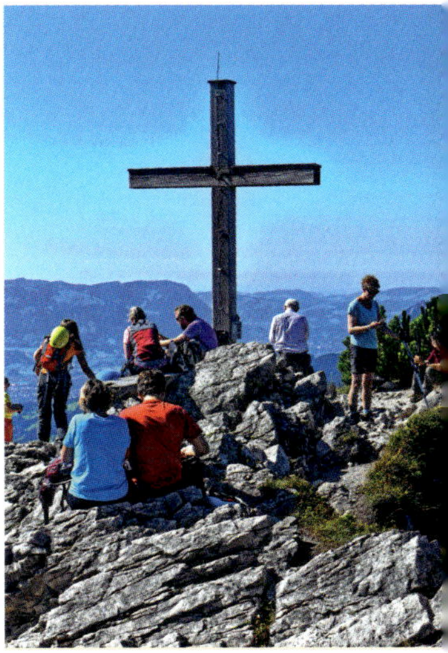

Am Oberjoch gibt es einige Gipfel im Angebot, doch den schnellsten Aufstieg schaffen wir auf den Iseler (Tour 67) – von dem wir einen großartigen Ausblick auf den Allgäuer Hauptkamm haben.

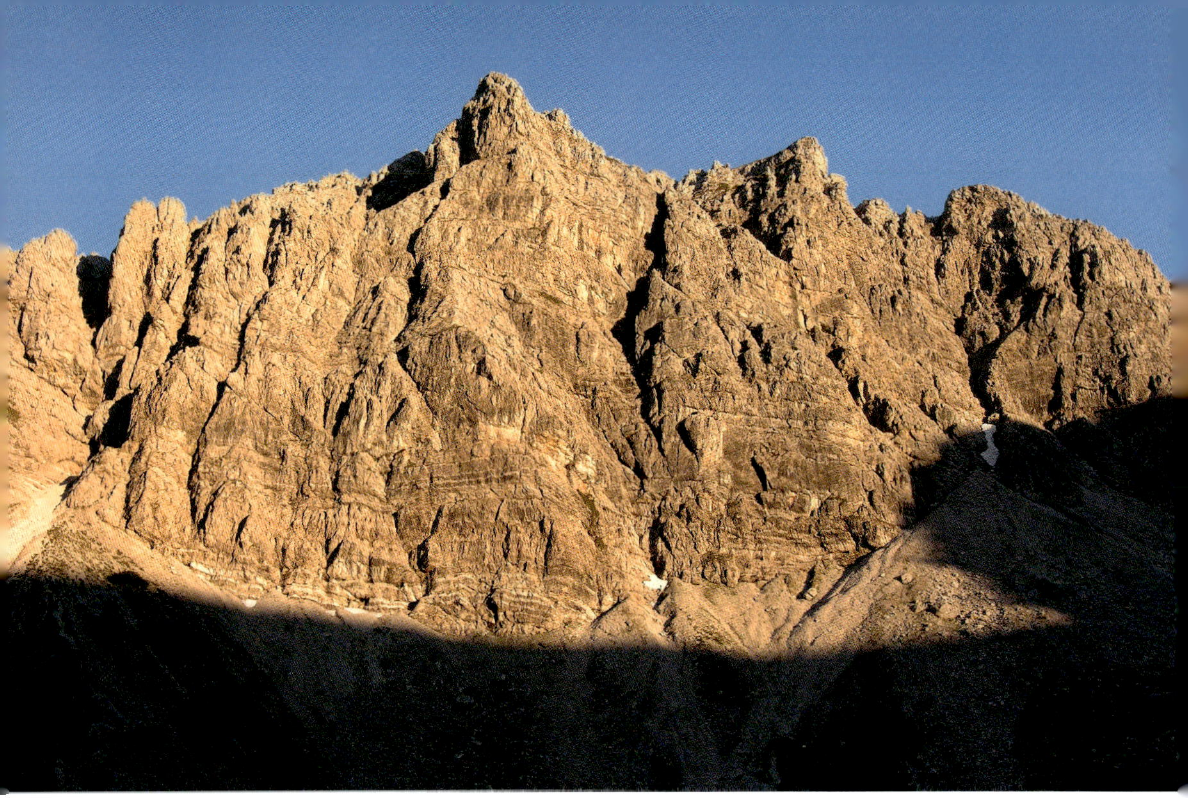

Die Lachenspitze im Abendlicht. Auf der Terrasse der Landshuter Hütte sind wir dieser gewaltigen Felsenflucht bereits sehr nahe. Mitten hindurch führt ein beliebter Klettersteig. Wir Normalbergsteiger müssen jedoch rechts herum gehen und den Gipfel von der anderen Seite her »anpacken«.

Einleitung

Unterwegs in den Allgäuer Hausbergen

Die Allgäuer Alpen – sie sind ein Teil der Bayerischen Alpen – stehen für eine alpine Landschaft, die in ihrer Harmonie, aber auch in ihrer Schroffheit ihresgleichen sucht; sie reichen von Füssen bis zum Bodensee. Im Osten werden sie von den steilen Fluchten der Tannheimer Berge, im Südosten vom Lechtal, im Südwesten von der Bregenzer Ache begrenzt. Also nicht nur Bayern, auch die Nachbarländer Tirol und Vorarlberg machen ihren Anteil geltend. In den Allgäuer Alpen – in Nähe des Haldenwanger Ecks – befindet sich auch der südlichste Punkt Deutschlands. Den Allgäuer Hochalpen vorgelagert sind bewaldete Vorberge, die durch große Alpweiden aufgelockert werden. Der Allgäuer Hauptkamm befindet sich im südöstlichen Teil der Allgäuer Alpen, auf dem sich auch die höchsten Gipfel dieses Gebirges herausgebildet haben; von diesem Hauptkamm gehen zahlreiche Nebenkämme ab, die ebenfalls über hohe Gipfel verfügen. Im westlichen Teil der Allgäuer Alpen besteht kein solcher Hauptkamm, sondern es haben sich »nur« dem Hauptkamm vorgelagerte Gebirgskämme ausgebildet. Lediglich die Tannheimer Berge nehmen eine isolierte Stellung ein, was sich auch in ihrem geologischen Aufbau ausdrückt, daher wurden sie lange Zeit nicht zu den Allgäuer Alpen gerechnet.
Teile der Allgäuer Alpen sind als Schutzgebiete ausgewiesen, das größte Naturschutzgebiet sind die Allgäuer Hochalpen mit 20 724 Hektar, das zweitgrößte das Naturschutzgebiet Vilsalpsee mit 18 204 Hektar.

Die Allgäuer Hausberge – ein Paradies für Blumenfreunde

Jedem Wanderer und Bergsteiger sind die steilen Grasberge mit ihrer Blumenpracht, für die stellvertretend die Höfats steht, ein Begriff. Die Flora der Allgäuer Alpen gehört zur vielfältigsten in den gesamten Alpen – bedingt durch seinen dafür günstigen geologischen Aufbau und die zahlreichen Niederschläge, die höchsten in ganz Deutschland. Die Gipfel der Allgäuer Alpen erreichen im Großen Krottenkopf mit 2656 Metern ihren Höhepunkt, er befindet sich bereits auf Tiroler Gebiet. Doch die berühmtesten und beliebtesten Gipfel haben andere Namen: Grünten, Hochgrat, Hoher Ifen, Fellhorn, Großer Widderstein, Mädelegabel und Hochvogel. Die Ersteigung vieler Gipfel ist durch die Erschließung mit zahlreichen Bergbahnen erleichtert. Die von der letzten Eiszeit geformten Täler und Gipfel weisen mit der Schwarzen Milz sogar noch einen letzten Gletscher auf.

In den Allgäuer Alpen finden wir auch die größten Unterkunftshütten der Alpen für Wanderer und Bergsteiger, was alleine schon den Rang als Wanderparadies aufzeigt. Ein dichtes Wanderwegenetz – verbunden mit zahlreichen aussichtsreichen Höhenwegen, auf denen wir tagelang wandern können, ohne ins Tal absteigen zu müssen – verbindet die zahlreichen Hütten und Gipfel.

In diesem Band »Allgäuer Hausberge« werden die 70 schönsten und attraktivsten Gipfeltouren in den Allgäuer Alpen vorgestellt. Bei einigen Tourenvorschlägen wurden die Nachbargipfel gleich mitgenommen, sodass mehr als 85 Gipfel beschrieben werden. Einsamkeitssucher kommen dennoch auf ihre Kosten, denn sie müssen dieses Buch nur gegen den Strich lesen, heißt all die Gipfel ansteuern, die hier nicht genannt sind. Bevorzugt beschrieben werden die Normalwege – also die am wenigsten schwierigen Routen – auf die Allgäuer Gipfel, das heißt die klassischen Wege, die bereits vor langer Zeit entdeckt, verbessert und von den Alpenvereinen neu angelegt wurden und daher überwiegend gut ausgeschildert und markiert sind. Wo sinnvoll, werden auch Varianten beschrieben, sodass sich bei zahlreichen Wandervorschlägen reizvolle Rundtouren ergeben.

Und noch eine Besonderheit: Im Osten der Allgäuer Alpen verläuft auch eine Sprachgrenze – der bayerische Dialekt gleitet hinüber ins Alemannische, was wir etwa bei der Benennung der topographischen Namen, bei der Benennung der Speisen und im Gespräch bald merken werden.

Die klassische Alpenblume: der Enzian; natürlich ist er auch an vielen Stellen in den Allgäuer Alpen anzutreffen.

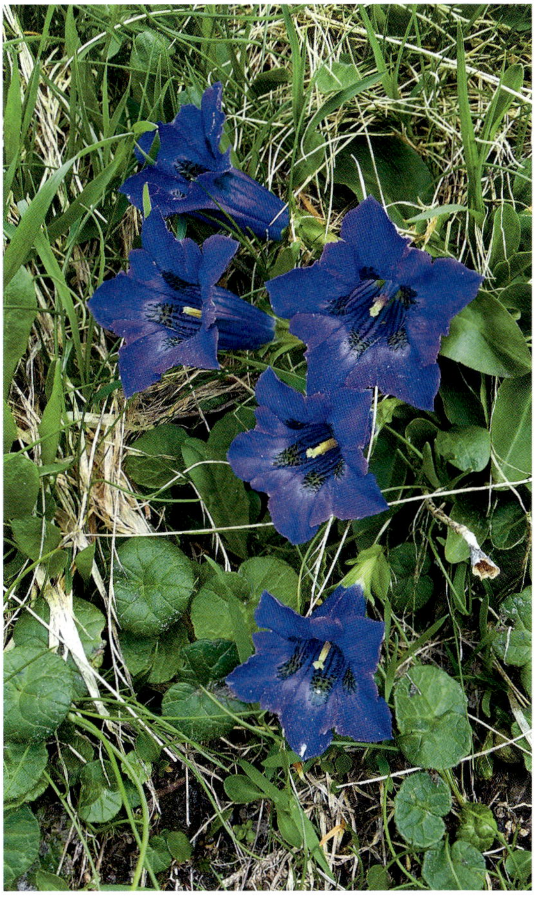

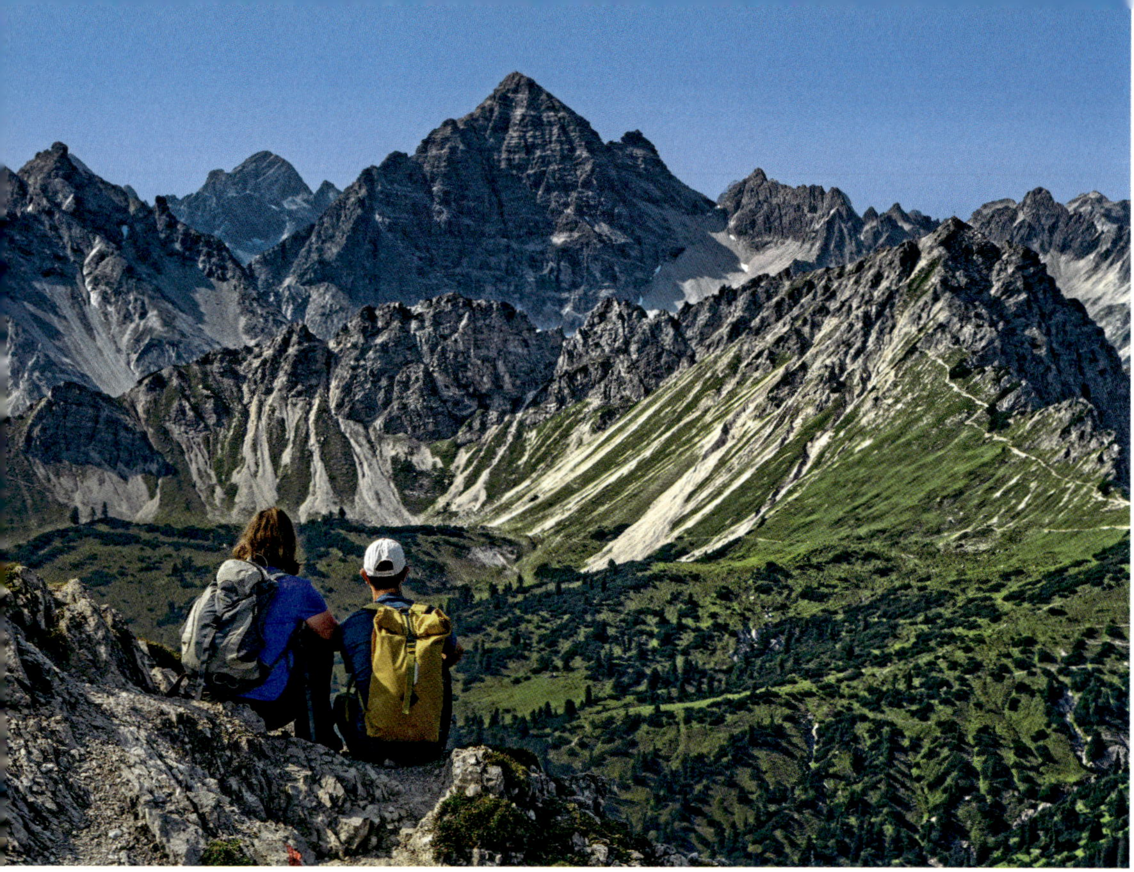

Großartiger Fernblick von der Lachenspitze auf die den gesamten Allgäuer Hauptkamm dominierende Felsgestalt des Hochvogels.

Warum aber »Hausberge«?

Das Bergwandern und Bergsteigen wurde bereits vor dem Massenansturm auf die Alpen gepflegt. Zuerst waren es natürlich Hirten und Jäger, die diese Berge bestiegen. Dann kamen im 19. Jahrhundert die Landvermesser und die ersten Alpenentdecker, die meist mit einheimischen Führern unterwegs waren. Allmählich entdeckten auch die Talbewohner diese Leidenschaft und erstiegen »ihre« Hausberge. Und da diese mangels Mobilität nicht überall hinkamen, wanderte man immer wieder auf die Berge der Umgebung, also auf den dem Haus am nächsten gelegenen Berg.

Übersicht und Aufbau der Touren

Die Auswahl der Gipfel und Routen wurde auch dahingehend zusammengestellt, dass an den meisten Routen eine Unterkunftshütte oder zumindest eine Einkehrstelle zu finden ist. Über zwei Drittel der Touren sind für den durchschnittlichen Bergwanderer und Bergsteiger gedacht, und nur etwa ein Drittel richtet sich an den erfahrenen Bergsteiger, der neben Ausdauer, Orientierungssinn, Trittsicherheit und Schwindelfreiheit auch über eine gewisse Kletterfertigkeit verfügt (sie gehen nicht über den Schwierigkeitsgrad II der alpinen Skala hinaus). Eine Übersicht der zu erwartenden Schwierigkeiten bei den einzelnen Gipfelzielen wird am Ende des Buches (siehe »Alle Gipfel auf einen Blick« auf Seite 180 ff.) gegeben; sie soll eine Hilfe bei der Auswahl der jeweils geeigneten Tour – hinsichtlich Kondition, Erfahrung und zur Verfügung stehender Zeit – sein.

Die jeweiligen Tourenbeschreibungen sind so aufgebaut, dass man quasi auf einen Blick alle wichtigen Informationen erhält: Talorte, Ausgangspunkte mit Wanderparkplätzen, Gehzeiten und die Anforderungen an den Bergwanderer und Bergsteiger hinsichtlich Kondition und Wegbeschaffenheit, und nicht zuletzt die Hütten und Einkehrmöglichkeiten entlang der Routen (eine detaillierte Zusammenstellung der Hütten und Einkehralmen findet sich dann ebenfalls am Ende dieses Buches, Seite 184 ff.). Ein brauchbarer Kartentipp rundet das Informationsangebot ab. Die jeweiligen Gipfelziele werden mit einem Einführungstext kurz umrissen, der uns wichtige Merkmale unserer Tour in griffiger Weise nahebringen soll, die Tourenbeschreibung selbst ist nach Abschnitten gegliedert, sodass wir bereits vor Antritt deren Verlauf gut überblicken können.

Und damit unsere Ausflüge in die »Allgäuer Hausberge« ein volles Erlebnis werden, haben wir zahlreiche zusätzliche Informationen zusammengestellt, die Sie bei der Planung und Durchführung der Bergtour unterstützen sollen.

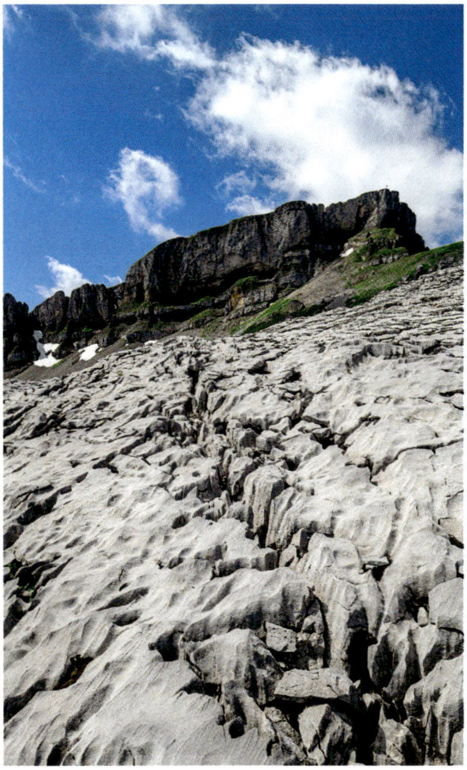

Die Karstfläche mit dem sogenannten Schrattenkalk am Hohen Ifen und besonders am vorgelagerten Gottesackerplateau macht diesen Berg besonders und auch unverwechselbar.

Einige praktische Tipps für unterwegs

- Nur die Ausrüstung einpacken, die der geplanten Tour entspricht (also auch nicht zu viel); aber grundsätzlich notwendig sind immer die Knöchel schützende, feste Bergschuhe, sogenannte Trekkingschuhe, mit Profilgummisohle (in keinem Fall Turnschuhe), bei einigen wenigen Hochtouren, die vielleicht bereits im Frühjahr angesteuert werden, also wenn noch Schnee und Eis anzutreffen sind, evtl. Steigeisen (dann aber mit richtigen steigeisenfesten Bergschuhen) oder Grödel mitnehmen, auch Teleskopstöcke sind hilfreich, bei den Klettersteigen eine komplette Klettersteigausrüstung, dazu ein Anorak, evtl. ein Biwaksack, Proviant und Getränke, ein Erste-Hilfe-Set, Wäsche zum Wechseln, eine Mütze und je nach Jahreszeit auch Handschuhe, eine Signalpfeife (und das Handy), Sonnencreme sowie eine Taschenlampe/Stirnlampe an den kurzen Tagen im Jahr
- Realistische Einschätzung des eigenen Körpers und der bisher gemachten Erfahrungen (keine schwere Tour als Auftakttour zu Beginn der Bergsaison); möglichst nicht alleine gehen; immer eine Nachricht über das Tagesziel hinterlassen (z. B. Eintrag ins Hüttenbuch)
- Auch bei bestem Wetter widrige Verhältnisse oder gar einen Wetterumschwung in Betracht ziehen
- Bei Gewitter Drahtseile, Eisenleitern, Gipfel, Grate, frei stehende Bäume meiden
- Gefahren besser überschätzen, als sie nur einmal zu unterschätzen
- Ohne Leistungszwang die Berge genießen

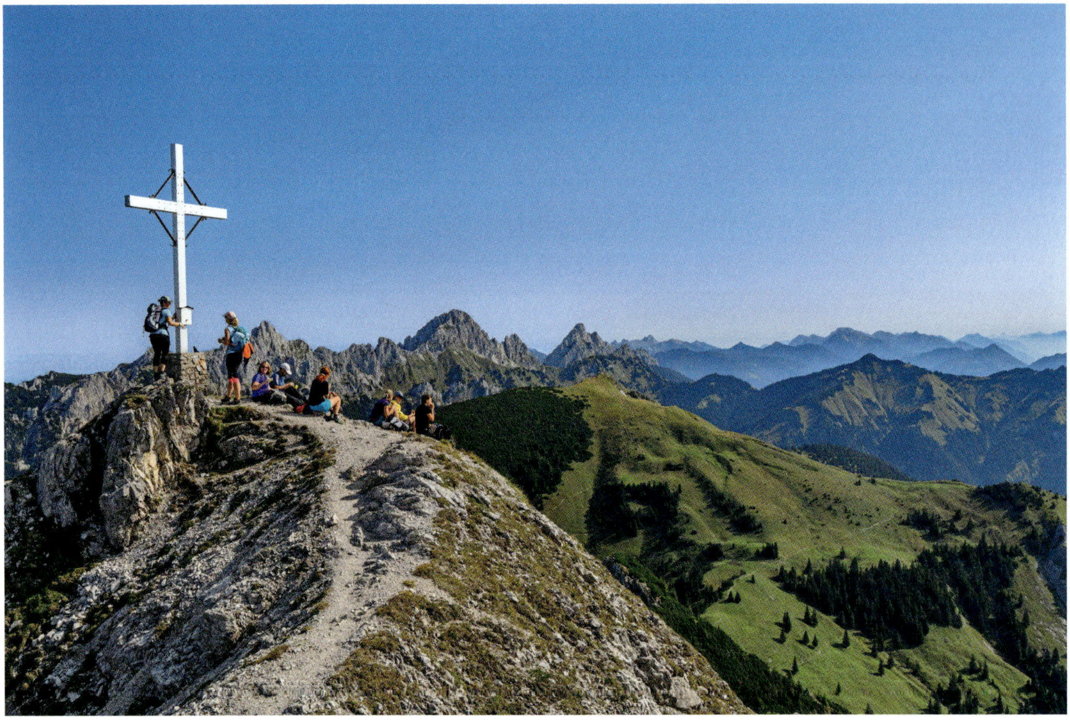

Der Aufstieg zum Litnisschrofen findet am markanten Kreuz sein Ende; dort genießen wir den Blick zu den höchsten Gipfeln der Allgäuer, aber auch bis hinein in die Lechtaler Alpen.

Vor Aufbruch sollten wir noch Informationen zum Wetter sowie die Öffnungszeiten der anzusteuernden Hütten und Almen einholen. Es gibt dazu die entsprechenden Informationsportale im Internet: z. B. www.alpenvereinaktiv.com; auch viele der privaten Hütten und Almen besitzen bereits eigene Internetseiten.

Und noch eine Anmerkung

Die Allgäuer Alpen, die in der Regel von Norden her angesteuert werden, sind leicht erreichbar. Die längste deutsche Autobahn, die A 7, endet im Allgäu. Aber auch mit der Bahn sind die wichtigsten Orte, z. B. Pfronten, Oberstdorf, Immenstadt und Oberstaufen, schnell erreichbar.

Viele Täler und Orte der Allgäuer Alpen sind mittlerweile autofrei. Der Ausbau der öffentlichen Verkehrsmittel ist jedoch weit fortgeschritten, sodass wir auch ohne eigenes Fahrzeug alle wichtigen Ausgangspunkte mit Wanderbussen problemlos erreichen können. Dafür empfiehlt sich der Erwerb der Allgäu-Walser-Card, die für Bahn & Bus, Bergbahnen und Museen erhebliche Rabatte ermöglicht.

Bei jedem Tourenvorschlag werden hilfreiche Hinweise zu Bahnverbindungen und Anschlussverbindungen mit dem Bus gegeben.

Wer sich also ausreichend Zeit nimmt, wird in den Allgäuer Hausbergen ein vielfältiges Betätigungsfeld finden, das für eine ganze Lebensspanne reicht.

Glückliche und erlebnisreiche Bergtage wünscht Ihnen

Ihr

Heinrich Bauregger

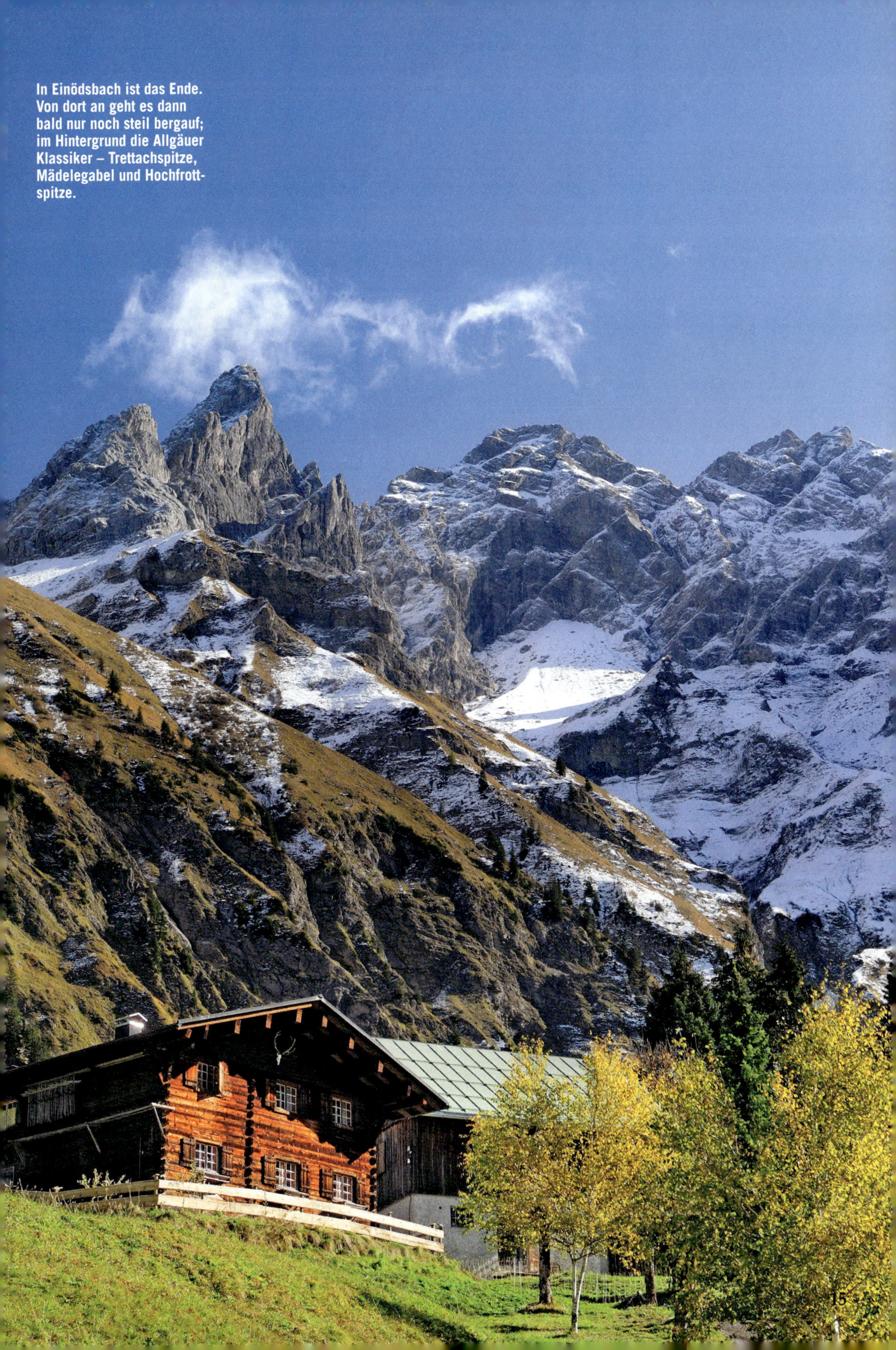

In Einödsbach ist das Ende. Von dort an geht es dann bald nur noch steil bergauf; im Hintergrund die Allgäuer Klassiker – Trettachspitze, Mädelegabel und Hochfrottspitze.

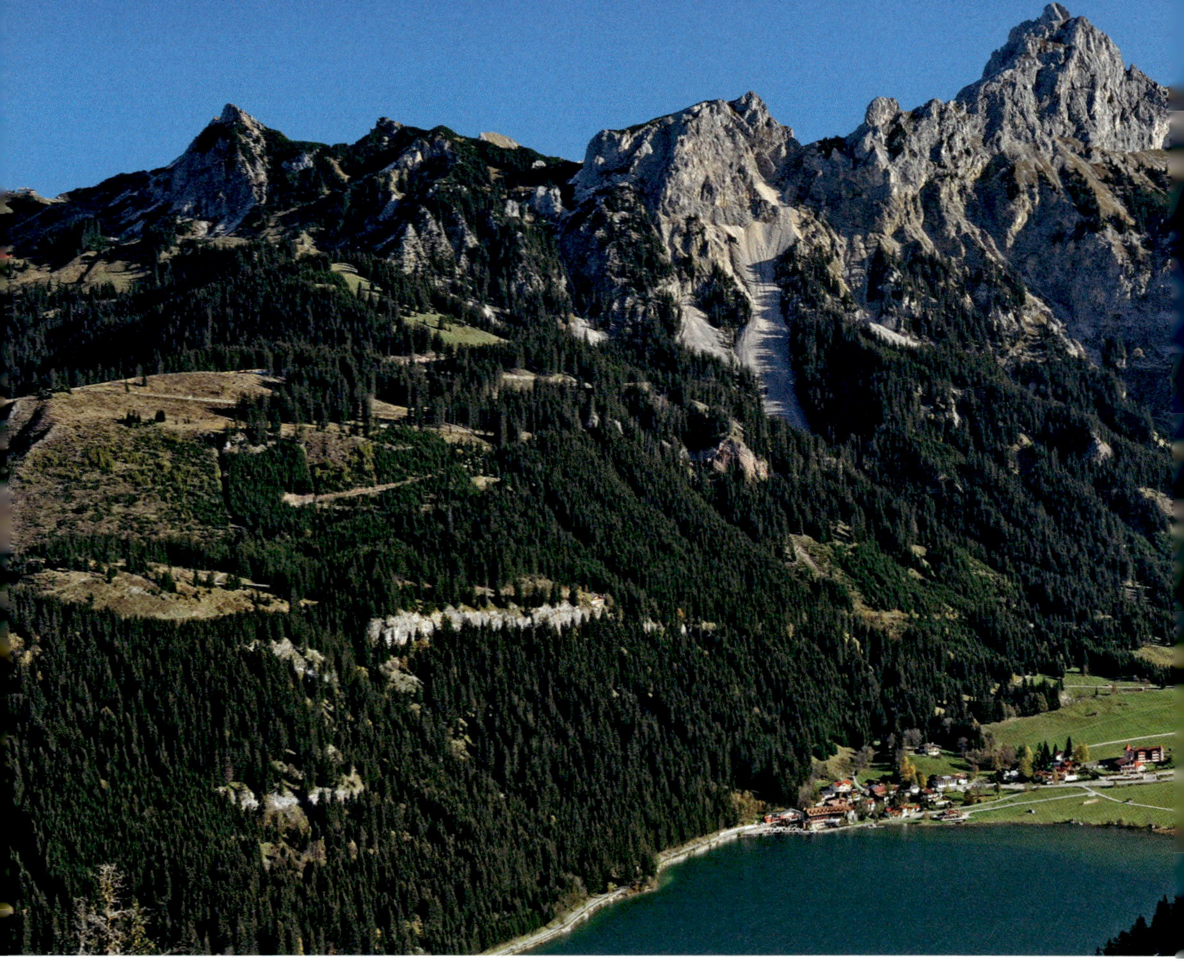

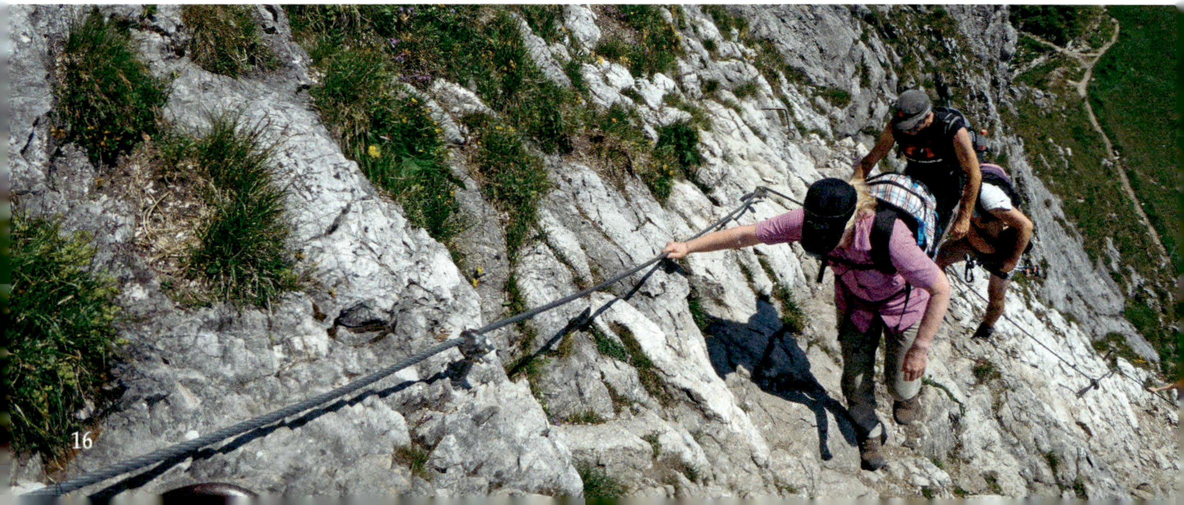

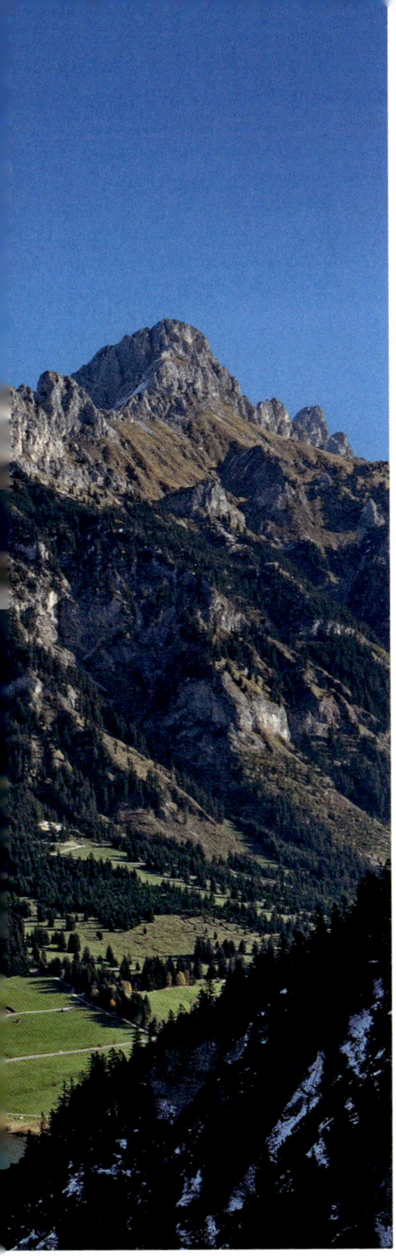

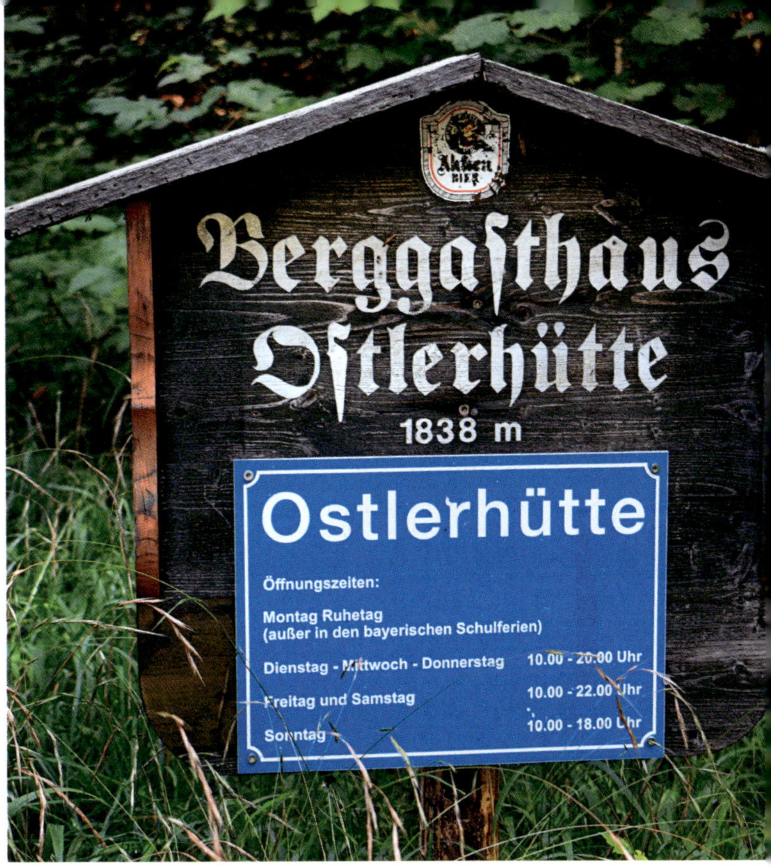

Tannheimer Berge

Südöstlich des Haldensees ragen Rote Flüh und Köllenspitze auf (li. o.). Über den Friedberger Klettersteig geht es hinauf zur Hohen Flüh (li. u.). Die Ostlerhütte auf dem Breitenberg (re. o.). Beliebte Stützpunkte in den Tannheimern: die Füssener Hütte und die Otto-Mayr-Hütte (re. u.).

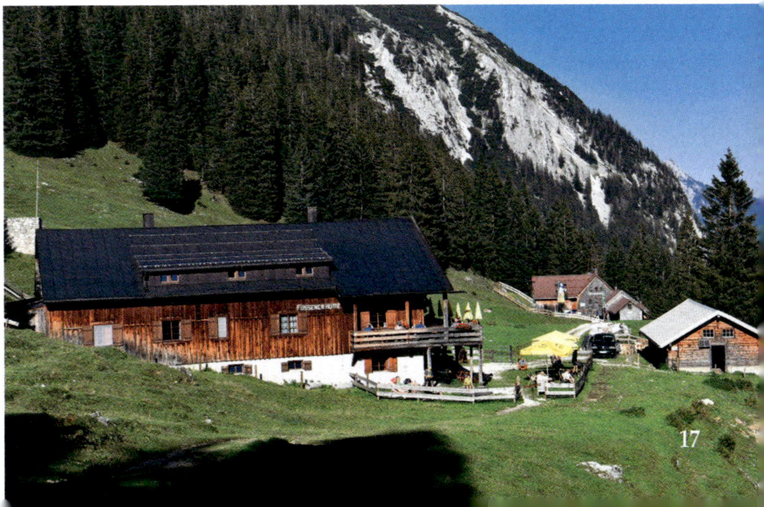

1 Aggenstein (1985 m)

Markanter Grenzgipfel zwischen Bayern und Tirol

mittel/schwer 400/1050Hm 5.00 Std.

TALORT
Grän (1138 m)

AUSGANGSPUNKT
Bergstation der Füssener-Jöchl-Bahn (1821 m)

ANFAHRT
a) *mit dem Auto:* Über Pfronten bzw. Reutte ins Tannheimer Tal nach Grän. Auf der Ostseite des Ortes zur Talstation der Füssener-Jöchl-Bahn; dort großer, gebührenfreier Parkplatz
b) *mit Bahn/Bus:* Mit der Bahn bis Reutte, dann mit Bus nach Grän (bis Tourist-Information; von dort 10 Minuten zu Fuß zur Talstation der Bergbahn. Oder von Pfronten mit dem Tälerbus bis Ortsmitte Grän

BERGBAHN
Die Füssener-Jöchl-Bahn ist nahezu ganzjährig in Betrieb, in der Sommersaison von ca. 20. Mai bis Allerheiligen täglich von 8.45 – 16.30 Uhr. www.lifte-graen.com

GEHZEITEN
Vom Füssener Jöchl zur Bad Kissinger Hütte 2.15 Std., Gipfelabstecher zum Aggenstein 1 Std.; Abstieg nach Enge und Rückkehr zur Talstation der Füssener-Jöchl-Bahn 2.15 Std.; Gesamtgehzeit 5 Std.

SCHWIERIGKEIT
Der Übergang vom Füssener Jöchl zur Bad Kissinger Hütte erfolgt auf einem Teilstück des »Tannheimer Höhenwegs«; es ist im Prinzip ein leichter Höhenweg, der aber bei einigen Passagen durchaus Trittsicherheit erfordert. Der Anstieg auf den Aggenstein ist dann jedoch nur Geübten zu empfehlen (einige Seilsicherungen am Gipfelaufbau). Der Abstieg nach Enge erfolgt auf einem Bergsteig und Forstweg

HÜTTEN/EINKEHR
Bad Kissinger Hütte (1792 m), AV-Hütte, bewirtschaftet von Anfang Mai bis Ende Oktober, 34 Betten und 27 Lager; Tel. 0043/676/373 11 66

KARTE
Topographische Karte 1:50 000 »Füssen« (LDBV)

Der Aggenstein ist der beherrschende Gipfel des Westkammes der Tannheimer Berge. Vor allem nach Westen und nach Norden fällt er steil ab und bietet Kletterern ein weites Betätigungsfeld. Im Gegensatz zu den anderen großen Gipfeln dieser Gebirgsgruppe weicht er geologisch von diesen ab, denn er besteht aus Hauptdolomit wie der Allgäuer Hauptkamm, wohingegen die prominenten Gipfel der Tannheimer Berge aus Wettersteinkalk bestehen. Der Aggenstein lässt sich – ungeachtet der Kletterwände – von geübten Bergwanderern von drei Seiten besteigen. Wir wählen in diesem Fall den leichten und aussichtsreichen Zustieg vom Füssener Jöchl.

Auf einem Felsabsatz des Aggenstein-Ostgrats befindet sich erfreulicherweise ein Alpenvereinshaus. Nur knapp 200 Höhenmeter trennen die Bad Kissinger Hütte, wie sie mittlerweile heißt, vom Hausgipfel. Im Jahre 1889 wurde dort oben – nach einem kleinen Vorgängerbau –

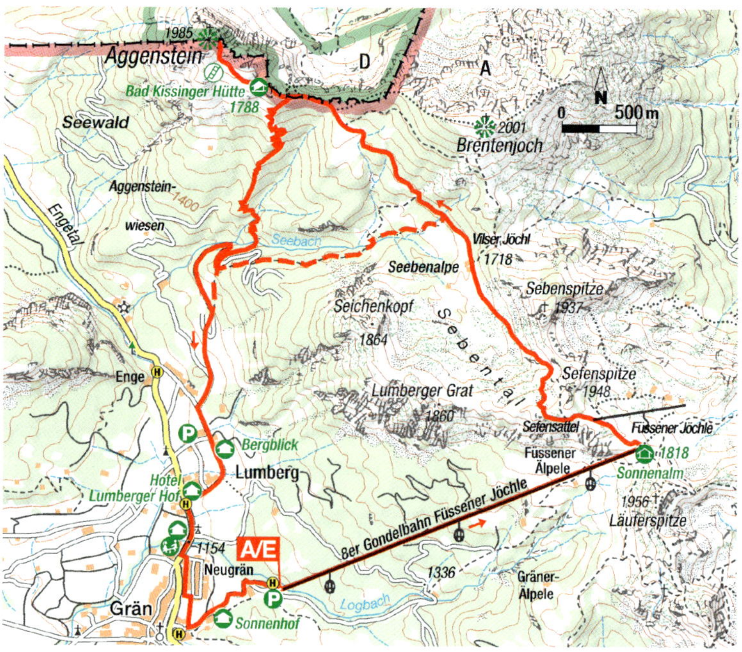

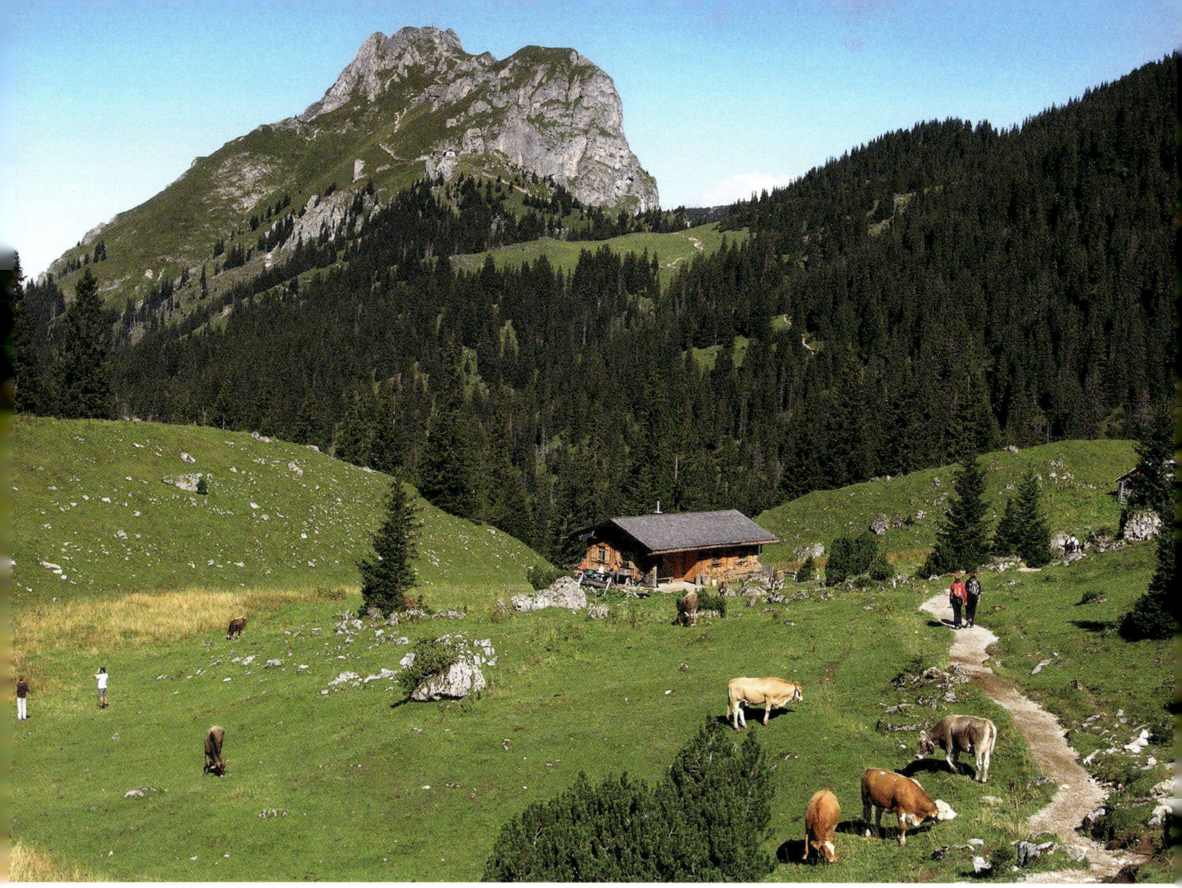

eine große Blockhütte errichtet. Seitdem ist sie Alpenvereinshütte und bekam den Namen Pfrontner Hütte. 1921 brannte sie ab, eine Nothütte trat an ihre Stelle, 1962 wurde ein Neubau errichtet, der mehrmals erweitert wurde. Dank seiner prominenten Lage bietet er ein großartiges Panorama der Allgäuer und Lechtaler Alpen.

Der Aggenstein von seiner »schwachen Seite« aus gesehen; im Vordergrund die unbewirtschaftete Sebenalm, »Futter« gibt es nur für die Kühe.

Auf dem Tannheimer Höhenweg zur Bad Kissinger Hütte Mit der Kabinenseilbahn geht es von Grän hinauf zum Füssener Jöchl (1818 m). An der Bergstation halten wir uns links und folgen dem zu Beginn noch breiten »Tannheimer Höhenweg« (Mark.-Nr. 414) zur latschenbesetzten Westschulter der Sebenspitze, einem besonders schönen Aussichtspunkt. Dort wandern wir hinab auf steinigem Steig zur unbewirtschafteten Sebenalpe (1620 m), dem niedrigsten Punkt unserer Höhenwanderung, die in einem nach Westen offenen Kessel liegt (dort könnten wir auf einer Variante unseren Anstieg abkürzen, sollte das Wetter sich ändern, und direkt nach Enge hinabwandern). Jetzt in gerader Linie weiter und in leichtem Auf und Ab, teilweise durch die bewaldete Südflanke des Brentenjochs, hinauf zur aussichtsreich gelegenen Bad Kissinger Hütte, die sich 200 Meter unterhalb des Aggensteins auf dem breiten Ostgrat befindet.

Gipfelabstecher auf den Aggenstein Direkt hinter dem Alpenvereinshaus beginnt der Steig, der uns zunächst in einer langen Querung unterhalb des Aggenstein-Ostgipfels durch freies Gelände gleichmäßig ansteigend bis an die Gipfelfelsen heran-

Rechte Seite: Die Bad Kissinger Hütte steht an aussichtsreicher Lage über dem Tannheimer Tal; von dort ist es nur ein kurzer Anstieg zum Gipfel des Aggensteins.

führt. Anschließend steigen wir über steile Serpentinen hinauf zu einem Sattel an der Ostschulter des Hauptgipfels. Links haltend leiten uns Drahtseile und Sicherungsmittel über eine steile Felspassage hinauf zum Gipfel mit seinem massiven Kreuz. Anschließend geht es auf gleichem Weg wieder hinab zur Bad Kissinger Hütte.

Rückkehr über Enge nach Grän Von der Alpenvereinshütte steigen wir in Kehren über die freien Bergmatten auf gutem Bergsteig (Mark.-Nr. 411) hinab zum Waldrand. Wir queren ein Bachtal und dann den nahezu quer verlaufenden Seebach. Knapp unterhalb stoßen wir auf einen Wirtschaftsweg, dem wir nun zuerst über ein paar Kehren, dann in gerader Linie durch Wald und über einige freie Flächen talwärts folgen (es bieten sich dabei ein paar Abkürzungsmöglichkeiten). Ab einer Schranke geht es auf Teerweg weiter hinab zum Weiler Ende, den wir auf seiner Seite streifen. Links haltend weiter zum Weiler Lumberg, wo sich das Ortssträßchen nach rechts zur Verbindungsstraße Grän–Pfronten wendet. Kurz links an diesem entlang in den Ort Grän, dann dem Wegweiser zur Talstation der Füssener-Jöchl-Bahn folgend zurück zu den Parkplätzen an der Talstation.

Die Wege sind sehr gut ausgeschildert – mit Wegnummern und Gehzeiten (unten links); am schrofigen Gipfelaufbau des Aggensteins (unten rechts)

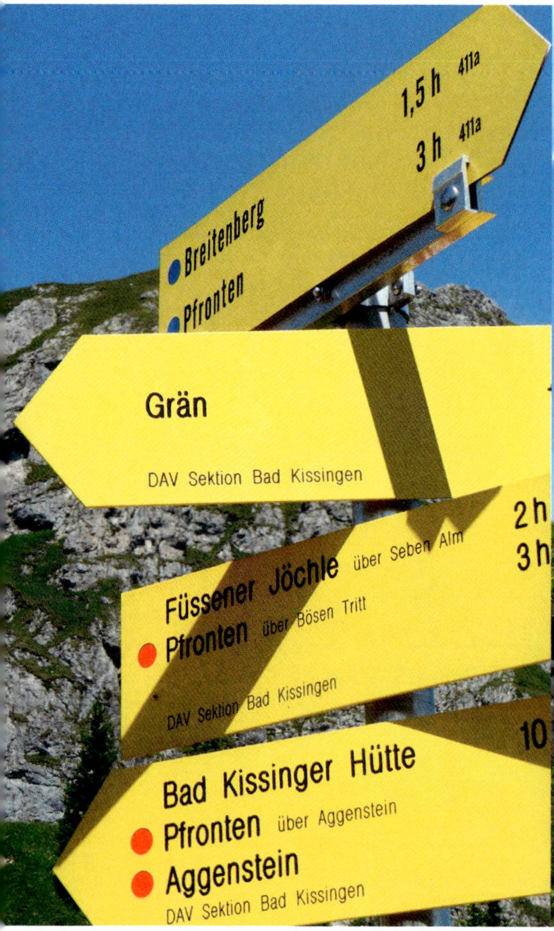

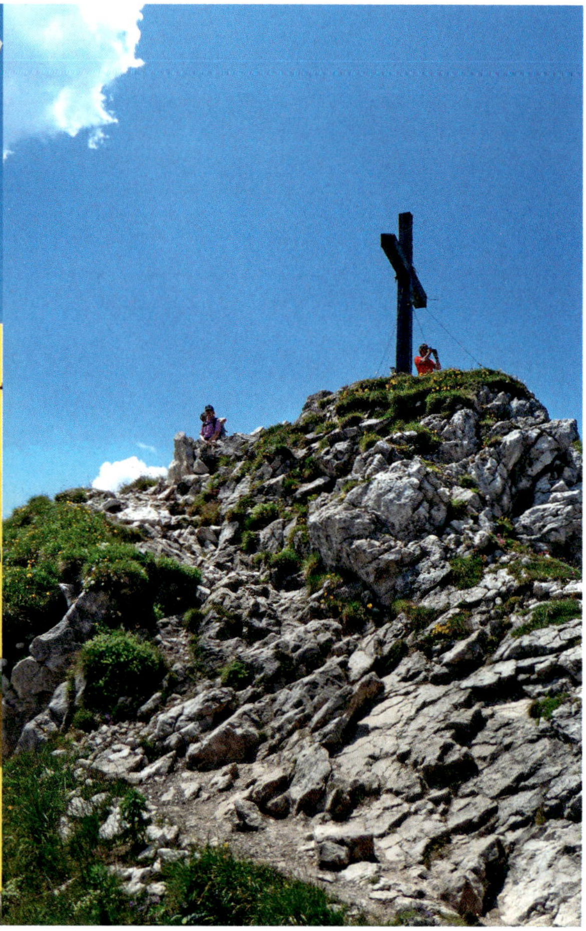

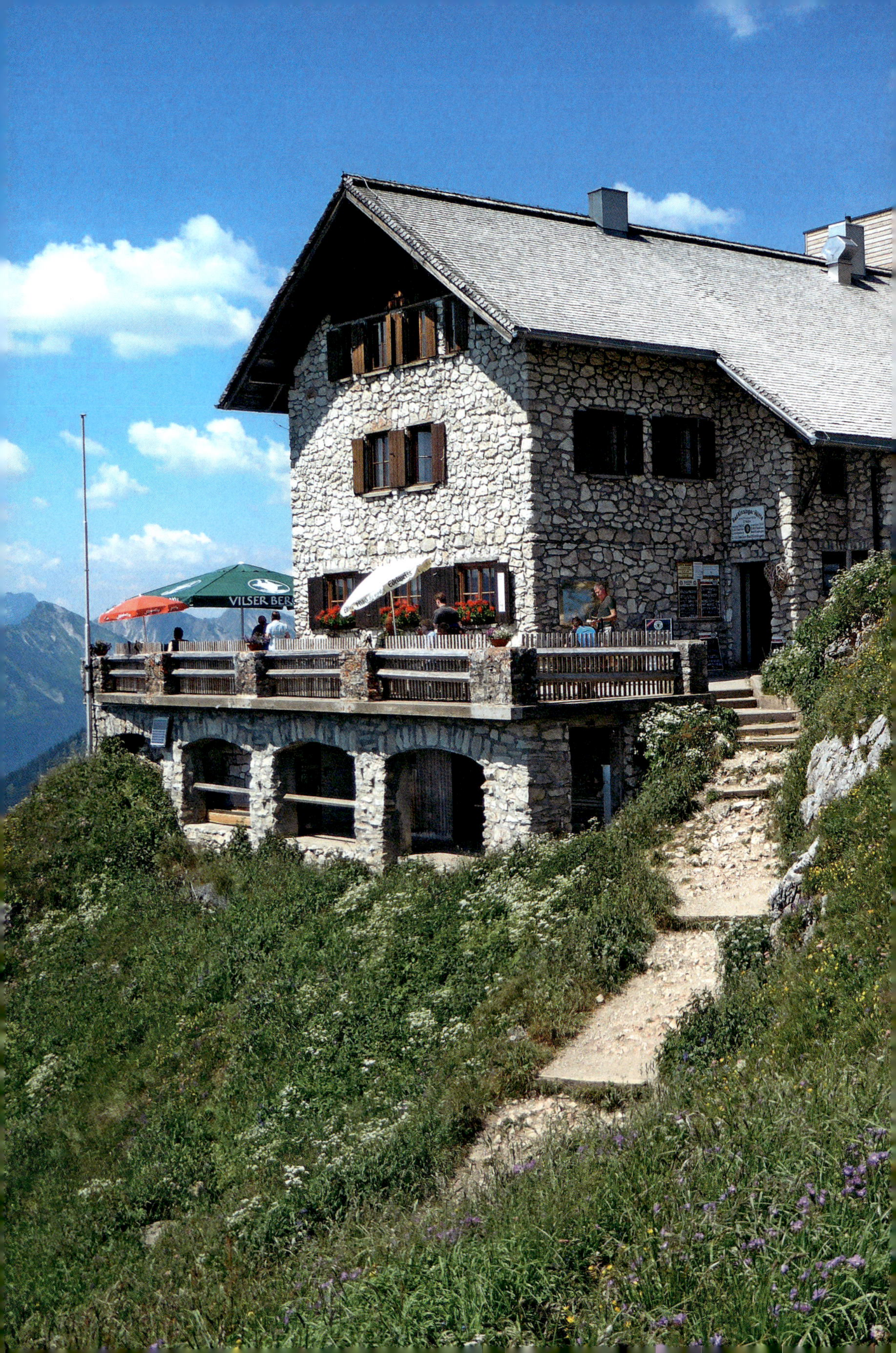
VILSER BER

2

Breitenberg (1838 m)

Der Gipfel-Hüttenberg über Pfronten

mittel | 920 Hm | 5.00 Std.

TALORT
Pfronten (853 m

AUSGANGSPUNKT
Wanderparkplatz beim Gasthaus Fallmühle (920 m) bzw. am Beginn des Hüttenweges (948 m)

ANFAHRT
a) *mit dem Auto:* Von Kempten oder über Marktoberdorf bzw. über Füssen nach Pfronten-Steinach; dort rechts haltend weiter in Richtung Grän; Wanderparkplatz beim Gasthaus Fallmühle bzw. kleiner Wanderparkplatz direkt beim Beginn des Wirtschaftsweges zum Tiroler Stadel
b) *mit Bahn/Bus:* Mit der Bahn bis Pfronten-Steinach. Busverbindung von Pfronten nach Grän, aussteigen beim Gasthaus Fallmühle

GEHZEITEN
Vom Wanderparkplatz zum Tiroler Stadl 1.30 Std.; weiterer Anstieg zur Ostlerhütte auf dem Breitenberg 1,5 Std.; Abstieg von der Ostlerhütte über das Brenteneck zur Fallmühle 2 Std.; Gesamtgehzeit 5 Std.

SCHWIERIGKEIT
Bis zum Tiroler Stadl Wirtschaftsweg, dann Bergsteig (eine Seilsicherung) bis zur Ostlerhütte. Abstieg über das Brenteneck überwiegend auf Bergsteig, zuletzt wieder auf Wirtschaftsweg

HÜTTEN/EINKEHR
Ostlerhütte (1838 m), privat, nahezu ganzjährig bewirtschaftet, von Anfang November bis Weihnachten und eine Woche nach Ostern bis Christi Himmelfahrt geschlossen, Montag Ruhetag, außer zu den bayerischen Ferienzeiten sowie an Feiertagen, 42 Betten und Lager; Tel. 08363/424 oder 6615

KARTE
Topographische Karte 1:50 000 »Füssen« (LDBV)

Der breit hingestreckte Breitenberg – wie sein Name schon ausdrückt – riegelt das Pfrontener Talbecken nach Süden hin ab. Üblicherweise wird der Breitenberg mit Seilbahnunterstützung von dort aus angesteuert. Wir wollen diesmal jedoch dem Seilbahnbetrieb entkommen und starten unsere Tour an seinem westlichen Bergfuß, in der Nähe des Gasthauses Fallmühle. Der Gipfel des Breitenbergs kann nicht nur mit einer stattlichen Höhe von 1840 Metern punkten, denn direkt auf seinem Gipfel steht auch die gut besuchte Ostlerhütte.

Die Ostlerhütte ist eine echte Gipfelhütte – höher geht es nicht mehr. Das kürzlich rundum erneuerte Berghaus hat dadurch jedoch nicht seine Gemütlichkeit verloren – denn innen wie außen dominiert Holz. Dazu gehört auch die Allgäuer Küche, die von Omas Rezepten inspiriert wird. Geführt wird die Hütte seit 2016 von Andrea Heiligensetzer. Die Ostlerhütte wurde in den Jahren 1928/29 auf Privatinitiative erbaut und nach dem Bau der Breitenbergbahn im Jahr 1951 saniert und erweitert. Den Namen erhielt die Hütte nach dem Spender des Bauholzes für dieses mittlerweile sehr beliebte Ausflugsziel.

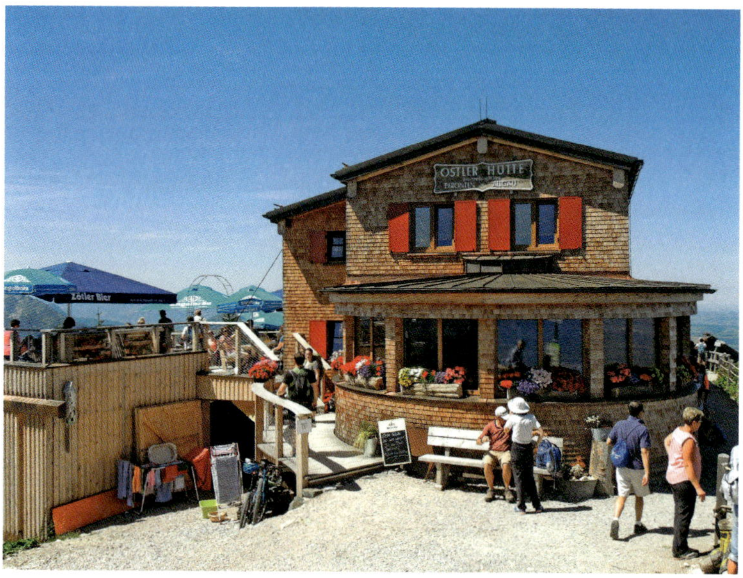

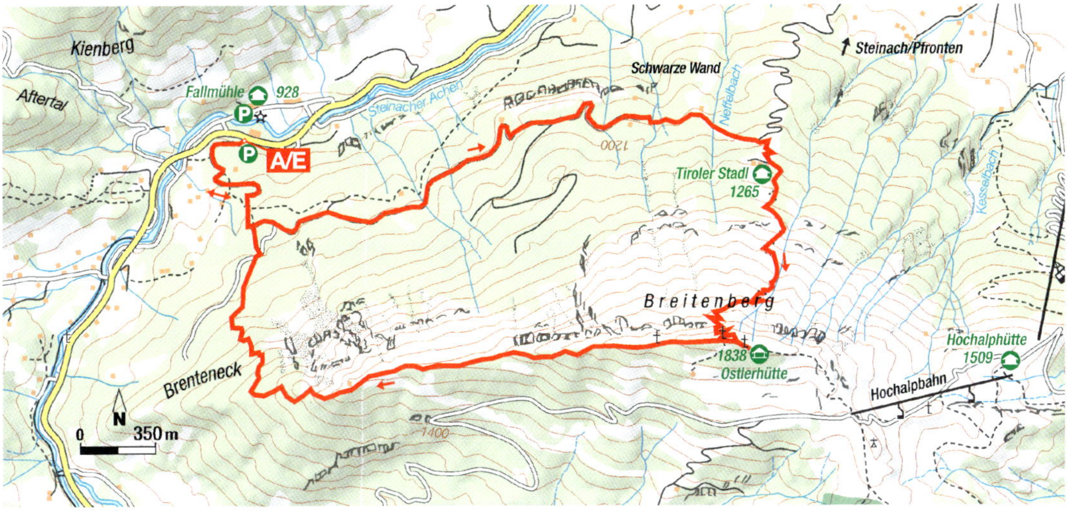

Der Aufstieg von Fallmühle Gegenüber dem Parkplatz an der Straße nach Grän beginnt der markierte und ausgeschilderte Bergweg. Als Startpunkt eignet sich auch das Gasthaus Fallmühle (hierher über Steg und auf schmalem Wanderweg). Der schattige Wirtschaftsweg (Wegweiser und Info-Tafeln) führt zunächst relativ steil ansteigend über mehrere Kehren durch Nadelwald bis zu einer Wegverzweigung. Dort halten wir uns links und steigen nur mehr weniger steil durch die weiterhin bewaldete Nordflanke des Breitenbergs an, bis der Schotterweg endet. Anschließend über zwei Bachgräben auf gutem Bergsteig hinauf zum Tiroler Stadl, der aussichtsreich über Pfronten liegt. Der weitere Gipfelaufstieg führt uns nun rechts der schönen, ganz aus Holz gebauten Hütte vorbei bergwärts. Ein unmarkierter, zunächst wenig ausgeprägter Steif führt uns zunächst über steile (bei Nässe rutschige) Bergwiesen hinauf zum Waldrand. Nur ein kurzes Stück, dann erreichen wir die Latschenzone. Unser Anstieg führt dabei in ziemlich direkter Linie über zahlreiche kurze Serpentinen höher. Auf dem letzten Wegstück müssen wir noch eine Felsstufe überwinden (gut gesichert) und bald sind wir auf dem Gipfel des Breitenbergs, auf dem auch die viel besuchte Ostlerhütte sich befindet. Auf der großen, südwärts gelegenen Hüttenterrasse genießen wir den Ausblick auf das Tannheimer Tal, insbesondere auf den direkt vor uns aufragenden Aggenstein.

Der Abstieg über das Brenteneck Von der Ostlerhütte halten wir uns nach Westen und bleiben dabei immer auf der mit Latschen bewachsenen Kammhöhe. Links und rechts fallen die Bergflanken steil ab. Auf unserem leicht fallenden Steig durchwandern wir Latschen und auch Alpenrosenflecken, einige knorrige Bergkiefern, die dem Wetter getrotzt haben, sind auch dabei. Bei Punkt 1561 erreichen wir den felsbedeckten Westrücken, das Brenteneck. Von dort geht es in steilen, kurzen Serpentinen durch Wald hinab, bis wir weit unten auf eine Forststraße treffen. Diese überqueren wir und treffen dann auf unseren Schotterweg, der uns zu Beginn unserer Tour zum Tiroler Stadl leitete. Auf diesem nun weiter talwärts, bis wir wieder am Ausgangspunkt angelangt sind.

Die kürzlich umgebaute Ostlerhütte liegt direkt auf dem höchsten Punkt des Breitenbergs. Rechts geht der Blick hinab nach Pfronten, links zum Aggenstein.

3

Vilser Kegel (1831 m)

Auf einen stillen Aussichtsgipfel über der Ostallgäuer Seenplatte

mittel | 2010 Hm | 5.45 Std.

TALORT
Vils (826 m)

AUSGANGSPUNKT
Wanderparkplatz (872 m) oberhalb von Vils bzw. für Variante Parkplatz (900 m) beim Eisplatz, südlich von Vils

ANFAHRT
a) *mit dem Auto:* Über die A 7 von Kempten kommend oder über Marktoberdorf bzw. über Füssen (A 7, Grenztunnel) nach Vils. In der Ortsmitte etwa 200 Meter weiter in Richtung Pfronten, dann folgen wir links dem Wegweiser »Vilser Alm«. Der geteerte Fallweg endet nach 1,2 km bei einem Holzlagerplatz (Wanderparkplatz).
b) *mit Bahn/Bus:* Mit Außerfernbahn von Kempten bzw. von Garmisch über Reutte nach Vils (von dort 15 Min. zur Ortsmitte)

GEHZEITEN
Von Vils-Ortsmitte zum Wanderparkplatz 20 Min., zur Vilser Alpe 1.20 Std., Aufstieg zum Hundsarschjoch 1 Std., Gipfelanstieg 0.30 Std. Abstieg ins Tal 2.30 Std.; Gesamtgehzeit 5.45 Std. – Anstiegsvariante: Aufstieg 3 Std., Abstieg 2 Std.; Gesamtgehzeit 5 Std.

SCHWIERIGKEIT
Wirtschafts- bzw. Almfahrweg bis zur Vilser Alpe. Zum Hundsarschjoch Bergwanderweg bzw. Bergsteig; der Gipfelanstieg erfolgt dann auf steilem Bergsteig (einige steilere Passagen). Trittsicherheit und Schwindelfreiheit an wenigen Stellen erforderlich. Im Talbereich Wirtschaftswege. *Anstiegsvariante:* Zu Beginn Wirtschaftswege, dann Bergsteige; einige steile Passagen

HÜTTEN/EINKEHR
Vilser Alpe (1228 m), von Anfang Mai bis Anfang November bewirtschaftet (Montag/Dienstag Ruhetag), 16 Betten; Tel. 0043/676/511 12 63.

KARTE
Topographische Karte 1:50 000 »Füssen« (LDBV)

Der Vilser Kegel macht seinem Namen durchaus Ehre und gibt von Norden aus gesehen eine gute Figur ab. Da dieser Berg den bedeutenderen Gipfeln der Tannheimer Berge vorgelagert ist, lassen ihn die Besucher häufig links liegen, da er nicht an den häufig begangenen Anstiegsrouten liegt. Der Normalweg führt über die Vilser Alpe und das Hundsarschjoch. Auf dem Gipfel erwartet uns dann ein großes, futuristisch anmutendes Metallkreuz.

Wer Bergeinsamkeit sucht, ist mit diesem Tourenziel gut bedient; obwohl es nicht weit von der Bergstation der Füssener-Jöchl-Bahn liegt. Doch kaum jemand will erst einmal hinabsteigen in den Kessel der Vilser Alpe, die meisten wandern hinüber ins Reintal. Von seinem Gipfel bietet sich ein großartiges Panorama der Ostallgäuer Seenplatte, die direkt hinter dem Zirmgrat – der wesentlich niedriger ist – liegt. Auf seiner Südseite gibt es beeindruckende Nahblicke auf die wilde und ursprüngliche Nordflanke der Großen Schlicke. Und vielleicht noch besser: Am Anstiegsweg liegt die bewirtschaftete Vilser Alpe, in der wir sogar übernachten könnten.

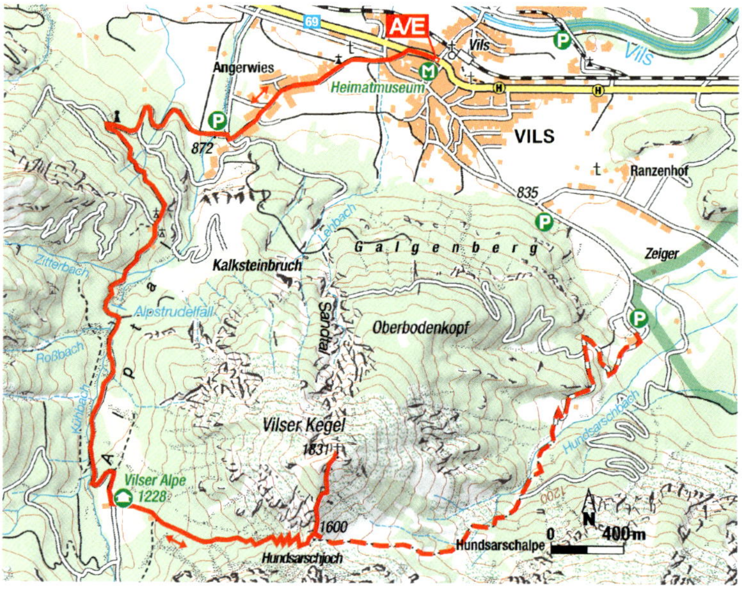

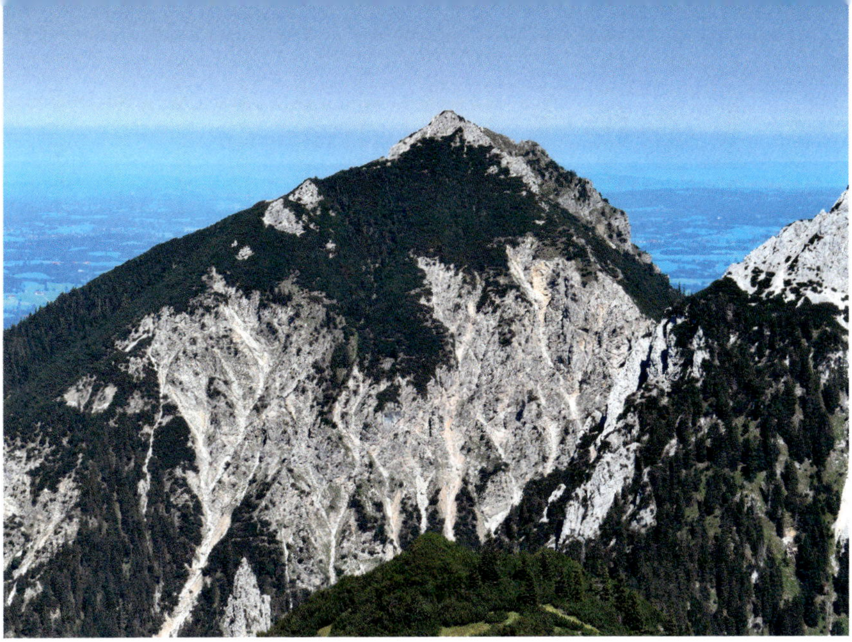

Der zum Teil recht schrofige Vilser Kegel ist den hohen Gipfeln der Tannheimer Berge vorgelagert. Von seinem Gipfel hat man einen großartigen Tiefblick nach Norden auf den Ort Vils, im Süden beeindruckt die gewaltige Große Schlicke.

Der Aufstieg von Vils zur Vilser Alpe Von der Ortsmitte von Vils (falls wir öffentlich angereist sind) zunächst ein kurzes Stück der B 309 in Richtung Pfronten, bis links ein Schild zur Vilser Alpe weist. Ein geteerter Fahrweg führt uns diagonal über die ansteigenden Wiesen an einer Baumreihe entlang zum Bergfuß. Dort geht der Wirtschaftsweg in einen Schotterweg über und passiert einen kleinen Wanderparkplatz (siehe Anfahrt mit Pkw) der Vilser Alpe, der bereits in einem Waldgebiet liegt. Linker Hand befindet sich der Zugang zu einem Kalksteinbruch, der auch heute noch genutzt wird und der auch vom Anstiegsweg aus einsehbar ist. Ab hier folgen wir dem schattigen Alpfahrweg, queren eine Brücke und wandern – vorbei am Alpstrudelwasserfall des Kühbachs – durch das Alptal hinauf zu den Weiden der Vilser Alpe, die in einer großen Senke liegt. Unser Anstiegsweg ist Teil des Geopfades, der von Pfronten über die Bad Kissinger Hütte und die Vilser Alpe nach Vils führt.

Der Gipfelanstieg über das Hundsarschjoch Von der Jausenstation folgen wir dem Bergwanderweg in Richtung Osten über Bergwiesen, bis uns nach wenigen Minuten ein lichter Bergwald aufnimmt. Wir passieren eine Jagdhütte und steigen anschließend steil in kurzen Serpentinen durch Latschengebüsch zum Hundsarschjoch (1600 m) an, das den Vilser Kegel vom Wildböden trennt. Dort halten wir uns links und steigen über einem etwas unangenehmen Gratweg steil, passieren einige bizarre Felsformationen und verlassen dann die Grathöhe nach rechts. Zuletzt geht es über eine steile, schrofige Gipfelwiesen zum höchsten Punkt mit dem Gipfelkreuz.

Anstiegsvariante aus dem Ranzental Diese Anstiegsvariante ist nur spärlich ausgeschildert und führt vom Parkplatz am Eisplatz zunächst auf einem Wirtschaftsweg oberhalb des Hundsarschbaches bergwärts. Wir queren dann den Bach und folgen einem Pfad bergwärts. Wir erreichen die Wiesen der aufgelassenen Hundsarschalpe und steigen dann steil zum Hundsarschjoch an; weiter wie oben. Fasst man die beiden Routen zusammen, ergibt sich auch eine Rundtour.

4

Läuferspitze (1956 m) und Schartschrofen (1968 m)

Kurze Gipfelabstecher und eine lange Abstiegsrunde

schwer | 260 Hm↑/865 Hm↓ | 3.30 Std.

TALORT
Grän (1138 m)

AUSGANGSPUNKT
Talstation der Füssener-Jöchl-Bahn (1205 m)

ANFAHRT
a) *mit dem Auto:* Über Pfronten bzw. Reutte ins Tannheimer Tal nach Grän. Auf der Ostseite des Ortes zur Talstation der Füssener-Jöchl-Bahn; dort zwei große, gebührenfreie Wanderparkplätze
b) *mit Bahn/Bus:* Mit der Bahn bis Reutte, dann mit dem Bus nach Grän (bis Tourist-Information; von dort 10 Minuten zu Fuß zur Talstation der Bergbahn)

BERGBAHN
Die Füssener-Jöchl-Bahn (1205 m – 1821 m) ist nahezu ganzjährig in Betrieb, in der Sommersaison von Anfang Juni (davor auch an schönen Maiwochenenden) bis Allerheiligen. www.lifte-graen.com

GEHZEITEN
Von der Bergstation zur Läuferspitze 1 Std., Übergang zum Schartschrofen 1 Std.; Abstieg zur Talstation 1.30 Std.; Gesamtgehzeit 3.30 Std.

SCHWIERIGKEIT
Leichte Bergwanderwege und Bergsteige von der Bergstation bis hinüber zum Schartschrofen; am Gipfelaufbau der Läuferspitze sind Drahtseile angebracht (Trittsicherheit und Schwindelfreiheit erforderlich). Übergang von der Läuferspitze zum Schartschrofen auf Bergpfaden. Am Gipfel jedoch Vorsicht, dort fallen die Felsen beinahe senkrecht nach Süden und Südosten ab (Beginn des Friedberger Klettersteigs). Der Abstieg vom Hallergernjoch über die Gessenwangalpe zur Talstation erfolgt auf einem Bergpfad.

HÜTTEN/EINKEHR
Sonnenalm (1821 m), an der Bergstation der Füssener-Jöchl-Bahn, bewirtschaftet während der Betriebszeiten

KARTE
Topographische Karte 1:50 000 »Allgäuer Alpen« (LBDV)

Die Tannheimer Berge gehören geologisch zu den Allgäuer Alpen und sind nicht nur ein beliebtes Klettergebiet, sondern bieten für Wanderer einige einfache Gipfelziele. Mit dem Schartschrofen und der Läuferspitze wagen wir uns in die Nähe der Klettergebiete von Roter Flüh und Gimpel. Vielleicht können wir durch das Fernglas auch eine Seilschaft am Gimpel beobachten.

Seit dem Bau der Füssener-Jöchl-Bahn sind diese beiden Gipfel schnell erreichbar, denn die seit 1970 bestehende Bergbahn befördert uns bis auf eine Höhe von über 1800 Meter. Doch wer es gemütlicher mag, kann auch aus dem Reintal hinaufsteigen. Denn dort erwarten uns gleich zwei voll bewirtschaftete Hütten. Die eine ist eine Alpenvereinshütte, die andere – die Füssener Hütte – gehört zu Füssen, obwohl sie auf österreichischem Gebiet liegt. Trotz der beachtlichen Höhe, die wir bei dieser Tour erreichen, ist dieser Bergausflug nicht sehr anstrengend.

Der Aufstieg zur Läuferspitze An der Bergstation am Füssener Jöchl orientieren wir uns erst einmal an den vielen Wegweisern auf dem breiten

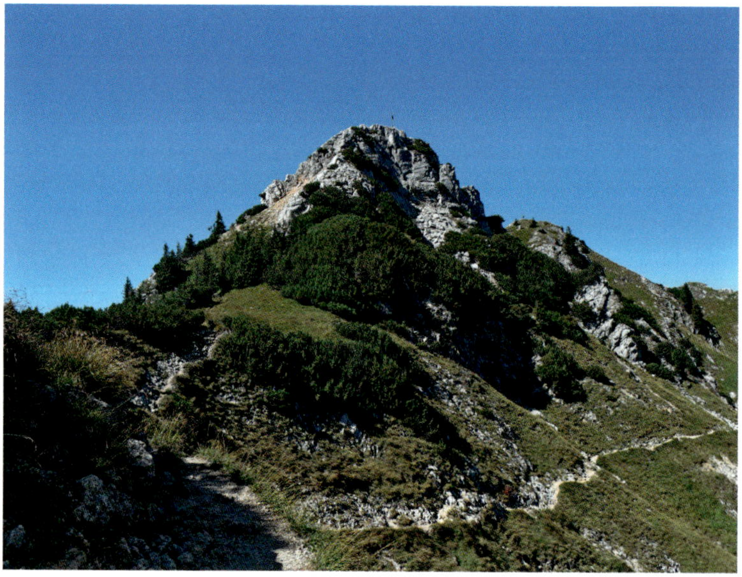

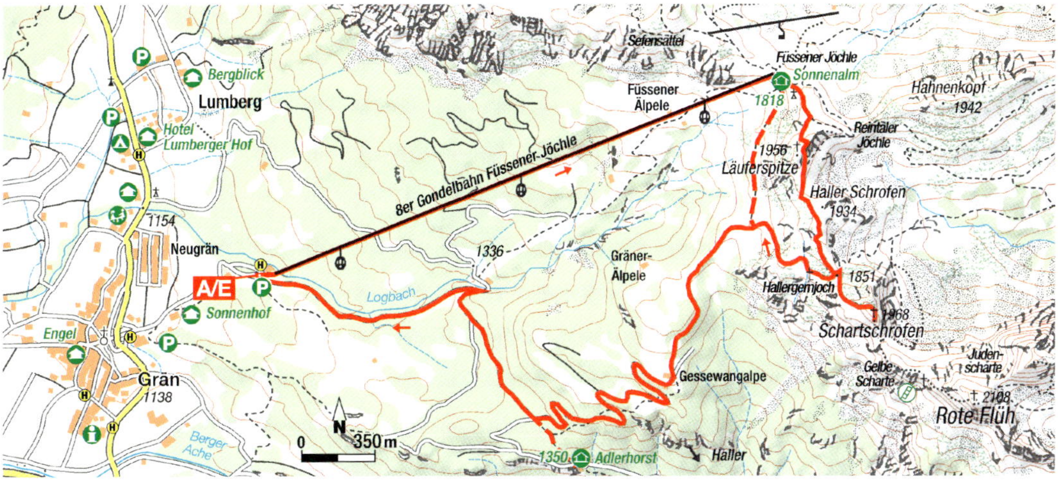

Platz davor, dann folgen wir rechtshaltend den Serpentinen – vorbei an einer kleinen Kapelle – über freies Gelände, dann über Schrofen in Richtung Läuferspitze. Bald ist der steile, zerklüftete Gipfelaufbau erreicht. Ein gesicherter Steig leitet uns hinauf zum Gipfel, den ein großes Kreuz schmückt. Wir gehen zurück zum Gipfelfuß, wo uns die Markierung (etwas schwierig zu finden) hinab zum Höhenweg führt, der vom Reintalerjoch in Richtung Schartschrofen führt.

Der Übergang zum Schartschrofen Am dem Höhenweg halten wir uns rechts, gehen seitlich am Hallerschrofen vorbei und über einen Buckel hinab ins Hallergernjoch. Jenseits davon steigen wir dort auf einem guten Bergsteig durch Latschen in 20 Minuten hinauf zum Gipfelkreuz des Schartschrofens. Hier müssen wir allerdings aufpassen, denn die Felsen fallen nahezu senkrecht ab. Tief unter uns sehen wir den Haldensee heraufblinken, auf der anderen Seite liegt das Reintal, vor uns liegen die imposanten Felsabbrüche des Gimpels und der Roten Flüh.

Der Abstieg nach Grän Vom Gipfel des Schartschrofens gehen wir ein Stück des Anstiegsweges zurück bis in einen kleinen Sattel, das Hallergernjoch (1853 m); dort zweigt links unser ausgeschilderter Abstiegsweg (Mark.-Nr. 413) nach Grän ab (rechts geht es hinab ins Reintal). Zunächst auf einem Bergpfad steil hinab, dann weiter ein Stück in Richtung Läuferspitze. Bei der Wegverzweigung dann links hinab – bald durch ein Stück Wald – in Richtung Gessenwangalpe. Dort beginnt ein serpentinenreicher Alpweg, den wir streckenweise abkürzen können. Am Ende der zahlreichen Kehren treffen wir auf eine Wegverzweigung, dort halten wir uns rechts (links geht es zum Berggasthaus »Adlerhorst«) und nach einer längeren Querung erreichen wir den Logbach, dem wir links haltend (Mark.-Nr. 412) hinab zur Talstation folgen.

Variante für den Abstieg Wer nur die Gipfelroute begehen will, muss nicht bis zu den Unterkunftshütten oder nach Grän absteigen. Vom Hallergernjoch führt links ein Steig (kurz nach Beginn der Route hinab nach Grän) unter der Läuferspitze hindurch zurück zur Bergstation der Füssener-Jöchl-Bahn (gut 30 Minuten).

Linke Seite: Die Läuferspitze ist zwar nicht sehr hoch im Vergleich zu den Nachbargipfeln, doch nicht einfach zu besteigen. Ein paar Drahtseile helfen jedoch hinauf zum höchsten Punkt.

5

Rote Flüh (2108 m)

Aus dem Reintal über die Gelbe Scharte

schwer · 1500 Hm · 8.45 Std.

TALORT
Musau (821 m)

AUSGANGSPUNKT
Musau bzw. Wanderparkplatz beim Ghs. Bärenfalle (830 m)

ANFAHRT
a) *mit dem Auto:* Über die A 7 von Kempten kommend oder über Marktoberdorf bzw. über Füssen (A 7, Grenztunnel) bis zur Ausfahrt Vils/Musau; dort weiter auf der B 198 über Musau nach Roßschläg bis zum Wanderparkplatz beim Gasthaus Bärenfalle
b) *mit Bahn/Bus:* Mit Außerfernbahn von Kempten bzw. von Garmisch über Reutte nach Musau. Für die Rückfahrt: Am Abend kaum Betrieb, daher besser vorher den Fahrplan konsultieren

GEHZEITEN
Von Musau bzw. Roßschläg zur Otto-Mayr-Hütte 2.45 Std., Aufstieg über die Gelbe Scharte zur Roten Flüh 2 Std., Übergang zur Nesselwängler Scharte 1 Std., Abstieg von dort zur Otto-Mayr-Hütte 1 Std., Abstieg nach Musau 2 Std.; Gesamtgehzeit 8.45 Std.

SCHWIERIGKEIT
Der Aufstieg zur Otto-Mayr-Hütte auf Wirtschaftsweg bzw. über die Achsel auf Feldweg bzw. auf Bergsteig. Anstieg zur Gelben Scharte auf Bergsteig, der weitere Anstieg zum Gipfel auf Klettersteig (mit zahlreichen Sicherungen) setzt absolute Trittsicherheit und Schwindelfreiheit voraus. Nur für erfahrene Berggeher

HÜTTEN/EINKEHR
Otto-Mayr-Hütte (1528 m), AV-Hütte, Kat. I, 47 Betten, 37 Lager, von etwa Mitte Mai bis Mitte/Ende Oktober bewirtschaftet;
Tel. 0043/676/373 11 66,
www.ottomayrhuette.de

KARTE
Topographische Karte 1:50 000 »Füssen« (LDBV)

Die Rote Flüh gehört nicht zu den höchsten Gipfeln der Tannheimer Berge, doch als Gipfelziel steht sie ganz oben. Ihren Namen hat sie wegen der schichtweisen Einsprengsel von rotem Kalkgestein. Am meisten beeindruckt dieser Gipfel aus Wettersteinkalk durch seine senkrecht abfallenden Süd- und Westwände, die den Blick aus dem westlichen Tannheimer Tal auf sich ziehen. Aufgrund ihres festen Gesteins ist die Rote Flüh auch Spielwiese für ambitionierte Kletterer.

Der Normalweg auf diesen beliebten Gipfel führt von Nesselwängle über das Gimpelhaus und durch das Gimpelkar. Wir wollen jedoch den »stilleren« Weg aus dem Reintal nehmen – obwohl diese Route den trittsicheren und schwindelfreien Berggeher erfordert. Doch ganz »ohne« ist der Normalweg ja auch nicht. Als Tagestour ist dieser Ausflug konditionell jedoch zu anspruchsvoll, daher ist eine Übernachtung in der Musauer Alm, in der Otto-Mayr-Hütte oder in der Füssener Hütte empfeh-

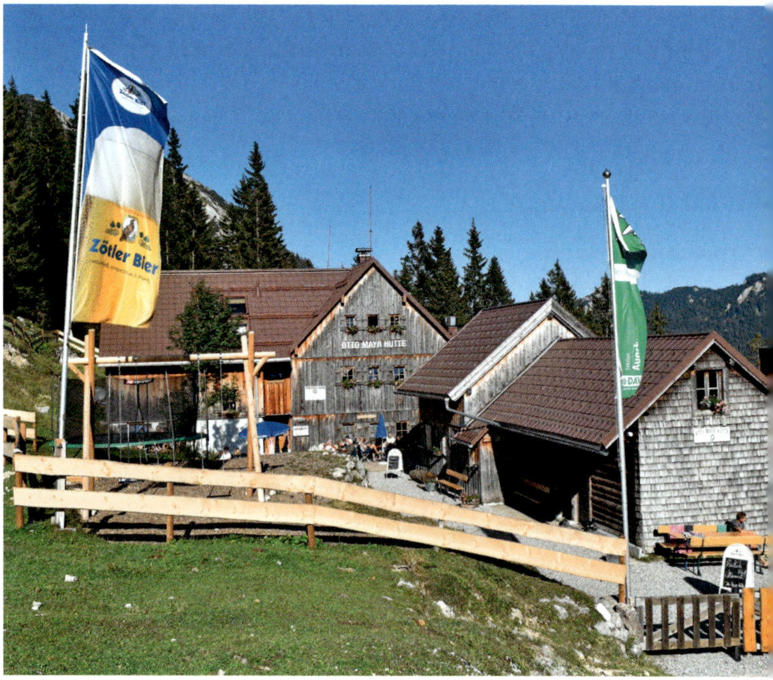

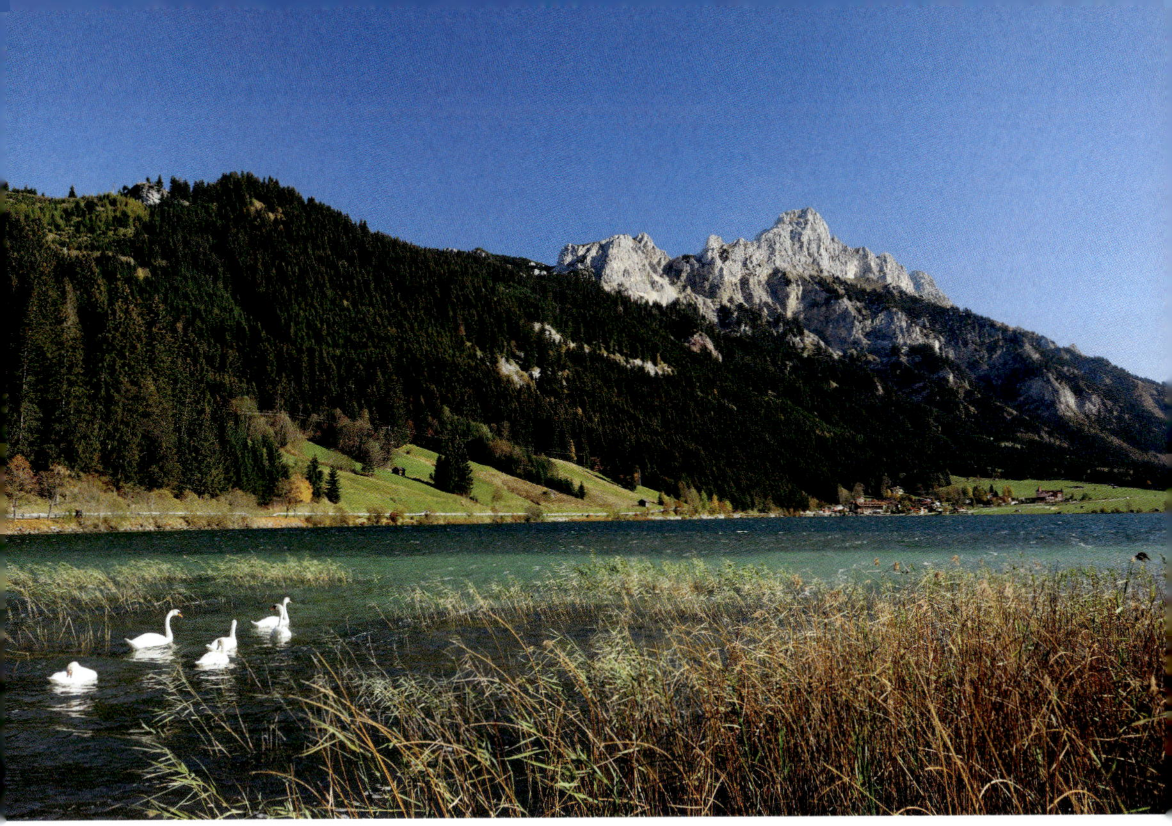

lenswert. Ab der »Gelben Scharte« bewegen wir uns dabei auf dem Friedberger Klettersteig, wobei wir jedoch die anspruchsvollste Etappe auslassen, die direkt auf dem Gipfel des Schartschrofens beginnt.

Unsere Route könnte ihren Ausgang auch vom Füssener Jöchl nehmen, dann müssen wir jedoch vom Reintaler Jöchle zunächst in Richtung Schartschrofen wandern; am Hallergernjoch steigen wir dann nach links hinab und umgehen so den Schartschrofen. Dort treffen wir auf den von der Otto-Mayr-Hütte heranführenden Bergsteig.

Der Haldensee mit der Roten Flüh (oben); die Otto-Mayr-Hütte im Reintal, der Ursprungsbau war ein Fertighaus aus dem Jahre 1900 (linke Seite).

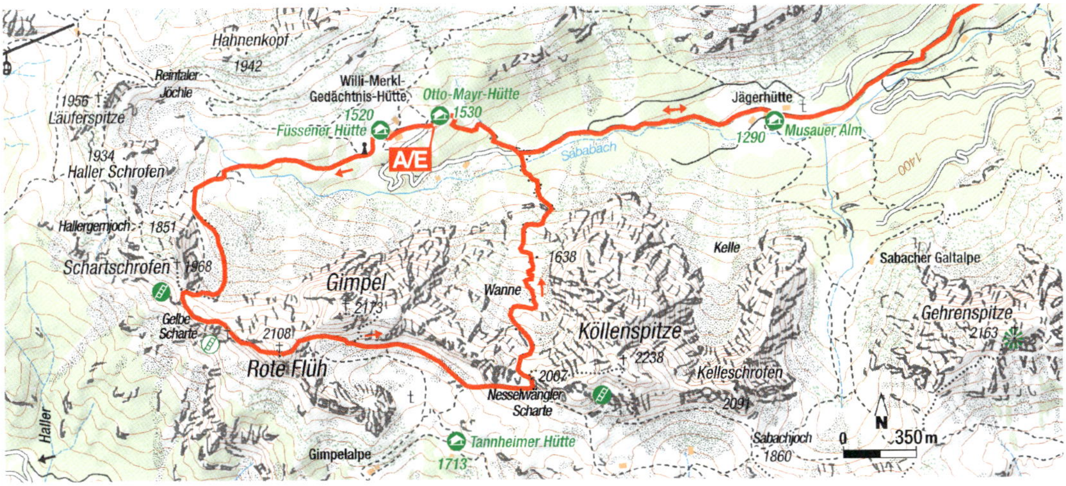

Von Musau (von Roßschläg) zur Otto-Mayr-Hütte Von der Bahnstation wandern wir auf ausgeschildertem Feldweg (siehe dazu Karte zu Tour 11) zum Bergfuß, dann steil durch Bergwald zur »Achsel«, einem Durchschlupf hinüber ins Reintal. Auf einem Ziehweg geht es jenseits hinab, bis man auf den von Roßschläg heraufführenden Wirtschaftsweg trifft. Auf diesem links weiter und über die Musauer Alm. Links weiter auf diesem, zuletzt in Kehren (die aber auf Wanderwegen abgekürzt werden können), hinauf zur Otto-Mayr-Hütte bzw. zur Füssener Hütte, die nur wenige Meter dahinter liegt.

Von der Otto-Mayr-Hütte über die Gelbe Scharte auf die Rote Flüh Von der Alpenvereinshütte gehen wir vorbei an der nahe gelegenen Füssener Hütte und folgen dahinter dem Bergsteig (Mark.-Nr. 413) in Richtung Reintaler Jöchle. Kurz bergan, dann leicht fallend durch lichten Wald bis zu einer Wegverzweigung. Dort halten wir uns links und folgen dem etwas undeutlichen Bergwanderweg durch buckliges Weidegelände bis an den Gipfelfuß des Schartschrofens. Unser Weg biegt nach links ab und führt zunächst unter den wilden Ostabbrüchen entlang, dann in steilen, mühsamen Kehren durch Latschen und schrofiges Gelände hinauf zur Gelben Scharte oberhalb (Wegweiser), die den Schartschrofen und die Rote Flüh trennt. An der Scharte halten wir uns links, folgen einem schrofigen

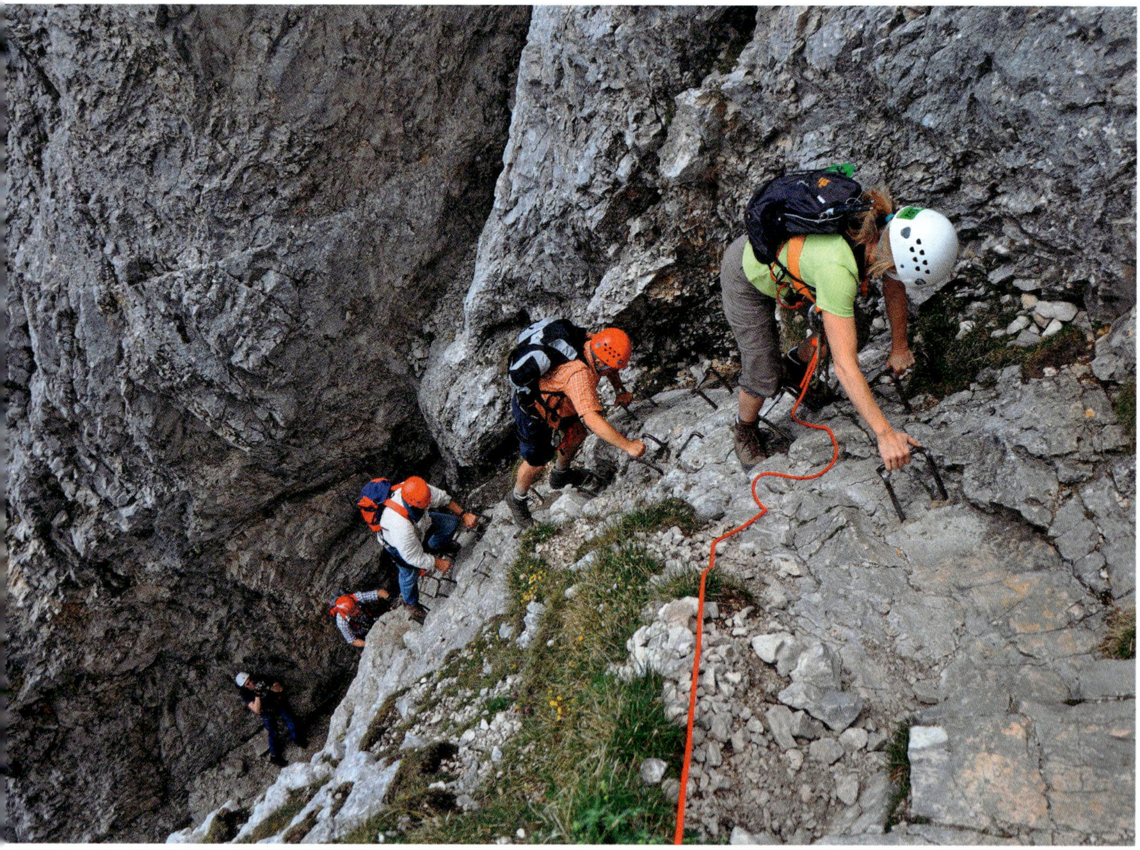

Auf dem Friedberger Klettersteig; er vermittelt den Übergang vom Schartschrofen zur Roten Flüh; er ist nicht besonders lang, man benötigt aber doch Klettersteigausrüstung.

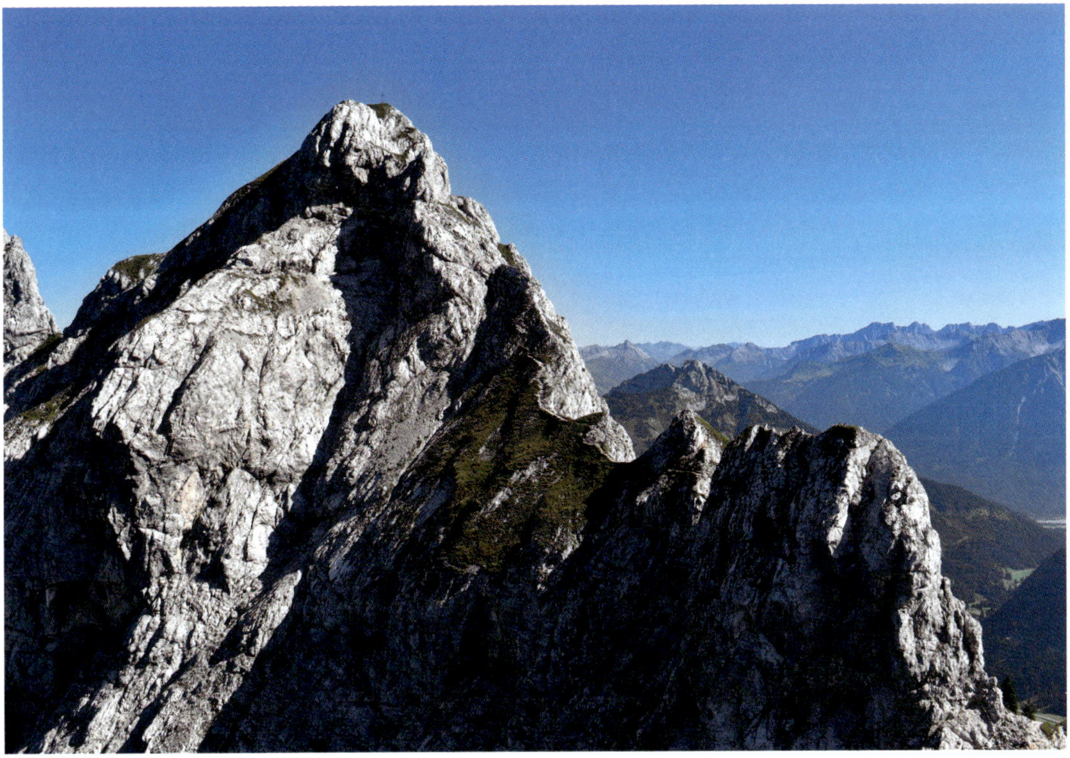

Steig hinauf und gehen dann rechts etwas ausgesetzt um einen Felsturm herum. Wir bewegen uns dann auf dem Grat entlang einiger Seilsicherungen über mehrere ausgesetzten Stellen hinweg. Dann geht es auf der Nordseite weiter zu einem Felsvorsprung, dann weiter auf dem Grat, der mit einem an Eisenstangen befestigten Seil gemeistert wird. Am letzten Gipfelaufschwung gibt es noch eine kleine Probe zu bestehen. Über Eisenbügel und mit Hilfe einiger Eisenstifte steigen wir durch einen Kamin hinauf und ereichen über einen einfachen Steig den Gipfel der Roten Flüh.

Die Rote Flüh vom Schartschrofen aus gesehen. Der leichteste Anstieg führt von der entgegengesetzten Bergseite vom Gimpelhaus durch das Gimpelkar zum Gipfel hinauf.

Rückweg über die Nesselwängler Scharte ins Reintal Der Abstieg von der Roten Flüh auf der anderen Seite zur Judenscharte, die unser Gipfelziel vom Gimpel trennt, ist relativ einfach; eine kleine Felsplatte wird mit Hilfe eines Stahlseils und von ein paar ausgeschlagenen Felsstufen bewältigt. Dann geht es rechts auf einem Wanderweg durch das Gimpelkar (Achtung: Steinschlaggefahr!) hinab bis in den unteren Karboden. Bei der Wegkreuzung halten wir uns links (Ausschilderung »Otto-Mayr-Hütte«) und steigen über steile Grashänge hinauf bis unter die Felsen, dann queren wir nach rechts und folgen den Serpentinen über eine Geröllpassage hinauf zur weiten Nesselwängler Scharte (2005 m), wo uns ein Tiefblick ins Reintal erwartet. Jenseits nun durch steiles Gelände (Mark.-Nr. 415) in Serpentinen hinab (einige Seilsicherungen) in den Talboden des Reintals; dort entweder links zu den beiden Unterkunftshütten oder nach rechts hinab zur Musauer Alm. Von dort folgen wir dem Hüttenweg hinaus nach Musau bzw. nach Roßschläg (siehe dazu Tour 11).

6 Gimpel (2173 m)

Der schönste Gipfel der Tannheimer Berge

schwer | 1040 Hm | 5.15 Std.

TALORT
Nesselwängle (1136 m)

AUSGANGSPUNKT
Wanderparkplatz (gebührenpflichtig) am nordwestlichen Ortsrand von Nesselwängle (1130 m)

ANFAHRT
a) *mit dem Auto:* Auf der A 7 in Richtung Füssen, bis zur Ausfahrt Nesselwang, dann über Pfronten nach Grän und weiter nach Nesselwängle. Großer, gebührenpflichtiger Wanderparkplatz am westlichen Ortsrand. Oder Anfahrt über Reutte und den Gaichtpass
b) *mit Bahn/Bus:* Mit der Bahn über Kempten bzw. Garmisch/Reutte (»Außerfernbahn«) nach Pfronten; von dort mit dem Tälerbus über Grän nach Nesselwängle bzw. von Reutte dorthin

GEHZEITEN
Anstieg zum Gimpelhaus 1.30 Std., von dort in Richtung Judenscharte zum Gipfel 1.30 Std., Abstieg zur Hütte 1.15 Std., Abstieg ins Tal 1 Std.; Gesamtgehzeit 5.15 Std.

SCHWIERIGKEIT
Anstieg zum Gimpelhaus auf leichten Wanderwegen, zum Gipfelfuß auf Bergsteig. Am Gimpel selbst absolute Trittsicherheit, Schwindelfreiheit und Klettererfahrung im II. Schwierigkeitsgrad erforderlich. Wegen Steinschlaggefahr ist ein Helm angeraten. Nur bei bester Witterung und trockenen Felsen begehen.

HÜTTEN/EINKEHR
Gimpelhaus (1659 m), privat, 50 Betten, 110 Lager, vom 1. Mai bis zum 3. Sonntag im Oktober bewirtschaftet; Tel. 0043/5675/8251. Tannheimer Hütte (1713 m), AV-Haus der Kat. I, 22 Lager; zur Zeit geschlossen. Neubau ab 2022

KARTE
Topographische Karte 1:50 000 »Allgäuer Alpen« (LDBV)

Der Gimpel ist zwar nicht der höchste Gipfel der Tannheimer Berge, er ist aber wohl der formschönste. Seine ganze Felsenpracht zeigt er von seiner Nordseite, aus dem Reintal. Der Normalanstieg erfolgt von Süden, aus dem Gimpelkar, dieser setzt jedoch unbedingte Trittsicherheit, Schwindelfreiheit und Klettererfahrung voraus. Vor allem Kletterer schätzen sein festes Gestein und so gilt er als das wichtigste Kletterziel in den Tannheimer Bergen.

Und der Aufstieg ist ebenfalls lohnend: In der Regel besucht man diesen markanten Gipfel von Nesselwängle aus und übernachtet im privaten Gimpelhaus, das an aussichtsreicher Stelle direkt über dem Haldensee gelegen ist; sie gehört zu den großen Hütten in den Tannheimer Bergen. Im Gegensatz zur nahe gelegenen, urig gemütlichen Tannheimer Hütte gleicht dieses Haus eher einem Berghotel; zudem ist es ein Ausbildungszentrum.

Von Nesselwängle zum Gimpelhaus Vom Wanderparkplatz auf Sträßchen am nordwestlichen Ortsrand zu den letzten Häusern (hierher auch direkt

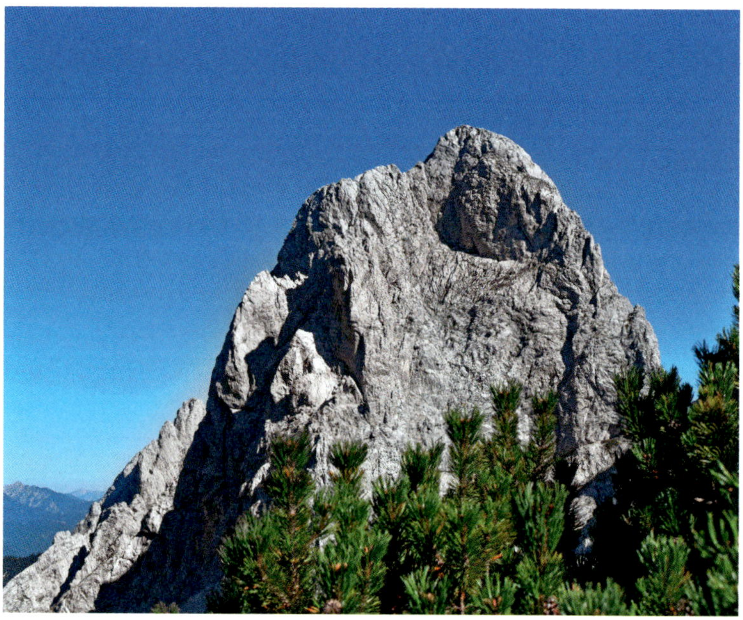

von der Kirche auf ausgeschildertem, etwas verwinkeltem Weg), dann dem Wegweiser zum »Gimpelhaus« folgend zunächst noch auf dem Wirtschaftsweg (Mark.-Nr. 415), dann auf einem gut angelegtem Steig durch den Oberwald in steilen Serpentinen hinauf zum ganz mit Schindeln verkleideten Gimpelhaus in aussichtsreicher Lage.

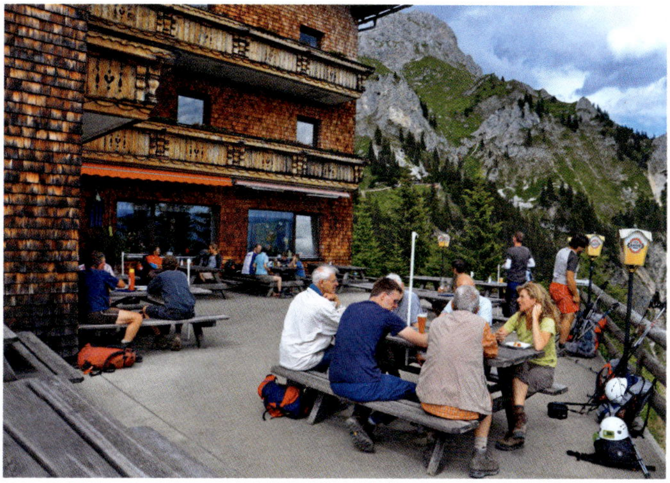

Das Gimpelhaus gehört zu den großen privaten Unterkunftshütten in den Allgäuer Alpen. Dort befindet sich auch ein Ausbildungszentrum.

Linke Seite: Der steil abfallende Gimpel mit seiner Westseite; unser Anstieg erfolgt jedoch über den Ostgrat.

Vom Gimpelhaus auf den Gimpel Am großen Unterkunftshaus gehen wir rechts vorbei und folgen zunächst dem oberen Wanderweg durch Wald bergan, halten uns bei der folgenden Wegverzweigung links und steigen hinauf zum unteren Karboden des Gimpelkars; hier mündet auch der direkte Weg von der Tannheimer Hütte ein. Hier sehen wir nun auch den felsigen Gipfelaufbau des Gimpels in voller Pracht, der sich vorher noch etwas versteckt hat. Bei der Wegkreuzung halten wir uns links und steigen ins Gimpelkar hinauf. Dort verzweigen sich die Wege (links geht es weiter zur Roten Flüh). Wir halten uns rechts und steigen durch Geröll hinauf zum bezeichneten Einstieg des Gimpel-Normalwegs (1900 m; Mark.-Nr. 422). Nun geht es durch steiles Fels- und Schrofengelände hinauf (schwierigster Teil des Anstiegs, einige Stellen im II. Schwierigkeitsgrad) und durch eine Rinne, bis sich die Route wieder etwas zurücklegt und wir dann durch leichteres Gelände und über Grasbänder den Ostgrat des Gimpels bei einem auffälligen Felszahn erreichen. Links haltend und ausgesetzt auf dem Grat weiter und vorwiegend rechts vom Grat die letzten gut 100 Höhenmeter zum höchsten Punkt mit Gipfelkreuz, wobei wir jedoch ein paar Stellen im I. Schwierigkeitsgrad bewältigen müssen.

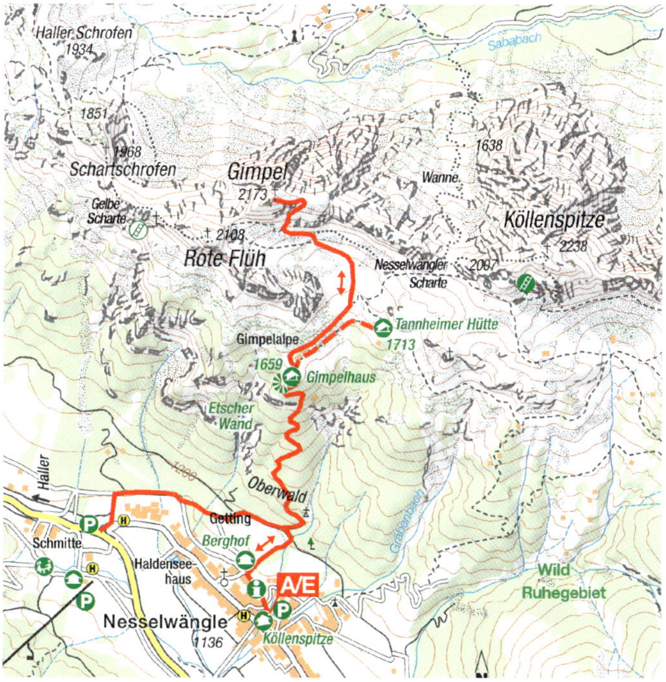

Der Abstieg erfolgt über den Anstiegsweg. Falls wir vom Auto unabhängig sind, können wir auch den Abstieg über die Nesselwängler Scharte hinab ins Reintal in Betracht ziehen und auf der Otto-Mayr-Hütte übernachten.

7

Hahnenkamm (1938 m)

Ein schnell erreichbarer Bergbahngipfel

leicht/mittel | 2100 Hm | 2.30 Std.

TALORT
Höfen (868 m)

AUSGANGSPUNKT
Bergstation der Reuttener Bergbahn (1730 m)

ANFAHRT
a) *mit dem Auto*: Über Füssen (A 7) und den Grenztunnel über Reutte nach Höfen; am Ortsanfang rechts ab und auf der Bergbahnstraße (1,2 km) hinauf zur Talstation der Reuttener Bergbahn; großer, gebührenfreier Parkplatz
b) *mit Bahn/Bus:* Mit der »Außerfernbahn« bis Reutte und von dort weiter mit Bus über Höfen zur Talstation der Reuttener Bergbahn

BERGBAHN
Die Reuttener Bergbahn wurde im Jahr 1957 als Kabinenbahn eröffnet; nahezu ganzjährig in Betrieb. In der Wandersaison ab Ende Mai an schönen Wochenenden, von ca. 20. Juni an durchgehender Betrieb bis Mitte Oktober

GEHZEITEN
Rundweg über den Hahnenkamm 1 Std., Höhenweg zur Lechaschauer Alpe und Rückkehr zur Bergstation 1.30 Std.; Gesamtgehzeit 2.30 Std. – Abstieg von der Lechaschauer Alpe zur Talstation 1.30 Std.

SCHWIERIGKEIT
Bergwanderwege und Bergsteige; bei Nässe zuweilen rutschig

HÜTTEN/EINKEHR
Restaurant Hahnenkamm bei der Bergstation (1733 m), bewirtschaftet während der Betriebszeiten der Bergbahn. Höfener Alm (1670 m), bewirtschaftet von Mitte Mai bis Ende Oktober, 20 Lager; Tel. 0043/5672/64663. Lechaschauer Alpe (1660 m), bewirtschaftet von Mitte Mai bis Ende Oktober, 30 Lager; Tel. 0043/676/424 79 53

KARTE
Topographische Karte 1:50 000 »Füssen« (LDBV)

Der Hahnenkamm über dem Lechtal bei Höfen wurde bereits in der Frühzeit der Besiedelung für Weidezwecke genutzt. Außerdem führte über das Tiefjoch, das den Hahnenkamm nach Westen abschließt, ein Bergweg ins Tannheimer Tal, der die Besiedelung von Nesselwängle ermöglichte. Dieser Bergzug ist weder besonders hoch noch besonders spektakulär. Er bietet jedoch für Wanderer ungeahnte Möglichkeiten im Sommer wie im Winter.

Die Reuttener Bergbahn erschließt uns dieses weite Wandergebiet hoch über dem Lechtal mit schönen Höhenwegen und Übergangsmöglichkeiten. Von der Bergstation aus gibt es gut erreichbare Gipfelziele wie die Gaichtspitze oder die Gehrenspitze. Beliebt ist der aussichtsreiche Übergang auf dem Alpenrosenweg zur Gehrenalpe. Wer im Bereich der Bergstation bleiben möchte, macht die Runde über den Hahnenkamm und besucht dort den großflächigen Alpenblumengarten (10 Minuten von der Bergstation) oder testet seine Fußsohlen auf dem ersten alpinen Barfußwanderweg in Tirol.

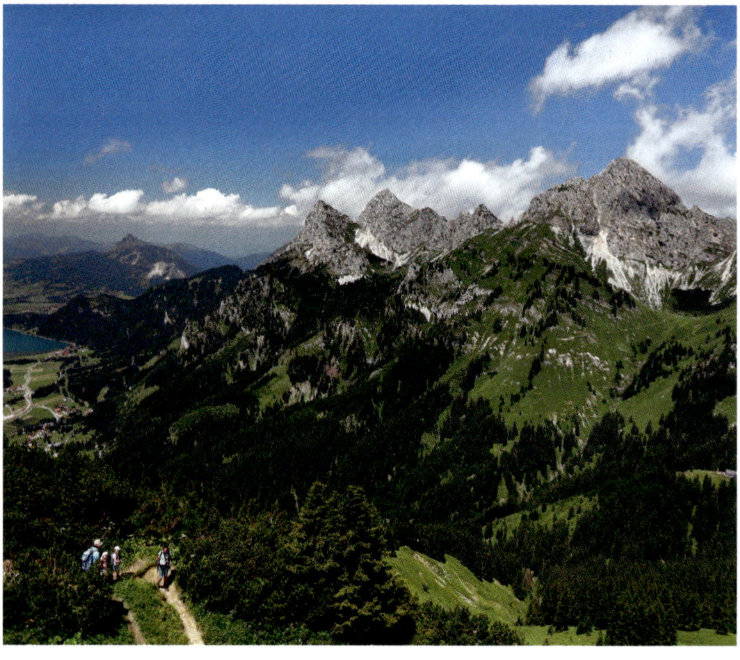

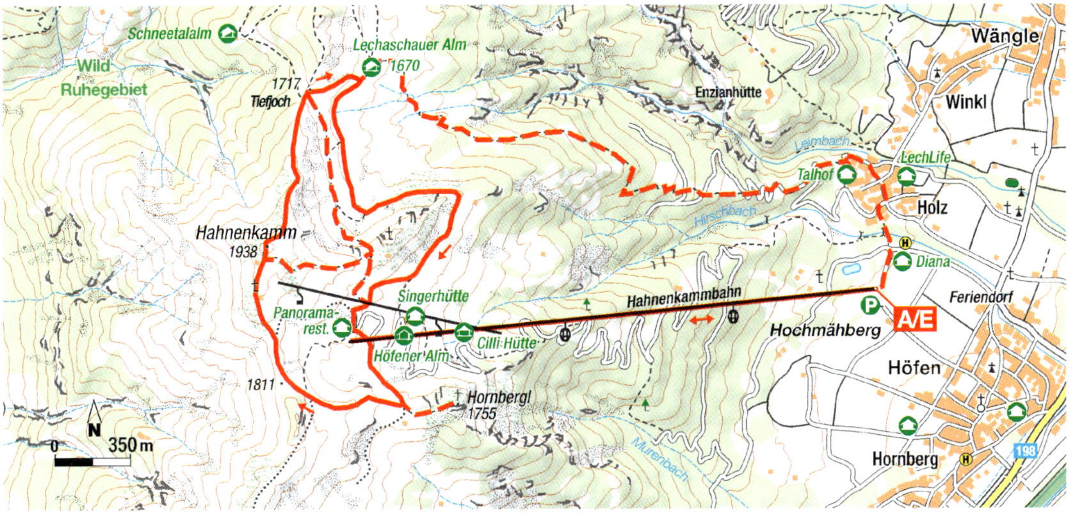

Auf den Hahnenkamm Von der Bergstation (1733 m) wandern wir zunächst links die wenigen Meter hinab zur Höfener Alm, wo wir nicht nur einkehren, sondern auch übernachten könnten. Dann folgen wir dem wenig ausgeprägten Rücken in Richtung hinauf in den Sattel, der den Hahnenkamm vom Hornbergle trennt. Diesem könnten wir nun einen kurzen Besuch abstatten, um dank seiner vorgeschobenen Lage den entsprechenden Tiefblick ins Lechtal zu genießen. Wir kehren zurück und steigen hinauf auf den südlichen Ausläufer des Hahnenkamms (Mark.-Nr. 418). Nun dem Kammverlauf folgend hinauf zum höchsten Punkt. (Variante: Hier herauf könnten wir auch direkt von der Bergstation gelangen, indem wir dem breiten Anstiegsweg hinauf zum Hahnenkamm (1938 m) folgen, der dank seiner vorgeschobenen Lage ein hervorragendes Panorama bietet.) Vom Sendemast am Gipfel wandern wir dann in Richtung Norden zum Tiefjoch (1717 m). Dort verlassen wir den Kamm, steigen hinab zur Lechaschauer Alm und kehren dann in einem Rechtsbogen zurück zur Bergstation. Bereits beim Tiefjoch zweigt nach rechts eine Variante ab, die einen direkten Rückweg zur Bergstation vermittelt. Aber natürlich kehren wir zuvor in der Lechaschauer Alm ein, die hier als Institution gilt. Die in den Jahren 1911/12 erbaute Alm bietet einen wunderbaren Blick über das Lechtal hinweg bis zur Zugspitze. Doch Aussicht haben wir bei diesem Bergausflug genug. Das bessere Argument ist die sprichwörtliche Tiroler Küche mit Zutaten aus eigener Erzeugung.

Abstieg von der Lechaschauer Alm zur Talstation Von der Lechaschauer Alm folgen wir dem sogenannten Holzer Bergweg (Mark.-Nr. 417) zunächst über freies Gelände talwärts, dann nimmt uns der Wald auf. Ein Bergpfad leitet uns weiter talwärts. Im unteren Bereich geht es weiter auf einer Forststraße, die wir jedoch immer wieder abkürzen können. Auf dem sanft abfallenden Kamm geht es hinunter zum Weiler Holz. Rechts über einen Damm und vorbei an einem Lawinenschutz. Unser Rückweg zur Talstation führt dann rechts am Ort vorbei. Zuletzt queren wir noch die Brücke über den Hirschbach, dann ist bald die Talstation der Reuttener Bergbahn erreicht.

Linke Seite: Vom Hahnenkamm bietet sich ein freier Blick auf die Felsengipfel der südlichen Tannheimer Berge; im Bild Köllenspitze, Gimpel und Rote Flüh.

8

Gaichtspitze (1986 m)

Aussichtsreicher Randgipfel über dem Lechtal

mittel | 890 Hm | 5.00 Std.

TALORT
Weiler Gaicht (1117 m)

AUSGANGSPUNKT
Wanderparkplatz am östlichen Ortsrand von Gaicht (1117 m), an der Bundesstraße

ANFAHRT
a) *mit dem Auto:* Auf der A 7 in Richtung Füssen, bis zur Ausfahrt Oy-Mittelberg, dann auf der B 310 über Wertach nach Oberjoch; dort den Wegweisern ins Tannheimer Tal folgen (B 199), bis zum Weiler Gaicht kurz vor dem Gaichtpass. Oder aus dem Lechtal über die B 198 über den Gaichtpass nach Gaicht
b) *mit Bahn/Bus:* Mit der Bahn nach Sonthofen bzw. Garmisch/Reutte (»Außerfernbahn«) nach Reutte bzw. Pfronten; von dort mit dem Bus nach Gaicht

GEHZEITEN
Anstieg von Gaicht zur Gaichtspitze 3 Std., Abstieg zum Ausgangspunkt 2 Std.; Gesamtgehzeit 5.00 Std.

SCHWIERIGKEIT
Zu Beginn Dorfsträßchen, dann Bergwanderweg, zuletzt Bergsteig bis zur Gaichtspitze; im Gipfelbereich Trittsicherheit erforderlich

HÜTTEN/EINKEHR
Unterwegs keine. Gemütliche Jausenstation Klein-Meran (Donnerstag Ruhetag; ansonsten täglich von 11 – 16.30 Uhr geöffnet) im Weiler Rauth (1140 m). Alpengasthof Gaichtspitze (mit Übernachtungsmöglichkeit) im Weiler Gaicht (1117 m)

KARTE
Topographische Karte 1:50.000 »Allgäuer Alpen« (LDBV)

Die Gaichtspitze leitet ihren Namen vom gleichnamigen Weiler am Bergfuß ab. Auch der Pass im Süden – der den Zugang zum Tannheimer Tal herstellt – sowie der Alpengasthof im gleichnamigen Ort tragen den gleichen Namen. Also eine kleine Berühmtheit, dieser Gipfel am südlichen Abschluss der Tannheimer Berge. Dank seiner freistehenden Lage bietet er ein großartiges Rundumpanorama und gewährt Einblicke in die Südseite der Tannheimer Hauptkette auf der einen wie in den Talkessel auf der anderen Seite.

Die einfachsten Anstiege führen von Lechtal und vom Weiler Gaicht hinauf zum Gipfel. Der schnellste Zugang erfolgt jedoch mittels der Reuttener Bergbahn hinauf zur Höfener Alm auf eine Höhe von 1735 Meter Höhe und dem Nordanstieg (die letzten Meter müssen über eine gesicherte Felsstufe gemeistert werden). Wir ziehen bei unserem Ausflug dieses Mal den Anstieg vom kleinen Weiler Gaicht vor, da er landschaftlich reizvoller ist.

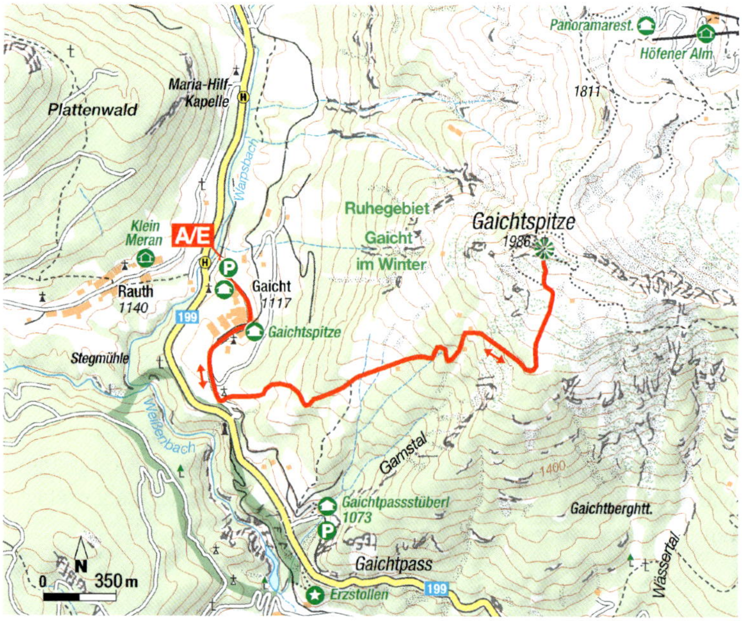

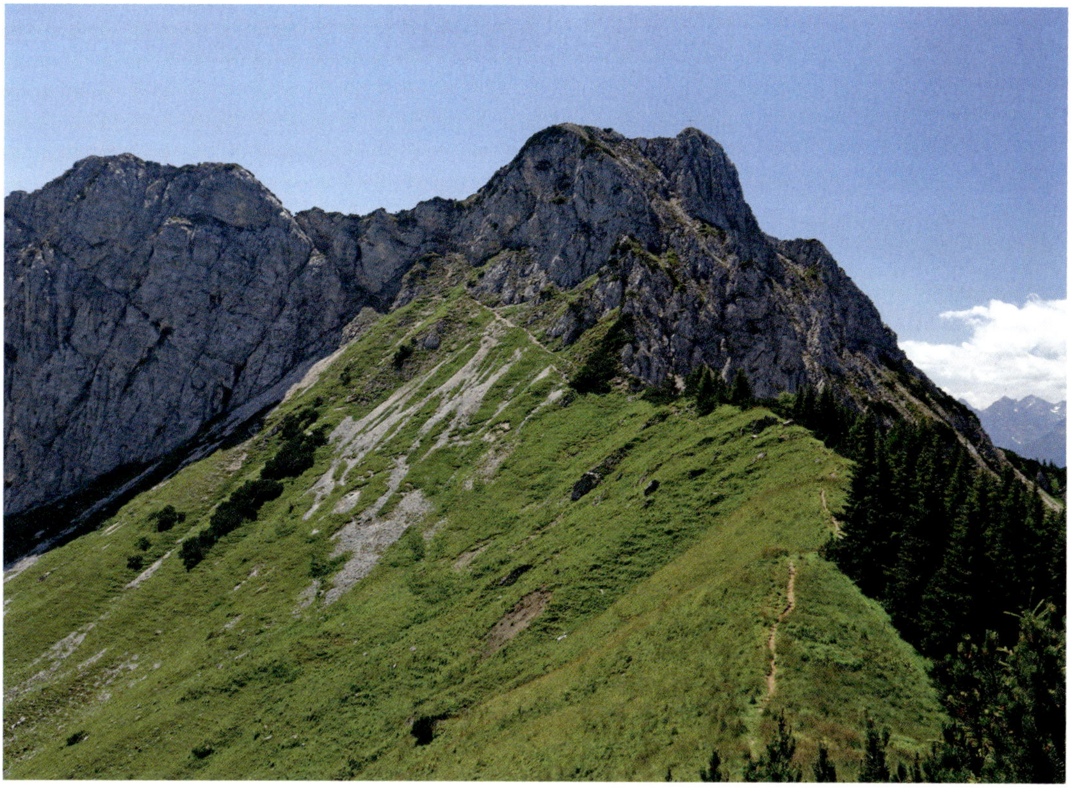

Die Gaichtspitze von Norden gesehen; neben dem Anstieg vom Ort Gaicht gibt es auch einen Übergang von der Bergstation der Hahnenkammbahn zu diesem großartigen Gipfel.

Von Gaicht hinauf zur Gaichtspitze Vom Parkplatz an der Bundesstraße folgen wir dem Sträßchen in den malerischen Weiler Gaicht hinein. Durch den Ort hindurch und dem südwärts führenden Sträßchen folgend bis zu einer Kapelle, wo wir nahezu die Bundesstraße wieder berühren. Hier nun links auf einem Bergwanderweg (Wegweiser) durch Bergwiesen zum Wald. Auf schmalem Steig durch Wald (bald führt von rechts der Aufstiegsweg vom Gaichtpass heran) steil hinauf bis zur Waldgrenze. Nach längeren Regenperioden ist der Steig durchaus etwas schmierig und anstrengend zu begehen. Dort macht unser Weg einen scharfen Knick nach links, dann geht es über einen Schotterhang, Grasflächen und durch Latschen hinauf zum breiten Ostgrat und links weiter zum Gipfel der Gaichtspitze, den ein großes Kreuz mit stilisiertem Edelweiß schmückt. Für unseren doch etwas schweißtreibenden Anstieg dürfen wir uns dann im Gipfelbuch verewigen. Auf dem leicht abgeflachten Gipfel gibt es auch genügend Platz für eine Rast mit Brotzeit, denn am Weg selbst gibt es ja keine Einkehrstelle. Bei dem großartigen Panorama, das uns dieser Gipfel bietet, schmeckt das Tiroler Speckbrot gleich doppelt gut. Etwas unterhalb des höchsten Punkts befindet sich eine neue kleine Schutzhütte. Nachdem wir noch einen letzten Blick nach Westen tief hinab ins Tannheimer Tal mit dem Ort Nesselwängle und dem dahinter liegenden Haldensee geworfen haben, starten wir unseren Abstieg.

Die Rückkehr erfolgt auf dem Anstiegsweg.

9

Große Schlicke (2059 m)

Großartiger Ausblick auf die Tannheimer Nordwände

mittel | 980 Hm | 4.45 Std.

TALORT
Grän (1138 m)

AUSGANGSPUNKT
Bergstation der Füssener-Jöchl-Bahn (1821 m)

ANFAHRT
a) *mit dem Auto:* Über Pfronten bzw. Reutte ins Tannheimer Tal nach Grän. Auf der Ostseite des Ortes zur Talstation der Füssener-Jöchl-Bahn; dort großer, gebührenfreier Parkplatz
b) *mit Bahn/Bus:* Mit der Bahn bis Reutte, dann mit Bus nach Grän (bis Tourist-Information); von dort 10 Minuten zu Fuß zur Talstation der Bergbahn

BERGBAHN
Die Füssener-Jöchl-Bahn (1205 – 1821 m) ist nahezu ganzjährig in Betrieb, in der Sommersaison von ca. 20. Mai bis Allerheiligen täglich von 8.45 – 16.30 Uhr. www.lifte-graen.com

GEHZEITEN
Vom Füssener Jöchl zu Füssener bzw. Otto-Mayr-Hütte 1 Std., Gipfelanstieg von dort zur Großen Schlicke 1.30 Std., Abstieg 1 Std., Rückkehr zur Talstation der Füssener-Jöchl-Bahn 1.15 Std.; Gesamtgehzeit 4.45 Std.

SCHWIERIGKEIT
Der Übergang vom Füssener Jöchl zu Füssener Hütte und Otto-Mayr-Hütte erfolgt auf Bergwanderwegen und Bergsteig. Der Anstieg auf die Große Schlicke ist leicht. Der direkte Rückweg vom Gipfel zum Füssener Jöchl auf Bergsteig. Trittsicherheit erforderlich; das Gleiche gilt für den Abstieg zur Musauer Alm.

HÜTTEN/EINKEHR
Otto-Mayr-Hütte (1528 m), AV-Hütte, Kat. I, 47 Betten, 37 Lager, von etwa Mitte Mai bis Mitte/Ende Oktober bewirtschaftet; Tel. 0043/676/373 11 66.
Füssener Hütte (1550 m), bewirtschaftet von Mitte Mai bis Mitte Oktober, 50 Betten und Lager; Tel. 08362/880 98

KARTE
Topographische Karte 1:50 000 »Allgäuer Alpen« bzw. »Füssen« (LDBV)

Der leicht erreichbare Gipfel, der das Reintal nach Norden hin abschließt, stellt den mächtigsten Bergstock in den Tannheimer Bergen dar. Bereits beim Ausstieg aus der Gondelbahn am Füssener Jöchl beeindruckt er durch seine massige Gestalt. Im Norden fällt die Große Schlicke in steilen Schrofenmauern ab, daher unbedingt Vorsicht am Gipfel. Er bietet einen herrlichen Blick auf das Allgäuer Seengebiet und nach Süden auf die Gehrenspitze, die Köllenspitze, den Gimpel und die Rote Flüh.

Ausgangspunkt für den Anstieg auf die Große Schlicke – sofern wir nicht direkt vom Reintaler Jöchl ansteigen wollen – sind die beiden bewirtschafteten Hütten am Bergfuß. Wobei hier besonders auf die Otto-Mayr-Hütte als ein Unikum hingewiesen sein soll: Ursprungsbau dieser Alpenvereinshütte war ein auf einer Münchener Ausstellung erworbener Holzbau, der von der AV-Sektion Augsburg in Einzelteile zerlegt und dort oben wieder errichtet wurde – also ein klassisches Fertighaus mitten in den Bergen.

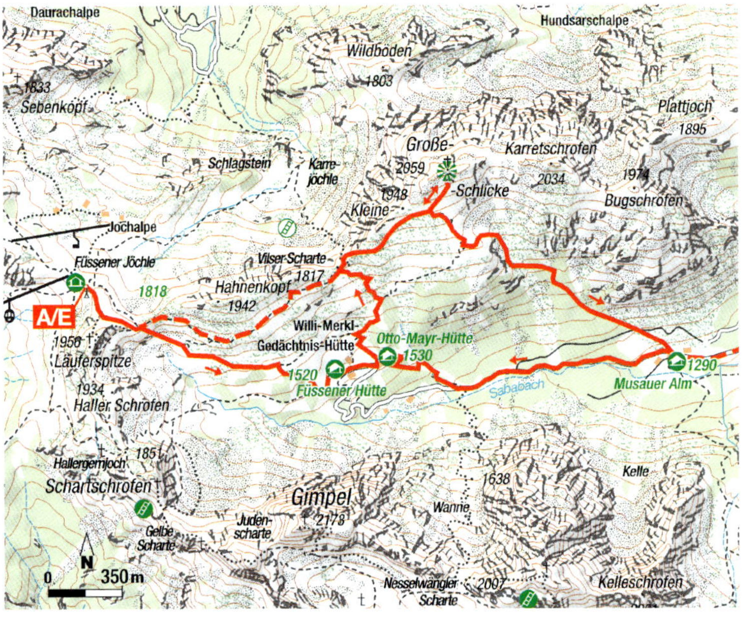

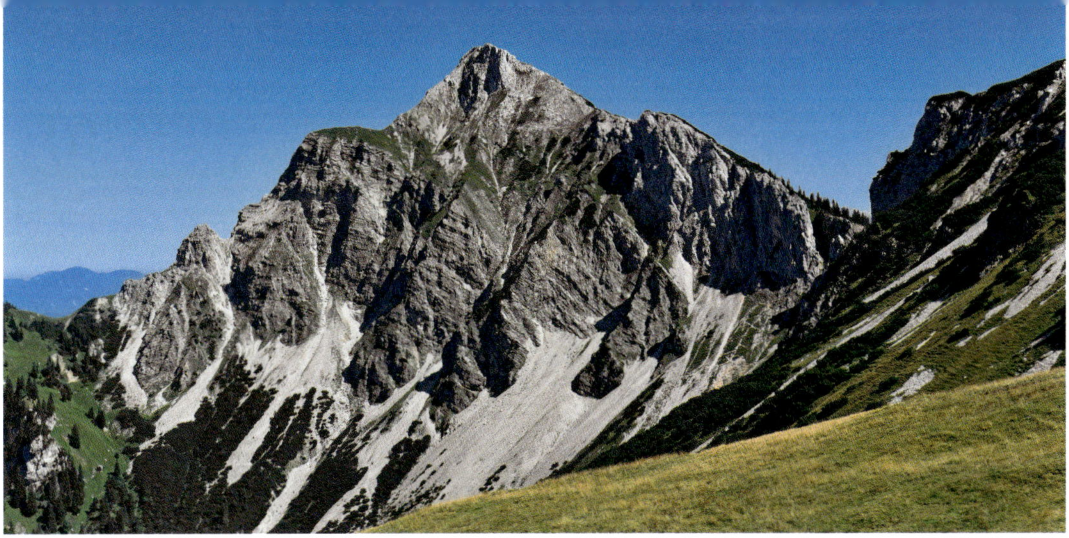

Die große Schlicke vom Füssener Jöchl aus gesehen. Wir machen Station auf der Otto-Mayr-Hütte und steigen von dort aus hinauf zum Gipfel.

Von Grän übers Füssener Jöchl zur Otto-Mayr-Hütte Mit der Umlaufbahn ist das Füssener Jöchl bequem zu erreichen. Von der Bergstation (1821 m) leitet rechts haltend (zahlreiche Wegweiser bieten gleich nach Verlassen des Gebäudes eine verwirrende Zahl an Möglichkeiten an) ein leichter Höhenweg (Mark.-Nr. 414) durch die freien Nordosthänge des Läuferspitz zum Reintaler Jöchle hinauf, wo wir die großen Felsgipfel der Tannheimer – die Rote Flüh, den Gimpel und die Köllenspitze – bewundern können. Jenseits dann auf ausgeschildertem Weg, bei der Wegteilung (weiter mit Mark.-Nr. 413) halten wir uns rechts, hinab in den großen Kessel des Reintals, wo sich die beiden Unterkunftshütten befinden – die Otto-Mayr-Hütte des Deutschen Alpenvereins und die Füssener Hütte, die der Stadt Füssen gehört.

Von der Otto-Mayr-Hütte auf die Große Schlicke Der Anstieg beginnt direkt bei der Hütte und führt auf markiertem Weg (Ausschilderung »Vils«) über Weiden, durch lichten Wald und Latschen zur Vilser Scharte (1817 m). Wenige Meter unterhalb leitet der Steig rechts durch den Südosthang der Kleinen Schlicke, bis links steile Serpentinen zum Gipfelkreuz führen.

Abstiegsroute über die Musauer Alm Falls wir eine alternative Route für den Abstieg suchen: Wir können vom Gipfel der Großen Schlicke auch direkt zur Musauer Alm hinabwandern. Vom Gipfel ein Stück auf dem Anstiegsweg zurück, bis links ein bezeichneter Steig abzweigt, der uns zunächst durch Karstgelände, dann durch Latschen hinabführt. Bald treten wir in einen Wald ein, durch den es steil hinab zur Musauer Alm geht. Dort entweder auf dem Wirtschaftsweg (Abkürzer über Bergweg) zurück zu den Ausgangshütten oder weiter hinab nach Vils.

Direkte Abstiegsvariante von der Großen Schlicke Um nicht wieder ins Reintal absteigen zu müssen (es sei denn, wir wollen über die Musauer Alm hinab und hinaus nach Vils wandern), kehren wir vom Gipfel auf dem Abstiegsweg zurück bis zur Vilser Scharte. Dort halten wir uns geradeaus (Mark.-Nr. 414) und wandern durch die Südflanke des Hahnenkopfs zurück zum Reintaler Jöchle und hinab zur Bergstation der Füssener-Jöchl-Bahn.

10

Köllenspitze (2238 m)

Höchster Gipfel der Tannheimer Berge

schwer | 1115 Hm | 6.45 Std.

TALORT
Nesselwängle (1136 m)

AUSGANGSPUNKT
Wanderparkplatz am westlichen Ortsrand von Nesselwängle (1130 m)

ANFAHRT
a) *mit dem Auto:* Auf der A7 in Richtung Füssen, bis zur Ausfahrt Nesselwang, dann über Pfronten nach Grän und weiter nach Nesselwängle. Großer Wanderparkplatz am westlichen Ortsrand. Oder Anfahrt über Reutte und den Gaichtpass
b) *mit Bahn/Bus:* Mit der Bahn über Kempten bzw. Garmisch/Reutte (»Außerfernbahn«) nach Pfronten; von dort mit dem Tälerbus über Grän nach Nesselwängle bzw. von Reutte dorthin

GEHZEITEN
Anstieg zum Gimpelhaus 1.45 Std., von dort zur Nesselwängler Scharte 1.15 Std., Gipfelanstieg 1 Std., Abstieg zur Hütte: 1.30 Std., Abstieg ins Tal 1.20 Std.; Gesamtgehzeit: 6.30 Std.

SCHWIERIGKEIT
Anstieg zum Gimpelhaus auf leichten Wanderwegen, zur Nesselwängler Scharte auf Bergsteig. Am Gipfel der Köllenspitze Trittsicherheit und Schwindelfreiheit unbedingt erforderlich. Klettererfahrung im II. Schwierigkeitsgrad Voraussetzung. Drahtseilsicherung und einige Treppen. Nicht bei Nässe oder Schnee begehen

HÜTTEN/EINKEHR
Gimpelhaus (1659 m), privat, 50 Betten, 110 Lager, vom 1. Mai bis zum 3. Sonntag im Oktober bewirtschaftet; Tel. 0043/5675/8251. Tannheimer Hütte (1713 m), AV-Haus der Kat. I, 22 Lager; zur Zeit geschlossen. Neubau ab 2022

KARTE
Topographische Karte 1:50 000 »Allgäuer Alpen« (LDBV)

Die Köllenspitze (auch Kellespitze genannt) – immerhin höchster Gipfel der Tannheimer Berge – ist eher für Kletterer interessant, obwohl sie nicht gerade sehr festes Gestein aufweist. Am imposantesten wirkt dieser Gipfel aus dem Reintal. Doch auch für den erfahrenen Bergsteiger, der nicht mit Seil unterwegs sein will, weist sie eine »schwache« Seite auf. Diese beginnt an der Nesselwängler Scharte.

Und der Anstieg ist ja auch lohnend: In der Regel besucht man diesen Gipfel von Nesselwängle aus, übernachtet im privaten Gimpelhaus, das an aussichtsreicher Stelle direkt über dem Haldensee liegt; es zählt zu den ganz großen Hütten in den Tannheimer Bergen. Im Gegensatz zur nahe gelegenen, urig-gemütlichen Tannheimer Hütte, die zur Zeit leider geschlossen ist, gleicht dieses Haus eher einem Berghotel. Aber für einen Anstieg auf die Köllenspitze ist eine Übernachtung nicht zwingend. Vom Gimpelhaus wirkt unser Ziel zwar etwas mickrig, doch der Anstieg hat es in sich. Oben belohnen uns ein großartiges Panorama und beeindruckende Tiefblicke.

Von Nesselwängle zum Gimpelhaus Vom Wanderparkplatz auf Sträßchen am nordwestlichen Ortsrand zu den letzten Häusern (hierher auch direkt

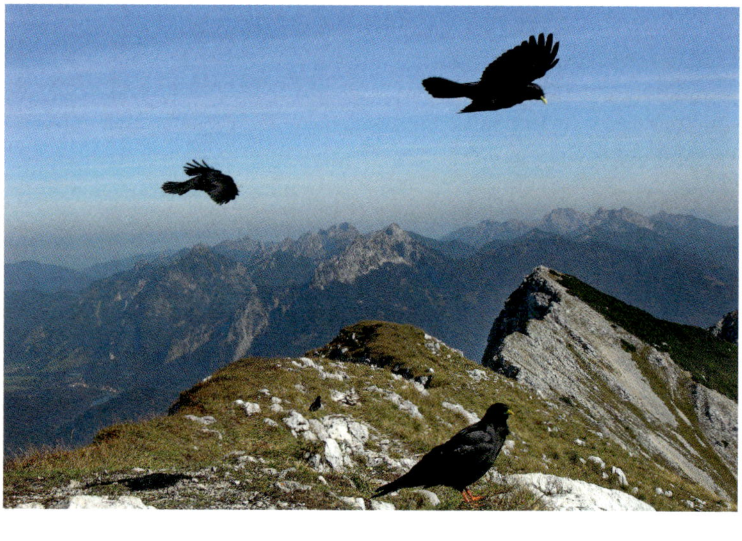

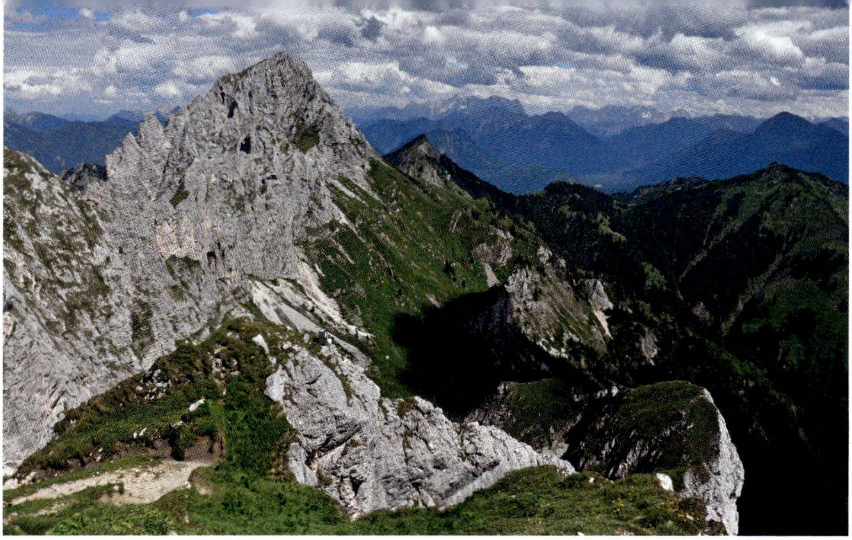

Mit 2238 Metern Höhe ist die Köllenspitze der höchste Gipfel der Tannheimer Berge; es gibt zwar keinen »leichten« Anstieg auf diesen Gipfel, die Route über die Nesselwängler Scharte ist jedoch für geübte Bergsteiger gut machbar.

von der Kirche auf ausgeschildertem, etwas verwinkeltem Weg), dann dem Wegweiser zum Gimpelhaus folgend zunächst noch auf Wirtschaftsweg (Mark.-Nr. 415), dann auf wurzeligem Steig durch Wald in steilen Serpentinen hinauf zum ganz mit Schindeln verkleideten Gimpelhaus; kurz dahinter zweigt rechts ein schmaler Weg ab, der durch Wald direkt zur Tannheimer Hütte führt.

Linke Seite: Auf dem Gipfel der Köllenspitze bekommen wir bei unserer Brotzeit ganz sicher schnell Besuch: Bergdohlen warten auf ein paar Krumen (links).

Vom Gimpelhaus auf die Köllenspitze Vom großen Unterkunftshaus folgen wir zunächst dem breiten Wanderweg bergan, halten uns bei der folgenden Wegverzweigung links und steigen hinauf zum unteren Karboden des Gimpelkars. Bei der Wegkreuzung geradeaus weiter (Ausschilderung »Otto-Mayr-Hütte«) und direkt hinauf über steile Grashänge bis unter die Felsen, dann rechts queren und in Serpentinen über eine Geröllpassage hinauf zur weiten Nesselwängler Scharte (2005 m), wo uns ein eindrucksvoller Tiefblick ins Reintal erwartet. Dort rechts über Wegspuren und schrofige Grashänge zum Westgrat, dann links haltend, den Farbmarkierungen folgend, unser Weg verläuft parallel zum Westgrat in östlicher Richtung – auf die Nordwestseite, bald durch eine Rinne hinab und wieder ansteigend hinauf zu einer brüchigen Felsschlucht. Durch diese – eine schwierige Stelle wird mittels Drahtseil und Eisenklammern überwunden – hinauf in eine Scharte und rechts über leichteres Gelände zum Gipfelkreuz.

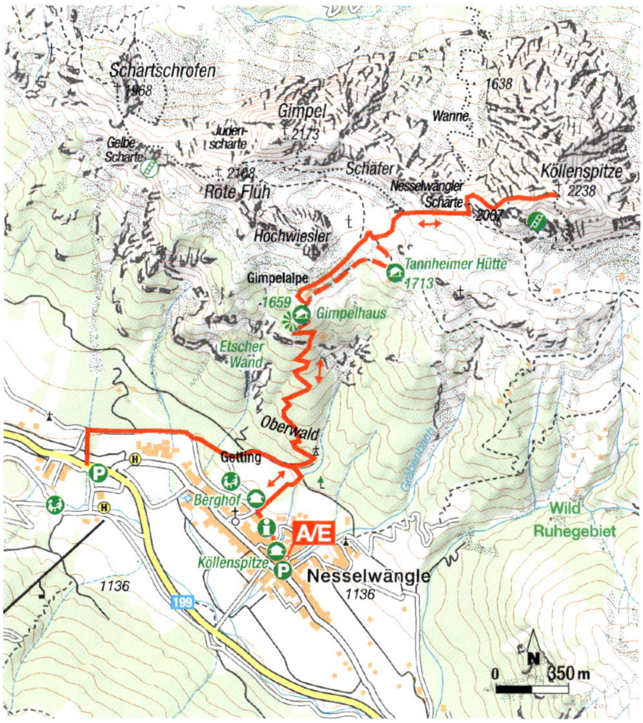

11

Gehrenspitze (2163 m)

Frei stehender Felsgipfel mit großartiger Rundsicht

schwer | 1335 Hm | 8.45 Std.

TALORT
Musau (821 m)

AUSGANGSPUNKT
Musau bzw. Wanderparkplatz beim Ghs. Bärenfalle (830 m). Wer mit der Bahn anfährt, startet die Tour dort; wir folgen dem Ortssträßchen in Richtung Reute zum Gemeindeamt, dort dem WW nach rechts folgen, über die Bahnlinie und die Straße hinweg und auf einem Feldweg zum Bergfuß

ANFAHRT
a) *mit dem Auto:* Über die A 7 von Kempten kommend oder über Marktoberdorf bzw. über Füssen (A 7, Grenztunnel) bis zur Ausfahrt Vils/Musau; dort weiter auf der B 198 über Musau nach Roßschläg bis zum Wanderparkplatz beim Gasthaus Bärenfalle
b) *mit Bahn/Bus:* Mit Außerfernbahn von Kempten bzw. von Garmisch über Reutte nach Musau

GEHZEITEN
Von Musau bzw. Ghs. Bärenfalle zur Musauer Alm 2.15 Std., Aufstieg zum Gehrenjoch 2 Std., von dort zur Gehrenspitze 1 Std., Abstieg zur Musauer Alm 2 Std., Rückkehr zum Ausgangspunkt 1.30 Std.; Gesamtgehzeit 8.45 Std.

SCHWIERIGKEIT
Der Aufstieg zur Musauer Alm erfolgt auf Wirtschaftsweg bzw. über die Achsel Feldweg bzw. teilweise auf Bergsteig. Der Anstieg zum Gehrenjoch erfolgt auf Wegen und Steigen. Der weitere Anstieg zum Gipfel setzt Trittsicherheit und Schwindelfreiheit voraus; einige Stellen im Schwierigkeitsgrad I

HÜTTEN/EINKEHR
Musauer Alm (1290 m), privat, bewirtschaftet von etwa Mitte Mai bis Mitte Oktober, im Winter an den Wochenenden, Dienstag Ruhetag, 15 Betten, 25 Lager; Tel. 0043/720/510 336

KARTE
Topographische Karte 1:50 000 »Füssen« (LDBV)

Die Gehrenspitze dominiert mit ihren steilen Felsflanken das Reuttener Tal. Doch der Anstieg auf den Gipfel muss verdient werden, denn der Anstiegsweg ist etwas lang. Als Tagestour ist dieser Ausflug in die Tannheimer Berge zu anspruchsvoll, daher ist eine Übernachtung in der Musauer Alm empfehlenswert. Auch der Zustieg von der Hahnenkammbahn und dem Alpenrosensteig zum Gehrenjoch wäre eine Option.

Ab dem Gehrenjoch, wo sich alle Zustiegswege kreuzen, wird es jedenfalls anspruchsvoll und umsichtiges Steigen und gelegentlich der Einsatz der Hände sind erforderlich. Schon Hermann von Barth war dort oben, und auch die bayerische Königin Marie. Doch das sollte man nicht unterschätzen, beide waren hervorragende Bergsteiger, wenngleich sie mit örtlichen Bergführern unterwegs waren. Die Atmosphäre ist wohl heute noch so wie damals – wir sind im wohl stillsten Winkel der Tannheimer Berge

Von Musau (bzw. Ghs. Bärenfalle) zur Musauer Alm Von der Bahnstation wandern wir auf ausgeschildertem Feldweg zum Bergfuß, dann steil

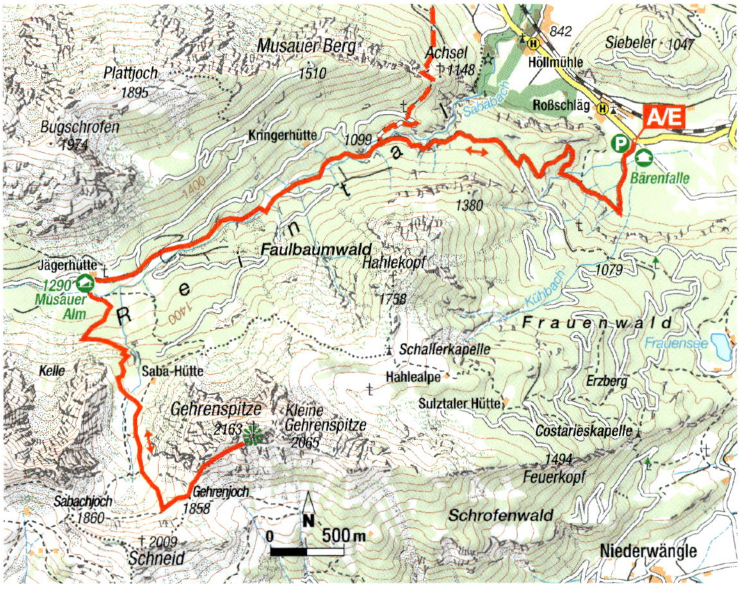

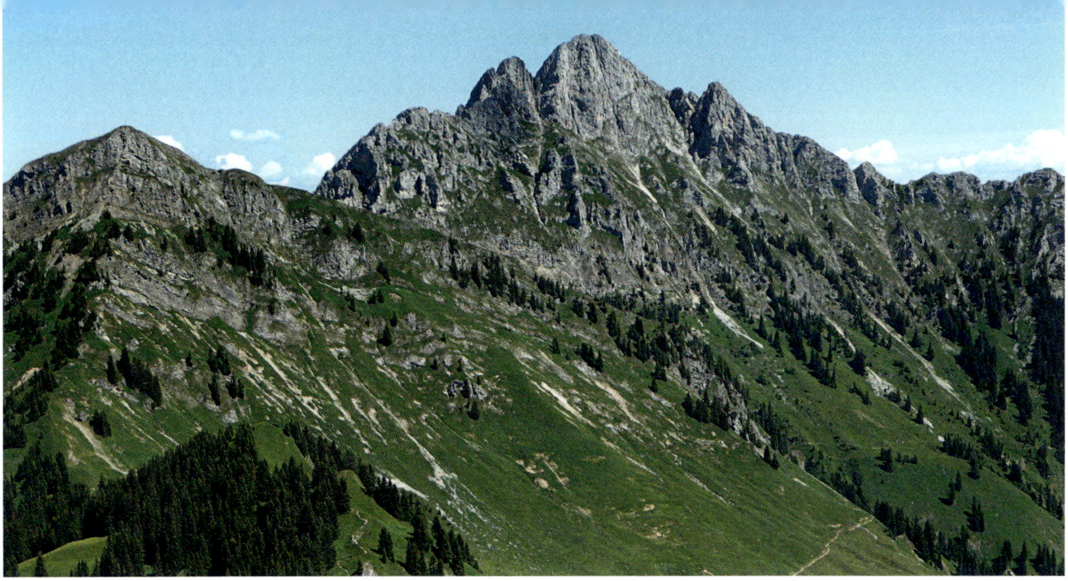

Von beiden Seiten – von Norden und von Süden – ist die Gehrenspitze eine imposante Erscheinung. Hier der Blick von der Lechaschauer Alpe. Unser Anstieg führt durch das Reintal ins Gehrenjoch und dann auf und neben dem Westgrat (im Bild) zum höchsten Punkt.

durch Bergwald zur »Achsel«, einem Durchschlupf, hinüber ins Reintal. Auf einem Ziehweg geht es jenseits hinab, bis man auf den von Roßschläg heraufführenden Wirtschaftsweg trifft. Auf diesem links weiter und über die Musauer Alm. Wer vom Parkplatz beim Gasthaus Bärenfalle startet, benutzt die Wirtschaftswege hinauf ins Reintal bis zum Schnittpunkt beider Wege.

Von der Musauer Alm zum Gehrenjoch Falls wir erst nach dem Gipfelanstieg einkehren wollen, steuern wir nicht erst die bewirtschaftete Alm an, sondern queren etwa 150 Meter davor links auf einem Steg den Sababach. Dort folgen wir dem Steig mit der Mark.-Nr. 416 durch Weiden und Wald auf der rechten Seite des Taleinschnitts, der zwischen der Kellespitze und der Gehrenspitze hinauf zu den beiden gleich hohen Übergängen – dem Sabajoch und dem Gehrenjoch – führt. Nach gut einer Stunde Gehzeit erreichen wir die Böden der Sabacher Galtalm; dort queren wir bald links (geradeaus geht es weiter hinauf zum Sabajoch) hinüber auf die andere Seite des Bachtals und steigen dann an der Westseite der Gehrenspitze weiter hinauf, zuletzt links haltend, zum Gehrenjoch (1858 m). Hier haben wir nun auch den höchsten Gipfel der Tannheimer Berge – die Köllenspitze – in seiner ganzen Pracht vor uns.

Vom Gehrenjoch zur Gehrenspitze Am Joch wenden wir uns links und folgen einem Pfad; und schon nach kurzem Anlauf befinden wir uns am Einstieg zur Gipfelroute. Dort rechts haltend auf Steig den roten Markierungen folgend über einige Felsrippen hinweg zur Geröllrinne vor dem Gipfelstock. Links hoch und über eine Felsstufe, wo wir bereits die Hände einsetzen müssen. Dann weiter auf die tiefe Einschartung zwischen Vorgipfel und Hauptgipfel am Westgrat zu. Auf der Nordseite zur vom Gipfel herabziehenden Schlucht, dann wieder rechts aufwärts zum Grat und weiter bis zum Gipfel mit Gipfelkreuz.

Die Rückkehr erfolgt auf dem Anstiegsweg; größte Vorsicht dabei beim Abstieg in der Gipfelschlucht.

12

Einstein (1866 m)

Einzelgänger im Tannheimer Tal

mittel | 769 Hm | 4.30 Std.

TALORT
Tannheim (1097 m)

AUSGANGSPUNKTE
Tannheim (1097 m) bzw. Weiler Berg im Tannheimer Tal bzw. Wanderparkplatz im Engetal (1045 m)

ANFAHRT
a) *mit dem Auto:* Auf der A 7 in Richtung Füssen, bis zur Ausfahrt Nesselwang, dann über Pfronten nach Grän und Tannheim; gebührenpflichtiger Parkplatz direkt bei der zentralen Abfahrt auf der rechten Seite. – Anstiegsvariante aus dem Engetal: Wanderparkplatz Achtal (1045 m)
b) *mit Bahn/Bus:* Mit der Bahn über Kempten bzw. Garmisch/Reutte (»Außerfernbahn«) nach Pfronten; von hier mit dem Tälerbus nach Tannheim. Für die Anstiegsvariante aussteigen bei der Bushaltestelle »ehemaliges Zollhaus«, kurz vor dem Grenzübergang. Oder weiterfahren bis Tannheim; von dort weiter zu Fuß durch die Unterführung zum Ortsteil Berg

GEHZEITEN
Vom Wanderparkplatz Tannheim auf den Einstein 2.30 Std., Abstieg zum Ausgangspunkt 2 Std.; Gesamtgehzeit 4.30 Std. – Anstieg aus dem Engetal gleiche Gehzeiten

SCHWIERIGKEIT
Zu Beginn Ortssträßchen, dann Bergsteige; sehr steiler Anstieg, der in einigen Abschnitten Trittsicherheit voraussetzt. – Die Anstiegsvariante aus dem Engetal verläuft zu Beginn auf Forstwegen, dann auf Bergsteigen, im Gipfelbereich Schrofengelände, das Trittsicherheit voraussetzt

HÜTTEN/EINKEHR
Unterwegs keine. Jausenstation »Schäferhütte« im Weiler Berg (Montag/Dienstag Ruhetag; ansonsten täglich bewirtschaftet von 11 – 20 Uhr)

KARTE
Topographische Karte 1:50 000 »Füssen« (LDBV)

Der Einstein sieht von Süden imposanter aus als von Norden. Doch im Hochsommer ist der Anstieg aus dem Engetal vorzuziehen, da wir bis in Gipfelnähe deutlich mehr Schatten haben. Dieser »einsame Stein« ist aus Hauptdolomit aufgebaut und weist daher sicheren Fels auf. Doch er ist kein Kletterberg im eigentlichen Sinne, wenngleich er Trittsicherheit voraussetzt. Der Normalanstieg von Süden, also von Tannheim aus, macht ihn auch zu einem ganzjährigen Tourenziel, da er meist schneefrei ist.

Aufgrund seiner Insellage ist er auch ein bevorzugter und relativ schnell erreichbarer Aussichtsberg. Man überblickt nahezu das gesamte Tannheimer Tal, genießt den Ausblick auf die südlich gelegenen Vilsalpseeberge und im Osten die Hauptgipfel der Tannheimer Berge, die mit ihren blanken, steil abfallenden Felsen vor allem bei Kletterern punkten.

Der Anstieg vom Weiler Berg Vom Parkplatz auf der Nordseite der Hauptstraße, die an Tannheim vorbei führt, folgen wir dem Ortssträßchen bis zum Weiler Berg. Dort weisen uns schon die ersten Wegweiser auf unser

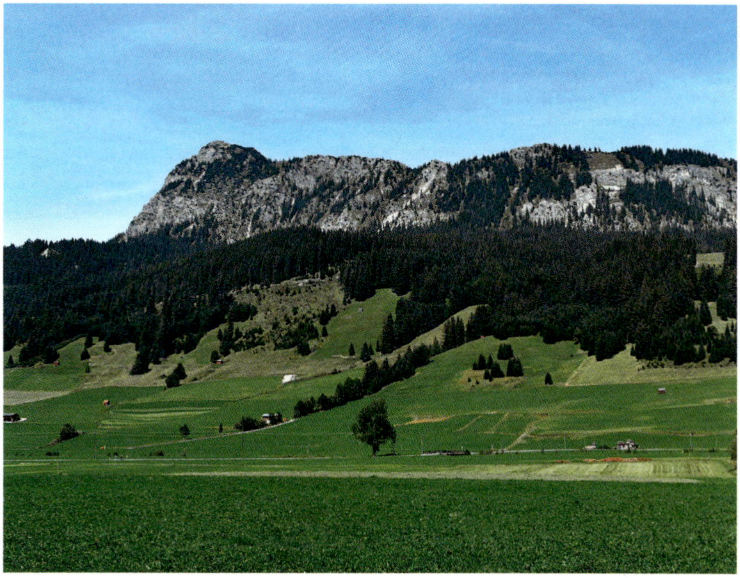

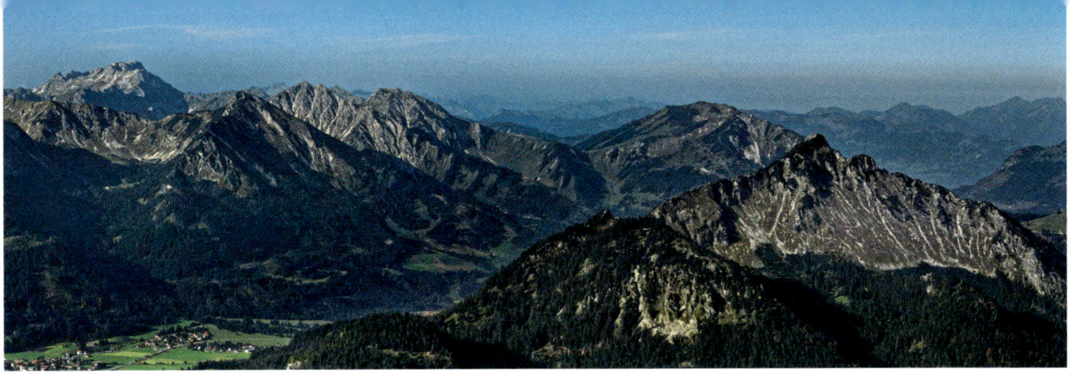

Der Einstein von Nordosten aus gesehen (rechts im Bild); dahinter erheben sich die Gipfel der Vilsalpseeberge.

Tourenziel hin. Nach dem obersten Haus treffen wir sogleich auf einen weiteren Wegweiser und eine informative Wanderkarte. Wir gehen links durch das kleine Gatter und folgen einem Pfad; bald treffen wir auf einen markierten Steig, steigen durch Bergwiesen an und erreichen einen lichten Fichtenwald. Wir queren ein paar Forststraßen. Am Beginn der Steinswand steigen wir über steile Serpentinen durch Latschen hinauf zum Südostkamm des Einsteins. Auf der anderen Seite erblicken wir plötzlich den spitzen Gipfelaufbau des Aggensteins. Nach Norden bricht der Kamm recht steil an. Links geht es nun über Felsblöcke und durch Latschen hinauf zum Gipfelkreuz des Einsteins.

Linke Seite: Aus dem Tannheimer Tal wirkt der »Inselberg« Einstein nicht ganz so dramatisch; der Anstieg von dort erfolgt über Bergwiesen und Wald, zuletzt dann über den Südostgrat.

Der Anstieg aus dem Engetal Vom Wanderparkplatz Achtal wandern wir zunächst auf einem Pfad durch die Wiesen auf den Berg zu. Ein etwas erdiger Steig bringt uns steil durch Wald hinauf zu einer Forststraße; dort halten wir uns kurz rechts und folgen bei einer Weggabelung dem bergwärts führenden Abzweig. Wegweiser leiten uns mühelos weiter. Wir kürzen die Forststraße ab und folgen bald einem Steig durch Hochwald zur unbewirtschafteten Einsteinhütte (1330 m), die sich auf einer Lichtung befindet. Jenseits davon und rechts vom Mittelberg steil weiter bergan bis zum Gipfelfuß; dort wendet sich der Steig zunächst nach links und nach einer Kehre rechts. Wir befinden uns nun in Schrofengelände, das durch Fixseile entschärft wird, und erreichen so den Südostgrat auf einer Höhe von gut 1700 Metern. Von links mündet nun der Anstieg von Tannheim ein. Über weiterhin schrofiges Gelände erreichen wir so den höchsten Punkt des Einsteins, den ein großes hölzernes Kreuz schmückt.

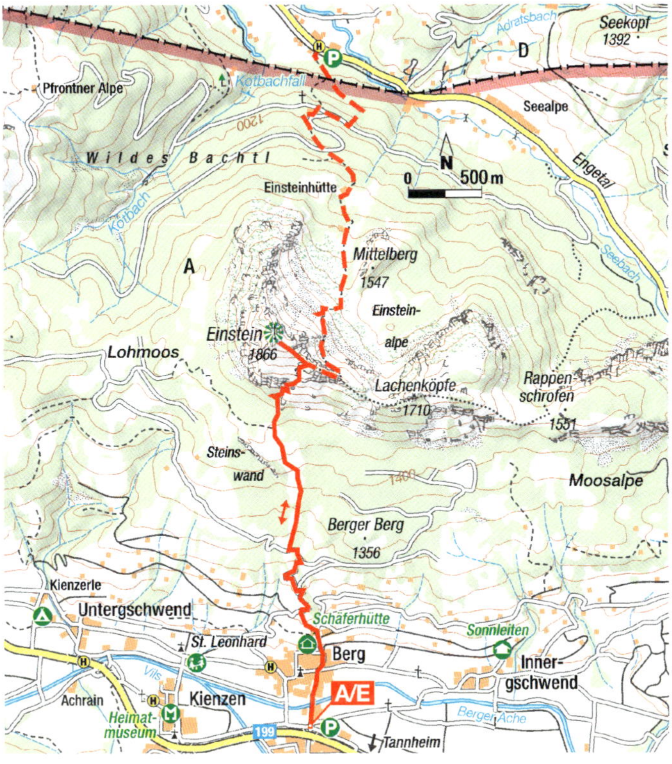

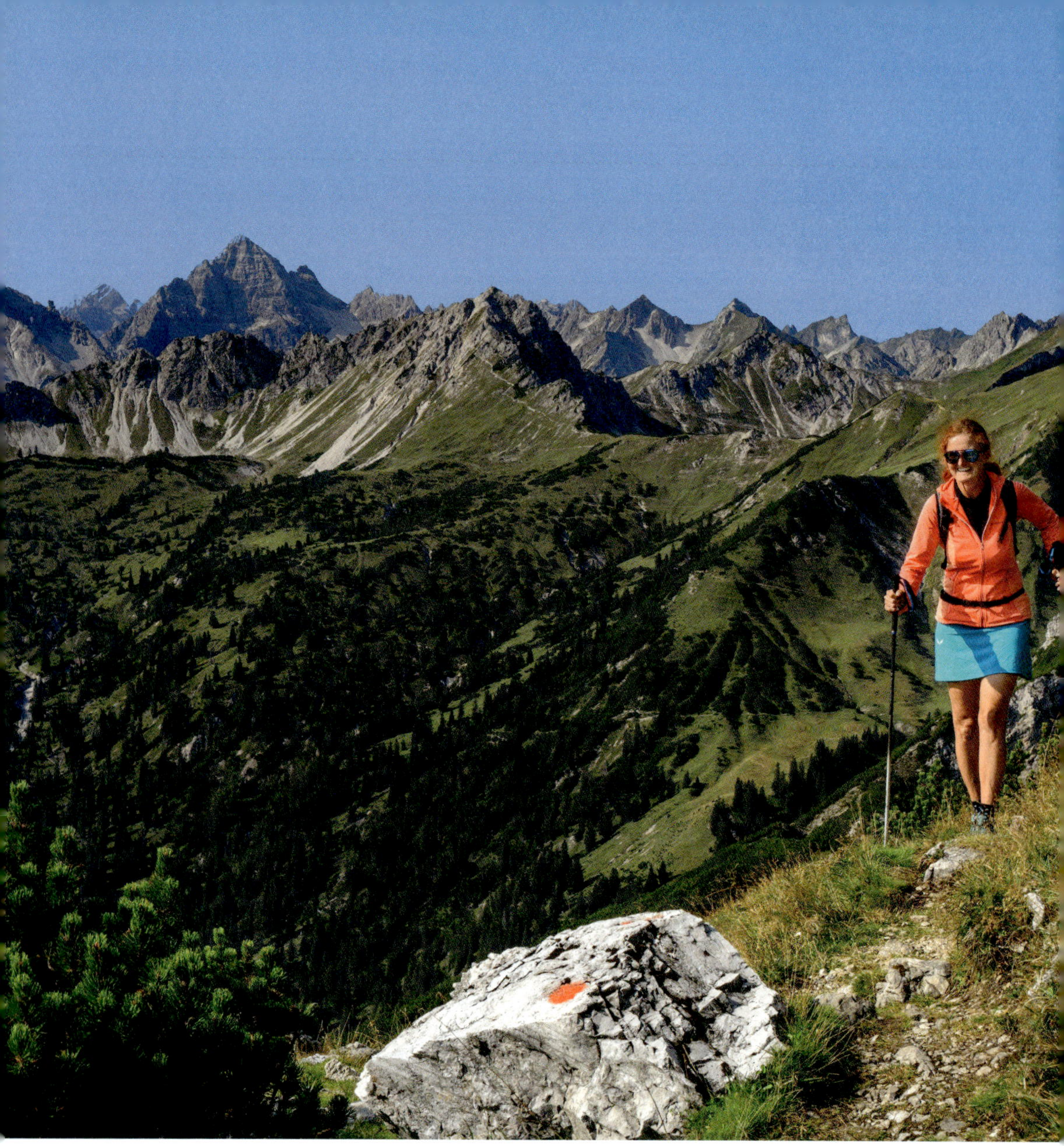

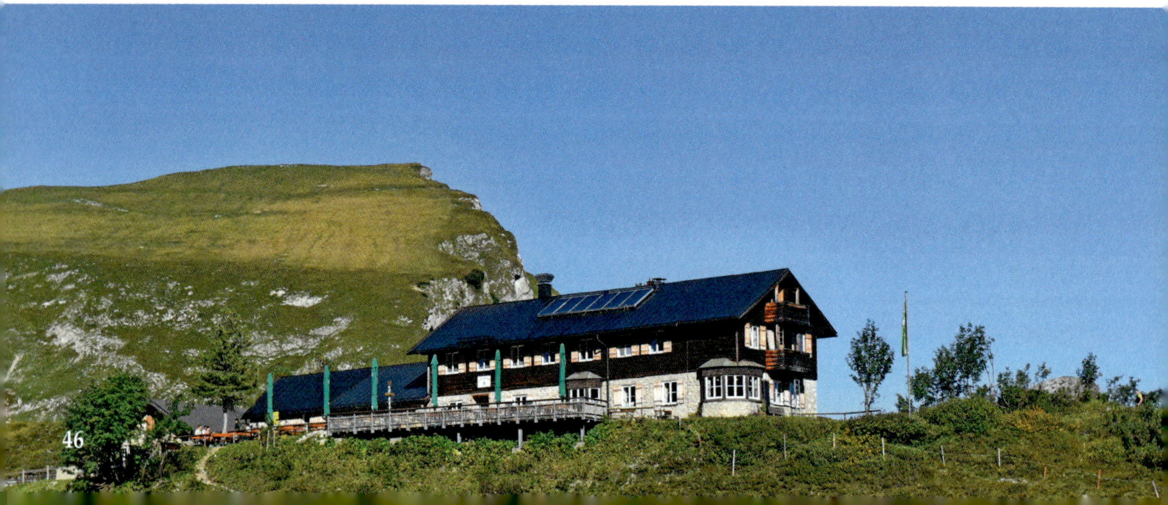

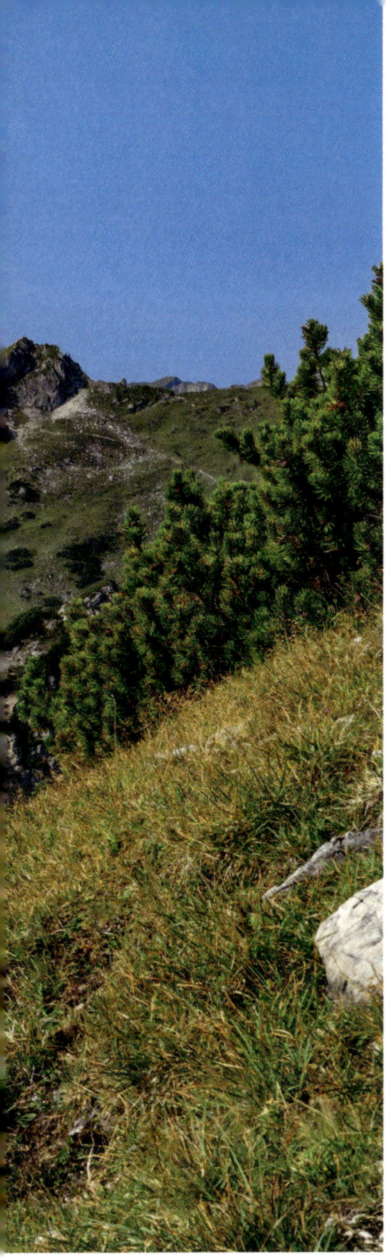

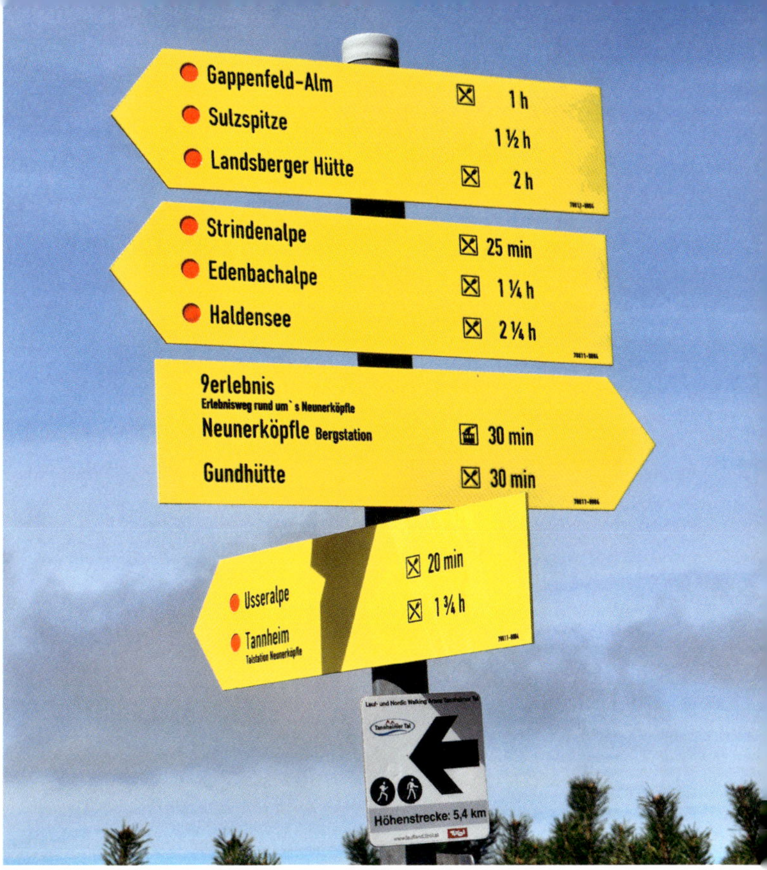

Vilsalpseeberge

Blick nach Süden auf die Vilsalpseeberge (li. o.). Die Landsberger Hütte ist die einzige Alpenvereinshütte in dieser Gebirgsgruppe (li. u.). Wegweiser mit allen wichtigen Destinationen (re. o.). Der Vilsalpsee, der der Berggruppe ihren Namen gab (re. u.).

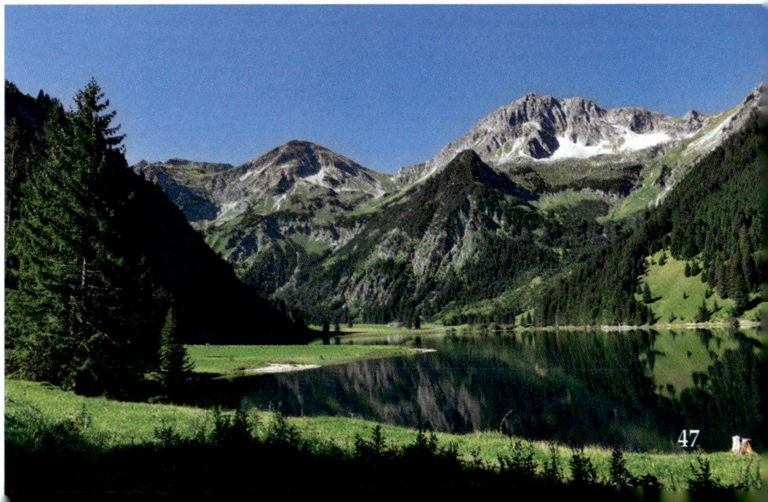

13

Ponten (2045 m) und Bschießer (1998 m)

Zwei Grenzgipfel und zwei Genussalpen

mittel | 1179 Hm | 6.15 Std.

TALORT
Bad Hindelang-Hinterstein (866 m)

AUSGANGSPUNKT
Parkplatz bei der Kapelle

ANFAHRT
a) *mit dem Auto:* über Sonthofen oder Oberjoch nach Bad Hindelang und weiter zum Ortsteil Hinterstein, zur Kapelle nahezu am Ortsende von Hinterstein
b) *mit Bahn/Bus:* Zug nach Sonthofen, weiter mit Bus nach Bad Hindelang-Hinterstein, Haltestelle Grüner Hut

GEHZEITEN
Von Hinterstein über die Willersalpe auf den Ponten 3.30 Std., über den Bschießer zur Zipfelsalpe 1.15 Std., Abstieg über den Zipfelsbachwasserfall nach Hinterstein zum Parkplatz 1.30 Std.; Gesamtgehzeit 6.15 Std.

SCHWIERIGKEIT
Überwiegend Bergsteige, die in den Gipfelbereichen Trittsicherheit und Schwindelfreiheit erfordern. Teilweise etwas steilere An- und Abstiege

HÜTTEN/EINKEHR
Willersalpe (1456 m) etwa Ende Mai bis Ende Oktober je nach Wetter, 30 Lager. Zipfelsalpe (1534 m) Anfang Juni bis September, Oktober nur bei gutem Wetter

KARTE
Topographische Karte 1:50 000 »Allgäuer Alpen« (LDBV)

Eine aussichtsreiche Wanderung ist der »Grenzgang« zwischen dem Hintersteiner Tal im deutschen Allgäu und dem Tannheimer Tal im österreichischen Außerfern. Beidseits der Gipfel liegen zwei gastliche Senn-Alpen, auf denen man sich mit selbst hergestelltem Käse und weiteren regionalen Erzeugnissen stärken kann.

Allgäuer Alpgenuss nennt sich ein Verein, dem sich bereits an die 50 Allgäuer Alpen wie die Zipfelsalpe angeschlossen haben und bei denen garantiert nur unverfälschte Produkte angeboten werden. Auf der Willersalpe darf der Gast Selbiges erwarten, auch wenn die Brüder Bertele nicht dem Verein beigetreten sind. Sie haben sich aus Überzeugung zu Althergebrachtem auch dem Fahrwegbau verweigert, und so stört bis heute kein Auto die Ruhe auf der Alpe. Zu Beginn der Tour trifft man noch auf den Wildfräuleinstein, in dessen Höhle der Sage nach »wilde Fräulein« hausten.

Von Hinterstein auf den Ponten Gegenüber der Kapelle beginnt hinter dem Bergsteigerhotel Grüner Hut unser Aufstieg Richtung Wildfräuleinstein, den wir nach einem ersten kräftigen Anstieg erreichen. Anschließend geht es gemütlich zum Weg, den die Pferde nehmen, und in Serpentinen hinauf zur Willersalpe. Dahinter folgen wir links dem Wegweiser »Iseler, Ponten« bergan in den grünen Einschnitt. Kurz vor der Höhe

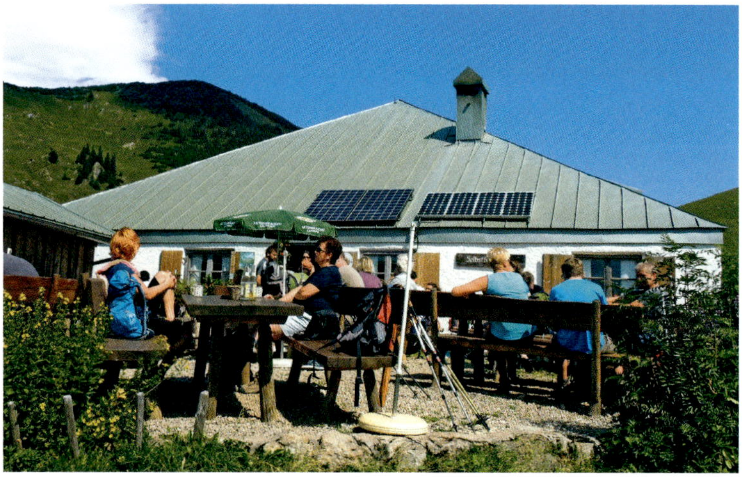

Die Zipfelsalpe steht mittlerweile unter Denkmalschutz; sie wurde bereits im Jahr 1474 in einer Lehensurkunde erwähnt.

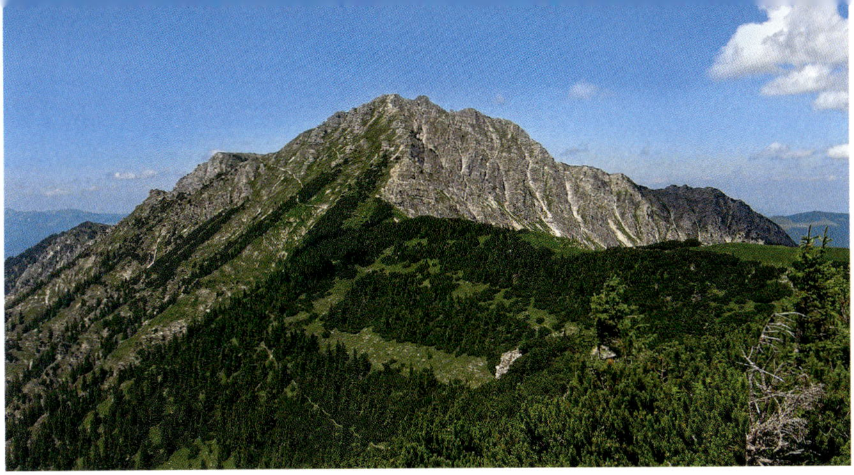

Das mehrgipfelige Kalkmassiv des Ponten von Osten; der Name leitet sich von »Bante« – der gebannte Berg – ab; offenbar sollten die steilen Hänge nicht von ihrem schützenden Wald »befreit« werden.

kann man links abzweigen und den direkten Weg zum Ponten nehmen. Schöner ist es, noch ganz zur Höhe zum Zirleseck (1872 m) zu gehen, dort ins Älpelestal zu schauen und links hinüberzuspazieren zum Gipfelaufbau, den man unterhalb umgehen könnte. Wir zweigen jedoch rechts ab und erreichen über eine felsdurchsetzte Rippe den Gipfel.

Über den Bschießer zur Zipfelsalpe Wir verlassen den Ponten und laufen sehr aufmerksam hinunter ins Joch. Dort bleiben wir geradeaus und beginnen den Anstieg zum Bschießer (auch: Bscheißer). Ein Stück im steil abfallenden Hang entlang, zuletzt nochmal kräftig aufwärts, erreichen wir den zweiten Gipfel. Auf der anderen Seite geht es in Kehren abwärts durchs Schotterfeld ins Wiesengelände und links abzweigend zur Zipfelsalpe.

Abstieg nach Hinterstein Bei der Alphütte halten wir uns rechts und an die Richtung Hinterstein. Wir queren den Zipfelsbach und folgen seinem zunächst gemächlichen Lauf in den Wald, dann geht es steiler und in vielen Kehren hinunter zum großen Wasserfall. Weiter bergab, bleiben wir unterhalb des Naturbads Prinzen Gumpe auf dem Wanderweg, der uns zurückleitet zum Grünen Hut am Parkplatz.

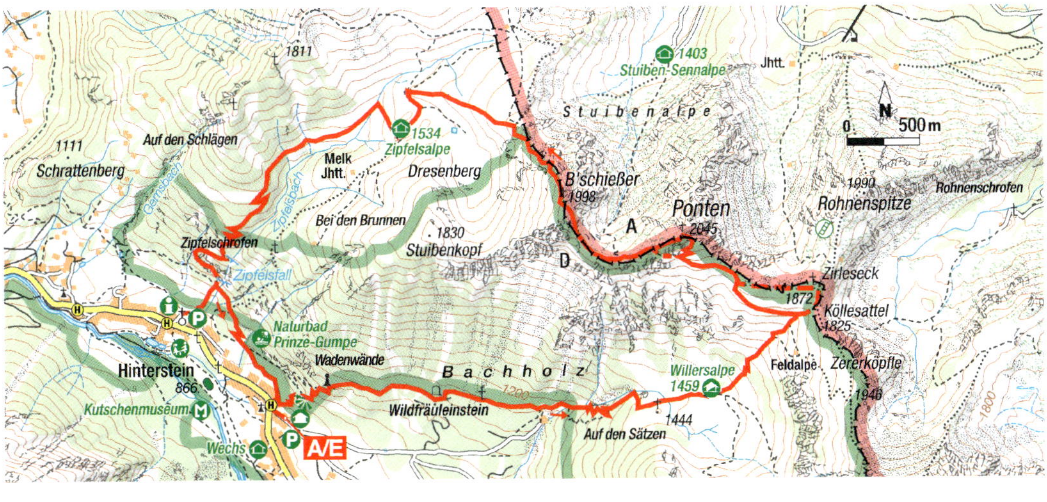

14

Geishorn (2247 m)

Aussichtsbalkon über dem Vilsalpsee

mittel | 1190 Hm | 6.00 Std.

TALORT
Tannheim (1097 m

AUSGANGSPUNKT
Gebührenpflichtiger Wanderparkplatz am Vilsalpsee (1168 m); die Zufahrt ist nur vor 10 Uhr und nach 17 Uhr gestattet

ANFAHRT
a) *mit dem Auto:* Auf der A 7 bis Ausfahrt Nesselwang; dann über Pfronten nach Tannheim; oder über Füssen und Reutte dorthin. Gebührenpflichtige Parkplätze bei der Neunerköpflebahn bzw. am Ortseingang
b) *mit Bahn/Bus:* Mit der Bahn über Kempten (»Außerfernbahn«) nach Pfronten-Steinach bzw. nach Reutte (oder Bus von Füssen); von dort Regionalbus über Weißenbach nach Tannheim. Vom Bahnhof Pfronten-Steinach verkehrt der Tälerbus nach Tannheim. Von der Talstation der Neunerköpflebahn fährt ein Wanderbus zum Vilsalpsee.

GEHZEITEN
Vom Wanderparkplatz Vilsalpsee zur Vorderen Schafwanne 2.45 Std.; Übergang von dort zum Geishorn 0.45 Std.; Abstieg vom Gipfel zum Vilsalpsee 2.30 Std.; Gesamtgehzeit 6 Std. Abstiegsvariante über die Obere Roßalpe 2.30 Std.

SCHWIERIGKEIT
Zu Beginn Talwege sowie leichte Wege und Steige bis zur Vorderen Schafwanne; bis dort hinauf jedoch zahllose steile Serpentinen; der Übergang zum Geishorn erfolgt auf Bergsteig durch den steilen Südosthang des Gaisecks. Vorsicht bei Nässe. Die gesamte Route ist komplett der Sonne ausgesetzt. Abstiegsvariante: Auf der Nordseite bis in den Frühsommer hinein manchmal noch Schneefelder.

HÜTTEN/EINKEHR
Vilsalpe (1178 m), im Sommer täglich almtypisch bewirtschaftet.

KARTE
Topographische Karte 1:50 000 »Allgäuer Alpen« (LDBV)

Das Geishorn ist Teil des Rauhhornzuges, der sich vom Allgäuer Hauptkamm nach Norden erstreckt. Außerdem ist er der zweithöchste Gipfel der Vilsalpseeberge und der höchste Gipfel der Bergumrahmung des Vilsalpsees. Er liegt im Naturschutzgebiet Vilsalpsee. Bereits vom Vilsalpsee sieht man sein Gipfelkreuz in der Sonne blinken – und damit weiß man auch schon, wo das Ziel ist. Der Gipfel gilt daher auch als Aussichtsbalkon über dem Vilsalpsee.

Der früher klassische Anstiegsweg führte über die Willersalpe und die Vordere Schafwanne; heute sind es eher die Anstiege vom Vilsalpsee, wohl auch weil das Ziel direkt vor Augen liegt. Auch vom Ort Tannheim führt eine lange Route hinauf zum Gipfel, die sich mit der Route vom Nordufer des Vilsalpsees trifft. Dieser Nordanstieg ist aber deutlich schwieriger als der Anstieg über die Vordere Schafwanne, wenngleich diese konditionell anstrengender ist. Am Anfang und am Ende dieser anstrengenden Wanderung befindet sich der Vilsalpsee. Dort können wir entspannen, im See baden oder in einem der beiden Gasthäuser einkehren.

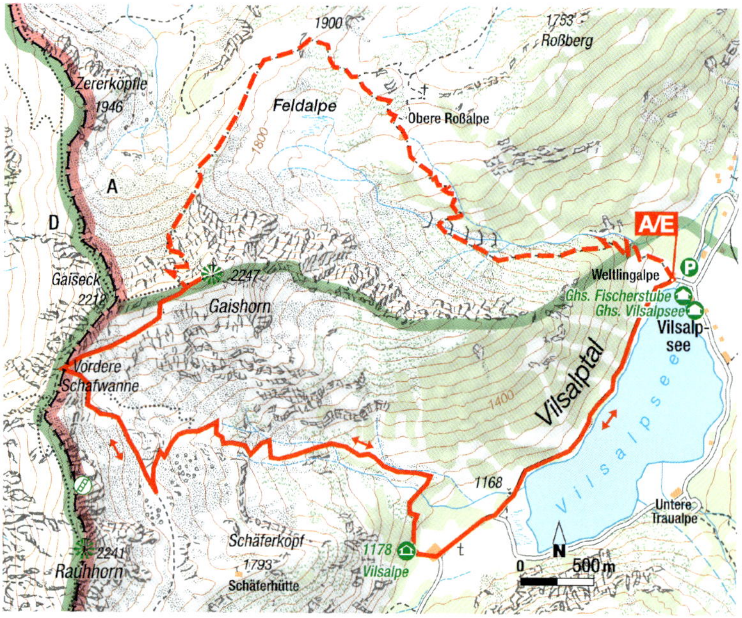

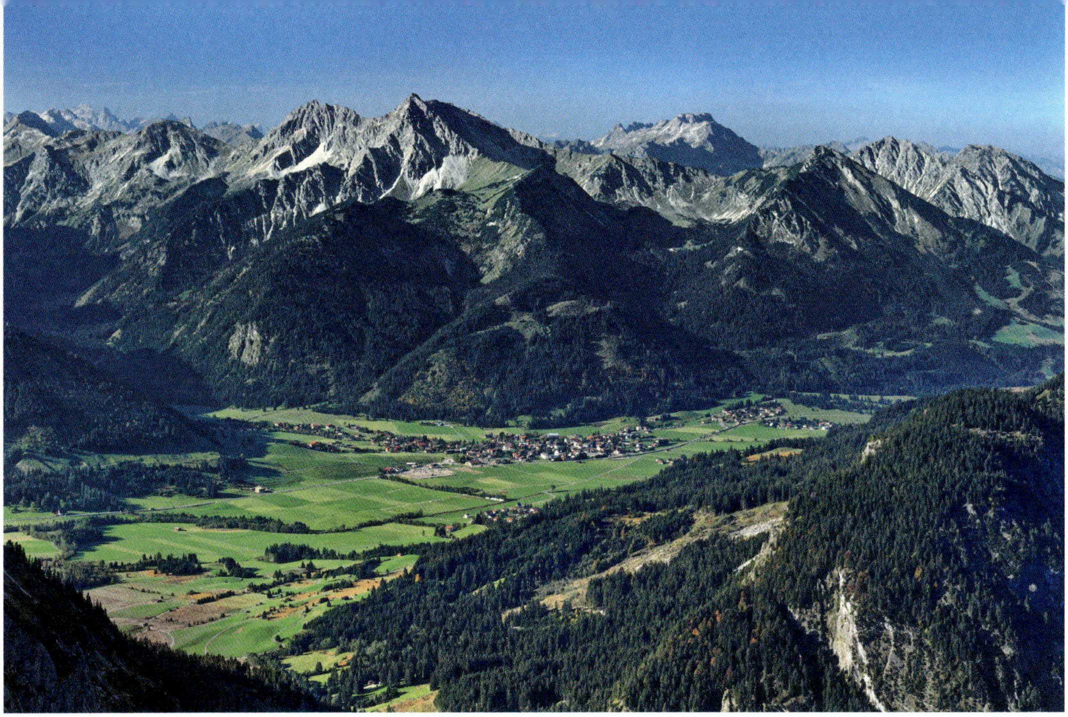

Blick von Norden über das Tannheimer Tal in die Vilsalpseeberge; in der Bildmitte erkennen wir das Geishorn.

Vom Vilsalpsee zur Vorderen Schafwanne Vom Wanderparkplatz kurz vor dem See gehen wir vor zu den Gasthäusern, halten uns dort rechts, queren den Asee-Abfluss und wandern auf breiten Uferweg rechts am See entlang hinüber zur Vilsalpe, die wir immer im Blick haben. Dort über den See-Zufluss und rechts haltend hinauf zur schön gelegenen Jausenstation. Hinter dem Stall der Alpe rechts über den Bach und erneut rechts weiter (Mark.-Nr. 424) einem Bergweg folgend über freies Gelände mit etwas Jungwald hinauf zu einem weiteren Bach. Über diesen hinweg und links auf dessen Nordseite über steile Serpentinen durch abwechselnd freies und buschiges Gelände hinauf in das große Kar; dort links haltend hinauf zum Jubiläumsweg, der von der Willersalpe zum Prinz-Luitpold-Haus führt, dem wir dann rechts haltend hinauf bis in die Vordere Schafwanne (2057 m) folgen.

Übergang zum Geishorn Von der Vorderen Schafwanne rechts weiter auf Bergsteig, kurz leicht fallend, dann eben durch durch die Südflanke des Geisecks auf den Gipfel des Geishorns zu. Zuletzt links in Serpentinen ansteigend, dann rechts hinauf zum Westgrat. Dort rechts hinauf zum Gipfel des Geishorns.

Die Rückkehr erfolgt auf dem Anstiegsweg

Abstiegsvariante über die Obere Rossalpe Vom Gipfel zurück zur Wegverzweigung unterhalb; dort steigen wir rechts in wildes Felsgelände auf der Westseite des Geishorns ab. Wir queren einen paar steile Reißen, die Markierungen leiten uns dann auf den breiten Kamm hinüber, dem wir hinab bis zur Feldalm folgen. Dort rechts durch freies Gelände und Latschen hinab in den Hochtalkessel der Oberen Roßalpe (1685 m; Mark.-Nr. 59); anschließend steigen wir durch überwiegend lichten Wald hinab zum Nordufer des Vilsalpsees.

15

Rauhhorn (2241 m)

Aus dem Hintersteiner Tal über den Nordgrat

schwer | 1375 Hm | 8.00 Std.

TALORT
Bad Hindelang (820 m)

AUSGANGSPUNKT
Wanderparkplatz »Auf der Höh« (885 m) bei Hinterstein

ANFAHRT
a) *mit dem Auto:* Über Sonthofen oder über die A 7 bis Ausfahrt Oy-Mittelberg , dann auf der B 310 über Oberjoch nach Bad Hindelang und zum Ortsteil Hinterstein, dort weiter zum großen, gebührenpflichtigen Wanderparkplatz am Ende der öffentlichen Fahrstraße
b) *mit Bahn/Bus:* Mit dem Zug nach Sonthofen, weiter mit dem Bus nach Bad Hindelang und Hinterstein bis zur Haltestelle »Grüner Hut« bei der Kapelle

GEHZEITEN
Von Hinterstein zur Willersalpe 2 Std., Weiterweg zur Vorderen Schafswanne 1.45 Std., Anstieg zum Gipfel von dort 1 Std., Abstieg zum Ausgangspunkt 3.15 Std.; Gesamtgehzeit 8 Std.

SCHWIERIGKEIT
Forstwege, Bergwanderwege und Bergsteige (ein kurzes Stück auf Alpweg) bis zur Willersalpe, dann steile Bergsteige zur Vorderen Schafwanne; der Gipfelanstieg erfordert unbedingte Trittsicherheit und Schwindelfreiheit (eine mit Drahtseil gesicherte Kletterstelle sowie ein paar Passagen im Schwierigkeitsgrad I–II); sehr steile Felsabbrüche am Gipfel. Teilweise steile An- und Abstiege

HÜTTEN/EINKEHR
Willersalpe (1456 m) etwa Ende Mai bis Ende Oktober je nach Wetter, 30 Lager

KARTE
Topographische Karte 1:50 000 »Allgäuer Alpen« (LDBV)

Das Rauhhorn ist eine gezackter Felsenkamm, der mit Steilabbrüchen nach Westen und Osten abfällt. Er liegt direkt auf der bayerisch-tirolerischen Grenze und ist ein Aussichtsberg par excellence. Der Blick reicht über die Tannheimer Berge bis zur Zugspitze im Osten, im Westen bis zu den westlichsten Gipfeln der Allgäuer Alpen, im Süden bis zu den Stubaier und Ötztaler Alpen.

Wer die letzten Meter am Gipfelaufbau scheut, kann trotzdem eine aussichtsreiche Wanderung unternehmen. Denn es handelt sich dabei um einen »Grenzgang« zwischen dem Hintersteiner Tal im deutschen Allgäu und dem Tannheimer Tal im österreichischen Außerfern. Der Anstieg über die Willersalpe, die ein besonders interessantes, leichtes Wanderziel mit zahlreichen Tieren und ein rustikales Ambiente darstellt, bis hinauf zur Vorderen Schafwanne mit großartigem Tiefblick zum Vilsalpsee, gehört zu den schönsten Wanderungen in den Allgäuer Alpen.

Von Hinterstein zur Willersalpe Bei der Kapelle am Wanderparkplatz im Hinterdorf von Hinterstein folgen wir zunächst kurz dem Fußweg in Richtung Giebelhaus, bis am Straßenende der Wegweiser zur Willersalpe (Wegtafel »Zur Willersalpe«) zeigt. Wir wandern nun durch Bergwiesen (Mark.-Nr. 432) bis zum sogenannten Bachholz, dann geht es weiter auf

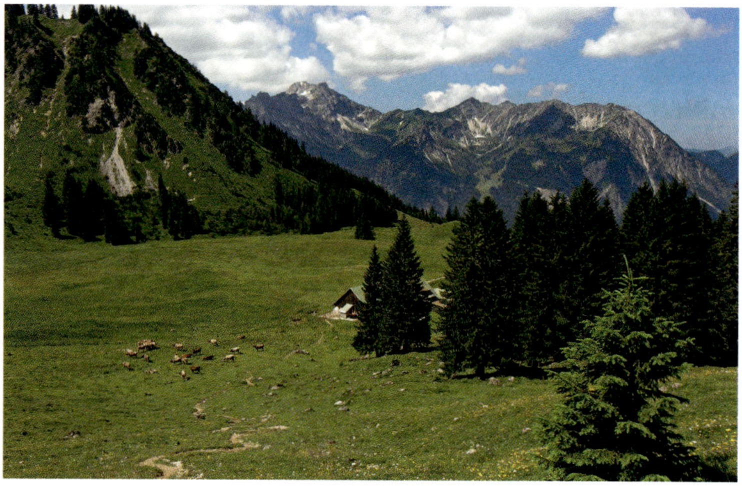

einem Forstweg durch Wald, bis links der Wanderweg zur Willersalpe abzweigt. Nun in Nähe des Willersbaches steil hinauf, bis wir auf den quer führenden Weg treffen, der vom »Wildfräuleinstein« herüberführt. Auf diesem nun rechts weiter, auf einem Steg über den Willersbach hinweg und in steilen Serpentinen durch Wald hinauf zu den Bergwiesen – im Sommer von Blumen übersät – der Willersalpe hinauf, die in einem Hochtal liegt.

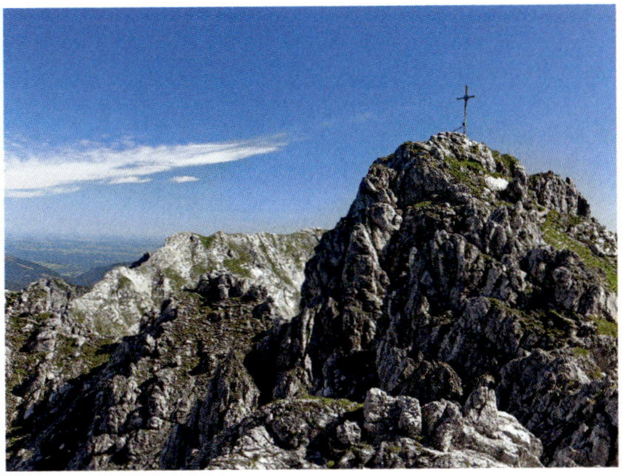

Der Gipfelaufbau des Rauhhorns; von dort oben hat man einen grandiosen Blick hinab zum Traualpsee im Osten und auf das Hintersteiner Tal im Westen.

Von der Willersalpe auf das Rauhhorn Hinter dem Alpgebäude folgen wir rechts dem Wegweiser in Richtung Schrecksee. Wir bewegen uns nun ein Stück auf dem Jubiläumsweg, der von der Willersalpe zum Prinz-Luitpold-Haus führt. Durch Weidegelände und von vereinzelten Bäumen und Latschen bewachsenes Gelände wandern wir hinauf bis zum unteren Kar, das sich vom Geißeck herabzieht. Dann wird der Weg steiler und führt uns in zahlreichen steilen Serpentinen über Grashänge und Schuttflächen hinauf in die Vordere Schafwanne (auch Geißeckjoch genannt; 2057 m). Hier verläuft die Grenze zwischen Bayern und Tirol, und hier verlassen wir auch wieder den Jubiläumsweg. Tief unten erkennen wir den Vilsalpsee. An diesem Einschnitt beginnt auch der Gipfelanstieg auf das Rauhhorn. Ein Warnschild weist darauf hin, dass hier nur »Geübte« weitergehen sollten. Zunächst noch mäßig steil durch eine grasige Flanke und auf schrofigen Grat – den wir rechts ein Stück umgehen können – weiter zum Gipfelaufbau. Dann wir es ernst. Links und rechts fallen die Steilwände Hunderte Meter ab. Ein Riss erfordert Handanlegen, dann kommt der mit einem Seil gesicherte steile Felsaufschwung, über den es zum Gipfel geht. Den höchsten Punkt ziert ein großes Metallkreuz.

Linke Seite: Die Böden der Willersalpe hoch über dem Hintersteiner Tal; um dorthin zu gelangen, braucht es zwei Stunden Gehzeit.

Der Abstieg erfolgt auf dem Anstiegsweg.

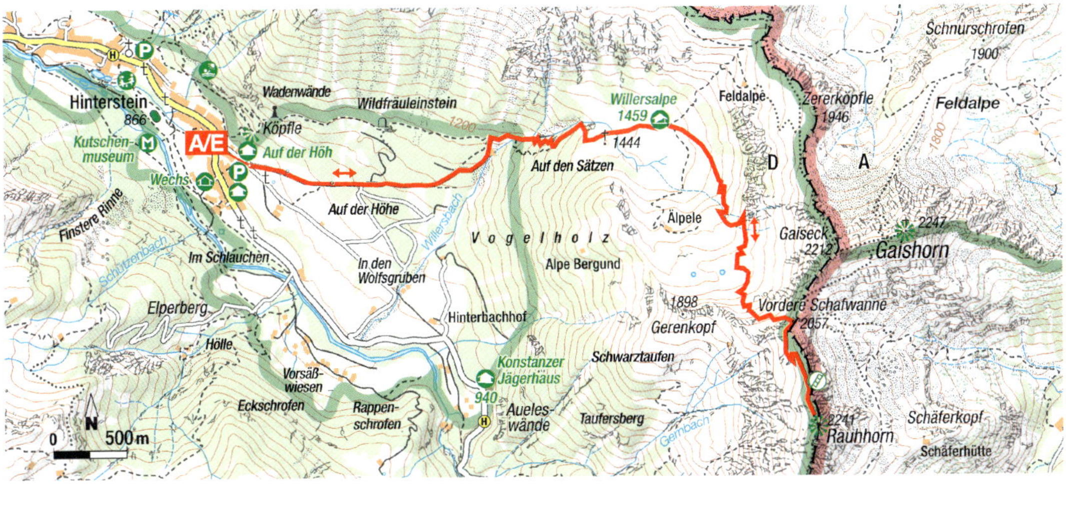

16

Lachenspitze (2126 m)

Ein Highlight über dem Tannheimer Tal

mittel | 600 Hm↑ /1285 Hm↓ | 7.00–8.15 Std.

TALORT
Tannheim (1097 m)

AUSGANGSPUNKT
Talstation Neunerköpflebahn

ANFAHRT
a) *mit dem Auto:* über Pfronten oder Bad Hindelang-Oberjoch ins Tannheimer Tal zu den Parkplätzen in Tannheim bei der Neunerköpflebahn
b) *mit Bahn/Bus:* Zug nach Sonthofen, weiter mit Bus nach Bad Hindelang-Oberjoch, mit Regionalbus 120 (VVT) nach Tannheim. Oder mit Zug (oder Bus von Füssen) nach Reutte, mit Regionalbus 120 über Weißenbach nach Tannheim

GEHZEITEN
Von der Bergstation Neunerköpfle zur Landsberger Hütte 3 Std. (Umweg über die Schochenspitze 0.30 Std.); auf die Lachenspitze 1.30 Std., Abstieg 1 Std. (über den Klettersteig 3 Std.). Von der Landsberger Hütte zum Vilsalpsee 1.30 Std., zu Fuß nach Tannheim 1.15 Std.; Gesamtgehzeit 7 Std. bis 8.15 Std.

SCHWIERIGKEIT
Leichte Bergwege und Steige bis zur Landsberger Hütte, von dort etwas anspruchsvoller auf die Lachenspitze, Trittsicherheit und Schwindelfreiheit sind angebracht, für den Klettersteig ist Klettersteigausrüstung nötig.

HÜTTEN/EINKEHR
Gappenfeldalpe (1860 m) Mitte Juni bis Mitte Oktober und Obere Traualpe (1649 m) Juli bis September täglich almtypisch bewirtschaftet. Landsberger Hütte (1805 m), AV-Hütte, Ende Mai/Anf. Juni – Mitte Oktober, 30 Betten, 90 Lager.

KARTE
Topographische Karte 1:50 000 »Allgäuer Alpen« (LDBV)

Dieser aussichtsreiche Höhenweg führt ins Herz des Naturschutzgebietes Vilsalpsee. Zwei größere Seen und die kleinere Lache bieten Fotomotive ohne Ende und machen die Schönheit des von schroffen Felsgipfeln umgebenen Weges aus. Zu Beginn schaut man auch noch auf den Haldensee, ansonsten darf man sich besonders im Frühsommer an einem unvergleichlichen Blumenflor erfreuen.

Höhepunkt der Wanderung ist zweifelsohne die Lachenspitze, der bildschön gestaffelt alle drei Seen zu Füßen liegen. Sie ragt mit ihrer nahezu senkrechten Nordwand gegenüber der Terrasse der Landsberger Hütte auf, und dort am Wandfuß beginnt für erfahrene Bergsteiger mit Klettersteigausrüstung die »Direttissima« zum Gipfel. Unvergleichlich auch der Rundumblick bis weit in die Lechtaler und Allgäuer Berge mit dem alles dominierenden Hochvogel.

Vom Neunerköpfle zur Landsberger Hütte Die Neunerköpflebahn bringt uns direkt unter den Gipfel, den wir über den Drachen- und Gleitschirmstartplatz und einen kurzen steileren Steig erklimmen, zur ersten Prachtaussicht auf den Haldensee und ins Tannheimer Tal. Dort kann man sich

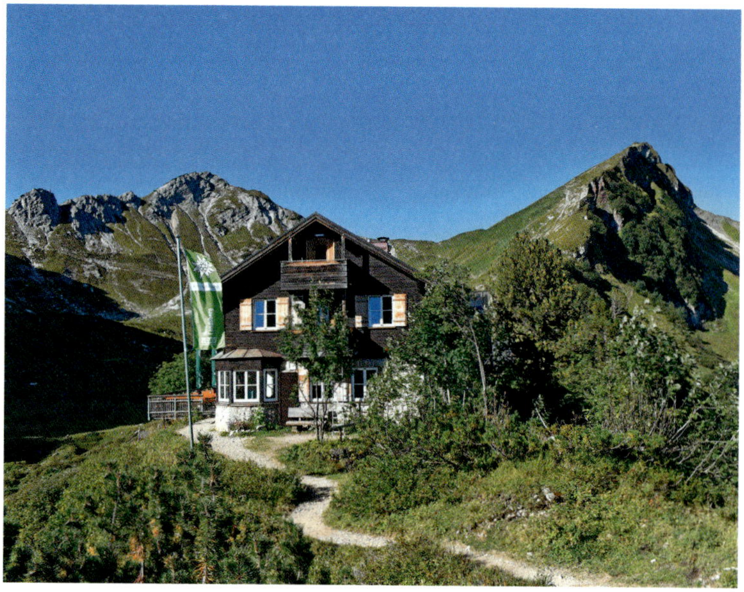

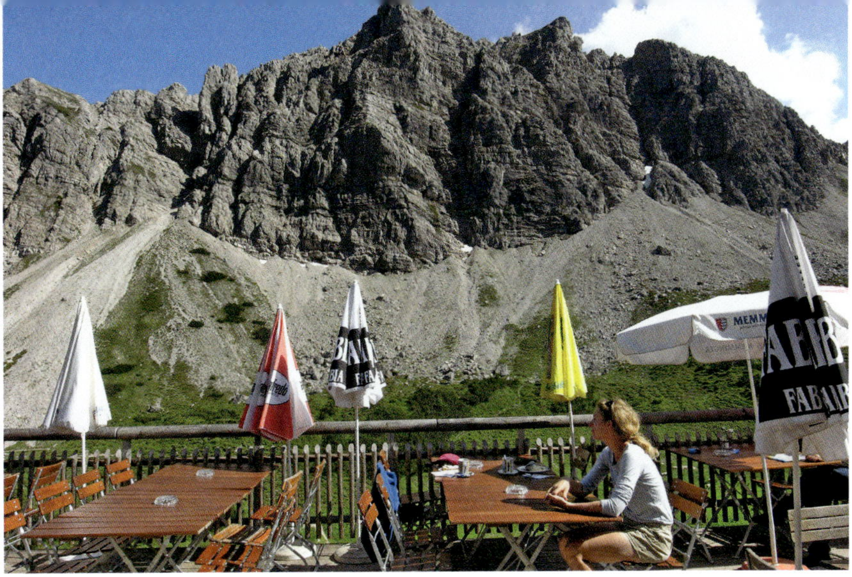

Von der Terrasse der Landsberger Hütte hat man einen freien Blick auf die Nordabstürze der Lachenspitze.

Linke Seite: Die Landsberger Hütte mit der Roten Spitze (rechts), einem der leichteren Hüttengipfel.

ins größte Gipfelbuch der Alpen eintragen. Nun geht es mehr abwärts, bis vom Wanderweg zur Oberen Strindenalpe nach rechts ein Steig abzweigt, der oberhalb der Alpe durch den Hang und mit erträglicher Steigung zum Saalfelder Höhenweg hinüberzieht. Ein kurzes Bergan und die Strindenscharte ist erreicht, dann geht es gemütlich zur kleinen Eintiefung vor der Gappenfeldalpe. Hier nehmen wir geradeaus den aufwärts führenden Steig zur Schochenspitze, der unterhalb des Gipfels – den man eigentlich nicht auslassen sollte – entlang- und hinunterläuft zur Lache, über der die Landsberger Hütte liegt.

Auf die Lachenspitze Hinter der Hütte beginnt der zunächst gemütliche Anstieg durch Wiesengelände. An der Verzweigung müssen wir links hinauf ins Steinkarjoch. Erneut links, bringt uns ein teils schrofiger Steig zu spektakulären Tiefblicken auf Traualp-, Vilsalpsee und Lache sowie auf den Gipfel, an dessen steilen Nordabstürzen Vorsicht geboten ist. Auf gleichem Weg zurück zur Hütte.

Hinab zum Vilsalpsee Der Abstieg leitet oberhalb der Lache in die Felsstufe, in der der Steig breit ausgebaut und kurzzeitig seilgesichert recht steil hinabführt zum Wasserfall und zum Traualpsee. An dessen Ende liegt die Obere Traualpe, anschließend laufen wir in vielen Kehren hinunter zum Vilsalpsee. Nach rechts durch den riesigen Felssturz erreichen wir die Badewiesen und Restaurants, bei denen uns der Bus oder ein lustiges Bähnle den Rückweg nach Tannheim abnehmen. Sonst spazieren wir auf dem ausgeschilderten Fußweg noch gemütlich das Tal hinaus.

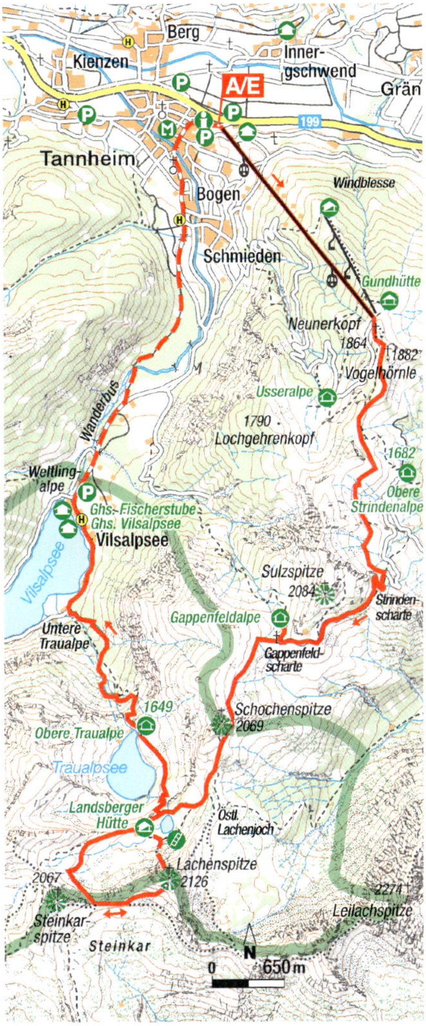

17

Leilachspitze (2274 m)

Höchster, aber versteckter Gipfel in den Vilsalpseebergen

schwer | 1170 Hm | 8.00 Std.

TALORT
Weißenbach im Lechtal (885 m)

AUSGANGSPUNKT
Wanderparkplatz am westlichen Ortsrand von Rauth (1140 m)

ANFAHRT
a) *mit dem Auto:* Auf der A 7 in Richtung Füssen, bis zur Ausfahrt Nesselwang, dann über Pfronten ins Tannheimer Tal; dort den Wegweisern (B 199) in Richtung Nesselwängle folgen und weiter bis zur Abzweigung zum Weiler Rauth Oder von Füssen (Grenztunnel) ins Lechtal und über die B 198 und den Gaichtpass in Richtung Nesselwängle bis zur Abzweigung nach Rauth
b) *mit Bahn/Bus:* Mit der Bahn (»Außerfernbahn«) nach Reutte bzw. Pfronten; von dort mit dem Bus nach Rauth (Haltestelle an der B 199 bei der Abzweigung nach Rauth); von der Haltestelle noch 20 Minuten zu Fuß zum Ausgangspunkt

GEHZEITEN
Anstieg von Rauth durchs Birkental zur Leilachspitze 4.30 Std., Abstieg zum Ausgangspunkt 4 Std.; Gesamtgehzeit 8.30 Std.

SCHWIERIGKEIT
Zu Beginn Wirtschaftsweg ins Birkental, dann Wanderweg, Steig und Pfade bis ins Weißenbacher Notländerkar. Bereits vor der Höflis-Jagdhütte müssen wir den tief eingeschnittenen Krottentalgraben queren (Eisenketten als Sicherungsmittel); Trittsicherheit und Schwindelfreiheit unbedingt erforderlich. Im Gipfelbereich leichte Kletterstellen im Schwierigkeitsgrad I. Bei Nebel Vorsicht!

HÜTTEN/EINKEHR
Unterwegs keine. Gemütliche Jausenstation Klein-Meran (Donnerstag Ruhetag; ansonsten täglich von 11–16.30 Uhr geöffnet)

KARTE
Topographische Karte 1:50 000 »Allgäuer Alpen« (LDBV)

Mit ihren 2274 Metern ist die Leilachspitze der höchste Gipfel der Vilsalpseeberge. Trotz seiner beeindruckenden Form zählt er nicht zu den favorisierten Gipfeln im Tannheimer Gebiet – im Gegenteil. Zu lang und zu einsam sind seine Zustiegswege. Und noch ein Kuriosum: Trotz seiner Höhe ist er von allen ihn umgebenden Gipfeln verdeckt, lediglich aus dem Lechtal fällt er ins Auge. Eine erste Erwähnung findet der Gipfel bereits im Spätmittelalter und Peter Anich erwähnt ihn im Jahr 1774 in seinem Atlas Tyrolensis mit Leile Spiz.

Der kürzeste, aber auch anspruchvollste Normalweg erfolgt über die Landsberger Hütte (hier muss aber auch der lange Zustiegsweg zu dieser Alpenvereinshütte berücksichtigt werden). Ebenfalls lang, jedoch ohne Hüttenübernachtung ist der Weg durch das Birkental vom Weiler Rauth aus, den wir ansteuern wollen. Ab der kleinen Höflishütte im hinteren Birkental müssen wir auch einen gewissen Orientierungssinn aufbringen, da der Steig und die Gipfelroute nur spärlich markiert sind. Da

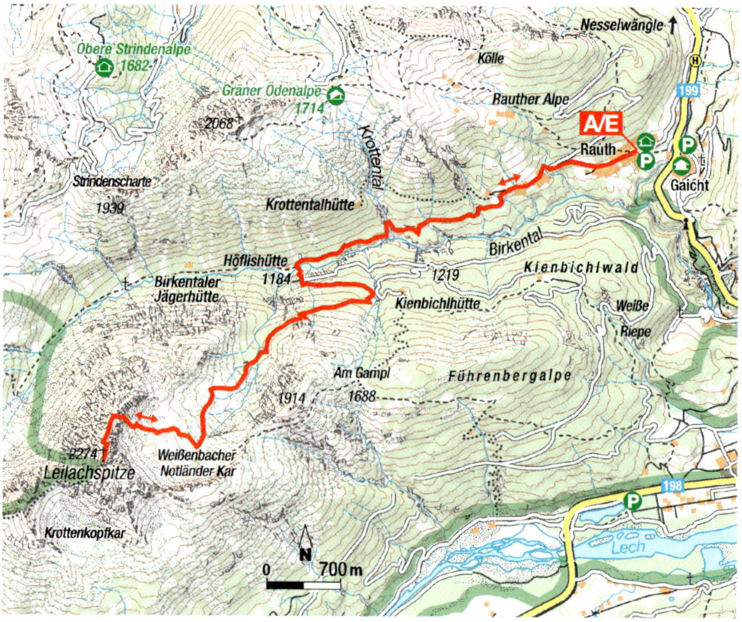

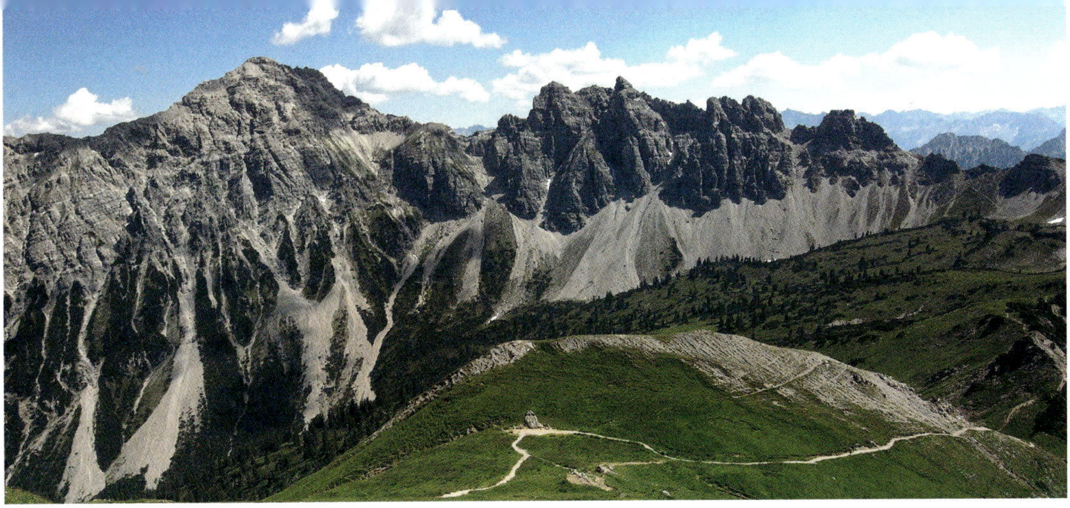

Die Leilachspitze (links) mit den Luchsköpfen (rechts), die jedoch nur für Kletterer interessant sind. Der Anstieg von Rauth kommt von links und führt von der Südseite hinauf zum Gipfelgrat.

es unterwegs keine Einkehrmöglichkeit und auch kaum Wasser entlang der Route gibt, sollten wir uns mit Getränken eindecken – auch weil nahezu die gesamte Route sehr der Sonne ausgesetzt ist.

Vom Weiler Rauth ins Birkental zur Höflishütte Vom Wanderparkplatz bis zu den letzten Häusern von Rauth; von dort folgen wir dem nahezu eben verlaufenden Wirtschaftsweg ins Birkental hinein, wobei uns Beschilderung Sicherheit gibt, dass wir auf dem richtigen Weg sind (Mark.-Nr. 426). Diese auch »Dillinger Weg« genannte Route endet erst an der Landsberger Hütte. Links vor uns erkennen wir bereits unser Ziel, die Leilachspitze. Wir queren einen Wildbach, dann erreichen wir das tief eingeschnittene Krottental, das wir mittels einer kleinen Steiganlage überwinden, bevor es weiter ins Birkental geht. Wir lassen die freien Berghänge nun hinter uns und wandern im Auf und Ab durch einen schönen Bergwald, bis uns unser Weg hinab zum Talgrund des Weißenbachs führt, wo sich die Jagdhütte Höflis (1184 m) befindet.

Der Gipfelaufstieg Kurz davor queren wir mittels eines Holzsteges den Bach und folgen auf der anderen Seite dem nun ansteigenden Bergweg. Hier beginnt der eigentliche Gipfelweg und wir verlassen den Anstiegsweg zur Landshuter Hütte. Ein Schild »Lailachspitze« gibt uns Orientierung. Linker Hand stoßen wir bald auf einen Forstweg, den wir aber schon nach wenigen Metern wieder verlassen. Wir folgen dem ansteigenden Steig durch Bergwald und queren hinüber zur Kienbichlhütte (den kurz vorher abzweigenden Steig nach rechts ignorieren wir), wo wir erneut eine Forststraße berühren. Dort geht es rechts haltend nun steiler bergan. Auf einer Höhe von etwa 1800 Metern verlassen wir den Wald und erreichen durch Latschengelände das Weißenbacher Notländer Kar, über dem sich die steilen Wände der Leilachspitze erheben. Dort rechts haltend über Bergwiesen hinüber zu einem auffällig begrünten Kar. In kurzen Serpentinen über dieses hinauf zu einer Felssinne, über die wir den Nordgrat der Leilachspitze erreichen. Links haltend nun über diesen schrofigen Rücken – etwas unterhalb der Gratlinie bleibend – hinauf zum Gipfel.

Die Rückkehr erfolgt auf dem Anstiegsweg.

18

Schochenspitze (2089 m) und Sulzspitze (2069 m)

Leichte Gipfeleinlagen mit großartiger Aussicht

mittel | 1190 Hm | 6.00 Std.

TALORT
Tannheim (1097 m)

AUSGANGSPUNKT
Gebührenpflichtiger Wanderparkplatz am Vilsalpsee (1168 m); die Zufahrt ist nur vor 10 Uhr und nach 17 Uhr gestattet.

ANFAHRT
a) m*it dem Auto:* Auf der A 7 bis Ausfahrt Nesselwang; dann über Pfronten nach Tannheim; oder über Füssen und Reutte dorthin. Gebührenpflichtige Parkplätze bei der Neunerköpflebahn bzw. am Ortseingang.
b) *mit Bahn/Bus:* Mit der Bahn über Kempten (»Außerfernbahn«) nach Pfronten-Steinach bzw. nach Reutte (oder Bus von Füssen); von dort Regionalbus über Weißenbach nach Tannheim. Vom Bahnhof Pfronten-Steinach verkehrt der Tälerbus nach Tannheim. Von der Talstation der Neunerköpflebahn fährt ein Wanderbus zum Vilsalpsee.

GEHZEITEN
Vom Wanderparkplatz Vilsalpsee zur Landsberger Hütte 2 Std.; Übergang zur Gappenfeldscharte 1 Std.; Abstieg von dort ins Vilstal 1.30 Std. – Gipfelabstecher zur Sulzspitze 1 Std.; zur Schochenspitze 0.30 Std.; Gesamtgehzeit 6 Std.

SCHWIERIGKEIT
Zu Beginn Talwege sowie leichte Wege, dann Weg bis zum Traualpsee (zuletzt steil). Jenseits des Bergsees gesicherter Felsensteig zur Landsberger Hütte; der Übergang zur Gappenfeldscharte ist im wesentlichtlichen leicht; der Abstieg ins Tal erfolgt auf Wegen, zuletzt auf einem Wirtschaftsweg.Die Gipfelabstecher zur Schochenspitze und zur Sulzspitze sind leicht, an der Sulzspitze ist jedoch Trittsicherheit erforderlich.

HÜTTEN/EINKEHR
Landsberger Hütte (1805 m), AV-Hütte der Kat. I, von Ende Mai bis Mitte Oktober bewirtschaftet, 30 Betten, 90 Lager; Tel. 0043/56 75/62 82).

KARTE
Topographische Karte 1:50 000 »Allgäuer Alpen« (LDBV)

Dieser Ausflug führt uns in das Naturschutzgebiet Vilsalpsee. Zwei größere Seen – der Traualpsee und die kleinere Lache am Fuße der Landsberger Hütte – tragen zur Schönheit des von schroffen Felsgipfeln umgebenen Gebiets bei. Auf unserer großen Runde besteigen wir dabei zwei Gipfel: die Schochenspitze und die Sulzspitze.

Beide Gipfel fallen gegen Westen steil ab, haben aber auf der entgegengesetzten Seite jeweils eine »schwache« Seite, über die wir ohne Problem hinaufsteigen können. Von beiden Erhebungen genießen wir großartige Tiefblicke auf den Vilsalpsee, bei der Sulzspitze sogar noch auf den Haldensee. Beide Bergziele liegen am sogenannten Saalfelder Weg.

Vom Vilsalpsee zur Landsberger Hütte Vom großen Parkplatz am Nordende des Vilsalpsees gehen wir an den Gasthäusern links vorbei und folgen dem breiten Wirtschaftssträßchen am Ostufer des Sees. Nach einer guten Viertelstunde zweigt unser Anstiegsweg (Mark.-Nr. 425) zur Landsberger Hütte bei einer Jagdhütte links ab. Durch lichten Fichtenwald steigen wir auf teilweise gestuftem Steig bergan (ein Wegweiser weist uns bereits auf die Sulzspitze als eigenständiges Gipfelziel hin). Dann queren wir einen Bach, verlassen das untere Waldstück, passieren ein paar reizvolle Wasserfälle und steigen in zahlreichen Serpentinen hinauf zur Oberen Traualpe (1649 m). Über den Traualpsee (ein künstlich angelegter See zur Stromerzeugung) hinweg erkennen wir bereits unser vorläufiges Ziel, die Landsberger Hütte. Über die flachen Alpmatten geht es dann weiter. Über einen felsdurchsetzten Riegel führt unser Steig nun (drahtseilgesichert) hinauf zur Alpenvereinshütte, die in herrlicher Lage von der Lachenspitze und der Roten Spitze flankiert wird. Etwas unterhalb blinkt die sogenannte Lache herauf, das dritte stille Gewässer auf unser Route. Ein Platz zum Träumen!

Gipfelabstecher zur Schochenspitze Von der Alpenvereinshütte steigen wir dann hinab zum kleinen Karsee unterhalb und gehen links um diesen herum. Bei der Wegverzweigung links weiter. Ein steiniger Steig bringt uns in Serpentinen hinauf in den Schochensattel. Von dort ist es nur ein kurzer Abstecher über einen Bergsteig durch grasiges Gelände. Am Gipfel steht ein großes Holzkreuz, der Tiefblick ist großartig: Links die Lachenspitze, davor die Landsberger Hütte und alle drei Gebirgseen im Blick.

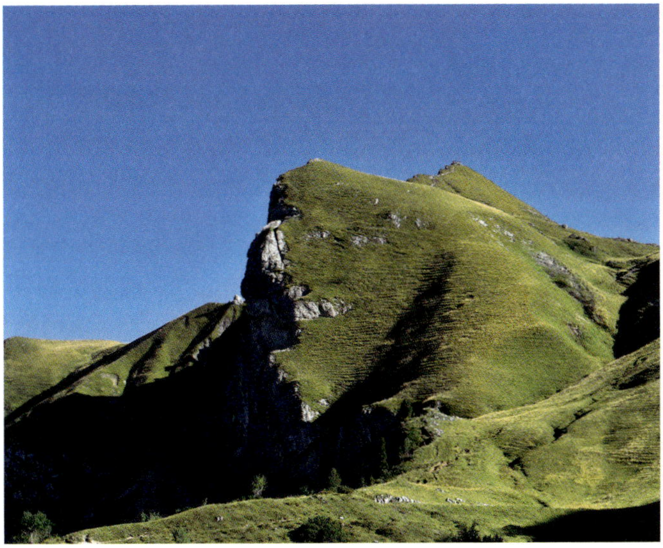

Auch wenn die Schochenspitze nach Westen steil abfällt, vom Schochensattel ist es nur ein leichter »Hupfer«.

Gipfelabstecher zur Sulzspitze Wir kehren zurück zum Schochensattel, halten uns dort links, steigen über eine seilgesicherte Stelle ab und queren dann sanft fallend hinab zur Gappenfeldscharte (1860 m). Dort gehen wir nicht gleich zur Gappenfeldalpe, die links knapp unterhalb des Weges liegt, sondern folgen nun dem breiten Alpweg rechter Hand in Richtung Strindenscharte. Nach einigen Hundert Metern zweigt links der Anstieg zum Gipfel ab (Wegweiser). Zu Beginn auf gutem Weg durch Grasgelände zum felsigen Gipfelaufbau, dann rechts um diesen herum und über einen markierten Pfad hinauf zum Gipfel. Statt eines Kreuzes erwartet uns dort oben ein Bergsteigersymbol mit Edelweiß und Ski.

Abstieg von der Gappenfeldalpe ins Vilstal Wir steigen dann wieder hinab und kehren zurück zur Gappenfeldscharte. Dort lockt uns die Gappenfeldalpe noch zu einer Einkehr, bevor wir ins Tal hinabsteigen. Wir folgen dem Bergwanderweg über Bergwiesen talwärts, queren links über den Gappenfeldbach und wandern dann rechts haltend durch Latschen und Buschwerk über zahlreiche Serpentinen hinab zum Gappenfeldbach, den wir kurzzeitig verlassen haben. Dann an diesem entlang durch Wald, bis wir auf ein Sträßchen stoßen. Diesem folgen wir – kürzen es auch manchmal ab – hinaus zur Straße. Im Tal angekommen dann links zum Parkplatz am Vilsalpsee oder auf dem Wanderweg rechts – kurz an der Zufahrtsstraße entlang – hinaus nach Tannheim.

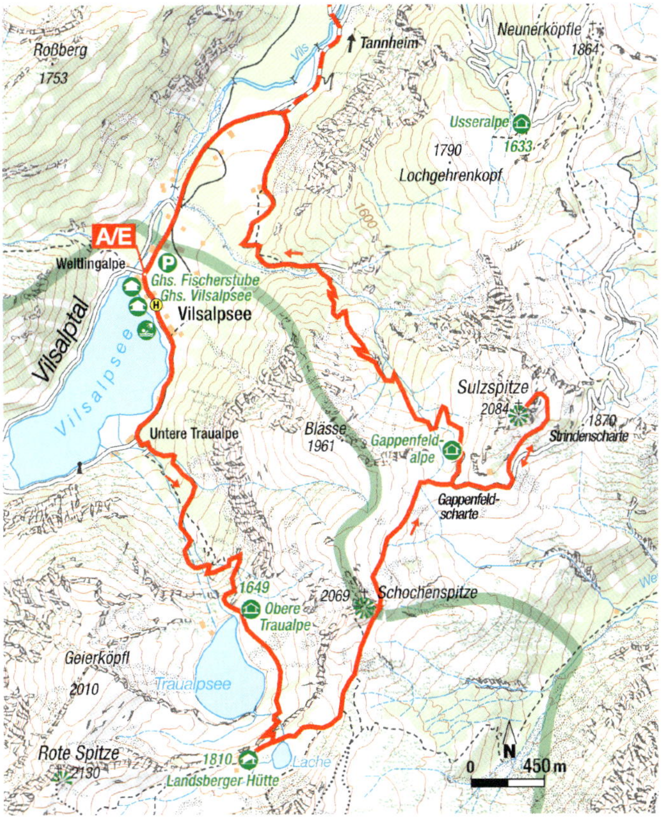

19

Steinkarspitze (2067 m) und Rote Spitze (2130 m)

Zwei reizvolle Gipfel über der Landsberger Hütte

mittel | 1400 Hm | 10.00 Std.

TALORT
Haldensee (1130 m)

AUSGANGSPUNKT
Wanderparkplatz beim Haldensee (1124 m)

ANFAHRT
a) *mit dem Auto:* Auf der A 7 bis Ausfahrt Nesselwang; dann über Pfronten nach Grän und weiter bis zum Haldensee; oder über Füssen und Reutte dorthin. Gebührenpflichtige Parkplätze direkt am See
b) *mit Bahn/Bus:* Mit der Bahn (»Außerfernbahn«) nach Pfronten-Steinach bzw. nach Reutte; von dort mit Regionalbus über Weißenbach nach Haldensee. Vom Bahnhof Pfronten-Steinach verkehrt der Tälerbus nach Grän/Haldensee (Haltestelle)

GEHZEITEN
Zur Landsberger Hütte 4 Std.; Rückkehr auf dem Anstiegsweg 3 Std.; Gipfelanstieg zur Steinkarspitze 1 Std.; Übergang zur Roten Spitze 1 Std., Rückkehr zur Landsberger Hütte 0.45 Std.; Gesamtgehzeit ca. 10 Std.

SCHWIERIGKEIT
Aufstieg vom Haldensee zur Gappenfeldscharte auf einem Wirtschaftsweg; der Weiterweg zur Landsberger Hütte auf einem Bergwanderweg bzw. Bergsteig; der Anstieg auf die Steinkarspitze und der Übergang zum Westlichen Lachenjoch erfolgen auf einem Bergsteig, der Trittsicherheit und Schwindelfreiheit voraussetzt (ein paar leichte Kletterstellen im Schwierigkeitsgrad I). Auf die Rote Spitze führt ein steiler, aber leichter Steig (bei Nässe sehr rutschig).

EINKEHR/ÜBERNACHTUNG
Landsberger Hütte (1805 m), AV-Hütte der Kat. I, bewirtschaftet von Ende Mai bis Mitte Oktober, 30 Betten, 80 Lager; Tel. 0043/56 75/62 82; servus@landsbergerhuette.at

KARTE
Topographische Karte 1:50 000 »Allgäuer Alpen« (LDBV)

Die Steinkarspitze und die Rote Spitze sind Hüttengipfel der Landsberger Hütte, stehen aber etwas im Schatten der imposanten Lachenspitze, die den Talkessel südlich der Alpenvereinshütte dominiert. Unvergleichlich von allen Gipfeln dort oben der Panoramablick auf die Tannheimer Berge und bis weit hinein in die Lechtaler und Allgäuer Berge.

Auf dieser wunderbaren Tour hoch über dem Tannheimer Tal gelangen wir zur Landsberger Hütte, der einzigen Unterkunftshütte in diesem Gebiet, die sich am Fuße dieser drei Gipfel befindet. Die 1929 erbaute Alpenvereinshütte punktet mit einer großen Außenterrasse mit freiem Blick auf die steilen Nordabbrüche der Lachenspitze sowie der Roten Spitze, während die Steinkarspitze etwas abseits liegt. Der aussichtsreiche Anstiegsweg leitet uns ins Herz des Naturschutzgebiets Vilsalpsee.

Vom Haldensee zur Landsberger Hütte Vom Parkplatz folgen wir ein kurzes Stück des Weges am Südufer des Haldensees entlang, bis dann rechts

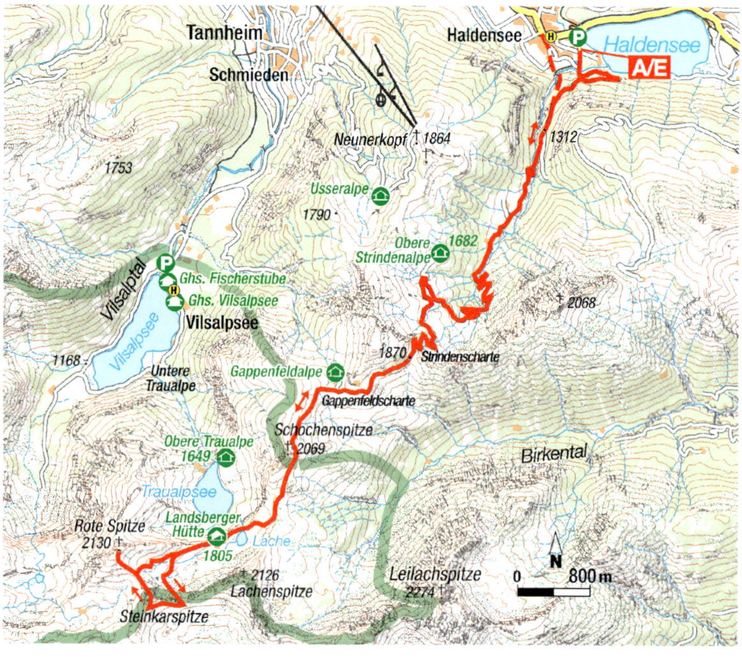

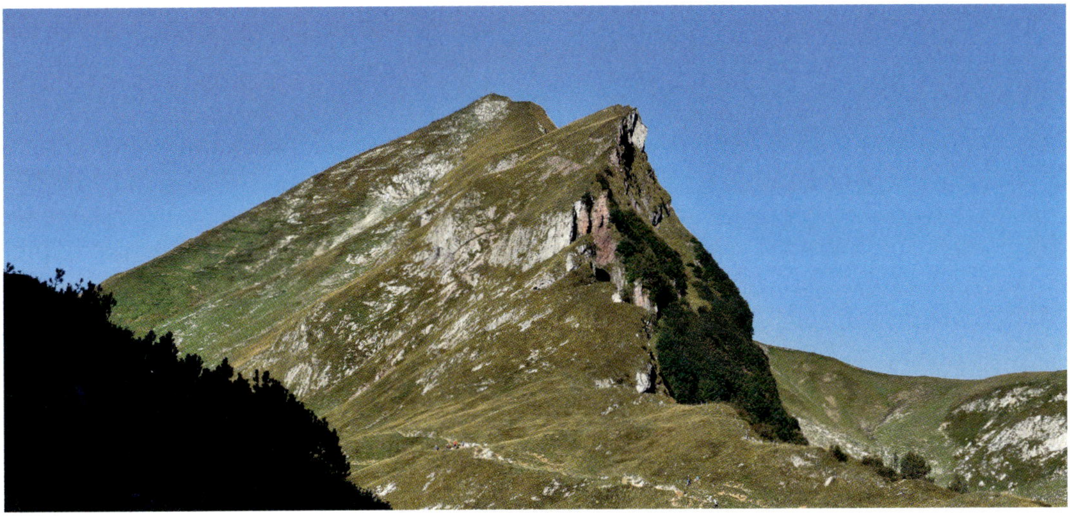

ein Forstweg ins Tal des Strindenbachs leitet. Nach einer Viertelstunde mündet von rechts der direkte Anstiegsweg vom Ort Haldensee ein. Anschließend geht es in südlicher Richtung hinauf zur bewirtschafteten Edenbachalpe. Dann geht es auf einem Alpweg an den Fuß des Litnisschrofen und in zahlreichen Kehren hinauf zum Saalfelder Weg, der von rechts einmündet: Dort links haltend weiter und über weitere Kehren hinauf zur Strindenscharte. Erst dann legt sich der Weg zurück und führt nur noch langsam ansteigend hinauf zur Gappenfeldscharte, wo wir mit einem kleinen Schlenker bei der gleichnamigen Alpe einkehren können; hier endet auch der breite Alpweg. Nach der Einkehr auf der Gappenfeldalpe folgen wir dem links aufwärts führenden Steig zum Schochensattel, der zunächst nur leicht ansteigt, dann steiler wird und zuletzt auch ein paar Seilsicherungen aufweist. Dort oben öffnet sich dann der freie Blick in den weiten Hochtalkessel, in dem sich die Landsberger Hütte befindet. Auf dem Bergsteig dann hinab, entweder links oder rechts um die Lache herum und kurz hinauf zum Alpenvereinshaus.

Die Rote Spitze über der Landsberger Hütte; seine Namen hat dieser Grasgipfel von den rötlichen Felsabbrüchen auf seiner Nordseite. Der Anstieg aus dem Tal ist lang, aber wer auf der Alpenvereinshütte übernachtet, nimmt diesen Hüttenberg locker an einem Nachmittag »mit«.

Der Anstieg zur Steinkarspitze Direkt bei der Terrasse der Lansberger Hütte folgen wir dem Wegweiser nach rechts zur Steinkarspitze. Nach ein paar Hundert Metern zweigt unser Anstiegsweg von der Route Richtung Lahnerscharte links ab und führt über Grashänge und ein paar Gräben über die überwachsenen Kare steil hinauf in die Steinkarscharte (1955 m). Dort halten wir uns rechts, queren die Südflanke der Steinkarspitze und lassen uns über einen Pfad zum Gipfel leiten.

Der Übergang zur Roten Spitze Vom Gipfel der Steinkarspitze südwärts hinab, rechts um einen Felsvorsprung herum und über einen Geröll- und Rasenhang hinab ins Westliche Lachenjoch; dort geradeaus weiter und auf einem steilen, schmalen und grasigen Steig hinauf zu seinem Gipfel.

Die Rückkehr erfolgt auf dem Anstiegsweg über das Westliche Lachenjoch und dort links hinab zur Landsberger Hütte

20

Litnisschrofen (2068 m)

Wilder Gipfel über sanften Alp-Revieren

mittel | 938 Hm | 5.45 Std.

TALORT
Haldensee (1130 m)

AUSGANGSPUNKT
Seeparkplatz am Haldensee

ANFAHRT
a) *mit dem Auto:* über Pfronten oder Bad Hindelang-Oberjoch ins Tannheimer Tal zum Ort Haldensee, Parkplatz vor dem See rechts
b) *mit Bahn/Bus:* Zug nach Sonthofen, weiter mit Bus nach Bad Hindelang-Oberjoch, mit Regionalbus 120 (VVT) nach Haldensee, Haltestelle Seeparkplatz. Oder mit Zug (oder Bus von Füssen) nach Reutte, mit Regionalbus 120 über Weißenbach nach Haldensee

GEHZEITEN
Vom Haldensee zur Gränder Ödenalpe 1.45 Std., auf den Litnisschrofen 1 Std., Abstieg über die Gräner Ödenalpe zur Nesselwängler Edenalpe 1 Std., über den Alpenrosenweg zur Krinnenalpe 0.30 Std., hinunter zum Haldensee und Parkplatz 1.30 Std.; Gesamtgehzeit 5.45 Std.

SCHWIERIGKEIT
Zunächst leichte Wege und Steige. Am Gipfelaufbau steile Rinne mit kurzer, seilgesicherter Kletterstelle und über einen schmalen Grat zum platzmäßig beengten Gipfel. Trittsicherheit und Schwindelfreiheit absolut erforderlich

HÜTTEN/EINKEHR
Gräner Ödenalpe (1726 m), Anf. Juni bis Mitte Okt., Nesselwängler Edenalpe (1680 m) und Krinnenalpe (1527 m) Mitte Mai bis Ende Okt. täglich geöffnet

KARTE
Topographische Karte 1:50 000 »Allgäuer Alpen« (LDBV)

Sieht man den Litnisschrofen vom Tannheimer Tal aus, möchte man kaum glauben, dass er für Bergwanderer zugänglich ist, doch seine gemäßigtere Südseite bietet vergnügliches Wander- und Aussichtserlebnis. Allerdings nur bis zum Joch unterm Gipfel, dann sollten allein geübte Bergsteiger die letzten Meter wagen.

Zwischen der Tannheimer Bergkette und der schroffen Lailachspitze gelegen, bietet der Litnisschrofen eine reizvolle Gipfelschau: Von der Zugspitze im Westen schweift der Blick zum Thaneller, ins Lechtal, zur Liegfeistgruppe und über die Lechtaler Alpen bis zur Valluga, der höchsten Erhebung am Arlberg. Weiter östlich schließt sich an die Lailachspitze die Lachenspitze an.

Vom Haldensee zur Gräner Ödenalpe Auf der Westseite des Haldensees gehen wir bei den Parkplätzen gerade weiter und über die Bachbrücke, kurz links und auf dem rechten, ansteigenden Alpfahrweg entlang einer Schlucht ins Strindenbachtal. Bevor sich das Alprevier öffnet, halten wir uns links Richtung Litnisschrofen. Vor dem Materiallift links, führt jetzt ein Steig stärker bergan, bei der Verzweigung rechts über den Bach und hinauf zur Gräner Ödenalpe.

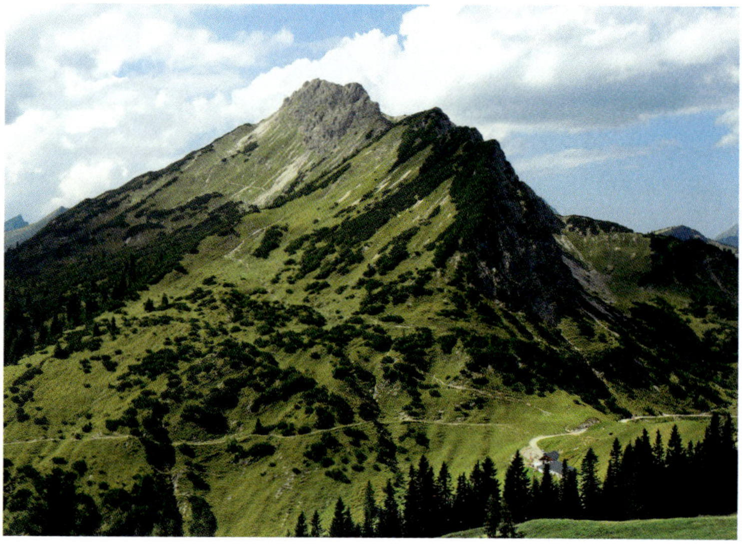

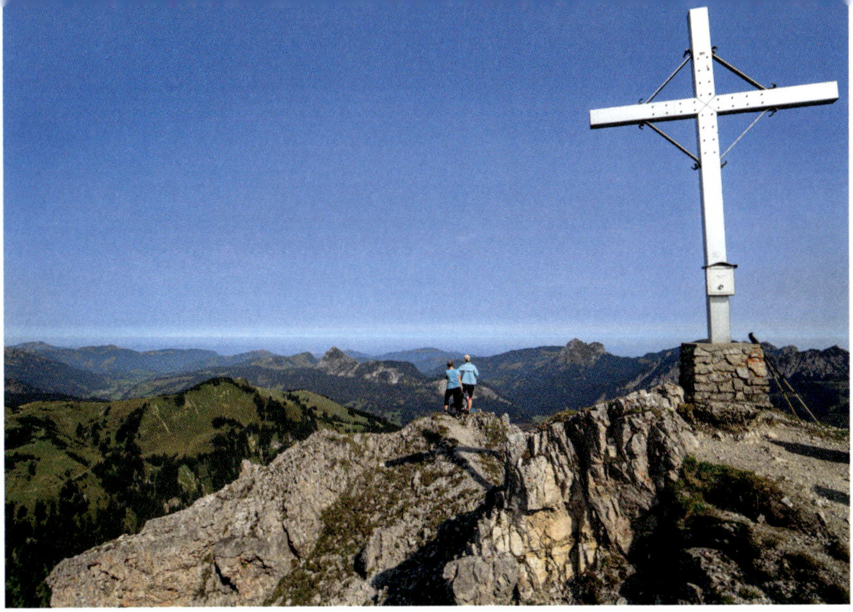

Das markante Gipfelkreuz auf dem Litnisschrofen; von dort oben reicht der Blick weit nach Norden zu den Ausläufern der Nördlichen Kalkalpen.

Auf den Gipfel und zurück Noch vor der Alphütte biegen wir rechts ab und folgen dem Steig, der zunächst mäßig, dann steiler hinaufzieht zu Joch und Gipfelaufbau. Seilsicherungen helfen in der kleinen Kletterstelle, dann ist auf dem kurzen, schmalen Gratweg zum Gipfelkreuz hohe Aufmerksamkeit angesagt. Auf gleichem Weg kehren wir zurück zur Gräner Ödenalpe, die manchmal auch Gräner Edenalpe genannt wird.

Linke Seite: Der Litnisschrofen von Osten, von der Krinnenspitze, gesehen; der Normalweg verläuft durch die grüne Südflanke und wird erst am Gipfelfelsen etwas anspruchsvoller (links).

Über den Alpenrosenweg zum Haldensee Gemütlich laufen wir hinüber zur Nesselwängler Edenalpe, hinter der wir kurz darauf rechts abbiegen in den Alpenrosenweg. Nach einem kurzen Anstieg geht es mit prachtvollem Blick auf die Nordabstürze der Tannheimer Berge hinab zur Krinnenalpe. Hier nehmen wir gleich links das Steiglein über die Wiese zum Fahrweg, gehen kurz links und folgen seinen Kehren oder den abkürzenden Steigen Richtung Nesselwängle bis kurz vor dem Talboden. Nach einer starken Rechtskurve achten wir auf einen schmalen Steig (Nr. 10), der nach links abzweigt und uns hinunterbringt zum Talweg. Auf diesem links, erreichen wir den Haldensee und bummeln an dessen Ufer entlang zum Parkplatz oder Bus.

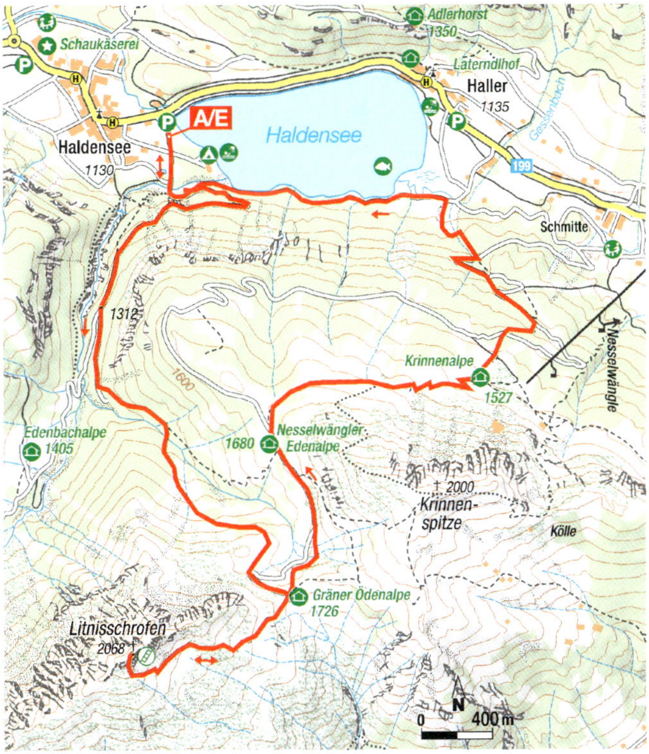

21

Krinnenspitze (2000 m)

Logenplatz über dem Haldensee

Mit ihrer Lage direkt über dem Haldensee und gegenüber den Tannheimer Gipfelzacken ist die Krinnenspitze ein gern besuchter Aussichtsberg. Berggewohnte Kinder haben in dem kurzen Felsenstück des Gamsbocksteigs sicher kein Problem, sonst bietet sich der leichte Abstiegsweg über die Alpen als Aufstieg an.

mittel | 871 Hm | 4.30 Std.

TALORT
Nesselwängle (1136 m)

AUSGANGSPUNKT
Talstation Krinnenalpbahn (1129 m)

ANFAHRT
a) *mit dem Auto:* über Pfronten oder Bad Hindelang-Oberjoch ins Tannheimer Tal zum Parkplatz Krinnenalplift vor Nesselwängle
b) *mit Bahn/Bus:* Zug nach Sonthofen, weiter mit Bus nach Bad Hindelang-Oberjoch, mit Regionalbus 120 (VVT) nach Nesselwängle. Oder mit Zug (oder Bus von Füssen) nach Reutte, mit Regionalbus 120 über Weißenbach nach Nesselwängle. Vom Bahnhof Pfronten-Ried oder Pfronten-Steinach mit dem Tälerbus nach Nesselwängle (nur Anf. Juni bis Anf. Okt.)

GEHZEITEN
Von der Talstation zur Bergstation 1.15 Std., über den Gamsbocksteig zum Gipfel 1.30 Std., Abstieg zur Gräner Ödenalpe oder direkt zur Nesselwängler Edenalpe jeweils 0.30 Std., zur Bergstation 0.30 Std., Talabstieg 0.45 Std.; Gesamtgehzeit 4.30 Std.

SCHWIERIGKEIT
Das letzte Stück des Gamsbocksteigs ist felsig und mit Ketten gesichert, Trittsicherheit und Schwindelfreiheit erforderlich. Abstieg über die Alpen auf gemütlichen Steigen und Wegen durch leichtes Gelände

HÜTTEN/EINKEHR
Gräner Ödenalpe (1726 m) Anf. Juni bis Mitte Okt., Nesselwängler Edenalpe (1680 m) und Krinnenalpe (1527 m) Mitte Mai bis Ende Okt. täglich geöffnet

KARTE
Topographische Karte 1:50 000 »Allgäuer Alpen«" (LDBV)

Die Krinnenspitze ist der östlichste Gipfel der Vilsalpseeberge und durch das Tannheimer Tal von der Tannheimer Gruppe, deren schroffe Felsgestalten nahezu ständig präsent sind, getrennt. Schon der Aufstieg bietet herrliche Ausblicke auf deren imposante Wände, dann belohnt der Tiefblick auf den Haldensee die Mühe. Im Süden schaut man weit in die Lechtaler Berge, im Osten und Südosten tauchen unzählige Gipfel der Allgäuer Alpen bis zum markanten Hochvogel auf.

Aufstieg über den Gamsbocksteig Am sinnvollsten benutzt man die Krinnenalpbahn zum ersten An- und knieschonend auch zum Abstieg. Sonst wählt man den Fahrweg westlich der Talstation, dessen ausholende Kurven verschiedentlich durch Steige abgekürzt werden können. Bei der

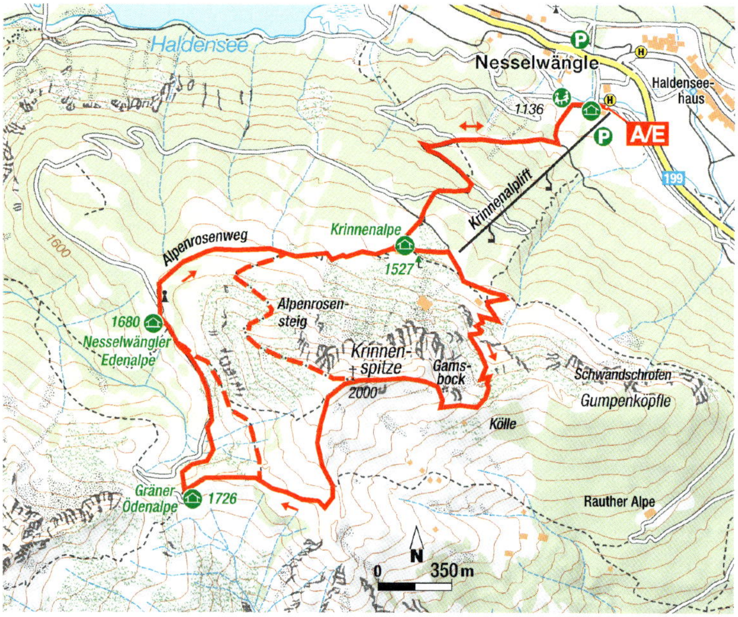

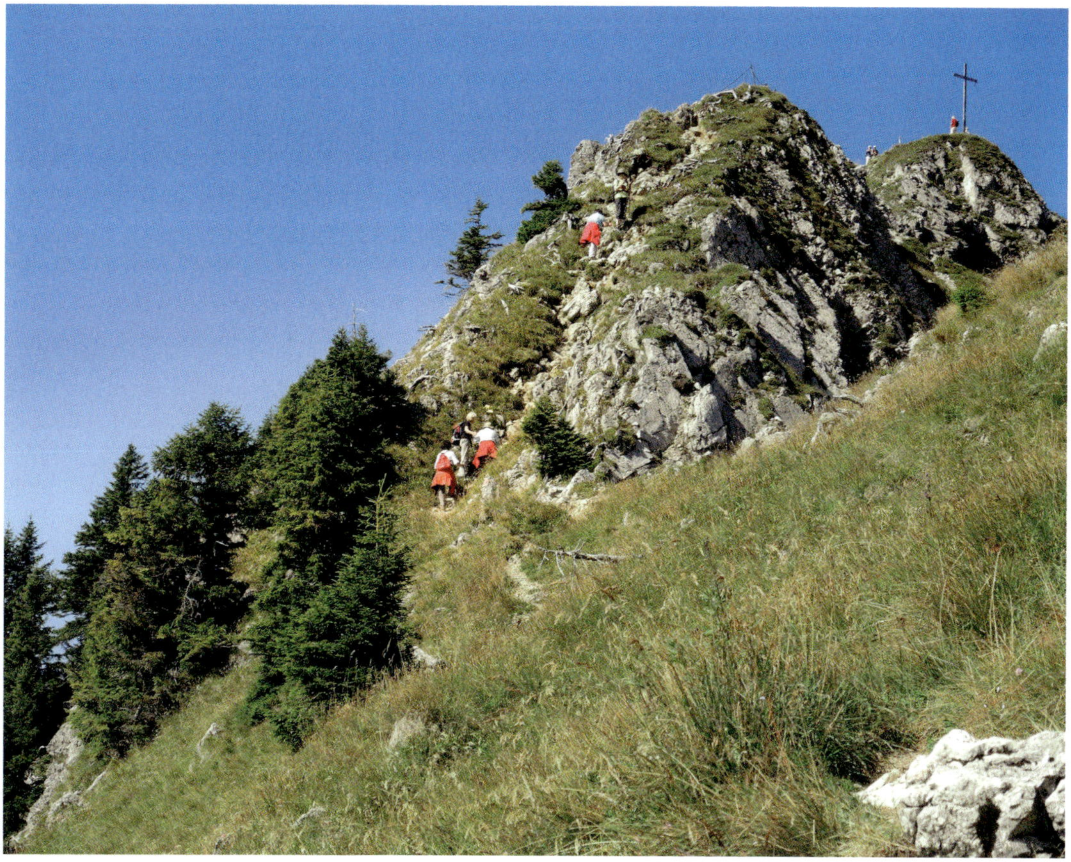

Bergstation orientieren wir uns nach Osten und folgen der Beschilderung des Gamsbocksteigs. In mäßigen, manchmal etwas steileren Serpentinen führt er auf die Schulter, um dort hinaufzuziehen in den felsigen Gipfelaufbau, an dem ein kurzes Seilstück eher moralischen Halt gibt. Dann ist auch schon der Gipfel mit der großartigen Rundsicht erreicht.

Der schrofige Gipfelaufbau der Krinnenspitze; der Schlussanstieg erfordert ein wenig Kraxelei auf dem sogenannten Gamsbocksteig.

Der Abstieg kann direkt über den steilen und schrofigen Alpenrosensteig zur Krinnenalpe erfolgen. Schöner ist es allemal, den Weg über die aussichtsreichen Grashänge zur Gräner Ödenalpe und weiter zur Nesselwängler Edenalpe zu wählen, zumal die beiden Alphütten eine gemütliche Einkehr versprechen. Wir laufen also südseitig abwärts und wenden uns beim Abzweig des Enziansteigs nach rechts. Wenig später verzweigt sich der Weg, und wir könnten eine Viertelstunde sparen, um direkt die Nesselwängler Edenalpe anzusteuern. Sonst machen wir noch den kleinen Umweg zur Gräner Ödenalpe unter dem Litnisschrofen und schlendern dann hinüber zur erstgenannten Alphütte.
Dort folgen wir noch kurz dem Fahrweg und biegen dann rechts ab auf den Alpenrosenweg, der nach einem kurzen Anstieg als großartiger Panoramaweg hinunterführt zur Krinnenalpe. Von dort ist es nicht mehr weit zum Lift oder es geht bereits ab der Krinnenalpe zu Fuß hinab nach Nesselwängle.

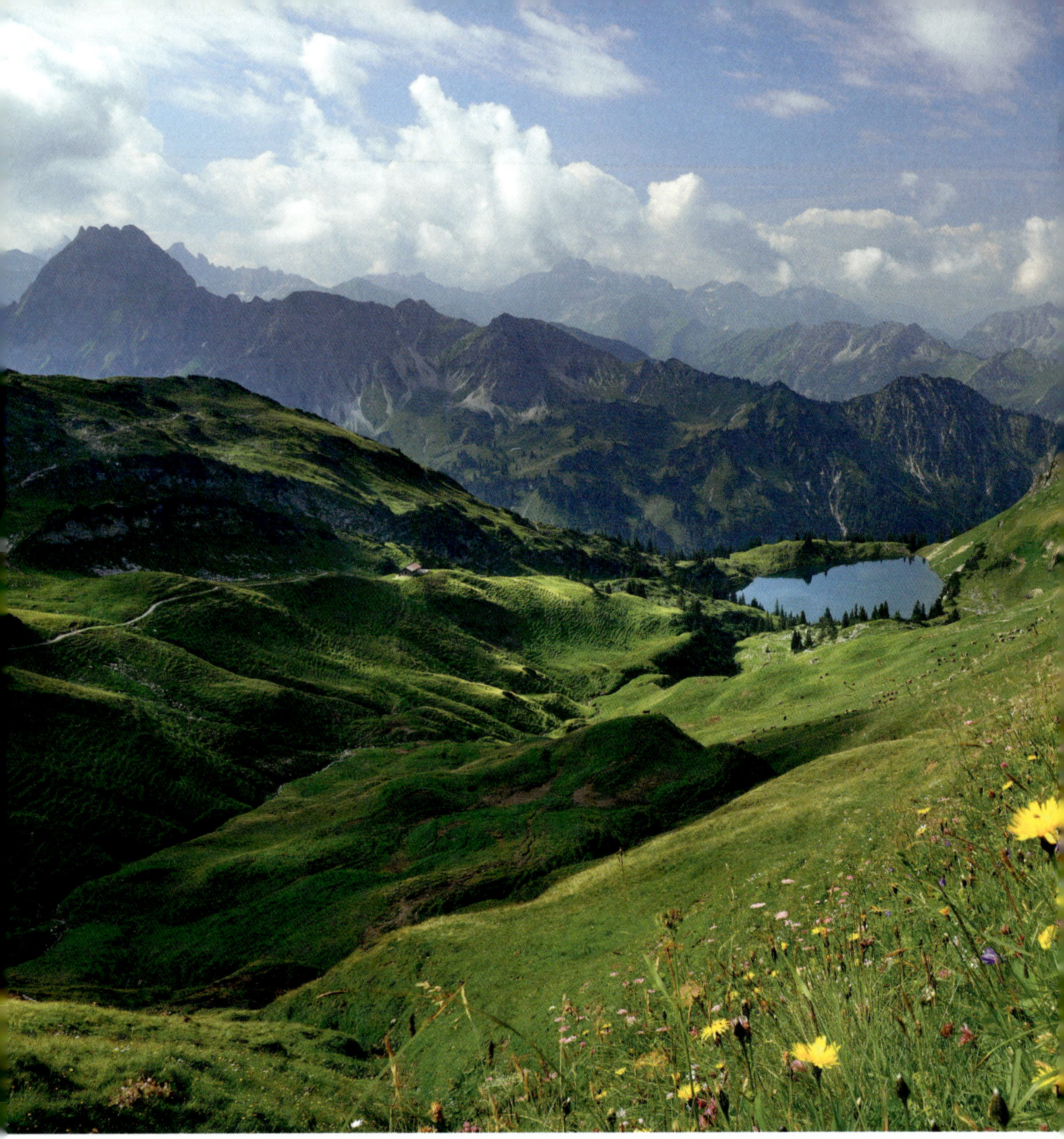

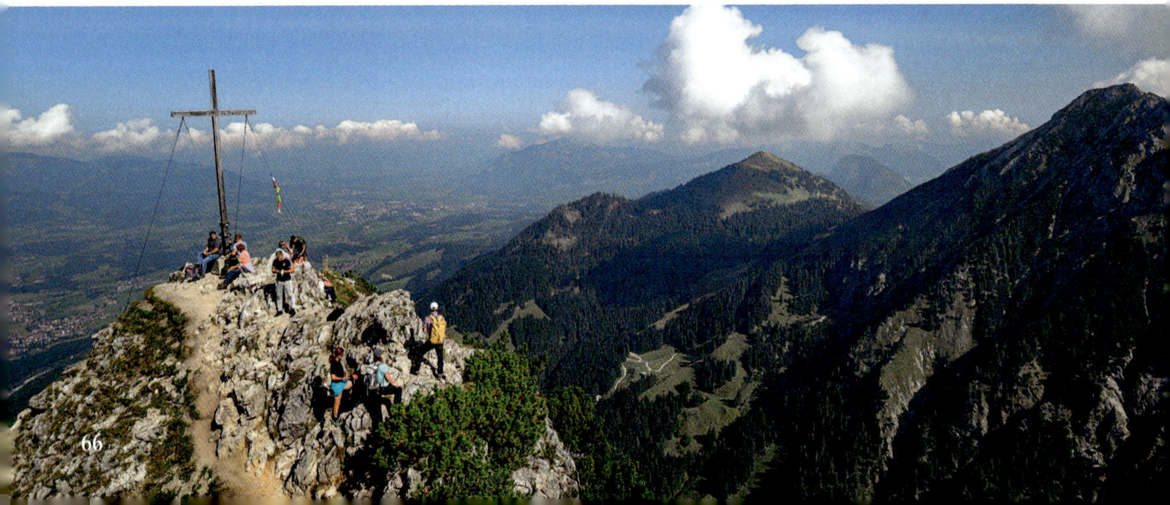

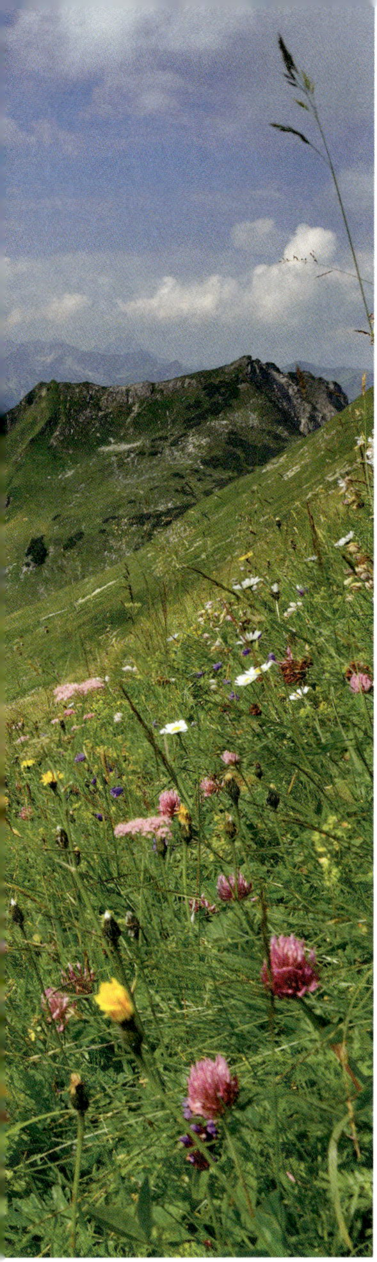

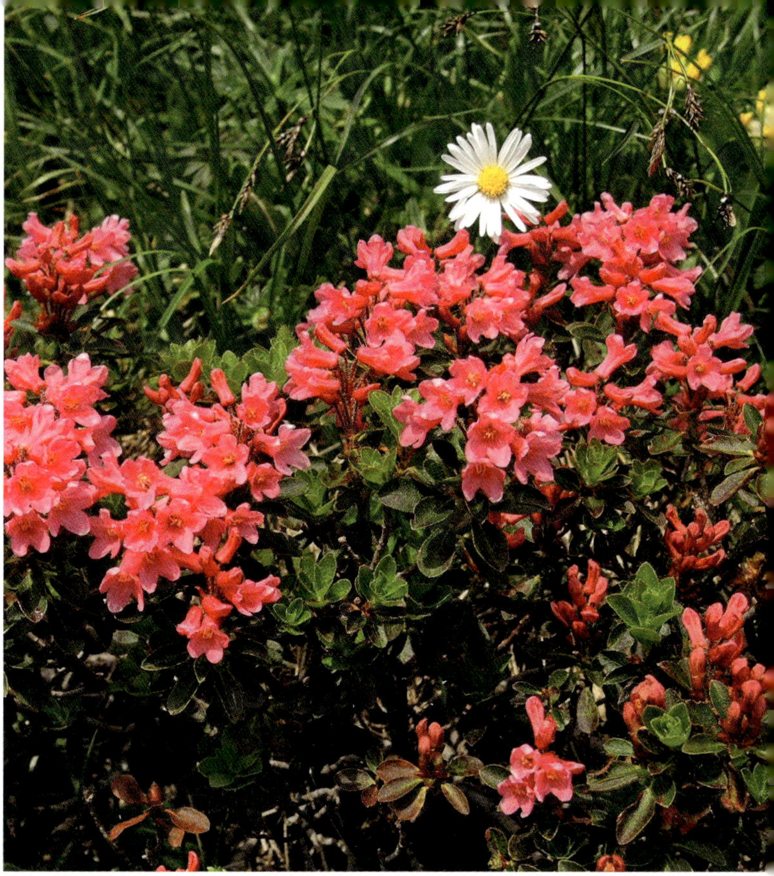

Allgäuer Hauptkamm

Der Seealpsee am Gleitweg hinab ins Oytal (li. o.). Vom Rubihorn (li. u.) hat man einen herrlichen Tiefblick. Die Alpenrose (re. o.) gehört zu den zahlreichen Blumenwundern in den Allgäuern. Die Kemptner Hütte (re. u.) ist eine der großen Alpenvereinshütten.

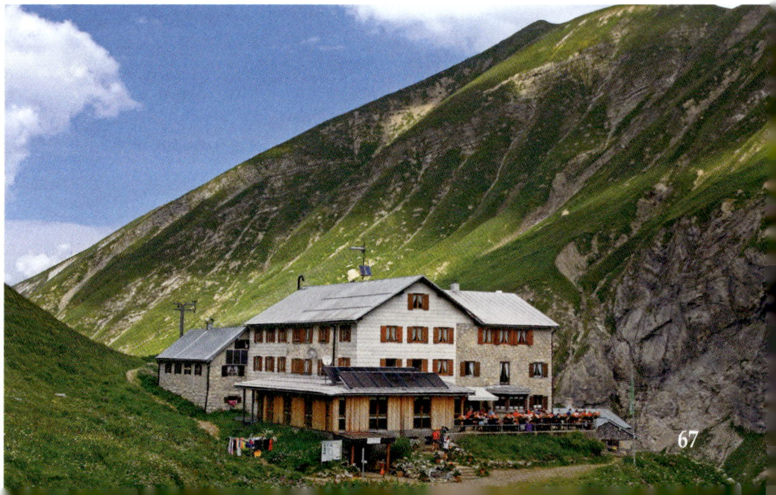

22

Imberger Horn (1655 m)

Auf den Hausberg der Hindelanger

mittel | 340/840 Hm | 4.30 Std.

TALORT
Hindelang (820 m)

AUSGANGSPUNKT
Wanderparkplatz an der Talstation der Hornbahn (850 m)

ANFAHRT
a) mit dem Auto: Auf der B 308 von Sonthofen. Am Ortsanfang rechts auf der Ostrachstraße weiter in Richtung Hinterstein, wo sich bald auf der rechten Seite die Talstation der Hindelanger Hornbahn befindet; dort gebührenpflichtiger Parkplatz. Oder Anfahrt über A 7 bis Ausfahrt Oy-Mittelberg und über Oberjoch nach Hindelang
b) *mit Bahn/Bus:* Mit dem Allgäu-Schwaben-Takt bis Sonthofen, dann weiter mit Bus nach Hindelang. Von dort 10 Minuten zu Fuß zur Talstation der Hornbahn

BERGBAHN
Die Hindelanger Hornbahn (8er-Gondelbahn) überwindet von der Talstation bis zur Bergstation einen Höhenunterschied von 470 Metern und ist von 9–16.30 Uhr in Betrieb, Tel. 08324/2404

GEHZEITEN
Von der Bergstation der Hornbahn zum Imberger Horn 1.30 Std.; Rückweg zur Bergstation 1 Std.; Abstieg über das Horn-Café ins Tal 2 Std.; Gesamtgehzeit 4.30 Std.

SCHWIERIGKEIT
Leichte Bergwanderung auf überwiegend breiten Wegen. Der Gipfelanstieg zum Imberger Horn erfolgt auf Pfad und ist steil (eine seilgesicherte Stelle), also Vorsicht; Trittsicherheit und etwas Schwindelfreiheit erforderlich

HÜTTEN/EINKEHR
Berggasthaus Gletscherspalte (1320 m), bei der Bergstation der Hornbahn, nahezu ganzjährig bewirtschaftet. Berggasthaus Café Horn (980 m), nahezu ganzjährig bewirtschaftet

KARTE
Topographische Karte 1:50 000 »Allgäuer Alpen« (LDBV)

Das Imberger Horn bietet nicht nur einen herrlichen Tiefblick auf das Hindelanger Tal, dank seiner zentralen Lage genießen wir dort oben auch herrliche Blicke auf den Allgäuer Hauptkamm, nach Oberjoch und auf den Grünten; zudem gilt das Imberger Horn auch als Blumenparadies.

Die schnelle Auffahrt bewältigen wir mit der ersten 8er-Gondelbahn-Umlaufbahn Deutschlands, legen beim Berggasthof Gletscherspalte noch einen Spielstopp ein, dann wandern wir auf gutem Weg hinauf zum Gipfel. Für den Abstieg ins Tal bieten sich zwar mehrere Wege an, wir bevorzugen jedoch die Route über das Horncafé, denn wir wollen ja schließlich noch einmal einkehren. Sind wir jedoch mit dem Gipfelerfolg alleine schon zufrieden, so können wir natürlich auch wieder mit der Hornbahn bequem talwärts schweben.

Der Aufstieg zum Imberger Horn Von der Bergstation der Hornbahn (1320 m) und dem Berggasthof nebenan mit dem ulkigen Namen »Gletscherspalte« (weit und breit ist kein Gletscher zu sehen) folgen wir nun dem Wegweiser »Imberger Horn« und nehmen den Steig hinauf zur breiten Forststraße, der wir ein Stück nach rechts – am Gipfelfuß entlang –

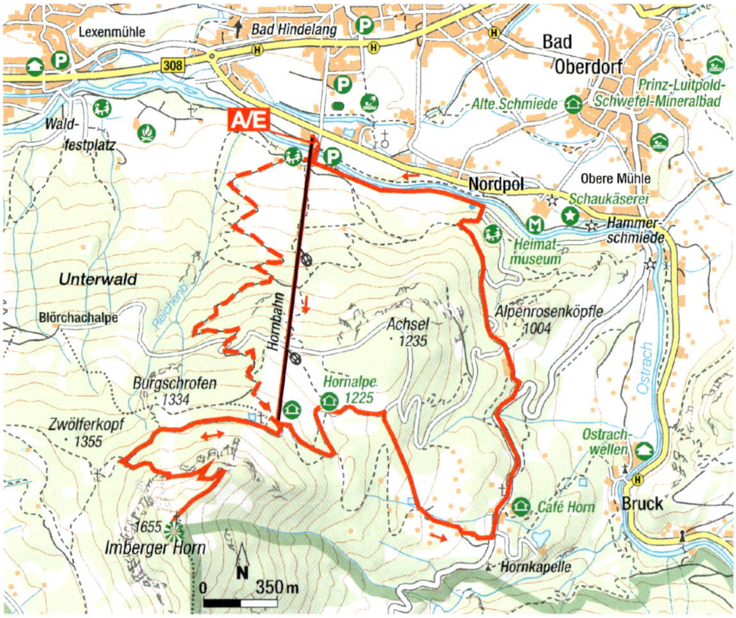

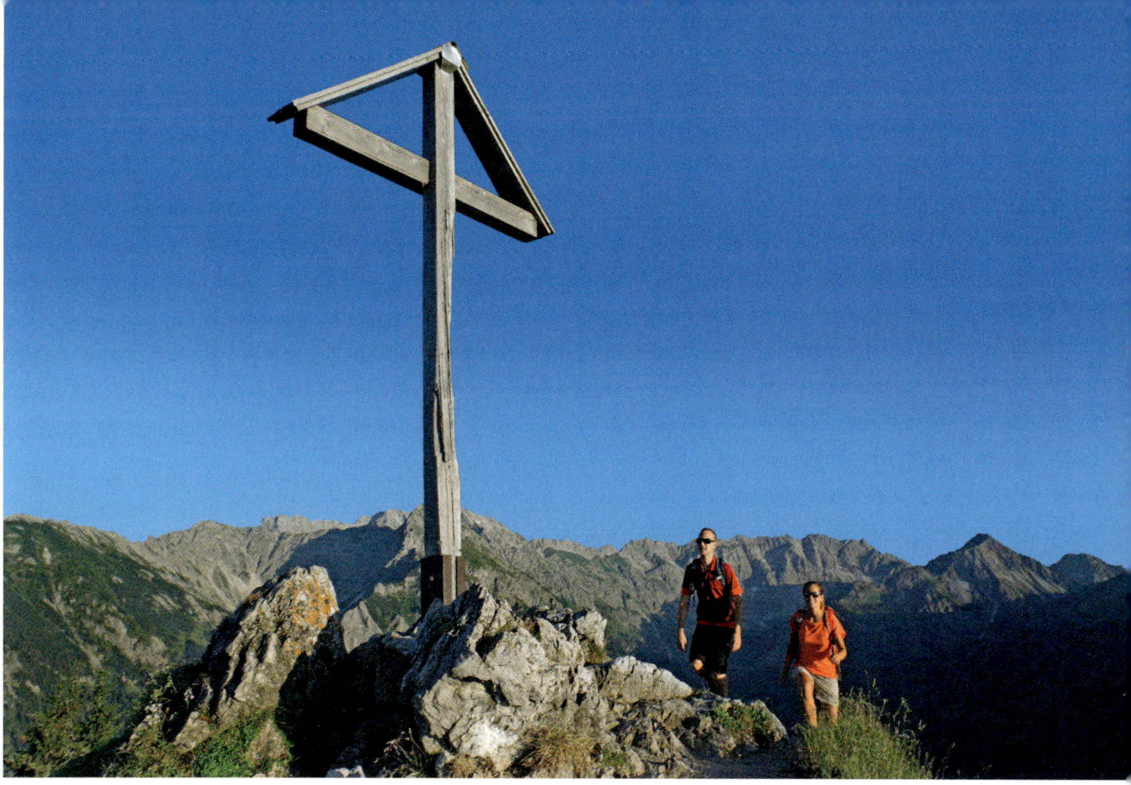

Am Gipfel des Imberger Horns mit seinem schlichten Holzkreuz; von dort oben genießen wir den freien Blick auf die Daumengruppe, aber auch den Tiefblick ins Tal von Hindelang.

folgen, bis sich der Weg plötzlich verengt. Hier zweigt links der ausgeschilderte Steig zum Imberger Horn ab. Auf schmalem Pfad nun zu Beginn mäßig durch lichten Wald, dann über teilweise steile, mit Fels durchsetzte Hänge (Drahtseile) und in kurzen, steilen Kehren hinauf auf den Südostgrat. Auf dem schmalen Kamm weiter, links um den Gipfel herum und von »hinten« hinauf zum Gipfelkreuz.

Der Abstieg ins Tal Wir wandern vom Gipfel des Imberger Horns zunächst auf dem Anstiegsweg wieder hinab zur Bergstation der Hornbahn, kehren erst mal im Berggasthaus Gletscherspalte ein und genießen noch einmal die Aussicht aufs Hindelanger Tal. Dann halten wir uns auf dem breiten Weg hinab zur bereits sichtbaren Hornalpe (wobei wir die Kehren etwas abkürzen können). Dann nehmen wir den Steig, der rechts vom Alpfahrweg in den Südhang abzweigt und mit schönen Blicken ins Hintersteiner Tal hinab zum Berggasthaus Café Horn führt. Kurz auf dem Alpsträßchen abwärts, das vom Retterschwanger Tal nach Bad Oberdorf führt, bis links ein ausgeschilderter Fuß abzweigt. Auf ihm kurz bergan durch Wald, dann links auf Forstweg vorbei am Alpenrosenköpfle. Unser Fußweg zweigt dann erneut links ab und auf schmalem Pfad geht es steil hinab (Wegweiser »Talstation Sesselbahn«) zur Ostrach. Links am Bach entlang, rechts über die Brücke und links am anderen Ufer zurück zur Talstation der Hindelanger Hornbahn.

Variante Von der Bergstation der Hornbahn führt auch ein »Schnellabstieg« ins Tal hinab. Er führt zunächst durch Wald, dann durch Bergwiesen auf Wanderweg, dann auf Wirtschaftsweg in Serpentinen in direkter Linie hinab zur Talstation. Schließlich haben wir auch noch Zeit, dem Freibad nebenan einen Besuch abzustatten.

23

Breitenberg (1893 m) und Rotspitze (2034 m)

Ein zahmer und ein wilder Gipfel

mittel/schwer 1100/1510 Hm 6.00/8.15 Std.

TALORT
Hindelang (820 m)

AUSGANGSPUNKT
Wanderparkplatz »Auf der Höh« (885 m) in Hinterstein

ANFAHRT
a) *mit dem Auto:* Auf der A 7 bis Ausfahrt Oy-Mittelberg , dann auf der B 310 über Oberjoch nach Hindelang; von dort weiter ins Hintersteiner Tal nach Hinterstein. Großer, gebührenpflichtiger Wanderparkplatz am Ende der öffentlichen Straße
b) *mit Bahn/Bus:* Mit der Bahn bis Sonthofen, dann mit dem Bus nach Hindelang und weiter nach Hinterstein zur Endhaltestelle

GEHZEITEN
Von Hinterstein auf den Breitenberg 3 Std., Abstieg und Rückkehr über das Retterschwanger Tal 3 Std., Klettersteig über die „Hohen Gänge" zu Heubatspitze und Rotspitze zusätzlich 2 Std.; Rückweg von der Rotspitze nach Hinterstein 3.15 Std.; Gesamtgehzeit 6 Std. bzw. 8.15 Std.

SCHWIERIGKEIT
Die Überschreitung des Breitenbergs ist eher leicht (einige Seilsicherungen). Der Übergang zu Heubatspitze (»Hohe Gänge«) ist ein sanierter Klettersteig mit Drahtseilen, Trittstufen und einer Leiter, der absolute Schwindelfreiheit und Trittsicherheit voraussetzt; evtl. Klettersteigset für die heiklen Stellen mitnehmen

HÜTTEN/EINKEHR
Untere Älpenalpe (1313 m), evtl. im Sommer einfach bewirtschaftet; zur Sicherheit besser Rucksackverpflegung mitnehmen

KARTE
Topographische Karte 1:50000 »Allgäuer Alpen« (LDBV)

Die Hohen Gänge zwischen Breitenberg und Heubatspitze bzw. Rotspitze stehen zwar im Schatten des berühmteren Hindelanger Klettersteigs, doch sie haben ihren eigenen Reiz. Und wer diese Route nicht als Fortsetzung des Hauptwegs begreift, sondern in Hinterstein startet, wird gerade als Anfänger mehr Spaß haben als an dem doch rassigeren Hindelanger Klettersteig, der deutlich mehr Eisen bietet.

Allein der Aufstieg zum Breitenberg mit seiner herrlichen Aussicht über das Ostrachtal hinweg rechtfertigt die eher einsame Tour. Wer jedoch nur eine vergleichsweise eher leichte Wanderung machen will, ist mit einer Überschreitung des Breitenbergs auch gut bedient. Der Rückweg erfolgt dann in einer weiten Talschleife zurück zum Ausgangspunkt.

Der Aufstieg zum Breitenberg Vom Wanderparkplatz in Hinterstein folgen wir zunächst der Fahrstraße in Richtung Giebelhaus, bis nach 20 Minuten rechts der Weg zum Breitenberg abzweigt. Wir queren nun die Ostrach und folgen dem markierten Alpweg in zahlreichen Kehren hin-

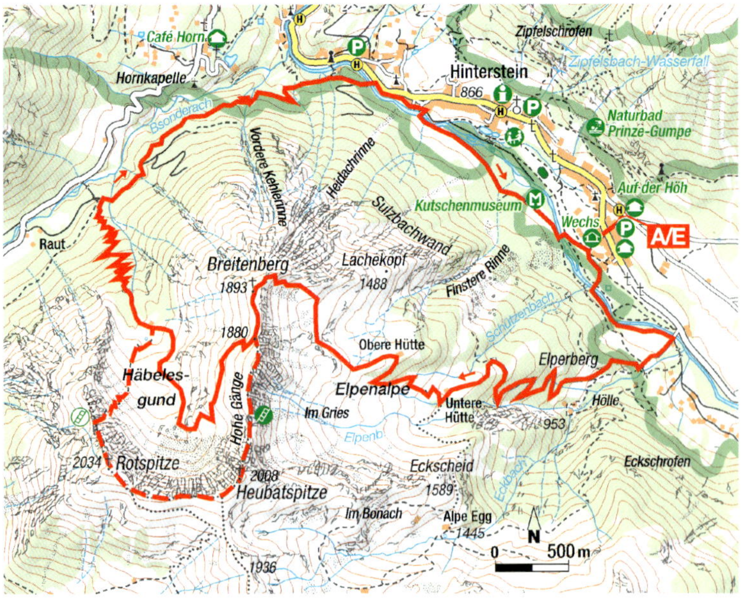

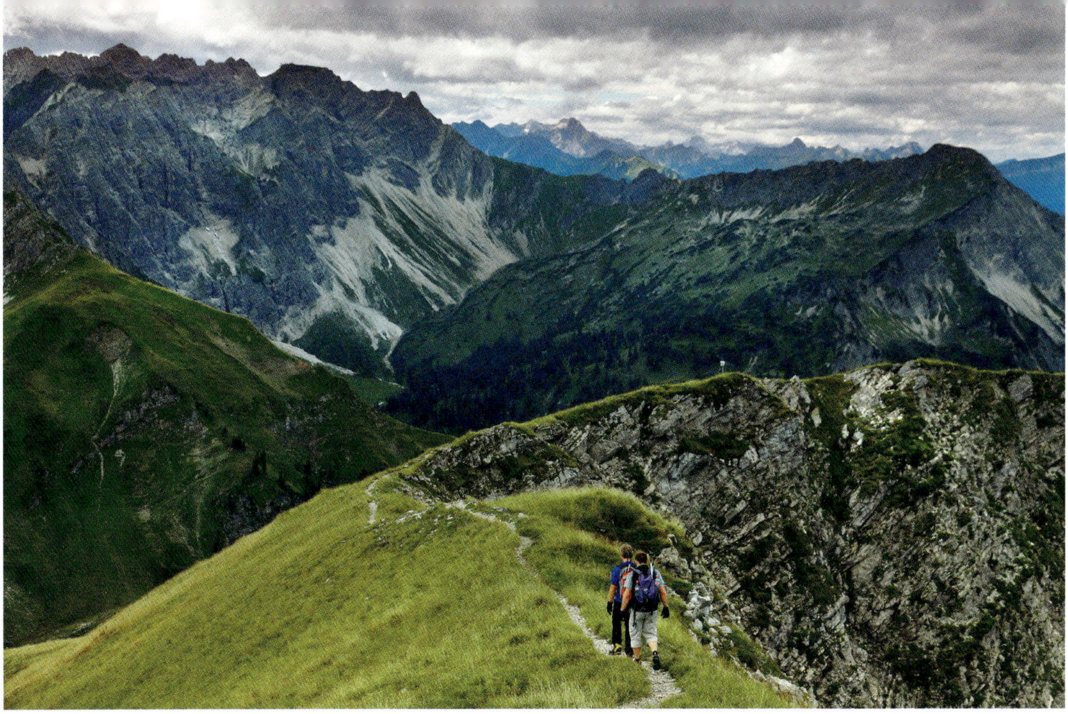

auf zur Unteren Älpealpe (1313 m) und über einen Bergpfad teilweise durch Wald weiter zur Oberen Hütte. In einer weiten Rechts-Links-Schleife erreichen wir dann den Gipfelfuß und steigen über Geröll und steile Serpentinen hinauf zum Gratverlauf, dann etwas unterhalb durch Latschen zum Gipfelkreuz des Breitenbergs.

Vom Breitenberg wandern wir eine Zeit lang auf der Grathöhe auf die Daumengruppe und auf die schroffen Wengenköpfe zu, bevor es hinabgeht ins Retterschwanger Tal.

Der Abstieg ins Retterschwanger Tal Vom Gipfel steigen wir in einer kurzen Linkskehre hinab und queren durch Latschenhänge zum Südgrat (geradeaus geht es weiter zu den »Hohen Gängen«); dort steigen wir dann auf einem steinigen Pfad durch Latschen und Alpweiden hinab in den Häbelesgund, ein weites grünes Hochtal mit einem Viehunterstand. Anschließend wandern wir durch Wald über zahllose Kehren auf einem schotterigen Fahrweg hinab ins Retterschwanger Tal. Bevor wir die Talstraße bzw. den Talgrund erreichen, biegt der Weg rechts ab und leitet uns auf dem Jägersteig um den Breitenberg herum; wir queren mit der Rohrbrücke die Ostrach und wandern dann am Kutschenmuseum vorbei zurück zum Ausgangspunkt in Hinterstein.

Klettersteigvariante über Heubatspitze und Rotspitze Südlich des Breitenberggipfels beginnt der anspruchsvollere Teil unserer Tour, der Klettersteig über die »Hohen Gänge« hinüber zur Heubatspitze und zur Rotspitze. Die Route hält sich vorwiegend auf dem Grat, steigt nun leicht an (sie ist an einigen Stellen mit Drahtseilen gesichert). Die wirklichen Schwierigkeiten tauchen im letzten Teil vor der Heubatspitze (auch Gamsbollar genannt, 2002 m) auf. Einige tief eingeschnittene Scharten müssen überwunden werden, einmal mit Hilfe einer langen Leiter. Der Übergang zur Rotspitze ist dagegen nun relativ leicht. Durchaus anspruchsvoll wird dann noch der Abstieg in den Häbelesgund (abschüssiger Steig; einige Seilsicherungen), wo wir schließlich auf den Abstiegsweg vom Breitenberg stoßen.

24

Rubihorn (1952 m)

Auf den Hausberg von Oberstdorf

mittel | 1065 Hm | 6.00 Std.

TALORT
Reichenbach bei Oberstdorf (867 m)

AUSGANGSPUNKT
Wanderparkplatz oberhalb von Reichenbach (890 m)

ANFAHRT
a) *mit dem Auto:* Auf der A 7 und der A 980 bis Waltenhofen, dann weiter auf der B 19 nach Sonthofen und über Altstädten und Schöllang nach Reichenbach. In der Ortsmitte links hoch zum großen Wanderparkplatz (890 m) oberhalb des Ortes am Waldrand
b) *mit Bahn/Bus:* Mit der Bahn bis Sonthofen, Fischen oder Oberstdorf; von dort jeweils mit dem Bus nach Reichenbach

GEHZEITEN
Von Reichenbach zur Gaisalpe 1 Std., Aufstieg zum Unteren Gaisalpsee 1 Std., Weiterweg von dort zum Rubihorn 1.30 Std.; Abstieg auf dem Anstiegsweg bzw. ab Gaisalpe über den Wirtschaftsweg 2.30 Std.; Gesamtgehzeit 6 Std.

SCHWIERIGKEIT
Der Tobelweg zur Gaisalpe ist ein Steig mit vereinzelten Sicherungen und Felsstufen. Der Anstieg zum Unteren Gaisalpsee erfolgt auf Bergwanderweg, ist jedoch steil und weist eine gesicherte Felspassage auf. Der Weiterweg zum Gipfel ist einfach, aber steil. An den Gipfelfelsen sind jedoch Trittsicherheit und Schwindelfreiheit erforderlich (ausgesetzter Querweg)

HÜTTEN/EINKEHR
Gaisalpe (1165 m), von Anfang Mai bis Ende Oktober bewirtschaftet, im Sommer kein Ruhetag;
Tel. 0 83 26/79 17
Untere Richteralpe (1130 m), im Sommer bewirtschaftet, Montag und Dienstag Ruhetag

KARTE
Topographische Karte 1:50 000 »Allgäuer Alpen« (LDBV)

Das Rubihorn ist neben dem Nebelhorn der Hausberg von Oberstdorf und gehört wie Letzteres zur Daumengruppe, einem Seitenkamm des Allgäuer Hauptkamms. Im Gegensatz zum Nebelhorn, das gänzlich mit Seilbahnen erschlossen ist, ist das Rubihorn ein richtiger Gipfel für Bergsteiger und erfahrene Bergwanderer.

Der schönste Anstiegsweg führt über die Gaisalpe – einen jahrhundertealten Bergbauernhof mit angeschlossener Wirtschaft über dem Illertal. Dorthin gelangen wir über den sogenannten Tobelweg (wir könnten auch den Wirtschaftsweg nehmen), der gerade im Sommer angenehm schattig ist, während der weitere Anstieg über den Unteren Gaisalpsee und das Rubihorn in weiten Teilen der Sonne ausgesetzt ist.

Auf dem Tobelweg zur Gaisalpe Vom Wanderparkplatz oberhalb von Reichenbach folgen wir dem Wirtschaftsweg durch Wald am Gaisalpbach entlang. Kurz nach der Brücke über den Bach zweigt links der Tobelweg ab (Hinweisschild!) und führt uns zunächst auf der rechten Bachseite leicht ansteigend höher. Dann wird es aber bald steiler und enger. Über

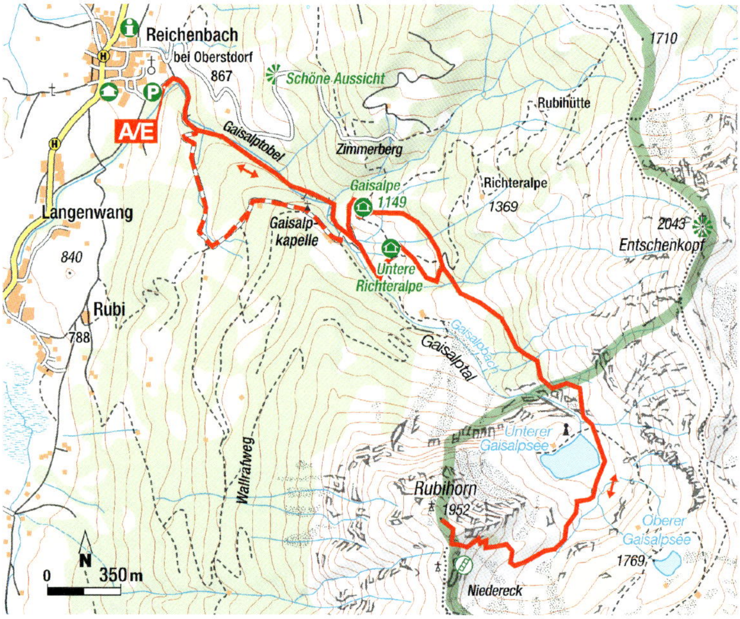

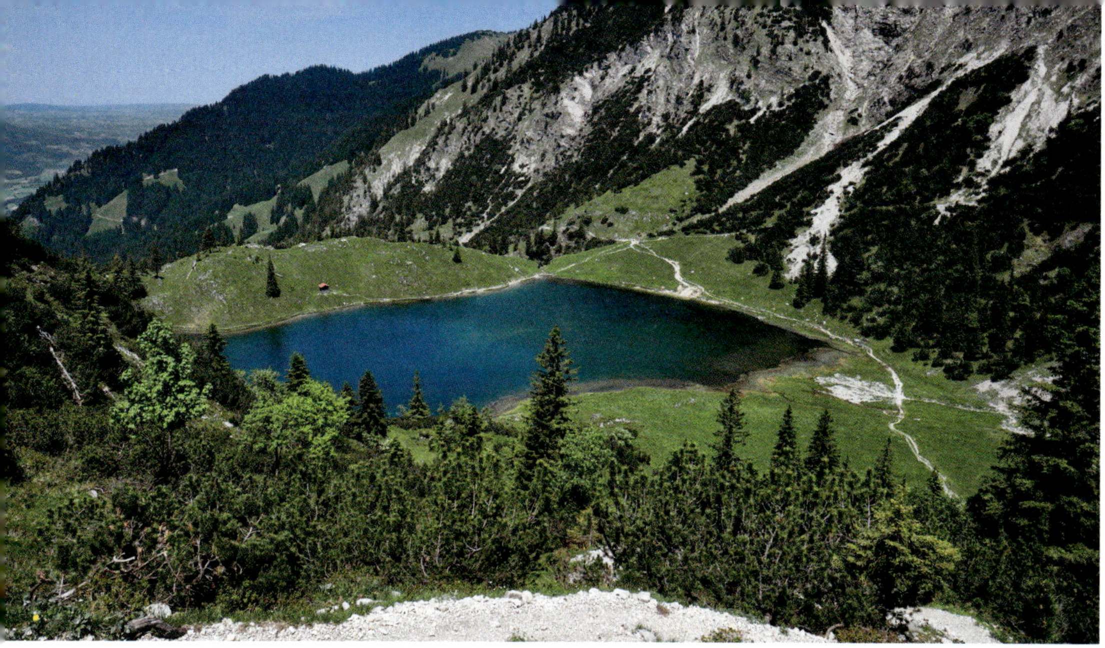

Fels- und Holzstufen gewinnen wir an Höhe, einige steile Stellen sind auch mit Drahtseilsicherungen »entschärft«. Ein Steg führt uns auf die andere Bachseite, dann erreichen wir ein Trafohäuschen, wo ein Seitenbach einmündet und ein kleiner Wasserfall, der dem Tobel eine zusätzliche Dramatik gibt. Das letzte Stück des Tobelwegs wandern wir über Stufen hoch über den nun tief eingeschnittenen Bach hinauf zum Wirtschaftsweg. Nach der Bachbrücke folgen wir links den Kehren des breiten Zufahrtswegs zur Gaisalpe hinauf.

Beim Aufstieg zum Rubihorn ergeben sich reizvolle Tiefblicke auf den Unteren Gaisalpsee, ein idealer Rastplatz nach dem Gipfelerfolg. Wer abgehärtet genug ist, kann auch ein kühles Bad nehmen.

Aufstieg zum Unteren Gaisalpsee Am Berggasthof Gaisalpe gehen wir rechts am Haus vorbei und hinauf zur Wegverzweigung. Dort leitet uns rechts ein ausgeschilderter Bergwanderweg in Richtung Rubihorn. Am oberen Rand der Bergmatten, teilweise auch durch Wald, führt unser Weg durch ein von steilen Bachläufen zerklüftetes Gelände. Der Schlussanstieg zum Unteren Gaisalpsee (1508 m) führt nun durch steiles, teilweise felsiges Gelände (einige Sicherungen) über eine Geländestufe. Hier fließt der Gaisalpbach deutlich sichtbar aus den Felsen.

Anstieg zum Rubihorn Wir gehen nun links (ostwärts) am Bergsee vorbei und steigen über zahlreiche Serpentinen durch einfaches Gelände bis unter die Gipfelfelsen und weiter in die Scharte zwischen Gaisalphorn und Rubihorn. Dort halten wir uns rechts und folgen einem etwas ausgesetzten Quergang durch Latschen, zuletzt über Felsstufen hinauf zum Rubihorn. Am Gipfel erwartet uns ein schlichtes Kreuz und wenig Platz für eine Rast, dafür entschädigt uns jedoch der großartige Rundblick.

Rückkehr nach Reichenbach Vom Rubihorn steigen wir dann auf dem Anstiegsweg wieder hinab zur Gaisalpe, wo wir in einer der beiden Gaststätten einkehren können. Dann folgen wir dem Wirtschaftsweg hinab bis zum Gaisalpbach. Dort über die Brücke und nun links haltend auf dem Wirtschaftsweg – vorbei an einer Kapelle – talwärts und zurück zum Ausgangspunkt.

25

Großer Daumen (2280 m)

Vom Nebelhorn über den Hindelanger Klettersteig

schwer | 520 Hm/355 Hm | 7.00 Std.

TALORT
Oberstdorf (813 m)

AUSGANGSPUNKT
Bergstation der Nebelhornbahn (2224 m)

ANFAHRT
a) *mit dem Auto:* Auf der Autobahn Ulm–Füssen (A 7) bis zum Autobahndreieck Allgäu, auf der A 980 bis Waltenhofen und weiter auf der B 19 über Sonthofen nach Oberstdorf. Parkplätze am Ortsrand (Oberstdorf ist weitgehend autofrei, zahlreiche P+R-Parkplätze); außerdem großer gebührenpflichtiger Parkplatz an der Talstation der Nebelhornbahn
b) *mit Bahn/Bus:* Mit dem Zug nach Oberstdorf, dann mit dem Ortsbus bis zur Talstation der Nebelhornbahn

BERGBAHN
Die alte Nebelhornbahn war seit 1930 in Betrieb und wurde nach einem großen Umbau 2021 durch eine neue 10er-Kabinenbahn ersetzt; sie verkehrt zwischen der Talstation in Oberstdorf (1207) und der Bergstation (2224 m) am Nebelhorn. An der Mittelstation beim »Höfatsblick« muss nun nicht mehr umgestiegen werden. Betriebszeiten in der Sommersaison von ca. Ende Mai bis Anfang November, von 8.30–16.30 Uhr,
Tel. 0049 (0) 8322/9600-0
www.ok-bergbahnen.com

GEHZEITEN
Von der Bergstation der Nebelhornbahn über den Hindelanger Klettersteig zum Großen Daumen 4 Std., Rückweg zur Station »Höfatsblick« der Nebelhornbahn auf alpinem Wanderweg 3 Std.; Gesamtgehzeit 7 Std.

Fortsetzung Seite 76

Der Große Daumen ist die höchste Erhebung der Daumengruppe, einem Nebenkamm des Allgäuer Hauptkamms. Mit seinen 2280 Metern Höhe ist er zudem der höchste Allgäuer Gipfel, der ganz auf deutschem Boden sich befindet, alle anderen Gipfel sind »nur« Grenzgipfel. Seinen Namen hat der Große Daumen mutmaßlich vom Indogermanischen Begriff »tuman«, was soviel wie dick bzw. breit heißt. Mit etwas Fantasie kann im langgestreckten Felsenkamm von Norden aus gesehen, ein leicht gekrümmter Daumen der rechten Hand im Profil erkannt werden (Heinz Groth).

Auf der Südseite des Großen Daumens befinden sich drei Hochgebirgsseen, der Engeratsgundsee, der Laufbichelsee und der Koblatsee, der der Hochfläche am Gipfelfuß seinen Namen gegeben hat. Die ersten beiden Seen werden beim Aufstieg auf dem Normalweg berührt. Die attraktivste Route bei Bergsteigern jedoch ist der im Jahre 1978 ange-

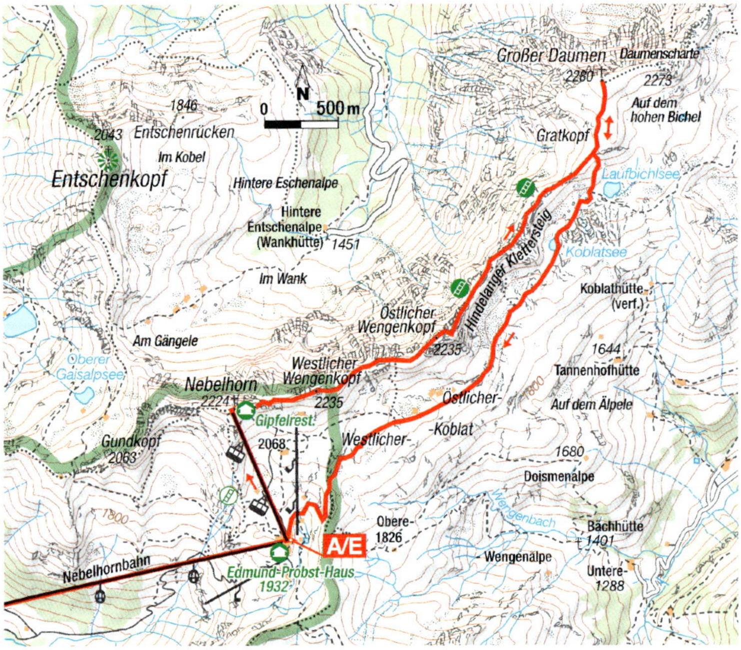

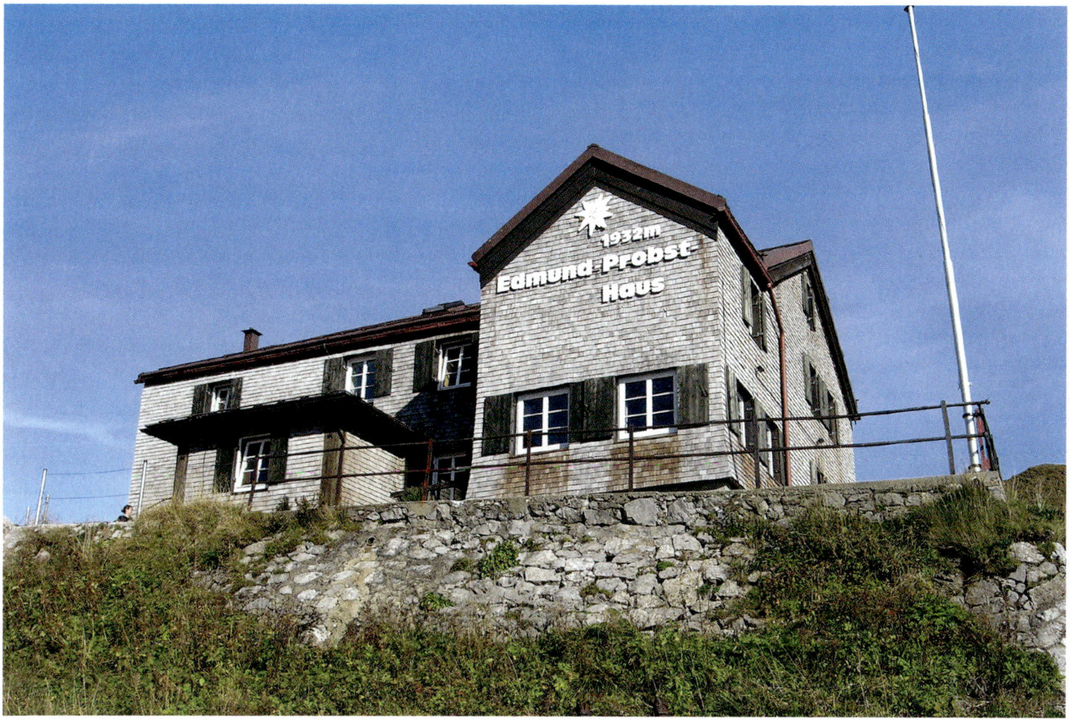

Das Edmund-Probst-Haus am Fuße des Nebelhorns ist ganzjährig bewirtschaftet. Für die Begeher des Hindelanger Klettersteigs ist es die einzige Unterkunftsmöglichkeit, falls sie ihre Tour früh starten wollen.

legte Hindelanger Klettersteig, der am Nebelhorn seinen Anfang nimmt. Die Rückkehr erfolgt dann auf dem Normalweg zur Bergstation »Höfatsblick«.

Der Hindelanger Klettersteig Mit der modernisierten Nebelhorn-Seilbahn gleiten wir mittlerweile ohne umzusteigen hinauf bis zum Gipfelrestaurant am Nebelhorn in 2224 Metern Höhe. Mit dieser Höhenangabe ist bereits die Durchschnittshöhe des nun folgenden Grates umrissen, denn den höchsten Punkt des Wegs (2280 m) registrieren wir als Gegenanstieg. Dennoch ist der häufig überlaufene Hindelanger Klettersteig kein Unternehmen für Ungeübte.

Von der im Jahr 2017 neu eröffneten Gipfelstation der Nebelhornbahn folgen wir der Ausschilderung zum Einstieg des Hindelanger Klettersteigs, der in wenigen Minuten erreicht ist. Bereits hier ist das Anlegen des Klettersteigsets und das Tragen des Steinschlaghelms unbedingt zu empfehlen. Es wartet auch schon die erste Drahtseilsicherung.

Die Sicherungen beschränken sich jedoch auf das Notwendige. Der Routenverlauf ist vorgegeben und kann eigentlich nicht verpasst werden; die Route ist durchgehend mit roten Punkten markiert. Der oft gähnende Abgrund neben vielen ungesicherten und relativ schmalen Gratpartien erfordert Kaltblütigkeit und Schwindelfreiheit. Bei Nässe können die lehmigen Stellen am keineswegs nur felsigen Grat recht unangenehm werden. Bei gutem, trockenem Wetter ist diese Ferrata für den Geübten jedoch ein Leckerbissen: genussvolle Turnerei über Grat zu Gipfel, von Gipfel zu Scharte, stets gewürzt mit Panoramablicken auf die hochalpine Region.

Mehrere Möglichkeiten zur Schlechtwetterflucht vom Grat und der problemlose

SCHWIERIGKEIT
Teilweise anspruchsvolle Gratüberschreitung mit luftigen Passagen. Trittsicherheit und Schwindelfreiheit erforderlich. Die drei Abstiegsmöglichkeiten vom Grat eröffnen guten Sicherheitsspielraum bei Schlechtwettereinbrüchen. Lehmige Stellen bei Nässe gefährlich. Sicherungsmaterial: etwa 100 m Leichtmetallleitern (längste 15 m), 600 m Stahlseil, zahllose Eisenstifte und -klammern. *Ausrüstung:* Komplettes Klettersteigset, Steinschlaghelm

HÜTTEN/EINKEHR
Edmund-Probst-Haus (1932 m), AV-Hütte, etwa vom 20. Dezember bis nach Ostern und von Ende Mai bis Ende Oktober bewirtschaftet, 32 Betten, 62 Lager; Reservierung über die homepage oder über »Hüttenholiday«. Marktrestaurant und Panoramabar Gemsnest an der Mittelstation Höfatsblick (1929 m) sowie Gipfelrestaurant Nebelhorn (2220 m)

KARTE
Topographische Karte 1:50 000 »Allgäuer Alpen« (LDBV)

Rückweg machen diesen Klettersteig auch für diejenigen Bergwanderer geeignet, die es gerne einmal etwas »schärfer« probieren, aber notfalls auf einen sicheren Rückzieher zurückgreifen möchten. Am Westlichen Wengenkopf befindet sich der erste Notabstieg, am Östlichen Wengenkopf (schlichtes Gipfelkreuz) der zweite; ein dritter befindet sich ein Stück nach dem Östlichen Wengenkopf. Länge und Gehzeit kann man deshalb individuell dosieren und variieren: vom Nebelhorn bis in die Scharte unter dem Großen Daumen, dem Nervenkitzel einer echten Via Ferrata, kaum vier Stunden, ab hier ein urgemütlicher Rückweg für Rückfahrkarteninhaber und solche, die nach sechs Stunden ausgelastet sind.

Gipfelanstieg auf den Großen Daumen Vom Ende des Klettersteigs sind es dann noch 20 Minuten auf leichtem Bergweg zum breiten Gipfelgrat des Großen Daumens, auf dem sich ein schlichtes Kreuz befindet.

Rückkehr zum »Höfatsblick« Der Rückweg erfolgt nun auf einem hochalpinen Bergweg. Wir steigen vom Gipfel hinab zur Einsattelung vor dem Gratkopf und wenden uns dann links hinab über Serpentinen und felsiges Gelände zum Laufbichlsee und dort rechts haltend weiter durch sehr raues, mit Felsbrocken übersätes Gelände zum Koblatsee; nur gelegentliche Latschenfelder – und im Sommer auch Alpenrosen – geben ihm ein bisschen Farbe. Mit gelegentlichen Gegenanstiegen erreichen wir dann die Station »Höfatsblick« der Nebelhornbahn, wo wir endlich wieder einkehren können, bevor wir talwärts schweben.

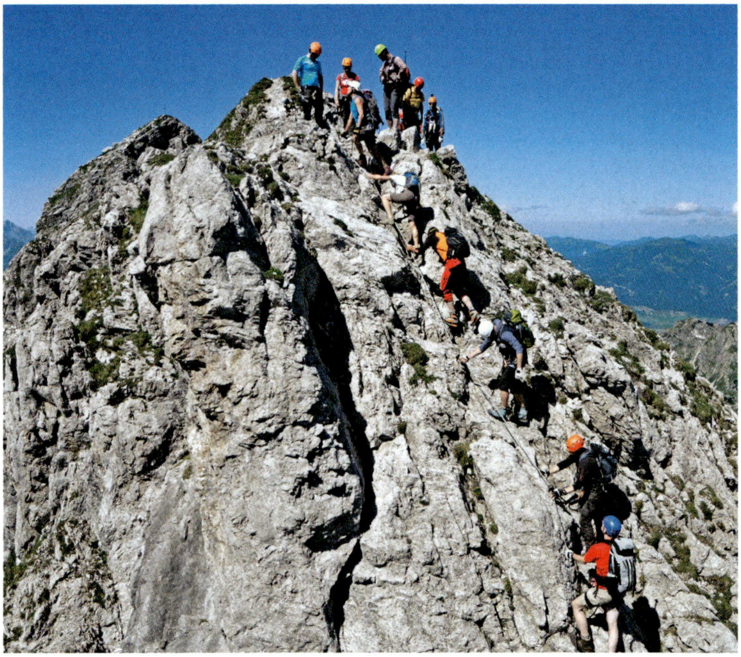

Der Hindelanger Klettersteig ist sehr beliebt, da kann es schon mal eng werden. Aber da die Route gut gesichert ist, ist auch ein Ausweichen kein Problem.

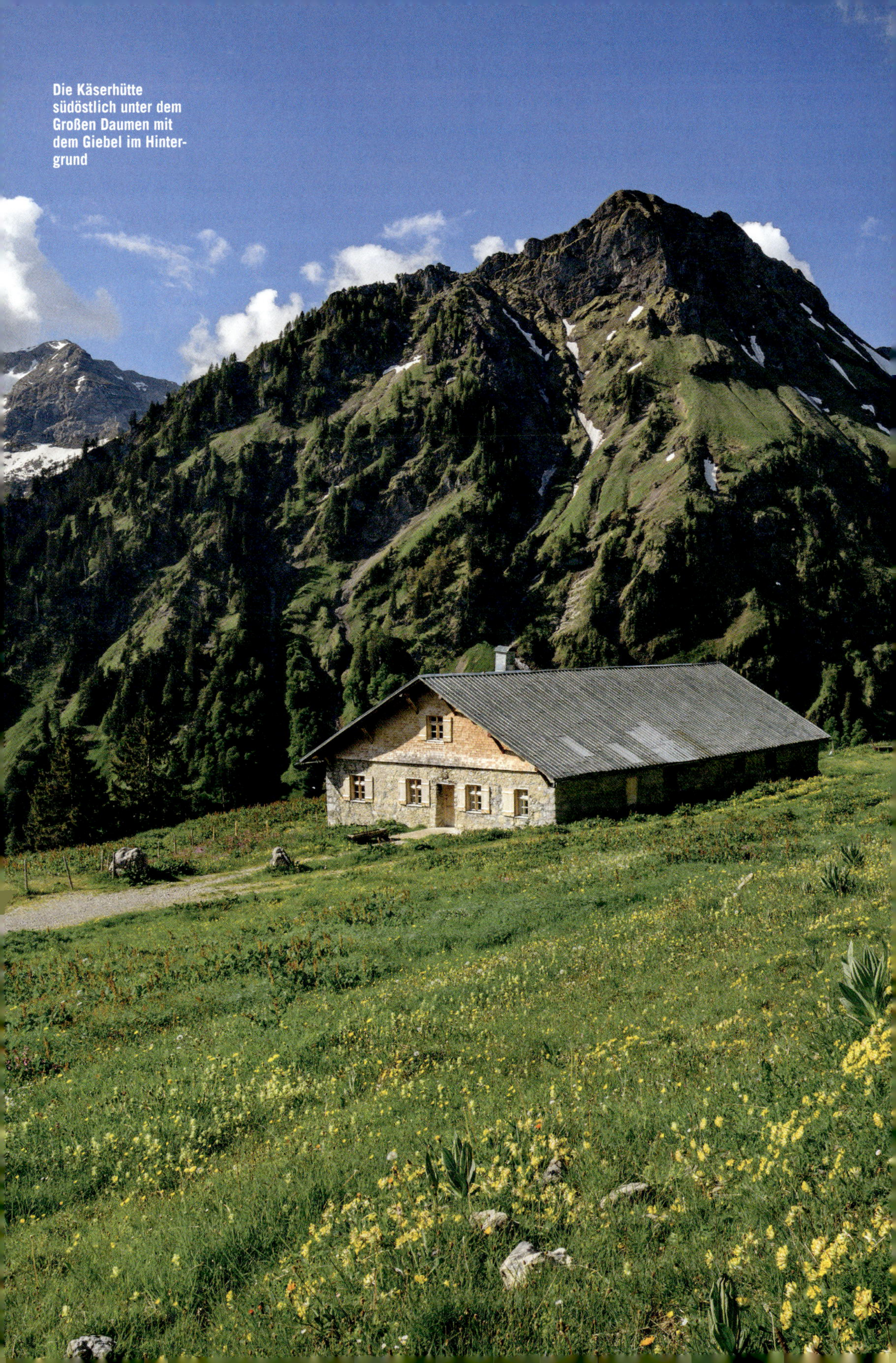

Die Käserhütte südöstlich unter dem Großen Daumen mit dem Giebel im Hintergrund

26

Nebelhorn (2224 m)

Nordwandsteig und Abstieg ins Oytal

mittel | 300/1310 Hm | 5.30 Std.

TALORT
Oberstdorf (813 m)

AUSGANGSPUNKT
Bergstation »Höfatsblick« der Nebelhornbahn (1927 m)

ANFAHRT
a) *mit dem Auto:* Auf der A 7 bis zum Autobahndreieck Allgäu, auf der A 980 bis Waltenhofen und weiter auf der B 19 über Sonthofen nach Oberstdorf. Parkplätze am Ortsrand (zahlreiche P+R-Parkplätze). Außerdem großer gebührenpflichtiger Parkplatz an der Talstation der Nebelhornbahn
b) *mit Bahn/Bus:* Mit dem Zug nach Oberstdorf, dann mit dem Ortsbus bis zur Talstation der Nebelhornbahn

BERGBAHN
Die alte Nebelhornbahn war seit 1930 in Betrieb und wurde nach einem großen Umbau 2021 durch eine neue 10er-Kabinenbahn ersetzt. Betriebszeiten von ca. Ende Mai bis Anfang November, von 8.30–16.30 Uhr, Tel. 0049 (0) 8322/9600-0; www.ok-bergbahnen.com

GEHZEITEN
Von der Bergstation »Höfatsblick« auf das Nebelhorn 0.45 Std., Nordwandsteig 0.30 Std., Abstieg zum »Höfatsblick« 0.30 Std., Abstieg über die Hintere Seealpe zum Oytalhaus 2.30 Std.; Rückkehr nach Oberstdorf 1.15 Std.; Gesamtgehzeit 5.30 Std.

SCHWIERIGKEIT
Wege und Steige, der Abstieg von der Hinteren Seealpe ins Oytal über den Gleitweg ist sehr steil und verlangt Trittsicherheit und Schwindelfreiheit, Drahtseile an den ausgesetzten Stellen

HÜTTEN/EINKEHR
Edmund-Probst-Haus (1932 m), AV-Hütte, etwa vom 20. Dezember bis nach Ostern und von Ende Mai bis Ende Oktober bewirtschaftet, 32 Betten, 62 Lager; Reservierung über die homepage oder über »Hüttenholiday«

KARTE
Topographische Karte 1:50 000 »Allgäuer Alpen« (LDBV)

Das Nebelhorn über Oberstdorf hatte schon immer einen guten Ruf als Aussichtsberg. Angeblich soll man von dort oben 400 Gipfel sehen können. Wer hat sie je gezählt? Seit dem Bau der Nebelhornbahn im Jahr 1930 können auch weniger fitte Bergwanderer und Ausflügler das Panorama von dort oben genießen. Neben dem kurzen Gipfelabstecher zum Nebelhorn wollen wir den aussichtsreichen, aber auch anspruchsvollen Abstieg über den Seealpsee und über den Gleitweg ins Oytal unter die Füße nehmen.

Alpiner Stützpunkt für unser Unternehmen ist das 1890 erbaute Edmund-Probst-Haus (auch Nebelhornhaus genannt); es liegt auf den Hängen der Oberen Seealp und gehört zu den wichtigsten Unterkunftshäusern in den Allgäuer Alpen. Kurz nach seiner Erbauung wurden zahlreiche bedeutende Höhenwege angelegt. Seit dem Bau der Nebelhornbahn ist das Alpenvereinshaus auch im Winter bewirtschaftet und Tummelplatz für Skifahrer und Snowboarder.

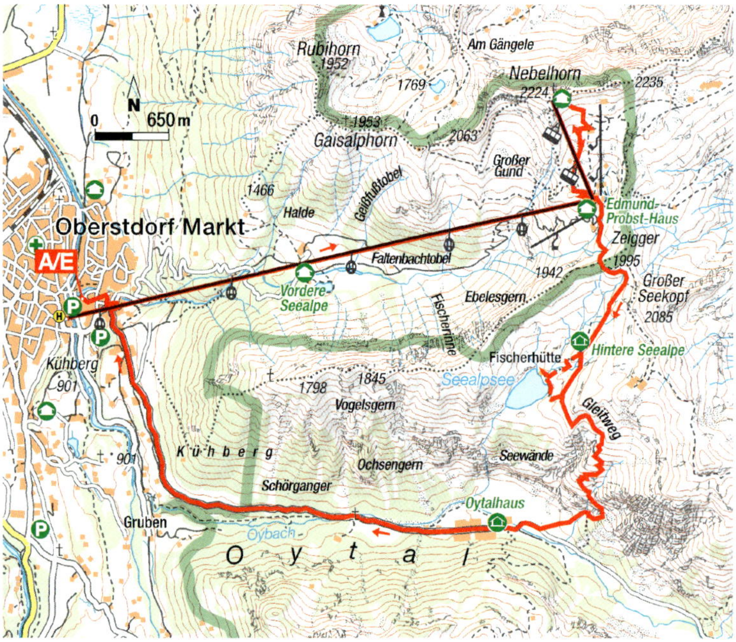

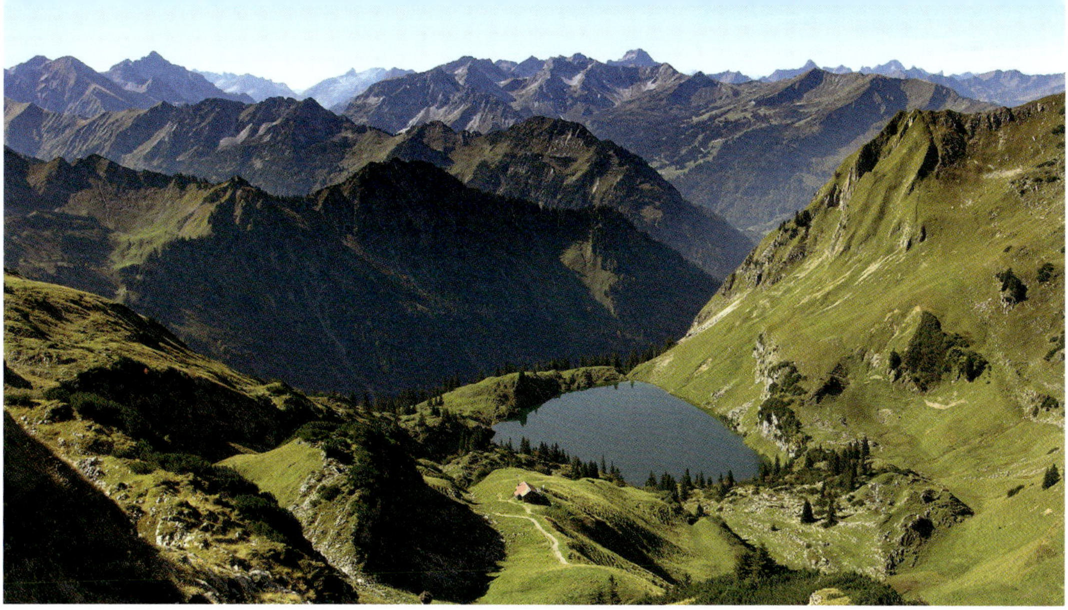

Blick über den Seealpsee und das Oytal hinweg auf die westlichen Allgäuer Alpen mit dem Hohen Ifen. Der Gleitweg, den wir für den Abstieg ins Oytal nehmen, verläuft etwas oberhalb des Sees.

Von der Bergstation »Höfatsblick« zum Nebelhorn Natürlich können wir die Bergfahrt bereits auf einer Höhe von knapp 2000 Metern abbrechen und das Nebelhorn zu Fuß ersteigen, so bleibt uns doch ein kleines Gipfelglück. Oder wir haben die Nacht auf dem Edmund-Probst-Haus verbracht und wollen den Gipfel ohne die Menschenmassen genießen, die eine große Bergbahn nun mal so mit sich bringt. Denn zu Fuß können wir ihn auf einem guten und leichten Bergweg erreichen.

Der Nordwandsteig Mit Errichtung der neuen Nebelhornbahn samt neuer Tal- und den zwei Bergstationen haben sich die Betreiber ein paar Attraktionen einfallen lassen. Am Nebelhorn wurde mittels einer Stahlkonstruktion ein Rundweg geschaffen, auf dem wir den kompletten Gipfelbereich mit fantastischen Tiefblicken umrunden können.

Der Abstieg über die Hintere Seealpe ins Oytal Vom Edmund-Probst-Haus bzw. der Bergstation Höfatsblick wandern wir auf ausgeschildertem, breitem Bergwanderweg über grüne Matten hinüber zum Zeigersattel (1922 m), wo sich bereits ein freier Blick auf unser nächstes Ziel, auf den Seealpsee, eröffnet. Dort steigen wir hinab in den Bergkessel der Hinteren Seealpe, in der wir auch einkehren können. Dann queren wir die Bergflanke oberhalb des Seealpsees (rechts zweigt der Steig hinab zum See ab; wir müssen allerdings bedenken, dass wir dann auch wieder ansteigen müssen), im Sommer ein Blumenmeer. Wir befinden uns nun auf dem Gleitweg (Mark.-Nr. 431), der uns durch ein wildes Berggelände führt. Der Pfad biegt bald links um zum »Mäxeleseck« und führt durch steile Bergflanken (sehr ausgesetzt; teilweise mit Drahtseilen gesichert) – mit großartigen Tiefblicken ins Oytal – über zahllose Serpentinen talwärts. Wir passieren einen Seealpengündlesfall, queren einen Bach und gelangen so allmählich hinab ins Oytal. Im Talgrund angekommen, halten wir uns rechts und erreichen so auf einer Alpstraße das Oytalhaus.

Die Rückkehr erfolgt nun weitgehend auf gut ausgeschilderten Wegen zurück nach Oberstdorf.

27

Laufbacher Eck (2178 m)

Allgäu-Klassiker mit leichtem Gipfel

mittel | 500 Hm ↑/1600 Hm ↓ | 6.30 Std.

TALORT
Oberstdorf (813 m)

AUSGANGSPUNKT
Station »Höfatsblick« der Nebelhornbahn (1930 m)

ANFAHRT
a) *mit dem Auto:* Über Kempten oder Immenstadt und Sonthofen nach Oberstdorf, Parkplatz bei der Nebelhornbahn, oder besser vom Großparkplatz am Ortsbeginn mit dem Ortsbus zur Talstation
b) *mit Bahn/Bus:* Zug oder RVO/RVA-Bus nach Oberstdorf, zu Fuß (0.15 Std.) oder mit Ortsbus zur Nebelhornbahn

GEHZEITEN
Von der Station Höfatsblick zum Laufbacher Eck 2 Std., über den Himmelecksattel (2007 m) zur Käseralpe 2 Std., durchs Oytal nach Oberstdorf 2.30 Std; Gesamtgehzeit 6.30 Std.

SCHWIERIGKEIT
Bis zur Käseralpe Bergsteige, an einigen Stellen sollte man trittsicher und schwindelfrei sein. Am Laufbacher Eck kurzer Abstecher zum begrünten Gipfel. Beim Abstieg vom Eck und Anstieg zum Himmelecksattel oft Altschnee, dann ist Vorsicht oder Umkehr geboten. Von der Käseralpe Fahrweg durchs Oytal, später Wanderweg nach Oberstdorf

HÜTTEN/EINKEHR
Station »Höfatsblick« zu den Fahrzeiten der Bergbahn. Gleich daneben das Edmund-Probst-Haus (1930 m), AV-Hütte, Anfang Juni bis Anfang Oktober, 38 Betten, 58 Lager. Käseralpe (1406 m), etwa im Juni bis Mitte September/Anfang Oktober. Untere Gutenalpe (1089 m), Mai bis Oktober. Oytalhaus (1010 m), ab Mitte Dezember bis Anfang November

KARTE
Topographische Karte 1:50 000 »Allgäuer Alpen« (LDBV)

Der prachtvolle Höhenweg erschließt die wilde Schönheit der Allgäuer Alpen, deren Auffaltung hier besonders markante Berggestalten hervorgebracht hat: die vier Steilspitzen der Höfats, den zackigen Kamm des Schneck, die Pyramide des Hochvogels und das eindrucksvolle Felsgeschiebe des Wiedemerkopfs, an dem man ablesen kann, wie flüssig das Gestein einst war.

Bereits südlich der Seilbahnstation öffnet sich vom Zeigersattel der berühmte Fotoblick auf den Seealpsee mit unzähligen Gipfeln nah und fern. Wenig später schauen wir ins Oytal, in dem zwei gemütliche Alphütten und ein Gasthaus auf die Wanderer warten. Bei Letzterem, dem Oytalhaus, kann man ab 15 Uhr – sofern nicht alle weg sind – einen Bergroller leihen, mit dem sich der lange Weg hinaus nach Oberstdorf recht vergnüglich absolvieren lässt. Dazu muss man jedoch auf dem Sträßchen bleiben.

Von der Station »Höfatsblick« zum Laufbacher Eck Wir folgen der Beschilderung »Laufbacher Eck« zunächst abwärts, dann kurz ansteigend

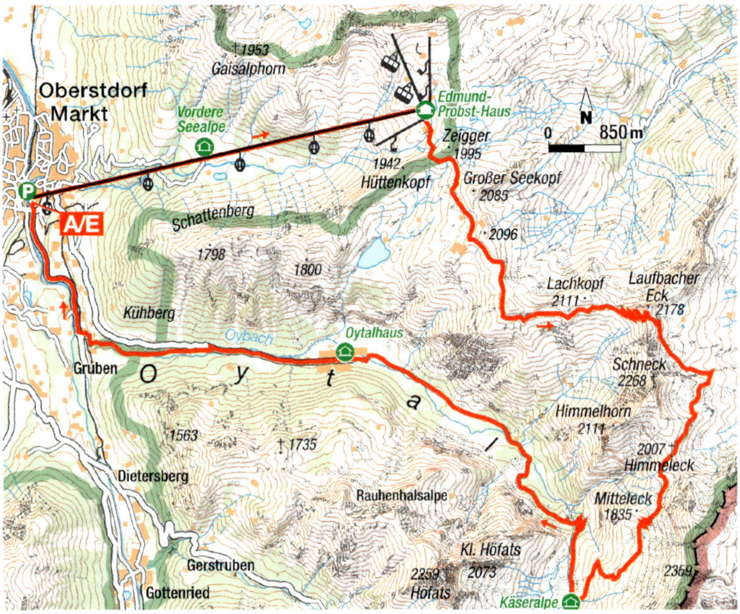

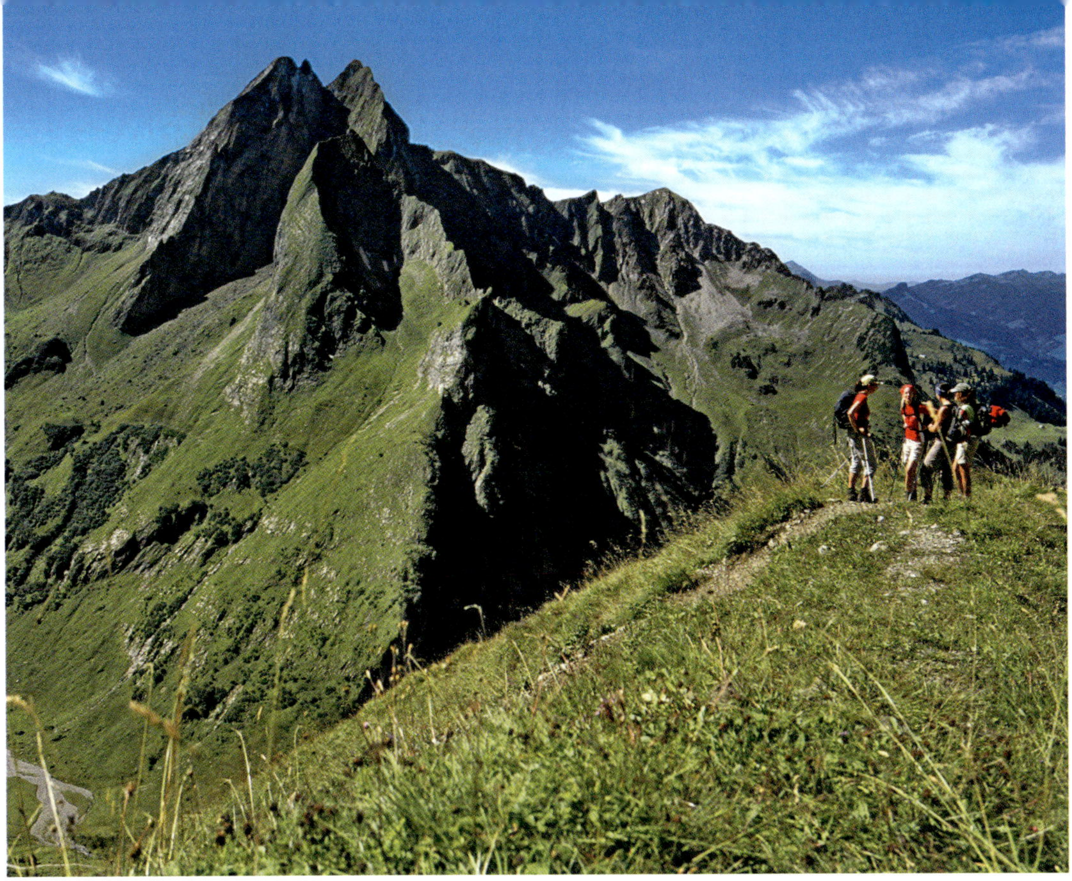

in den Zeigersattel und laufen hoch über dem Seealpsee fast ständig auf 2000 Metern Höhe und immer die Höfats im Blick hinüber zum Schochen und Lachenkopf. Um deren Flanken herum steht gewaltig der Schneck im Bild, weiter links sehen wir die eher unscheinbare grüne Spitze des Laufbacher Ecks. Davor wartet noch ein kurzer, kräftiger Anstieg, dann haben wir das Joch erreicht, von dem es nur ein paar Meter zum Gipfel sind.

Die beeindruckende, mehrgipfelige Höfats ist der Blickfang auf unserer Route über das Laufbacher Eck.

Über den Himmelecksattel zur Käseralpe Mit Blick in den hochalpinen Abschluss des Bärgündeletals, zum Hochvogel, zum Wiedemerkopf und auf die wilden Wilder-Gipfel geht es anfangs in Serpentinen abwärts und hinunter in die Mulde kurz vor der Zwerchwand. Dort nehmen wir nach rechts den Abzweig Himmeleck, Oytal und erreichen nach einem nochmaligen Aufstieg den blumenreichen Himmelecksattel. Durchs Murmeltierrevier laufen wir nun hinab zur Käseralpe.

Durchs Oytal nach Oberstdorf Auf dem Fahrweg müssen wir weiter abwärts, passieren den rauschenden Stuibenfall und gelangen hinunter in den Talboden, in dem wir die Untere Gutenalpe passieren und dann auf das Oytalhaus treffen. Anschließend folgen wir etwa 1,5 km lang dem Teersträßchen, bis links der Dr.-Hohenadl-Weg abzweigt, der sehr hübsch den Oybach zur Mündung in die Trettach begleitet. Zunächst rechts haltend, dann links über die Trettachbrücke und wiederum rechts, nehmen wir den schöneren Wanderweg zurück nach Oberstdorf.

28

Hochvogel (2593 m)

Der formschönste Gipfel – aber nicht der höchste

mittel | 1712 Hm | 13.30 Std.

TALORT
Hindelang (820 m)

AUSGANGSPUNKT
Wanderparkplatz »Auf der Höh« (885 m) in Hinterstein (ausgeschilderter Wanderweg zum Giebelhaus, der streckenweise parallel zum Fahrsträßchen verläuft) bzw. Giebelhaus (1058 m) im Hintersteiner Tal

ANFAHRT
a) *mit dem Auto:* Auf der A 7 bis Ausfahrt Oy-Mittelberg, dann auf der B 310 über Oberjoch und Hindelang nach Hinterstein. Großer Parkplatz am Ende der öffentlichen Fahrstraße. Ab hier evtl. mit dem Privatbus Wechs (www.wechs.net/busverkehr) zum Giebelhaus
b) *mit Bahn/Bus:* Mit dem Zug nach Sonthofen, dann mit dem Bus nach Hindelang und weiter nach Hinterstein zur Endhaltestelle «Grüner Hut« bei der Kapelle. Zum Giebelhaus weiter wie oben

GEHZEITEN
Von Hinterstein zum Prinz-Luitpold-Haus 4.30 Std. (ab Giebelhaus 3 Std.), Anstieg von dort zum Hochvogel 3 Std., Rückkehr nach Hinterstein 6 Std.; Gesamtgehzeit 13.30 Std.

SCHWIERIGKEIT
Der Anstieg zum Prinz-Luitpold-Haus erfolgt auf Talsträßchen und Bergwanderweg bzw. Bergsteig, im oberen Bereich ist Trittsicherheit erforderlich. – Für den Anstieg auf den Hochvogel sind Trittsicherheit und Schwindelfreiheit Voraussetzung

HÜTTEN/EINKEHR
Prinz-Luitpold-Haus (1846 m), AV-Haus der Kat. I, 48 Betten, 268 Lager, von Anfang Juni bis Anfang Oktober bewirtschaftet. Untere Bärgündelealp (1322 m), im Sommer bewirtschaftet

KARTE
Topographische Karte 1:50 000 «Allgäuer Alpen« (LDBV)

Der Hochvogel gehört zwar nicht zu den höchsten, aber zu den wohl eindrucksvollsten Gipfeln der Allgäuer Alpen – er ist ein wahrer Blickfang und somit bereits von Weitem zu erkennen. Die Aussicht von dort oben reicht bei gutem Wetter bis in die Südtiroler und Schweizer Alpen.

Zwischenstation unseres Aufstiegs zum Hochvogel ist das Prinz-Luitpold-Haus, das in einem ehemaligen königlichen Jagdrevier liegt. Sichtbar auch an den vielen Gämsen, die dort in den Felsen und Karen herumkraxeln. Prinzregent Luitpold stiftete damals – also noch zu Zeiten der Monarchie – den Bauplatz für den Hüttenneubau und so trägt dieser gewaltige Bau in den Allgäuer Hochalpen zu Recht seinen Namen.

Vom Giebelhaus zum Prinz-Luitpold-Haus Zunächst links haltend dem Sträßchen folgend talein. Kurz nach der Brücke über die Ostrach biegen wir rechts ab und nehmen den Steig, der etwas oberhalb durch Bergwiesen und lichten Wald führt. So vermeiden wir einen Teil der geteerten Wirtschaftsstraße. Nach einer guten halben Stunde treffen wir dann wieder auf den Alpfahrweg und folgen diesem bis zum Abzweig nach links in Richtung Untere Bärgündelealp (1322 m). (Variante über die Pointhütte möglich; Alpfahrweg). Bei Bedarf können wir dort einkehren. Weiter geht es auf einem guten Steig, vorbei an einigen Wasserfällen, in angenehmer Steigung über

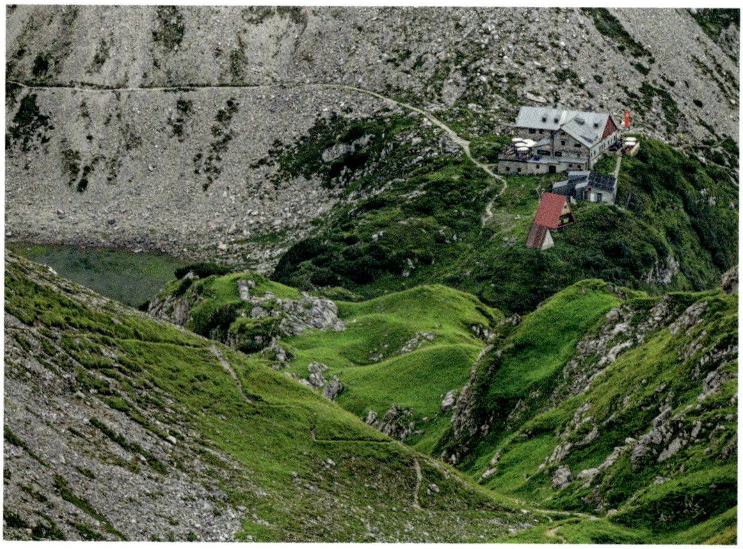

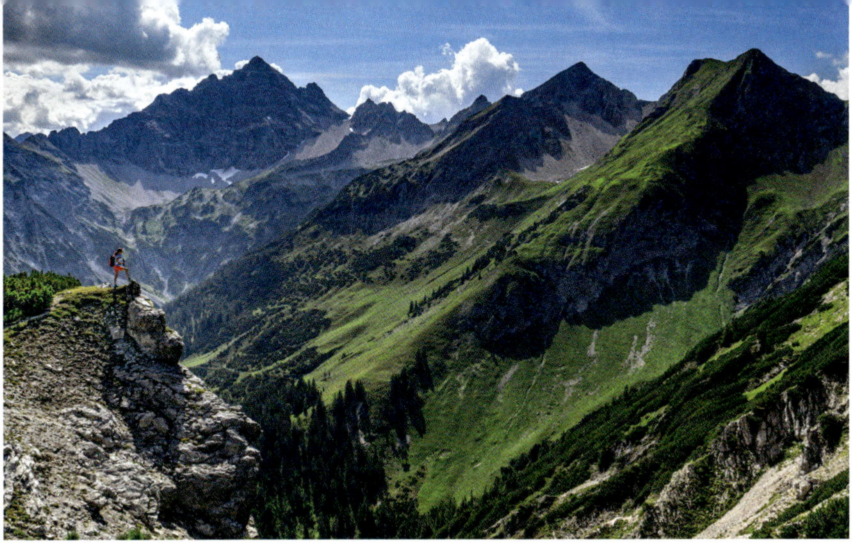

Am oberen Ende des Schwarzwassertals macht der Hochvogel eine besonders gute Figur. Der früher beliebte Anstieg von Süden über den Bäumenheimer Weg ist mittlerweile wegen Abbrucgefahr gesperrt.

die Böden der Bärgündelealp zur Oberen Bärgündelealp. Auf unserem Hüttenweg helfen uns ein paar Stege über steil herabfallende Bäche, wir bestaunen weitere Wasserfälle und erreichen dann alsbald den Geröllhang am Fuß des Wiedemer. Diesen müssen wir noch überwinden, dann haben wir das Prinz-Luitpold-Haus erreicht.

Linke Seite: Das Prinz-Luitpold-Haus über dem Stierbach ist eines der großen Alpenvereinshäuser in den Allgäuer Alpen; dort starten wir in der Regel unseren Gipfelanstieg zum Hochvogel.

Der Anstieg auf den Hochvogel Vom Prinz-Luitpold-Haus folgen wir zunächst dem Weg durch das Obere Tal, halten dann links auf die Balkenscharte (2156 m) zu, die wir über steile Serpentinen erreichen; dort rechts. Nahezu eben geht es über einen felsigen Steig weiter zum »Sättele«. Bei der Weggabelung erneut rechts und so erreichen wir das Firnfeld im Kalten Winkel. Ein fixiertes Nylonseil hilft uns über den steilen Altschneehang (hier muss auch im Sommer mit Schnee gerechnet werden) hinauf zur Kaltwinkelscharte (2283 m). Dort führt uns der Gipfelweg links über drahtseilgesicherte Felsplatten hinauf zur sogenannten »Schnur«, einem felsüberdachten Band. Rote Farbmarkierungen leiten uns dann in Serpentinen durch den anschließenden Geröllhang hinauf zum Gipfel des Hochvogels.

Die Rückkehr erfolgt auf dem Anstiegsweg; wir können jedoch auch den Abstieg zur Kreuzspitze nehmen und über einen Klettersteig hinab ins Kar absteigen und auf diesem Weg zum Prinz-Luitpold-Haus zurückkehren (zusätzlich auch Bergerfahrung nötig; schwer!).

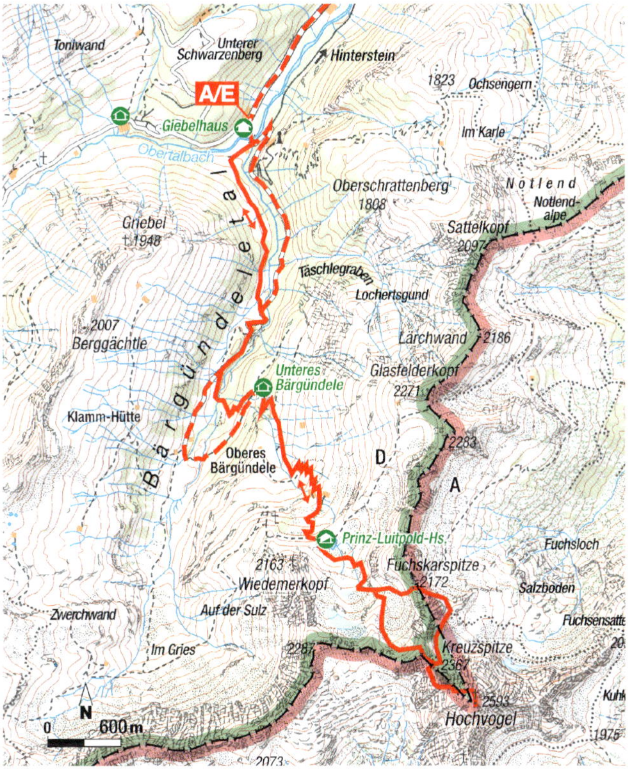

29

Höfats (2258 m)

Graskletterei auf das Allgäuer Wahrzeichen

schwer | 1570 Hm | 9.30 Std.

TALORT
Oberstdorf (813 m)

AUSGANGSPUNKT
Ortsmitte von Oberstdorf (813 m) oder Wanderparkplatz Renksteg (824 m)

ANFAHRT
a) *mit dem Auto:* Auf der Autobahn Ulm–Füssen (A 7) bis zum Autobahndreieck Allgäu, auf der A 980 bis Waltenhofen und weiter auf der B 19 über Sonthofen nach Oberstdorf; parken am Ortsrand, zahlreiche P+R-Plätze
b) *mit Bahn/Bus:* Mit dem Zug nach Oberstdorf, dann weiter mit dem Wanderbus in Richtung Spielmannsau bis Haltestelle Christlessee; von dort direkt hinauf durch den Hölltobel nach Gerstruben (0.45 Std.)

GEHZEITEN
Von Oberstdorf nach Gerstruben 1.45 Std. (bzw. von Renksteg 1.20 Std.), von Gerstruben auf den Älpelesattel 2 Std., Aufstieg auf den Höfats-Ostgipfel 1.45 Std., Abstieg und Rückkehr zum Wanderparkplatz Renksteg 3.30 Std. (nach Oberstdorf plus 0.30 Std.); Gesamtgehzeit 9.30 Std. (bzw. 9 Std.)

SCHWIERIGKEIT
Von Oberstdorf auf Talwanderwegen und Wirtschaftssträßchen nach Gerstruben (durch den Hölltobel-Bergsteig), der weitere Anstieg zur Dietersbachalpe auf Alpweg; der Anstieg hinauf zum Älpelesattel erfolgt auf steilem Bergsteig; der Gipfelanstieg auf den Ostgipfel der Höfats führt über extrem luftige, grasige bzw. schrofige Bergpfade, die absolute Trittsicherheit und Schwindelfreiheit voraussetzen. Kurz vor dem Gipfel die Schlüsselstelle im Schwierigkeitsgrad II. Auf keinen Fall bei Nässe begehen! Bergerfahrung unbedingt nötig! Die anspruchsvollste Bergtour in diesem Tourenbuch

Fortsetzung Seite 86

Die Höfats gilt als das bergsteigerische Wahrzeichen der Allgäuer Alpen, die Zahl ihrer Besteigungen ist jedoch umgekehrt proportional zu ihrer Berühmtheit. Und das hat seinen Grund: Die steilen, ausgesetzten Grasflanken gelten als schwieriger zu bewältigen als reiner Felsen. Die Höfats ist aus vier Gipfeln aufgebaut, von denen in der Regel jedoch nur der Ostgipfel bestiegen wird. Das gesamte Höfatsmassiv steht bereits seit 1959 unter strengem Naturschutz, denn dieser berühmte Berg ist nicht wegen nur seiner markanten Form berühmt, sondern auch wegen seines Blumenreichtums.

Die Höfats liegt zwischen dem Oytal und dem Gerstrubener Tal, dessen Besiedelung bis ins Mittelalter zurückreicht. Es waren die Walser, die aus dem Lechtal herüberkamen und sich dort niederließen. Bis Ende des 19. Jahrhunderts war Gerstruben eine bäuerliche Dauersiedlung. Mittlerweile stehen die Höfe und Alpen dort oben unter Denkmalschutz. Aus dieser bäuerlichen Besiedelung leitet sich – wie wissenschaftliche Untersuchungen erst kürzlich ergeben haben – auch der Name

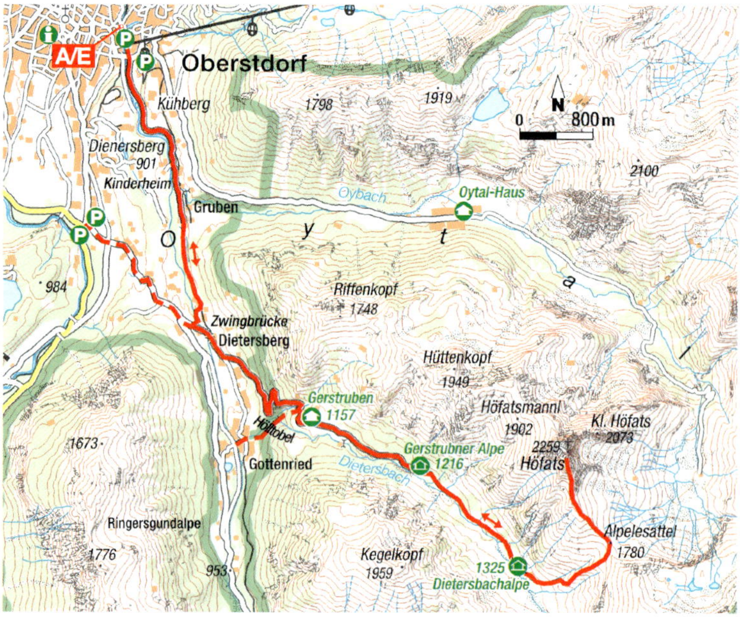

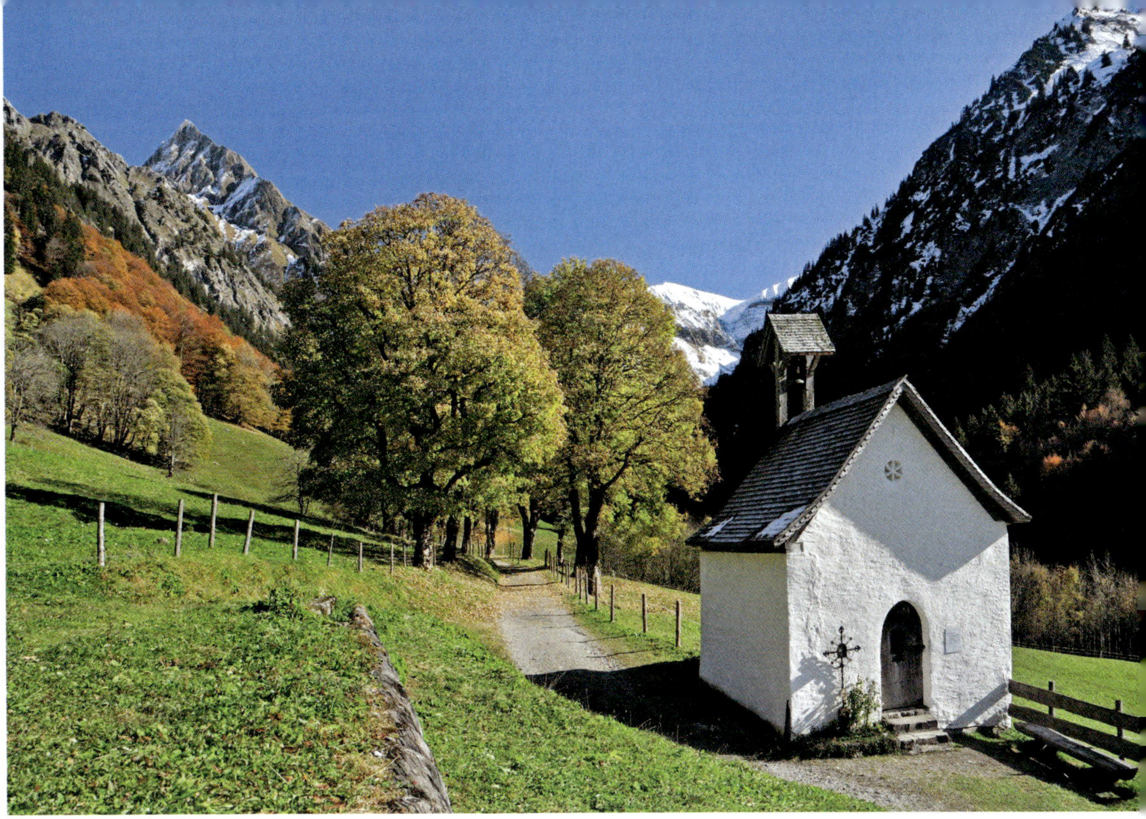

Höfats ab; er bedeutet wohl »hochgelegene Weide«. Dies ist vermutlich auch dem Umstand geschuldet, dass die Bauern früher eher Ziegen gehalten haben und weniger Kühe. Und wie man weiß, sind Ziegen gute »Kletterer«.

Im ehemaligen Walserdorf Gerstruben (die Höfats ist hinten links im Bild) beginnt der eigentliche Anstiegsweg in Richtung Höfats. Der Gipfelanstieg ist nur bei besten Wetterverhältnissen und sehr guter Bergerfahrung anzuraten.

Von Oberstdorf nach Gerstruben Im Zentrum von Oberstdorf orientieren wir uns zunächst an dem Wegweiser zur Nebelhornbahn und folgen dann den gut ausgeschilderten Wanderwegen hinein ins Trettachtal. Auch der Weiler Gerstruben ist bereits hier ausgeschildert. Wir wandern an der Trettach entlang, queren diese über eine Brücke nach links, gehen rechts weiter und bald auch über das Brückchen über den Oybach. Kurz nach Dietersberg erreichen wir die Zwingbrücke (wo von rechts der Weg vom Renksteg herüberführt). Bald zweigt links der gesperrte Wirtschaftsweg hinauf nach Gerstruben ab. (Wir können dem Talweg jedoch noch ein Stück folgen, bis links der Hölltobelsteig abzweigt.) Die letzten Meter zum Berggasthof wandern wir dann – gleich, welche Route wir genommen haben – auf dem Fahrweg. Im Weiler Gerstruben sehen wir im Talhintergrund bereits die berühmte, steil aufragende Höfats.

Von Gerstruben zum Älpelesattel Knapp unterhalb des Berggasthofs leitet uns dann ein Alpweg talein ins Dietersbachtal, vorbei an einer schönen Ahornallee, und bald erreichen wir auf gemütlichem Weg die Gerstrubener Alpe, die jedoch nicht bewirtschaftet ist. Dahinter steigt der Weg etwas an und bald schießen ein paar Bäche links herab. Am Talschluss erwartet uns dann neben der Dietersbachalpe auch noch ein großer Wasserfall. Von nun an wird es steil. Wir folgen kurz dahinter dem Wanderweg

HÜTTEN/EINKEHR

Berggasthof Gerstruben (1157 m), ganzjährig bewirtschaft, keine Übernachtung.
Dietersbachalpe (1330 m), von Mai bis Oktober (je nach Wetter) bewirtschaftet.
Einige Gaststätten im Talbereich beim Anstieg von Oberstdorf.

KARTE

Topographische Karte 1:50 000 »Allgäuer Alpen« (LDBV)

über Bergwiesen, der sich links in steilen Serpentinen bergwärts zieht. Über einen teils rauen Steig schlängeln wir uns durch kleine Waldstücke und Gestrüpp hinauf zum Älpelesattel (1780 m). Wir sind zwar nun sehr nah dran an der Höfats und können auch bereits das Gipfelkreuz sehen, doch um die volle Wucht dieses Berges ermessen zu können, müssten wir am besten zum gegenüberliegenden Rauheck aufsteigen.

Vom Älpelesattel auf den Ostgipfel der Höfats Am Älpele richten wir unsere Augen nach links und sehen bereits die schmale Wegspur, die Richtung Gipfel zieht. Zunächst nur mäßig ansteigend links bzw. rechts des grasigen Kamms hinauf bis zu einer Höhe von 2000 Metern (kleine Kanzel mit Kreuz). Von da an wird es steiler und ausgesetzt. Über erdige Grashänge steigen wir bis zum felsigen Gipfelgrat an. Auf diesem ausgesetzten Schrofengrat (Schwierigkeitsgrad II; das schwierigste Stück kommt also ganz zum Schluss) weiter bis zum letzten kurzen Aufschwung und hinauf zum Gipfelkreuz.

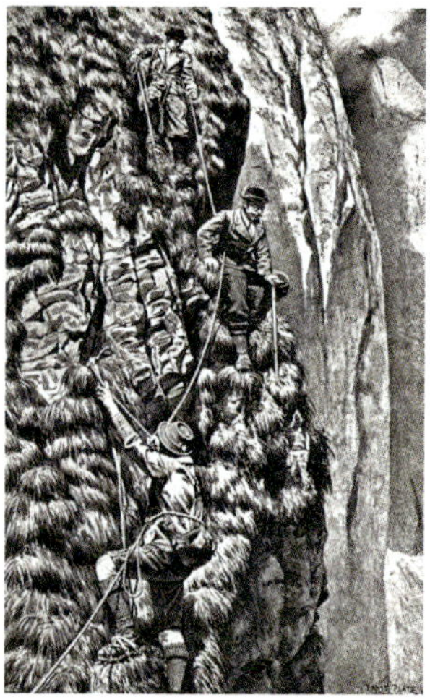

Im Jahr 1895 gelang den Brüdern Josef und Ernst Enzensperger zusammen mit den drei befreundeten »Grasspezialisten« Emanuel Christa, Julius Bachschmid und Weissler aus Kaufbeuren die damals verwegenste Graskletterei im Allgäu, den Abstieg vom Höfats-Ostgipfel über dessen Südostwand ins sog. »Rote Loch« (Zeichnung von Ernst Platz im Jahrbuch von 1896 des DAV); man beachte die »verwegene Sicherungstechnik«!

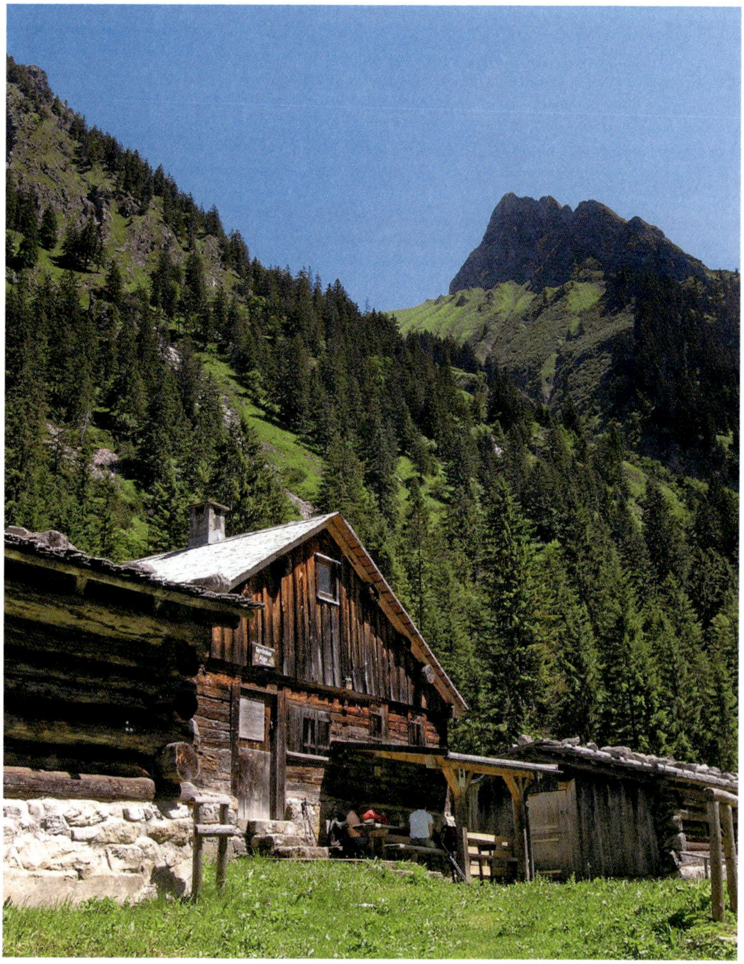

Die Gerstrubener Alpe am Anstiegsweg

Rauheck (2384 m) und Kreuzeck (2367 m)

30

Zu zwei berühmten, aber abgelegenen Allgäuer Grasbergen

Hoch über dem Trettachtal liegt versteckt der Weiler Gerstruben, eine einzigartige Höhensiedlung bestehend aus fünf Holzhäusern einschließlich Kapelle, deren Ursprünge bis ins Mittelalter zurückreichen. Am Ende dieses langen Hochtals, das vom Dietersbach gebildet wird, erheben sich die beiden Doppelgipfel Rauheck und Kreuzeck. Es sind Erhebungen im langen Allgäuer Hauptkamm direkt an der Grenze zwischen Bayern und Tirol.

Unser anspruchsvolles Wanderziel liegt an einem Schnittpunkt großer Wanderrouten. Über die beiden Gipfel läuft der Verbindungsweg zwischen Kemptner Hütte und Prinz-Luitpold-Haus, ebenfalls der historische Übergang aus dem Lechtal nach Oberstdorf. Aufgrund der Länge der Tour müssten wir zwei Tourentage einplanen, doch leider gibt es unterwegs zwar Einkehrmöglichkeiten, aber keine zum Übernachten.

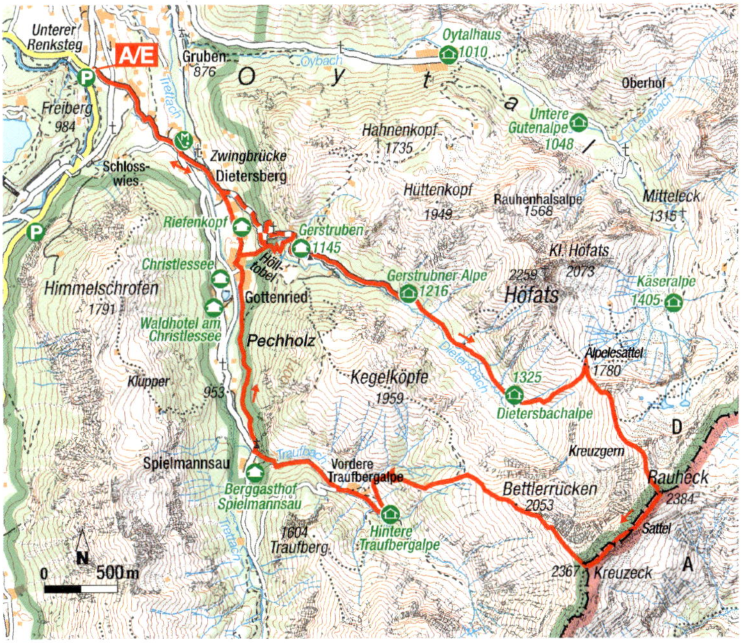

mittel | 1570 Hm | 9.30 Std.

TALORT
Oberstdorf (813 m)

AUSGANGSPUNKT
Wanderparkplatz Renksteg (824 m)

ANFAHRT
a) *mit dem Auto:* Auf der Autobahn Ulm–Füssen (A 7) bis zum Autobahndreieck Allgäu, auf der A 980 bis Waltenhofen und weiter auf der B 19 über Sonthofen nach Oberstdorf und weiter zum Wanderparkplatz Renksteg
b) *mit Bahn/Bus:* Mit dem Zug nach Oberstdorf, dann weiter mit dem Wanderbus in Richtung Spielmannsau bis Haltestelle Christlessee; von dort direkt hinauf durch den Hölltobel nach Gerstruben (0.45 Std.)

GEHZEITEN
Vom Wanderparkplatz Renksteg nach Gerstruben 1.20 Std., Weiterweg auf den Älpelesattel 2 Std., Aufstieg zum Rauheck 2 Std., Übergang zum Kreuzeck 0.30 Std., Rückweg über den Bettlerrücken und Spielmannsau zum Wanderparkplatz Renksteg 3.30 Std.; Gesamtgehzeit ca. 9.30 Std.

SCHWIERIGKEIT
Anstieg bis zur Dietersbachalpe und Rückweg ab der Hinteren Traufbergalpe auf Alpwegen, Bergwanderwegen und Fahrsträßchen; die Gipfelüberschreitung führt über luftige Bergpfade, die Trittsicherheit und Schwindelfreiheit voraussetzen. Nicht bei Nässe begehen.

HÜTTEN/EINKEHR
Berggasthof Gerstruben (1157 m), ganzjährig bewirtschaftet, keine Übernachtung.
Dietersbachalpe 1330 m), von Mai bis Oktober (je nach Wetter) bewirtschaftet.
Gasthof Spielmannsau (990 m), privat, von Weihnachten bis Anfang November durchgehend bewirtschaftet, 30 Betten, 80 Lager, Tel.083 22/30 15

KARTE
Topographische Karte 1:50 000 »Allgäuer Alpen« (LDBV)

Lediglich am Rückweg könnten wir in der Spielmannsau übernachten. Aber warum nicht den Abend in diesem schönen Weiler ausklingen lassen?

Vom Renksteg zum Älpelesattel Der Auftakt unserer großen Rundtour besteht aus einer kurzen Talwanderung. Vom Wanderparkplatz folgen wir zunächst dem ausgeschilderten Wirtschaftssträßchen durch Wiesen in Richtung Trettachtal, halten uns bei der Wegverzweigung links und gehen über den Steg weiter zum Weiler Dietersberg. (Dort könnten wir über den gesperrten Wirtschaftsweg hinauf nach Gerstruben wandern.) Wir folgen den Wegweisern »Hölltobel« und »Gerstruben«, bis links ein Pfad abzweigt. Zunächst über Wiesen, dann im Bachtal bald durch Wald steil aufwärts. Der gut gesicherte Steig berührt nur kurz den tief eingeschnittenen Tobel, aber bald können wir einen kleinen Abstecher zu einem Wasserfall mit kleiner Plattform machen, bevor wir die Zufahrtsstraße nach Gerstruben erreichen. Die letzten Meter zum Berggasthof sind bereits sehr aussichtsreich und bald erkennen wir auch die berühmte Höfats im Talhintergrund. Der Weiler Gerstruben und die Gerstrubener Alpe weiter hinten im Hochtal sind denkmalgeschützt.

Dann folgen wir knapp unterhalb des Gasthofs dem Alpweg talein ins Dietersbachtal, vorbei an einer schönen Ahornallee, und erreichen auf gemütlichem Weg die Gerstrubener Alpe. Dahinter steigt der Weg etwas an und bald schießen ein paar Bächlein links herab. Am Talschluss erwartet uns dann neben der Dietersbachalpe

Die bewirtschaftete Dietersbachalpe am Ende des Hochtals; von dort geht es steil hinauf zum Älpele und dann rechts weiter zum Rauheck und Kreuzeck, den berühmten Blumengipfeln in den Allgäuer Alpen.

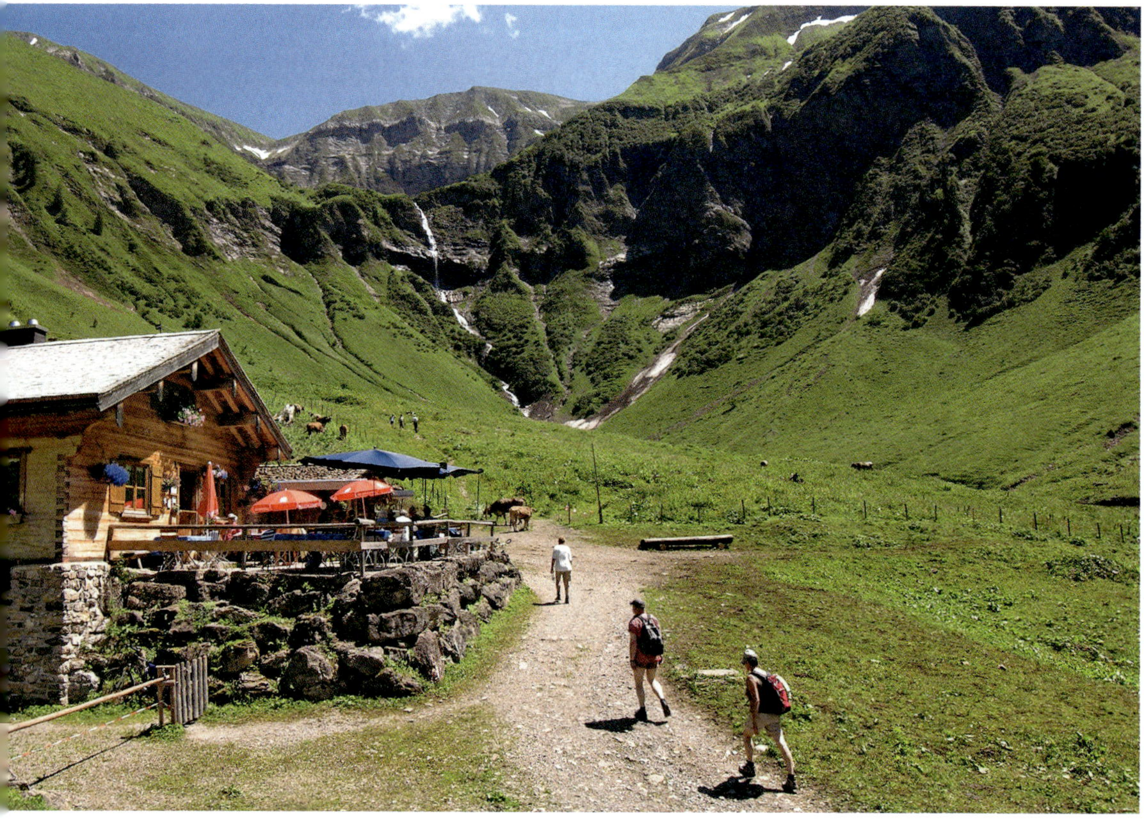

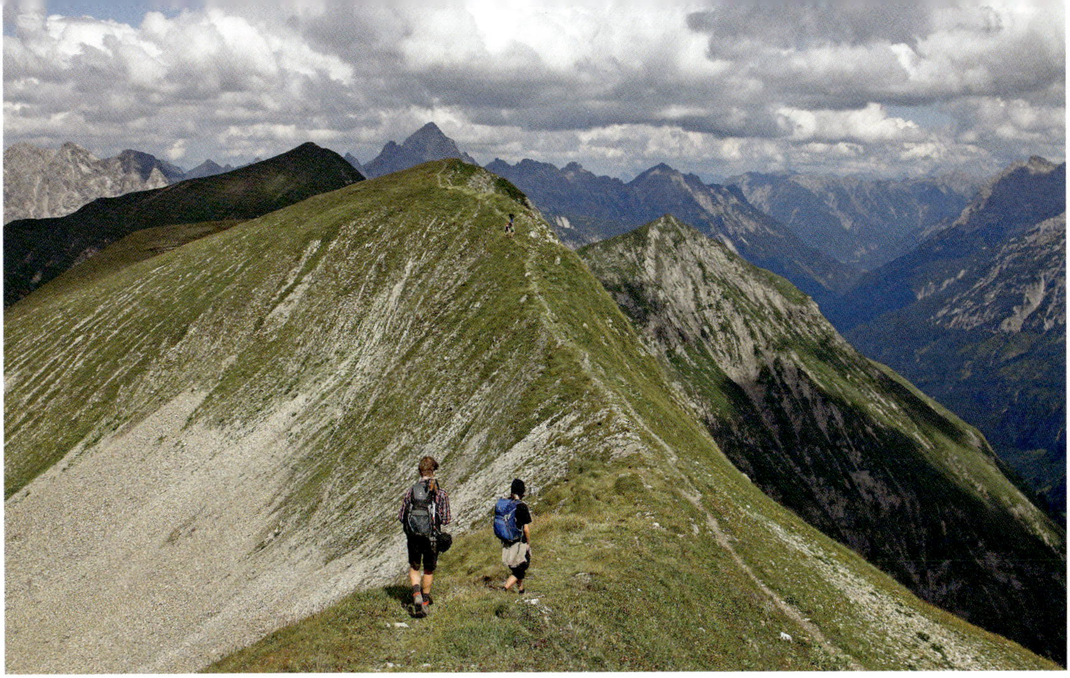

Der Übergang vom Rauheck zum Kreuzeck ist mehr ein Spaziergang als eine anstrengende, alpine Route. Soll auch so sein: denn entlang der Route müssen wir auf die zahlreichen Blumen achten.

auch noch ein großer Wasserfall. Von nun an wird es steil. Wir folgen dem Wanderweg über Bergwiesen und dann auch durch Gesträuch, der sich bald links über zahlreiche steile Serpentinen hinauf zum Älpelesattel windet (1780 m). Jenseits führt der Steig hinab in Richtung Oytal.

Aufstieg zum Rauheck und Übergang zum Kreuzeck Dort halten wir uns nun rechts und wandern auf markiertem Steig über den Nordwestrücken des Rauhecks – und einen flachen Sattel – dem Gipfel entgegen. Auf knapp halbem Weg mündet dann von links der Aufstiegsweg von der Käseralpe ein. Zuletzt dann steiler hinauf zum Gipfel des Rauhecks. Die Aussicht hier oben ist phänomenal: Hinter uns die Höfats mit ihren steilen Grasflanken, links der markante Hochvogel, über das Hornbachtal hinweg die gleichnamige Gebirgskette – und vor uns die Hauptgipfel des Allgäuer Hauptkamms.
Der Übergang zur Kreuzspitze ist nun mehr ein Spaziergang durch blumenbedeckte Bergmatten, jedoch müssen wir eine Einsattelung durchschreiten und etwa 120 Meter Gegenanstieg bewältigen, bis wir uns auf dem Gipfel niederlassen können.

Rückkehr über den Bettlerrücken und die Spielmannsau Vom Gipfel des Kreuzecks liegt der Abstiegsweg über den Bettlerrücken gut einsehbar vor uns. Ein schmaler Steig leitet uns hinab, bis auf einer Höhe von etwa 1800 Metern links der spärlich markierte Steig hinab zur Hinteren Traufbergalpe (1217 m) abzweigt. Bereits ab der Krautersalpe verbreitert sich dieser dann und führt steil hinab. Im kleinen Hochtal angekommen, folgen wir talwärts zunächst ein Stück dem breiten Alpweg, bis rechts unser Wanderweg abzweigt, der uns am Traubach entlang in die Spielmannsau hinableitet. Dort auf gut ausgeschilderten Wegen zurück zum Renksteg oder auch hinaus nach Oberstdorf. Aufgrund der langen Bergtour werden wir aber nicht abgeneigt sein, den Wanderbus in Anspruch zu nehmen.

31

Muttlerkopf (2368 m)

Auf den Hausberg der Kemptner Hütte

mittel | 1360 Hm | 7.30 Std.

TALORT
Oberstdorf (813 m)

AUSGANGSPUNKT
Spielmannsau (1070 m)

ANFAHRT
a) *mit dem Auto:* Auf der A 7 bis zum Autobahndreieck Allgäu, auf der A 980 bis Waltenhofen und weiter auf der B 19 über Sonthofen nach Oberstdorf; Parkplätze am Ortsrand (Oberstdorf ist weitgehend autofrei)
b) *mit Bahn/Bus:* Mit dem Zug nach Oberstdorf, dann weiter mit Bus oder Taxi nach Spielmannsau

GEHZEITEN
Anstieg von der Spielmannsau (zu Fuß ca. 2 Std. von Oberstdorf) zur Kemptner Hütte 3 Std., Anstieg von der Kemptner Hütte zum Muttlerkopf 1.30 Std., Abstieg zur Kemptner Hütte 1 Std., Rückkehr zum Ausgangspunkt 2 Std.; Gesamtgehzeit 7.30 Std.

SCHWIERIGKEIT
Der Anmarsch in die Spielmannsau erfolgt auf gesperrter Wirtschaftsstraße, der Hüttenanstieg von dort verläuft auf guten Bergwegen und -steigen, die Passage durch den Sperrbachtobel erfordert jedoch Trittsicherheit. Im Bereich des Tobels muss bis in den Sommer hinein mit Schneeresten gerechnet werden.

HÜTTEN/EINKEHR
Kemptner Hütte (1846 m), AV-Haus der Kat. I, 103 Betten, 186 Lager, bewirtschaftet von Mitte Juni bis Mitte Oktober; Reservierungen über Huetten-Holiday.de.
Mountain-Hostel Spielmannsau (1071 m), Jugendherberge für Gruppen, aber auch Einzelwanderer; Tel. 08322/987 05 80.
Alpe Oberau (1004 m), privat, von Anfang Juni bis Mitte Oktober bewirtschaftet.

KARTE
Topographische Karte 1:50 000 »Allgäuer Alpen« (LDBV)

Als Hermann von Barth zum ersten Mal den Sperrbachtobel überwand und zur Oberen Mädelealp hinaufstieg, hielt er die »prachtvoll kahle Kegelgestalt des Muttlerkopfes« für den damals als unbesteigbar angesehenen Großen Krottenkopf, da er mit steilen Felswänden zum Sperrbachtobel hin abbricht. Tatsächlich ist der Muttler, wie er heute genannt wird, von der damals noch nicht existenten Kemptner Hütte zum beliebten, leichten Hüttengipfel avanciert – mit einer großartigen Fernsicht.

Die Kemptner Hütte ist der Dreh- und Angelpunkt auf der Oberen Mädelealp. Allein schon der Aufstieg zu dieser großen Alpenvereinshütte ist ein kleines Bergabenteuer für sich, müssen wir doch durch den nicht ungefährlichen Sperrbachtobel. Dort oben scheiden sich dann die Wege – manche wollen hinüber ins Lechtal, andere starten hier zum Heilbronner Weg, dem großen Höhenweg und Klettersteig, der erst an der Rappenseehütte endet. Und da ist noch der Große Krottenkopf in Reichweite. Wem all das zu anstrengend ist, der hat immer noch den Muttlerkopf als mögliches Ziel in petto. Vom Süden zeigt er seine zahme

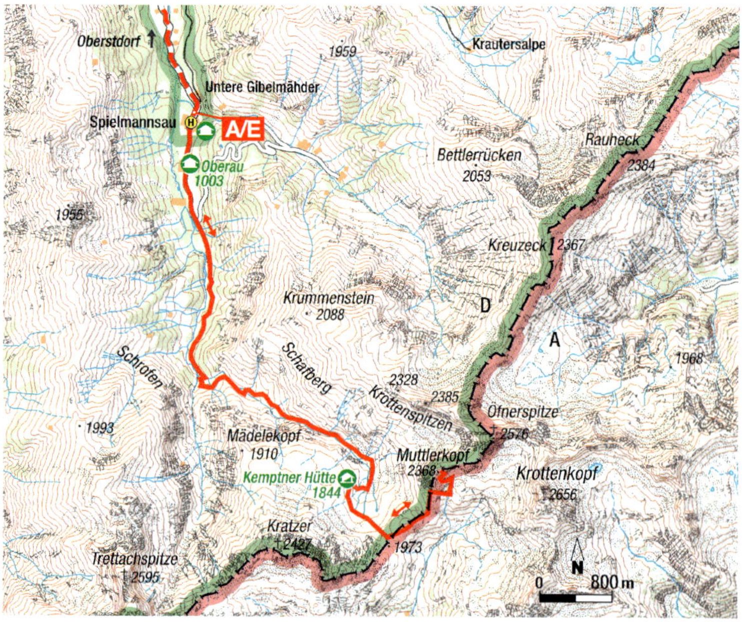

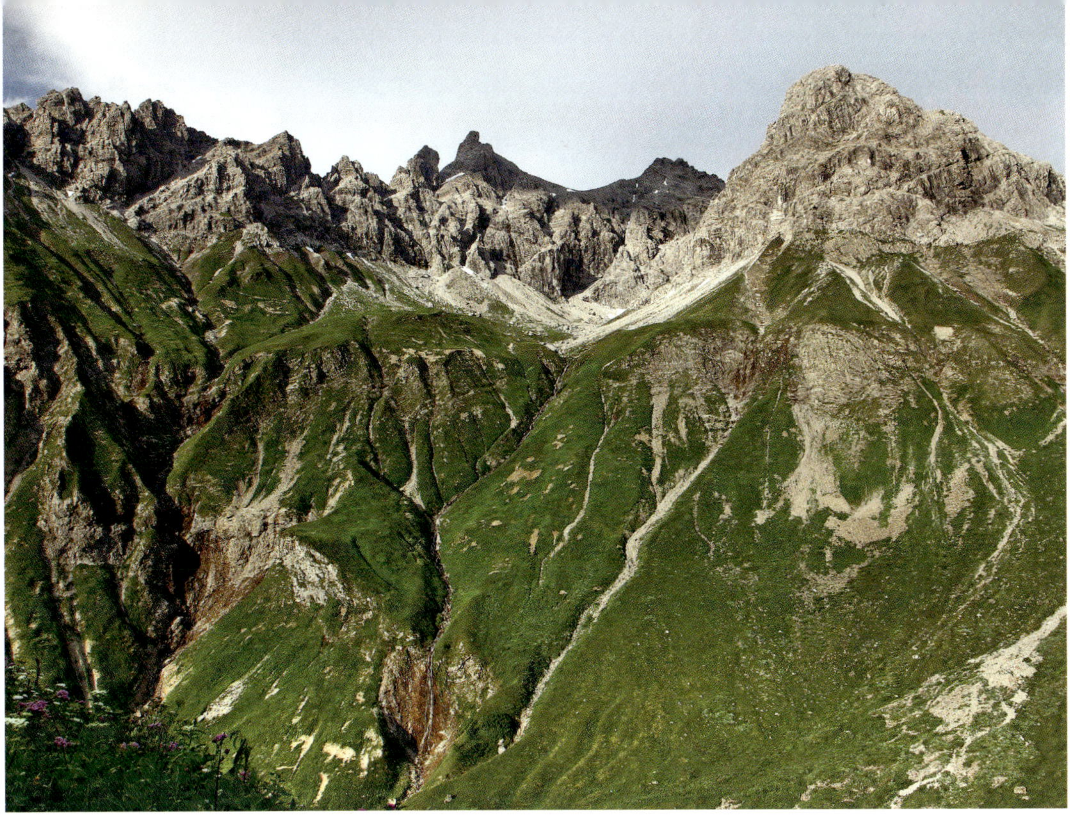

Der Muttlerkopf bricht nach Norden steil ab, hat aber eine relativ »schwache« Seite an seiner Südostflanke. Als schneller Hüttengipfel der Kemptner Hütte ist er durchaus beliebt, denn der Anstieg erfordert nur eineinhalb Stunden Gehzeit.

Seite, und daher kommt wohl auch sein Name: Muttler bedeutet in der Tiroler Mundart einen Schlitten ohne Handgriffe, also ohne Hörner.

Der Aufstieg zur Kemptner Hütte Von der Spielmannsau führt uns ein Wirtschaftsweg (Mark. E 4) taleinwärts. Vorbei an der Alpe Oberau gelangen wir zur Talstation des Materiallifts der Kemptner Hütte. Dort beginnt rechts der schmale Anstiegsweg, der uns hinauf in die Allgäuer Hochalpen führt. Die Trettach nun weit unter uns lassend steigen wir durch Wald hinauf bis zum Talschluss. Wir queren zweimal den Sperrbach und steigen links die steilen Hänge empor. Eine weitere Brücke bringt uns erneut über den Bach. Im weiteren Verlauf wandern wir durch den tief eingeschnittenen Tobel (einige Seilsicherungen), der teilweise durch herausgesprengten Fels gangbar gemacht wurde. Auf dem dann leichter werdenden Weg geht es in einer weiten Rechtskehre hinauf zur großen Kemptner Hütte, die am Westfuß des Muttlers liegt.

Der Aufstieg zum Muttlerkopf Vom Alpenvereinshaus folgen wir zunächst in südlicher Richtung dem ausgeschilderten Weg zum Prinz-Luitpold-Haus, bei der Wegverzweigung wenig oberhalb der Hütte gehen wir links, bei der zweiten Wegverzweigung (1939 m) nach rechts und erreichen so die Einkerbung des Östlichen Mädelejochs (2033 m). Dort zweigt links der markierte Wanderweg zum Muttler ab. Über grasige und leicht schrofige Hänge steigen wir nun in Serpentinen in Richtung Gipfel an, wobei sich mit jedem Höhenmeter unser Blick weitet. Den geräumigen Gipfel schmückt ein schlichtes Holzkreuz.

32

Großer Krottenkopf (2656 m)

Auf den höchsten Gipfel der Allgäuer Alpen

mittel | 1980 Hm | 13.00 Std.

TALORT
Oberstdorf (813 m)

AUSGANGSPUNKT
Wanderparkplatz Renksteg (824 m) bzw. Oberstdorf (813 m)

ANFAHRT
a) *mit dem Auto:* Auf der A 7 bis zum Autobahndreieck Allgäu, auf der A 980 bis Waltenhofen und weiter auf der B 19 über Sonthofen nach Oberstdorf. Parkplätze am Ortsrand (zahlreiche P+R-Parkplätze).
b) *mit Bahn/Bus:* Mit dem Zug nach Oberstdorf, dann weiter mit Wanderbus oder Taxi nach Spielmannsau

GEHZEITEN
Von Renksteg in die Spielmannsau 1.15 Std. (von Oberstdorf plus 1 Std.). Anstieg von dort zur Kemptner Hütte 2.30 Std., Anstieg von der Kemptner Hütte über das Östliche Mädelejoch zum Krottenkopf 3 Std., Abstieg zur Kemptner Hütte 2.30 Std., Rückkehr zum Ausgangspunkt 3.45 Std.; Gesamtgehzeit 13 Std.

SCHWIERIGKEIT
In die Spielmannsau auf gesperrter Wirtschaftsstraße, der Hüttenanstieg verläuft auf guten Bergwegen und -steigen, die Passage durch den Sperrbachtobel erfordert jedoch Trittsicherheit. Im Bereich des Tobels muss bis in den Sommer hinein mit Schneeresten gerechnet werden. Der Anstieg zum Großen Krottenkopf setzt Trittsicherheit und Schwindelfreiheit voraus.

HÜTTEN/EINKEHR
Kemptner Hütte (1846 m), AV-Haus der Kat. I, 103 Betten, 186 Lager, bewirtschaftet von Mitte Juni bis Mitte Oktober; Reservierungen über Huetten-Holiday.de

KARTE
Topographische Karte 1:50 000 »Allgäuer Alpen« (LDBV)

Der Große Krottenkopf, der höchste Gipfel der Allgäuer Alpen, musste lange auf einen Stützpunkt für seine Ersteigung warten. Heute gehört die Kemptner Hütte – nach zahlreichen Erweiterungen und einem späteren Neubau – zu den großen Unterkunftshäusern in den Allgäuer Alpen. Beliebtester Hüttengipfel ist natürlich der Große Krottenkopf. Er erfordert kein großes alpines Können, aber Kondition und Ausdauer. Daher besser eine Zwei-Tage-Tour einplanen!

Auch wenn der Aufstieg zum Großen Krottenkopf aus dem Lechtal kürzer ist und weniger Höhenmeter erfordert, wird dieser großartige Gipfel – der übrigens komplett auf Tiroler Gebiet liegt – in der Regel aus dem Trettachtal erstiegen. Das liegt natürlich daran, dass an dieser Route das 1891 erbaute Alpenvereinshaus liegt. Das spricht für einen großen Hüttenansturm, denn Gipfelgrößen, die auch für den Normalbergsteiger machbar sind, üben eine große Faszination aus. Um zum eigentlichen Ausgangspunkt, der Spielmannsau, zu gelangen, nehmen wir für die für den öffentlichen Verkehr gesperrte Zufahrtsstraße ins Trettachtal das entsprechende Transportmittel – zum Beispiel den Wanderbus oder das Mountainbike. Für Gruppen bietet sich übrigens dort das Mountain-Hostel Speilmannsau an.

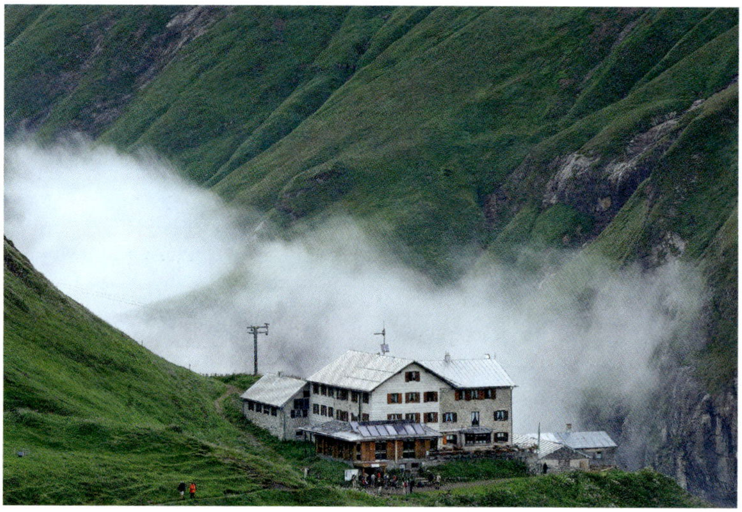

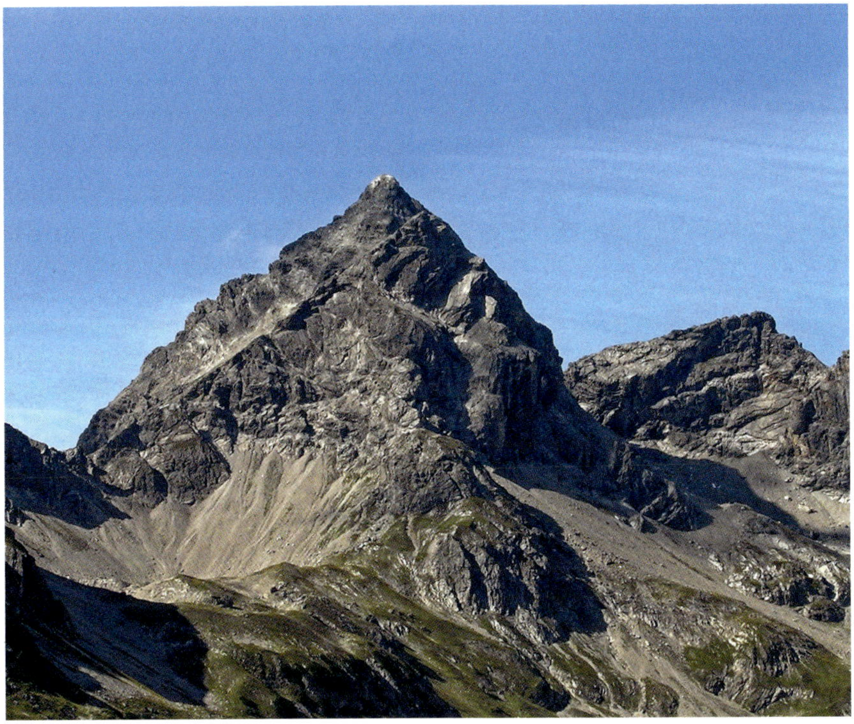

Der Große Krottenkopf ist der höchste Gipfel der Allgäuer Alpen und ist vom Tal aus nicht zu sehen. Für den Gipfelanstieg müssen wir zwei Tage einplanen, aber diese werden mit prallen Sinneseindrücken belohnt.

Linke Seite: Die Kemptner Hütte ist der einzige sinnvolle alpine Stützpunkt an unserer Route. Dank der großen Kapazität dürfte eine Übernachtung kein Problem darstellen; doch es ist besser, seinen Platz vorzubestellen, denn immerhin endet dort auch der beliebte Heilbronner Weg.

Der Anstieg zur Kemptner Hütte Von der Spielmannsau führt uns ein Wirtschaftsweg (Mark. E 4) weiter taleinwärts. Vorbei an der Alpe Oberau, bei der wir noch einkehren können, gelangen wir zur Talstation des Materiallifts der Kemptner Hütte. Dort beginnt rechts der schmale Anstiegsweg, der uns hinauf in die Allgäuer Hochalpen führt. Die Trettach nun weit unter uns lassend steigen wir durch Wald hinauf bis zum Talschluss. Wir queren zweimal den Sperrbach und steigen links die steilen Hänge empor. Eine weitere Brücke bringt uns erneut über den Bach. Im weiteren Verlauf wandern wir durch den tief eingeschnittenen Tobel (einige Seilsicherungen), der teilweise durch herausgesprengten Fels gangbar gemacht wurde. Selbst im Sommer müssen wir hier noch mit Schneeresten rechnen! Zuletzt wan-

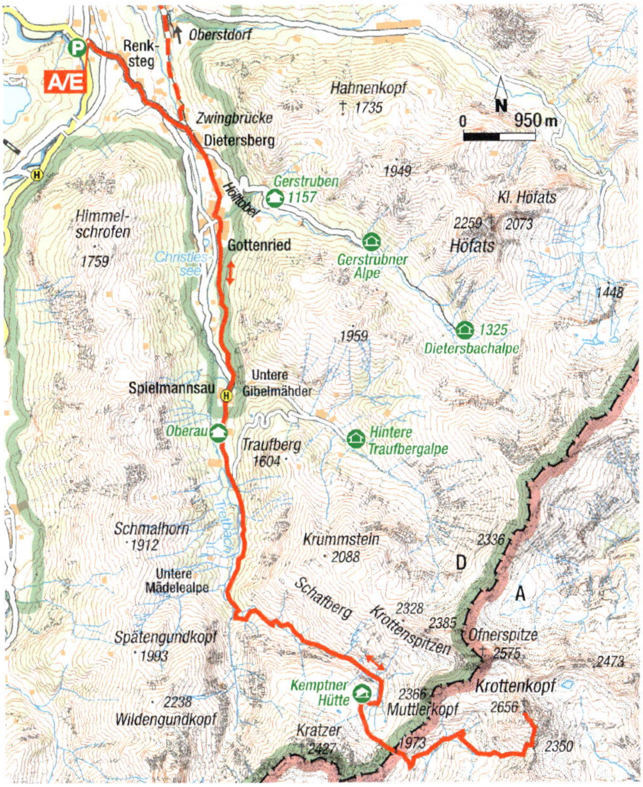

dern wir auf dem nun leichter werdenden Weg in einer weiten Rechtskehre hinauf zur großen Kemptner Hütte, die am Nordostfuß des Kratzers liegt. Die Kemptner Hütte ist vor allem auch eine beliebte Station am Fernwanderweg Nr. 5 sowie Start zum Heilbronner Weg, einem großen Höhenweg und Klettersteig.

Der Aufstieg zum Großen Krottenkopf Der höchste Gipfel der Allgäuer Alpen ist auch für Normalbergsteiger erreichbar, dementsprechend gut ist er besucht. Trotzdem erfordert er den geübten Bergwanderer. Und besonders sollten wir auf gute Wetterverhältnisse achten, denn das Gelände ist nur bedingt übersichtlich! Vom Alpenvereinshaus folgen wir zunächst in südlicher Richtung dem ausgeschilderten Weg zum Prinz-Luitpold-Haus, bei der Wegverzweigung wenig oberhalb der Hütte gehen wir links, bei der zweiten Wegverzweigung (1939 m) halten wir uns rechts und gehen weiter in Richtung Hermann-von-Barth-Hütte. Wir überschreiten in der Folge das Obere Mädelejoch (2033 m), das uns hinüber auf die Tiroler Seite bringt. Mit Höhenverlust geht es dann hinab ins Roßgumpenkar und über ein paar Bäche hinweg ge-

Der Hermannskarsee auf der Ostseite des Großen Krottenkopfs; an diesem kleinen Bergsee kommen wir vorbei, wenn wir die Route in Richtung Hermann-von-Barth-Hütte fortsetzen.

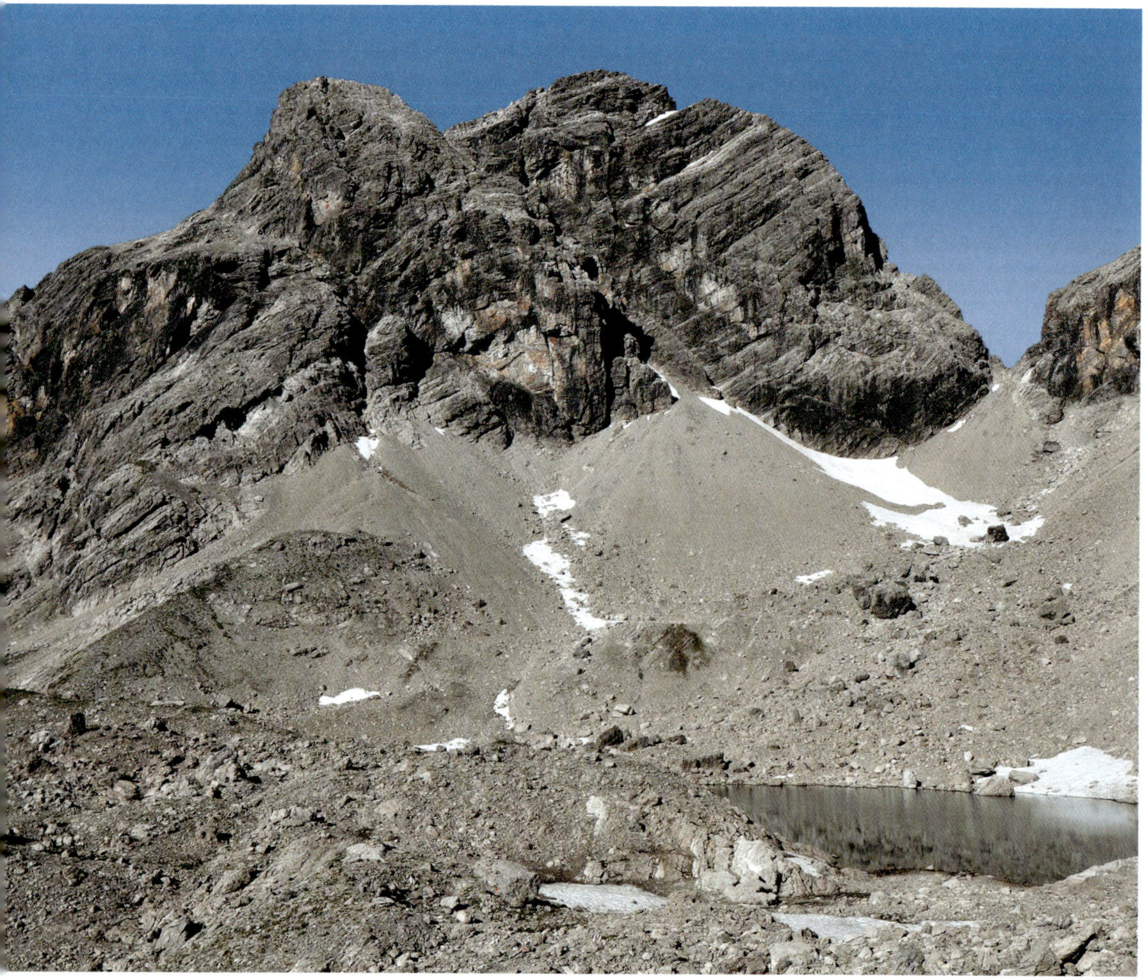

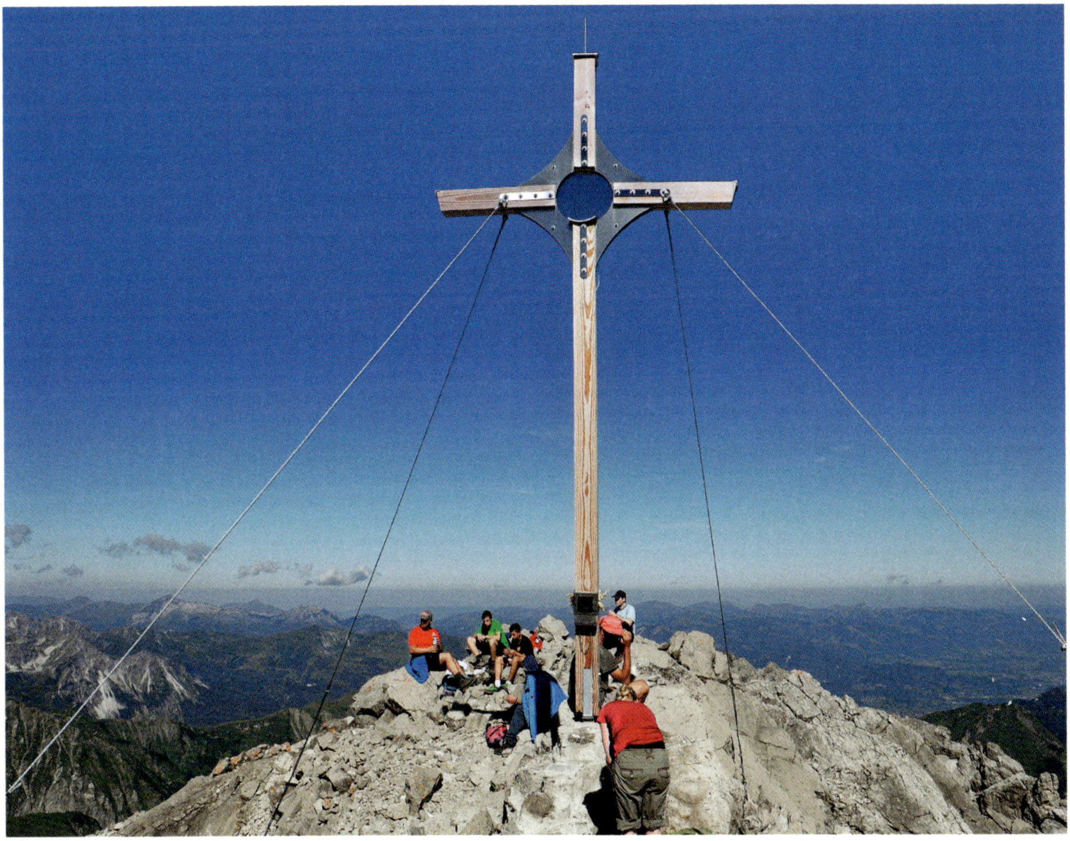

Auf dem Gipfel des Großen Krottenkopfs; die Höhe des Gipfelkreuzes lässt schon einen Rückschluss auf die Bedeutung dieses Gipfels zu.

langen wir auf die Südwestseite des Großen Krottenkopfs. Hier haben auch die Steinböcke ihr Revier, mit etwas Glück werden wir vielleicht sogar ganzer Rudel ansichtig. Bald beginnt links der anstrengende, serpentinenreiche Anstieg hinauf zur Krottenkopfscharte (2350 m). Im Hochsommer eine Kräfte zehrende Anstrengung. Knapp unterhalb der Scharte zweigt links der markierte Gipfelweg ab. Über mit Geröll bedeckte Platten und über Felsstufen steigen wir am unscheinbaren Kleinen Krottenkopf vorbei und gelangen dann links haltend hinauf zum Gipfel des Großen Krottenkopfs. Eine großartige Gipfelschau ist unser Lohn. Im Süden erheben sich die Gipfel der Lechtaler Alpen, auch alle wichtigen Gipfel der Allgäuer Alpen sind im Blick. Besonders reizvoll ist der Tiefblick in das Hermannkar mit dem Hermannskarsee, dem höchsten Bergsee der Allgäuer Alpen.

Seinen Namen hat der Große Krottenkopf allerdings nicht exklusiv. Bevor die Gipfel östlich der Kemptner Hütte bestimmt wurden – also gegen Ende des 19. Jahrhunderts – hießen alle Gipfel dort oben Krottenkopf. Krottenköpfe gibt es übrigens auch in den Tannheimer Bergen und im Estergebirge. Auch gehört er nicht zum Allgäuer Hauptkamm, wie man meinen könnte, sondern zur Hornbachkette, einem mächtigen Seitenkamm, der sich zum Lechtal hin erstreckt. Nachweislich erstiegen wurde er erstmalig im Jahr 1864. Man kann aber davon ausgehen, dass Einheimische bzw. Jäger diesen Gipfel bereits vor dieser Zeit erstiegen haben.

33

Plattenspitze (2489 m)

Mächtiger Gipfel in der Hornbachkette

sschwer 1460 Hm 8.30 Std.

TALORT
Elbigenalp (1039 m) im Tiroler Lechtal

AUSGANGSPUNKT
Geierwally-Parkplatz in Elbigenalp (1039 m)

ANFAHRT
a) *mit dem Auto:* Von Norden über Füssen nach Reutte oder aus dem Münchener Raum über Garmisch-Partenkirchen und Ehrwald nach Reutte, weiter ins Lechtal und bis nach Elbigenalp, dort im Ortsteil Untergiblen zum gebührenpflichtigen Geierwally-Parkplatz
b) *mit Bahn/Bus:* Mit dem Zug nach Füssen, weiter mit dem Bus nach Reutte zum Bahnhof (hierher auch mit der Außerfernbahn); von dort mit dem Bus 4268 nach Elbigenalp/Untergiblen

GEHZEITEN
Von Elbigenalp zum Kasermandl 1 Std., Weiterweg zur Hermann-von-Barth-Hütte 2.30 Std., Gipfelanstieg 1.30 Std.; Abstieg vom Gipfel über die Hermann-von-Barth-Hütte ins Tal 3.30 Std.; Gesamtgehzeit 8.30 Std.

SCHWIERIGKEIT
Zum Kasermandl auf einem Wirtschaftsweg, der Weiterweg zur Hermann-von-Barth-Hütte auf einem Bergwanderweg bzw. auf leichtem Bergsteig zurückgelegt. Der Gipfelanstieg auf die Plattenspitze erfolgt auf markierten, schmalen und steilen Bergpfaden; im Gipfelbereich Drahtseilsicherungen. Absolute Trittsicherheit und Schwindelfreiheit erforderlich

HÜTTEN/EINKEHR
Hermann-von-Barth-Hütte (2129 m), AV-Hütte der Kat. I, bewirtschaftet von Mitte Juni bis Ende September, Montag Ruhetag, außer Juli bis Anfang September, 4 Betten, 69 Lager, offener Winterraum; Tel./Fax 0043/5634/6671, www.hermann-von-barth.at

KARTE
Topographische Karte 1:50 000 »Allgäuer Alpen« (LDBV)

Die Plattenspitze teilt sich den Namen mit einigen anderen Gipfeln in den Alpen. Der hier vorgestellte felsige Gipfel befindet sich in der Hornbachkette, einem Seitenkamm des Allgäuer Hauptkamms. Der kürzeste Aufstieg erfolgt dabei aus dem Lechtal. Ziel für den Normalbergsteiger ist dabei der Ostgipfel. Seinen Namen hat er wohl von den auffälligen großen schrägen Plattenlagen; sein Ostgipfel sendet nach Süden einen Felskamm aus, der die Wolfebnerspitzen trägt; diese zählen zu den bevorzugten Kletterzielen im Bereich der Hermann-von-Barth-Hütte.

Einziger voll bewirtschafteter Stützpunkt in der Hornbachkette ist die Hermann-von-Barth-Hütte; sie ist die höchstgelegene Alpenvereinshütte in den Allgäuer Alpen und wird zudem als eine der schönsten angesehen. Schon das Äußere der Hütte ist vielversprechend durch ihre komplette Schindelverkleidung, doch auch im Inneren strahlt die Hütte Gemütlichkeit aus. Das Gebiet rund um diese Alpenvereinshütte gilt als eines der reichsten Gamswildreviere in den gesamten Allgäuer Alpen.

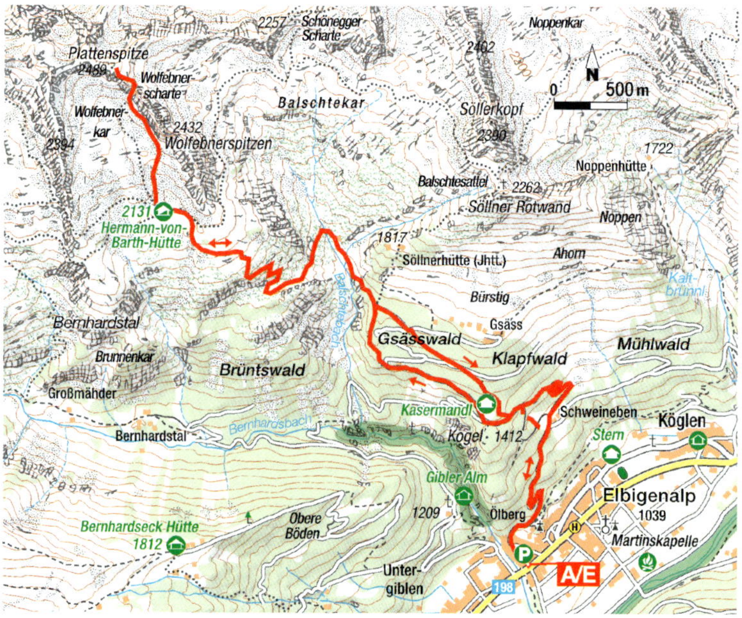

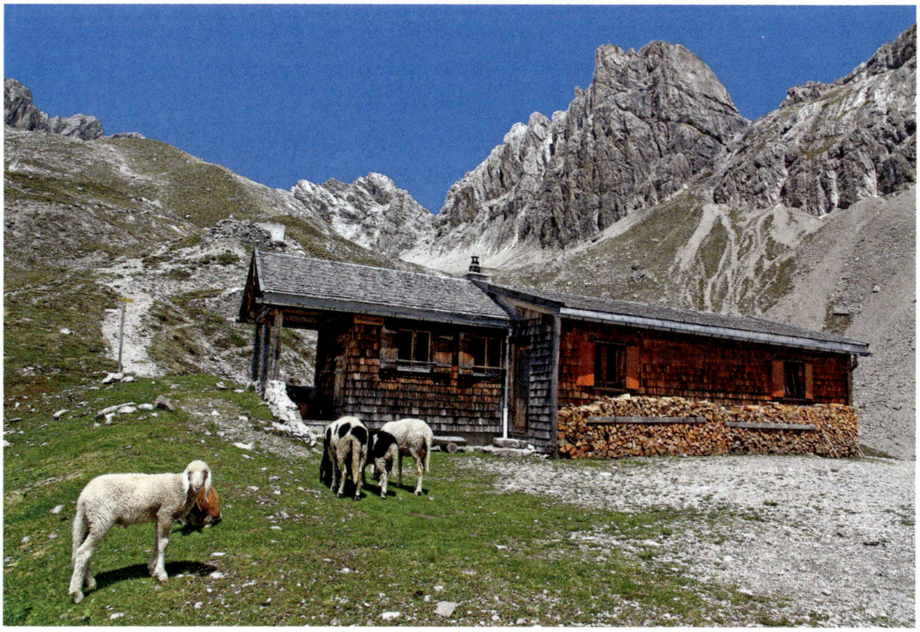

Am Anstiegsweg zur Plattenspitze oberhalb der Hermann-von-Barth-Hütte; trotz der Höhe über 2000 Meter scheinen sich auch Schafe noch wohlzufühlen.

Aufstieg von Elbigenalp zur Hermann-von-Barth-Hütte Vom Geierwally-Parkplatz folgen wir einem Wirtschaftsweg (Mark.-Nr. 436), vorbei an einer Schranke, zur Ölbergkapelle und in Kehren weiter durch Wald hinauf zum Kasermandl. Der alte Bau dieser beliebten Ausflugshütte wurde vor einigen Jahren durch einen Neubau ersetzt, der gänzlich in Holzbauweise erfolgt ist. Von dort geht es weiter auf dem Wirtschaftsweg bis zur Talstation der Materialseilbahn der Hermann-von-Barth-Hütte. Anschließend folgen wir dem guten Wanderweg (Mark.-Nr. 436) weiter durch Wald, wobei die Route an der Ostflanke des tief eingeschnittenen Balschtetobels entlangführt. Weiter oben wird dann der Balschtebach überschritten und in steilen Serpentinen geht es hinauf ins Wolfebnerkar zur gemütlichen Hermann-von-Barth-Hütte.

Der Gipfelweg zur Plattenspitze Vom Alpenvereinshaus steigen wir zunächst auf ausgeschildertem Bergweg (»Plattenspitze«) unter den Wolfebnerspitzen hinein ins Wolfebnerkar. Da sich der Karkessel im Sommer sehr schnell aufheizt, ist ein früher Aufbruch ratsam. Vor den beiden Plattenspitzen führt unser Steig nun rechts haltend über eine Geröllrinne hinauf in die Wolfebnerscharte. Links haltend geht es dann über einige Felsrampen an den Gipfelaufbau heran. Die Markierungen zeigen den weiteren Weg an. Über plattiges Felsgelände geht es in die Südwand hinein, dann hinauf in Richtung Gipfel. Die Schlüsselstelle kurz unterhalb des Gipfels ist gesichert. Und bald ist der kleine Gipfel mit dem Metallkreuz erreicht.

Der Rückweg erfolgt auf dem Abstiegsweg, wobei wir die Variante über den Gsäswald einbauen können.

34

Jöchelspitze (2226 m) und Rothornspitze (2393 m)

Paradegipfel am Lechtaler Panoramaweg

mittel | 670 Hm ↑/1260 Hm ↓ | 6.15 Std.

TALORT
Bach (1062 m) im Tiroler Lechtal

AUSGANGSPUNKT
Talstation der Jöchelspitzbahn (1200 m)

ANFAHRT
a) *mit dem Auto:* von Norden über Füssen nach Reutte oder über Garmisch-Partenkirchen und Ehrwald nach Reutte, weiter ins Lechtal und bis nach Bach, dort vor der Lechbrücke rechts zur Jöchelspitzbahn (Parkplätze)
b) *mit Bahn/Bus:* Zug nach Füssen, weiter mit dem Bus nach Reutte zum Bahnhof, dort mit dem Bus 110 nach Bach und von Ende Juni bis Anfang Oktober direkt zur Jöchelspitzbahn

GEHZEITEN
Von der Bergstation übers Bergheumuseum und die Jöchelspitze zum Rothornjoch 2 Std., über die Rothornspitze in den Gumpensattel 1 Std., zur Mutte und zum Bernhardseck 1.15 Std., Rückweg zur Talstation 2 Std.; Gesamtgehzeit 6.15 Std.; Panoramaweg ohne Gipfel von der Bergstation zum Bernhardseck 3 Std.

SCHWIERIGKEIT
Gut begehbare Bergwege und Steige. Kräftiger, problemloser Gipfelanstieg zur Jöchelspitze; auf dem Panoramaweg kurzzeitig stärker bergauf und bergab. Rothornüberschreitung beidseitig steil, im felsigen Nordabstieg besondere Vorsicht nötig, hier und im Gumpenkar können länger Altschneefelder liegen

HÜTTEN/EINKEHR
Bernhardseckhütte (1812 m), Mitte Mai bis Mitte November, Montag Ruhetag außer Juli bis Anfang September, 50 Schlafplätze

KARTE
Topographische Karte 1:50 000 »Allgäuer Alpen« (LDBV)

Ganz gleich, ob man einen oder zwei oder gar keinen Gipfel besteigt, der Lechtaler Panoramaweg ist allein schon eine Genusswanderung ersten Ranges. Blumenliebhaber und Botaniker sollten dafür die Zeit von etwa Mitte Juni bis Juli wählen, Weitsichtfreunde genießen meist ab September den klaren Blick auf die höchsten Gipfel der Allgäuer und Lechtaler Alpen.

Die moderne 8er-Gondel nimmt uns schon mal 600 Höhenmeter Anstieg ab, sodass wir uns voll auf die Gipfelüberschreitungen konzentrieren können. Wer nur den Panoramaweg wählt, sollte jedoch kurz hinaufgehen ins Rothornjoch, denn bereits dort öffnet sich ein toller Ausblick auf den Allgäuer Hauptkamm vom Hohen Licht bis zum Kratzer. Von den Gipfeln und später auch vom Panoramaweg schaut man ferner auf die wilde Hornbachkette, die zum höchsten Allgäuer Berg, dem Großen Krottenkopf, ausläuft. Großartig ist auch der Blick in Richtung Süden bis zur Parseierspitze und Valluga, den höchsten Erhebungen der Lechtaler Alpen. Gemütliche Einkehr bietet die Bernhardseckhütte in schönster Aussichtslage hoch über dem Lechtal.

Von der Bergstation über die Jöchelspitze Bei der Bergstation nehmen wir den Botanischen Lehrpfad in Richtung Bergheumuseum, passieren den

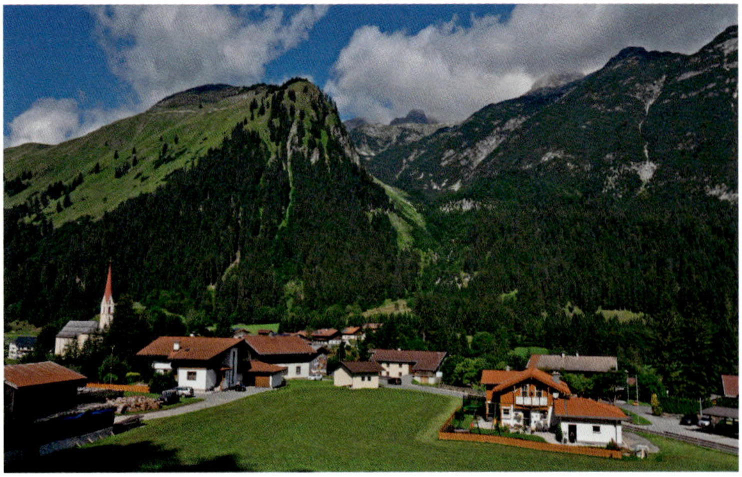

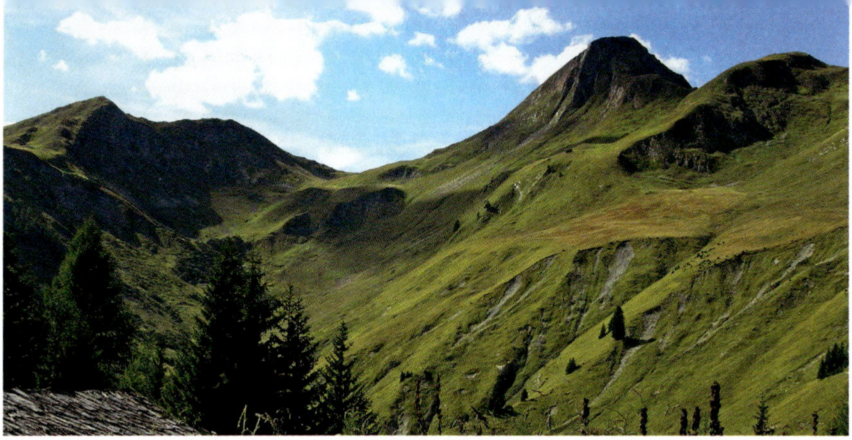

Großes Panorama vom Lachenkopf: Links sehen wir die Jöchlspitze, rechts die sanft geschwungene Rothornspitze und daneben die Mutte; all diese Gipfel berühren wir auf unserer Runde.

Startplatz der Drachen- und Gleitschirmflieger und erreichen weiter ansteigend die kleine Holzhütttte, in der das Museum eingerichtet wurde. Danach könnte man beim zweiten Rechtsabzweig direkt den Lechtaler Panoramaweg wählen, doch als Gipfelaspiranten folgen wir dem Steig hinauf zur Jöchelspitze. Nach der Rundschau gehen wir nordwärts über den grünen Rücken hinab ins Rothornjoch, von dem man rechts ein paar Meter bergab geht und in den Panoramaweg einfädelt.

Über die Rothornspitze zum Bernhardseck Geradeaus beginnt der steile Anstieg auf die Rothornspitze, deren Gipfel wir nach Norden verlassen und wo wir voll konzentriert die noch steilere und felsige Rippe hinabsteigen in den Gumpensattel. Dort wenden wir uns rechts und folgen dem Steig weiter abwärts, dann einem kleinen Gegenanstieg zur Mutte. Nun ebenfalls auf dem Panoramaweg, geht es gemütlich hinab zur Bernhardseckhütte.

Zurück zur Talstation Dort folgen wir dem Wirtschaftsweg und der Beschilderung nach Klapf (zum Bus kürzer über die Gibleralm nach Elbigenalp), kommen ins Tal, halten uns rechts und an die Wegweiser zur Lechtaler Bergbahn. Bei den Häusern von Seesumpf treffen wir auf den Lechweg, orientieren uns rechts und an dem weißen L und erreichen so wieder unseren Ausgangspunkt.

Linke Seite: Blick auf Elbigenalp im Lechtal; dort könnte unsere Tour enden, falls wir beim Abstieg direkt ins Lechtal absteigen wollen.

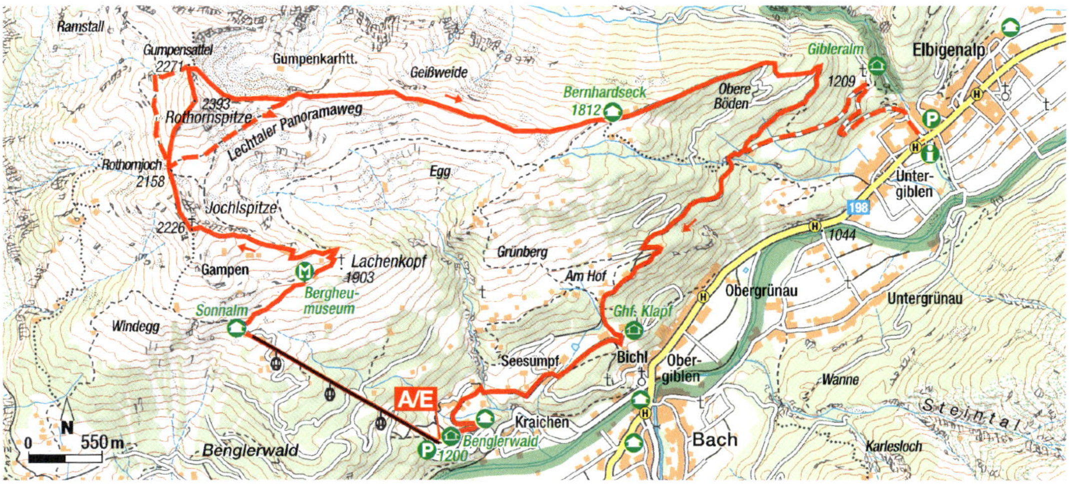

35

Bretterspitze (2608 m) und Urbeleskarspitze (2632 m)

Ein massiger Berg und eine kühne Pyramide

schwer | 1530 Hm | 8.15 Std.

TALORT
Hinterhornbach (1101 m)

AUSGANGSPUNKT
Wanderparkplatz am Hornbach (1090 m)

ANFAHRT
a) *mit dem Auto:* Auf der A 7 von Kempten bzw. über Füssen nach Reutte und weiter ins Lechtal; nach Stanzach rechts ab ins Hornbachtal und nach Hinterhornbach; dort parken oder beim Parkplatz Gufelbrücke am oberen Ortsende
b) *mit Bahn/Bus:* Mit der Außerfernbahn nach Reutte und mit Bus nach Vorderhornbach; von dort weiter mit Bus oder Taxi

GEHZEITEN
Von Hinterhornbach zur Kaufbeurer Hütte 3 Std., Gipfelanstieg zur Bretterspitze 2 Std., Abstieg zur Hütte 1.15 Std., Rückkehr ins Tal 2 Std.; Gesamtgehzeit 8.15 Std. bzw. 8 Std. Anstieg vom Kaufbeurer Haus zur Urbeleskarspitze 2 Std., Abstieg zur Hütte 1.30 Std.

SCHWIERIGKEIT
Der Anstieg von Hinterhornbach erfolgt auf gutem Bergwanderweg. Für den Anstieg zur Bretterspitze sind Trittsicherheit und Schwindelfreiheit erforderlich, er ist aber wesentlich einfacher als der auf die Urbeleskarspitze. Absolute Trittsicherheit und Schwindelfreiheit erforderlich, zusätzlich Kletterfertigkeit im II. Schwierigkeitsgrad.; Steinschlaggefahr

HÜTTEN/EINKEHR
Kaufbeurer Haus (2007 m), Selbstversorgerhütte der Alpenvereinssektion Allgäu-Immenstadt, betreut von der Ortsgruppe Bad Wörishofen, von Pfingsten bis Anfang Oktober bewartet, 14 Lager; Winterraum mit 14 Lagern; Lagerreservierung Tel. 08269/91996. Gasthäuser in Hinterhornbach

KARTE
Topographische Karte 1:50 000 Blatt »Allgäuer Alpen« (LDBV)

Ausgangspunkt dieser anspruchsvollen Tour in der Hornbachkette ist der Weiler Hinterhornbach, den manche als das schönste Dorf der Alpen bezeichnen. Beide Gipfel werden oft in einem Zug genannt. Doch von den Anforderungen unterscheiden sie sich grundlegend. Für den geübten Bergwanderer ist die Bretterspitze gut »machbar«, während die Urbeleskarspitze bereits den erfahrenen Bergsteiger erfordert. Schließlich sind selbst auf dem Normalweg Kletterfertigkeiten im II. Schwierigkeitsgrad gefordert.

Das Kaufbeurer Haus liegt hoch am Rande des Urbeleskars. Vom Tal aus ist diese im Jahr 1905 erbaute Selbstversorgerhütte der Alpenvereinssektion Allgäu-Immenstadt bereits gut zu erkennen. Die Hütte liegt am Ende des anspruchsvollen »Enzenspergerwegs«, der von der Kemptner Hütte durch eine großartige hochalpine Landschaft führt. Die Hütte ist nur am Wochenende einfach bewirtschaftet. Wer unter der Woche kommt, kann sich jedoch den Schlüssel bei der Sektion besorgen; sehr empfehlenswert, wenn man noch eine urige Berghütte erleben will.

Von Hinterhornbach zum Kaufbeurer Haus Von der Ortsmitte gehen wir hinab zum Bach oder vom Wanderparkplatz Gufelbrücke am oberen Ortsende zunächst ein Stück zurück, dann rechts auf einer Brücke über den Hornbach und auf der rechten Seite des Baches auf einem Wirt-

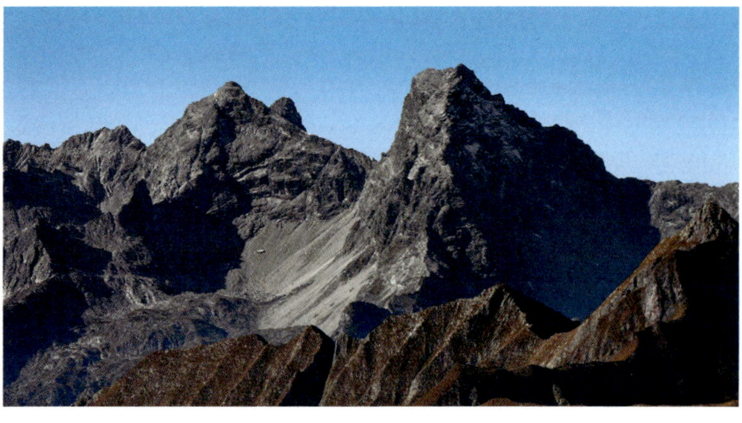

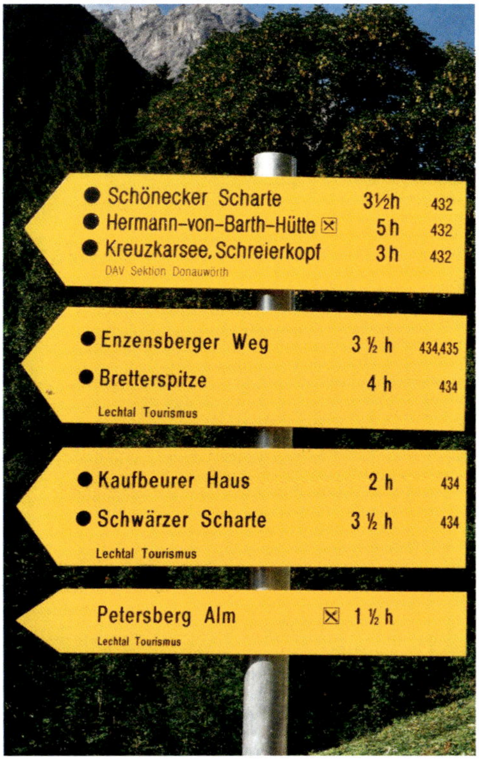

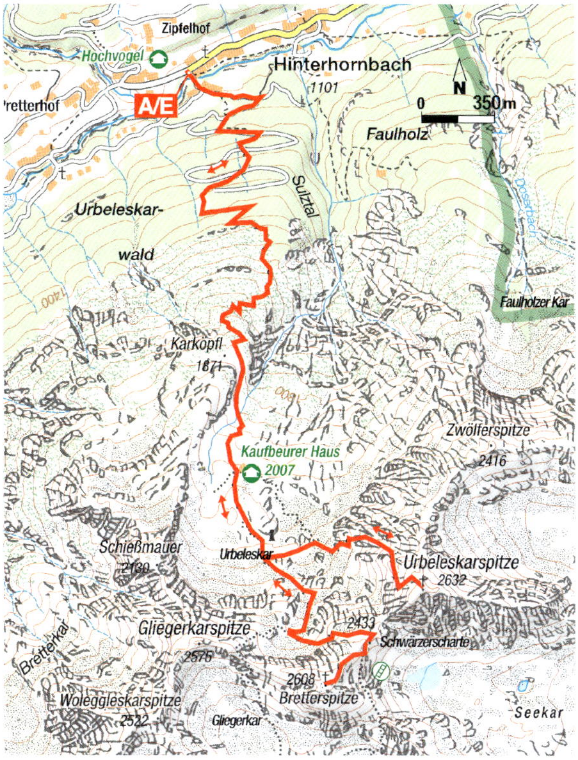

schaftsweg in den sogenannten Urbeleswald, wo wir bald auf den von der Ortsmitte heraufführenden Weg treffen. Dort über einen quer führenden Forstweg hinweg (den wir mehrmals berühren) und auf dem steilen, markierten Hennensteig (Mark.-Nr. 434) den roten Punkten folgend in zahllosen Serpentinen durch Wald hinauf. Dann aus dem Wald heraus und durch Latschengelände (rückblickend ein freier Blick auf den dominanten Hochvogel) und über das Karköpfle hinweg, zuletzt über den Sulzbach und in Kehren hinauf zum Kaufbeurer Haus.

In Hinterhornbach finden wir unsere Route gut ausgeschildert – zumindest bis zu unserer Übernachtungsmöglichkeit, der Kaufbeurer Hütte.

Der Aufstieg zur Bretterspitze Vom Kaufbeurer Haus folgen wir dem markierten Weg (Mark.-Nr. 435; WW Hermann-von-Barth-Hütte) rechts haltend über Grashänge hinauf zu den Schrofen, die das Urbeleskar auf der Westseite begrenzen, dann links um einen Felsausläufer herum in ein kleines Kar und links hinauf – direkt auf die Bretterspitze zu – zum höchsten Punkt des Übergangs zwischen Bretterspitze und Urbeleskarspitze, der oberhalb der Schwärzerscharte liegt. Von dort rechts auf markiertem, schmalem Steig durch schrofiges und mit Geröll durchsetztes Gelände hinauf zum Gipfelkreuz der Bretterspitze.

Der Aufstieg zur Urbeleskarspitze Vom Kaufbeurer Haus links haltend leicht hinab ins Urbeleskar, dann steil hinauf über die Geröllmassen bis direkt unter die Gipfelfelsen, dann links haltend – gut markiert – durch eine große, sich bis zum Gipfelgrat ziehende Felsrinne. An deren Ende rechts hinüber, nun deutlich weniger steil, zum Gipfelkreuz, das sich auf dem Westgipfel befindet.

Linke Seite: Bretterspitze (links) und Urbeleskarspitze (rechts) – hier von Süden gesehen – sind wuchtige Felsstöcke. Von beiden Gipfeln ist die Bretterspitze eindeutig das leichtere Ziel.

36

schwer | 2970 Hm | 7.00 Std.

TALORT
Klimm bei Elmen im Lechtal (1000 m)

AUSGANGSPUNKT
Kleiner Parkplatz vor der Klimmer Brücke (980 m)

ANFAHRT
a) *mit dem Auto:* Auf der Autobahn Ulm–Füssen (A 7) bis zum Grenztunnel, dann auf der Bundesstraße durch das Lechtal bis kurz hinter Elmen; dort rechts zum kleinen Parkplatz vor der Klimmer Brücke, wo sich auch das Naturparkhaus befindet
b) *mit Bahn/Bus:* Mit der Außerfernbahn bis Reutte, von dort weiter mit dem Bus ins Lechtal bis zur Haltestelle Elmen-Dorf. Das letzte Stück zu Fuß nach Klimm (westwärts unter L 198 hindurch, dann links zu einer Kapelle; dort rechts über die Klimmer Brücke nach Klimm) (30 Min.)

GEHZEITEN
Anstieg von Klimm auf die Klimmspitze 4 Std., Abstieg auf dem Anstiegsweg 3 Std.; Gesamtgehzeit 7 Std.

SCHWIERIGKEIT
Markierter Bergsteig; einige Kletterstellen im I. Schwierigkeitsgrad im Bereich des Gipfelaufbaus. Absolute Trittsicherheit und Schwindelfreiheit erforderlich, konditionell anspruchsvoll.

HÜTTEN/EINKEHR
Unterwegs keine. Da wir ziemlich lang der Sonne ausgesetzt sind, ausreichend Trinkvorrat mitnehmen; es gibt jedoch auf nahezu halbem Weg eine Quelle, wo wir uns mit frischem Wasser versorgen können, Gaststätten in Elmen

KARTE
Topographische Karte 1:50 000 »Allgäuer Alpen« (LDBV)

Klimmspitze (2664 m)

Eleganter Gipfel hoch über dem Lechtal

Die Klimmspitze ist der östlichste Gipfel der Hornbachkette, die vom Allgäuer Hauptkamm nach Osten abzweigt und im Lechtal ausläuft. Blickfang von ihrem massigen Felsgipfel aus ist der Hochvogel, der sich auf der anderen Seite des Hornbachtals steil aufrichtet. Links davon erhebt sich die mehrgipfelige Wildengruppe. Keine Alpenvereinshütte liegt an ihrem Aufstiegsweg und auch keine Alm – ein einsames Wandergebiet also.

Dieser knapp 1500 Meter über dem Lechtal aufragende großartige Aussichtsberg fordert »Schweiß«. Denn nur ein kurzes Stück des Anstiegswegs führt durch Wald, der große Rest führt durch steile, der Sonne ausgesetzte Latschenhänge und über weite Geröllhänge – nicht gerade ein Gipfelziel für den Hochsommer. Hermann von Barth hat uns im Jahr 1869 den ersten schriftlichen Nachweis seiner Besteigung hinterlassen. Aber wir können annehmen, dass Jäger und Hirten schon vor ihm auf dem Gipfel standen, denn technisch gesehen ist dieser Gipfel nicht besonders anspruchsvoll. Sprachgeschichtlich wird der Name aus dem Mittelhochdeutschen hergeleitet: von »Klime«, was Höhe bedeutete (nach Heinz Groth).

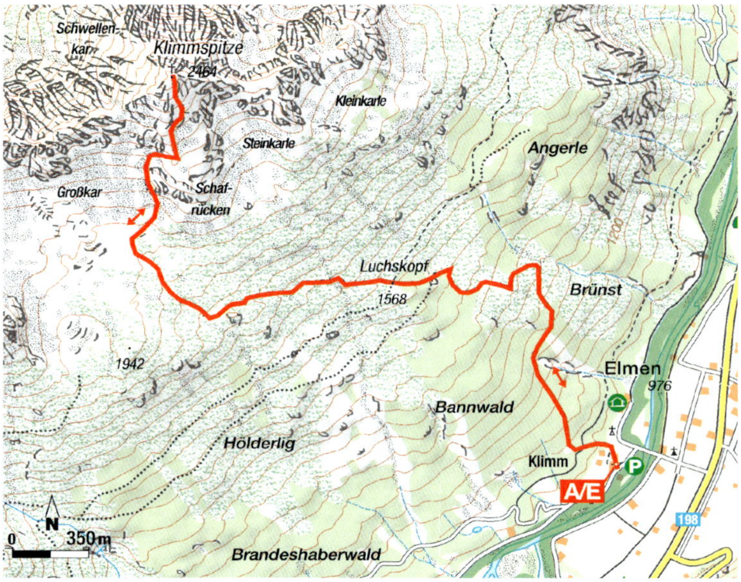

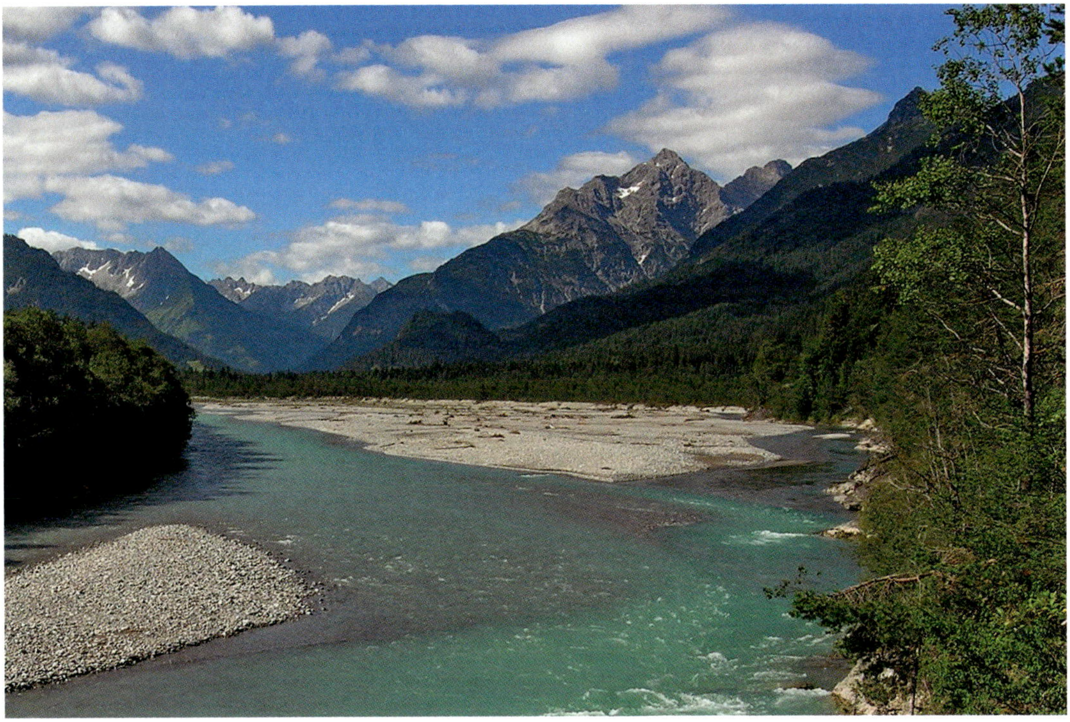

Der Aufstieg von Klimm Ausgangspunkt unserer langen und konditionell fordernden Besteigung ist der kleine, gleichnamige Ort Klimm im Lechtal. Es existiert zwar auch ein Anstiegsweg von Hinterhornbach, dieser ist jedoch schwieriger und auch nicht leicht zu finden. Vom kleinen Wanderparkplatz an der Lechbrücke queren wir hinüber auf die Westseite des Lechs. Wir halten uns kurz links und wandern dann rechts zwischen Bauernhöfen hindurch (Wegweiser) und über einen Wiesenhang zum Waldrand. Unser Weg ist nun durchgehend markiert und bereitet uns bis hinauf zum Gipfel keine Orientierungsprobleme. Ein Steig leitet uns steil durch den Bannwald empor. Bald queren wir den quer führenden Panoramaweg, einen Teil des Lechwegs, der die Verbindung nach Martinau und Vorderhornbach herstellt. Unsere Ausstiegsroute fordert jedoch mehr Schweiß, denn wir steigen weiter steil durch lichten Hochwald bergan. Wir lassen den Wald dann bald hinter uns. Der Weg schwenkt nach links und führt über den Luchskopf (1568 m) – eine mit Latschen bedeckte Erhebung im Gelände – und durch weite Latschenfelder hinauf ins Großkar. Am Weg blühen im Frühsommer zahlreiche Alpenrosen. Sämtlicher Anstieg auf der Südseite erfolgt, ist dieser auch ziemlich früh schneefrei. All der Schutt und das Blockwerk, die die Erosion so mit sich bringt, scheinen sich hier im Kar versammelt zu haben – aber da müssen wir durch. Dort halten wir auf die Gipfelfelsen zu, steigen dann rechts auf eine Grasschulter hinauf. Der Rest des Anstiegs führt über den Südgrat zum höchsten Punkt. Am Gipfel erwartet uns neben der großartigen Aussicht ein großes, schlichtes Holzkreuz.

Aus dem Lechtal gesehen zeigt sich die Klimmspitze (Bildmitte) als ebenmäßige Pyramide. Doch dank ihrer Randlage und ihrer Höhe bietet sie eine Panoramaaussicht in die Allgäuer, aber auch in die Lechtaler Alpen.

Die Rückkehr erfolgt auf dem Anstiegsweg.

37

Mädelegabel (2644 m)

Der mittlere Gipfel des Allgäuer Dreigestirns

mittel | 1179 Hm | 11.00 Std.

TALORT
Oberstdorf (813 m)

AUSGANGSPUNKT
Wanderparkplatz in Faistenoy (gebührenpflichtig; 904 m)

ANFAHRT
a) *mit dem Auto:* Auf der Autobahn Ulm – Füssen (A 7) bis zum Autobahndreieck Allgäu, auf der A 980 bis Waltenhofen und weiter auf der B 19 über Sonthofen in Richtung Oberstdorf; rechts vorbei, dann links (der Ausschilderung zur Fellhornbahn folgen) nach Faistenoy
b) *mit Bahn/Bus:* Mit dem Zug nach Oberstdorf, dann mit dem Bus (verkehrt häufig) zur Talstation der Fellhornbahn. Von dort zu Fuß weiter nach Einödsbach (1127 m)

GEHZEITEN
Talwanderung bis Einödsbach 1 Std., Anstieg von Einödsbach zum Waltenbergerhaus 3 Std., Anstieg von dort zur Mädelegabel 2.30 Std., Rückkehr nach Faistenoy 4.30 Std.; Gesamtgehzeit 11 Std.

SCHWIERIGKEIT
Wirtschaftssträßchen nach Einödsbach; Hüttenanstieg verläuft auf Bergsteig (einige Drahtseilsicherungen). Der Anstieg auf die Mädelegabel ist noch etwas anspruchsvoller und setzt neben Trittsicherheit auch Schwindelfreiheit und Bergerfahrung sowie Kletterfertigkeit im Schwierigkeitsgrad I voraus.

HÜTTEN/EINKEHR
Berggasthof Einödsbach (1114 m), von Anfang Mai bis Ende Oktober bewirtschaftet, Dienstag Ruhetag, Betten und Lager; Tel. 08322/98454.
Waltenbergerhaus (2084 m), AV-Haus der Kat. I, von Anfang/Mitte Juni bis Anfang Oktober bewirtschaftet, 42 Betten, 28 Lager; Buchung über Huetten-Holiday.de

KARTE
Topographische Karte 1:50 000 Blatt »Allgäuer Alpen« (LDBV)

Der vierthöchste Gipfel der Allgäuer Alpen, von Ernst Enzensperger, einem der Erschließer dieser Bergregion, als das »Herz der Allgäuer Bergwelt« bezeichnet, hat allerdings nichts mit dem Allgäuer Mädchen zu tun, sondern leitet sich von Mähder, den Bergwiesen her. Für manche ist der Gipfel eher ein Abstecher auf ihrer Route entlang des Heilbronner Wegs.

Ausgangspunkt unserer Tour zur Mädelegabel ist der reizvolle Weiler Einödsbach mit einigen Häusern, einem Gasthof und einer Kapelle. Er gilt zugleich als der südlichste ganzjährig bewohnte Punkt Deutschlands. Zwischenziel und Bergsteigerunterkunft ist das kürzlich in Holzbauweise neu errichtete Waltenbergerhaus. Namensgeber war Anton Waltenberger, Landvermesser und Erschließer der Allgäuer Alpen. Er war es, der auch den ersten Führer über die Allgäuer Alpen verfasste und damit dieser Bergregion den heute noch gültigen Namen gab. Die Erschließung dieses Gipfels – Vermessungsarbeiten in den Jahren 1818/19 – gab unter anderem auch den Anlass zum Bau der Hütte.

Aufstieg zum Waltenbergerhaus Wir starten am Berggasthof in Einödsbach, gehen dort an der Kapelle vorbei, wo der ausgeschilderte Weg beginnt. Zunächst nur mäßig ansteigend gehen wir oberhalb des Bacherlochbachs talein zum Stall der Bacheralp, dann weiter über einige Tobel

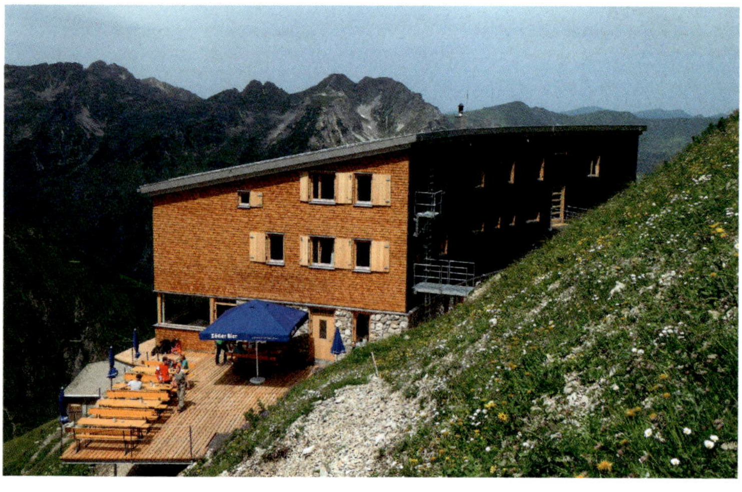

hinweg über Grashänge und Geröll ins immer enger werdende Hochtal. Über einige Kehren erreichen wir die nächste Geländestufe, dann geht es nahezu eben weiter bis zum Ende des Bacherlochs. Dort führt uns links ein teilweise gesicherter Steig steil über das »Wändle« hinauf. Rechts unten liegt das Schneeloch, das weit in den Sommer hinein Altschnee aufweist. Zuletzt erreichen wir über zahlreiche Serpentinen durch steile Grashänge das aussichtsreich gelegene Waltenbergerhaus.

Linke Seite: Das neu erbaute Waltenbergerhaus liegt in einer großartigen Hanglage hoch über dem Bacherloch mit freiem Blick nach Norden und nach Westen auf die Walsertaler Berge.

Der Anstieg auf die Mädelegabel Vom Waltenbergerhaus steigen wir zunächst steil hinauf ins Bockkar, überwinden auf einem gut gesicherten Steig die gleichnamige Scharte (2504 m) und treffen so auf den Heilbronner Weg. Dort folgen wir links dem Weg in Richtung Kemptner Hütte. Wir wandern an der Ostseite der Hochfrottspitze vorbei, queren die Schwarze Milz, ein ungefährliches Schneefeld, und erreichen an dessen Ende links eine Wegtafel, die den Einstieg zur Mädelegabel anzeigt. Die gut markierte Route führt uns nun über den breiten Ostgrat, der sich als teilweise schotterig erweist, hinauf zum höchsten Punkt, den ein Gipfelkreuz ziert.

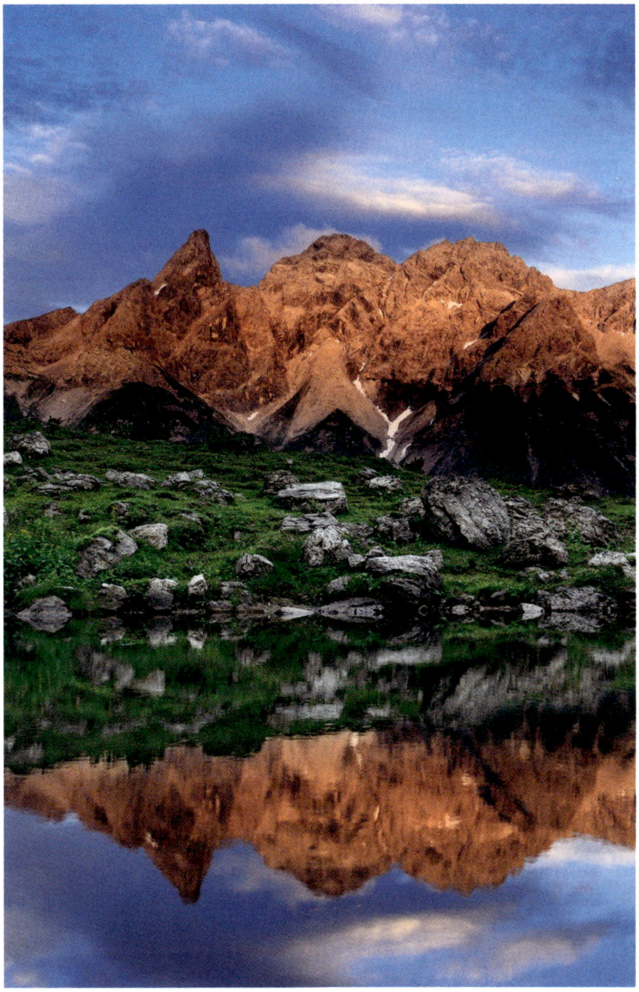

Trettachspitze, Mädelegabel und Hochfrottspitze (von links)

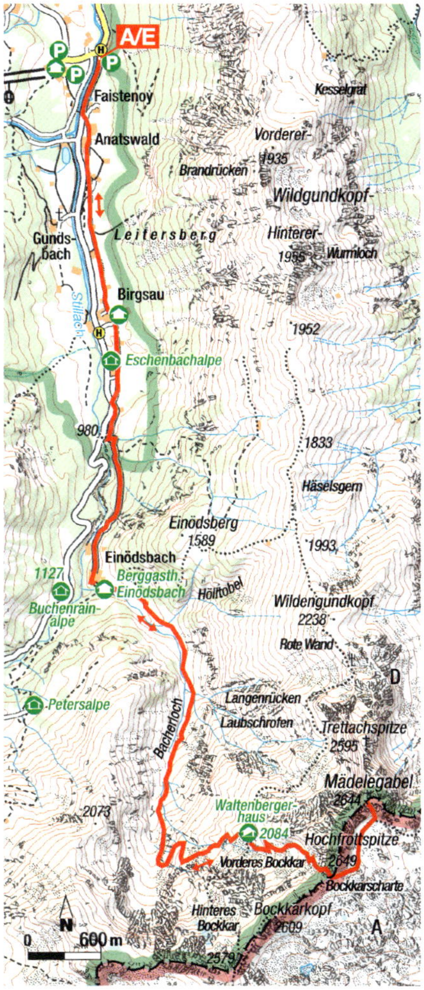

38

Hohes Licht (2651 m)

Auf den zweithöchsten Gipfel der Allgäuer Alpen

mittel | 3500 Hm | 11.00 Std.

TALORT
Oberstdorf (813 m)

AUSGANGSPUNKT
Wanderparkplatz in Faistenoy (gebührenpflichtig; 904 m)

ANFAHRT
a) *mit dem Auto:* Auf der Autobahn Ulm–Füssen (A 7) bis zum Autobahndreieck Allgäu, auf der A 980 bis Waltenhofen und weiter auf der B 19 über Sonthofen in Richtung Oberstdorf; rechts vorbei, dann links (der Ausschilderung zur Fellhornbahn folgen) nach Faistenoy
b) *mit Bahn/Bus:* Mit dem Zug nach Oberstdorf, dann mit dem Bus zur Talstation der Fellhornbahn. Von dort zu Fuß weiter nach Einödsbach (1127 m)

GEHZEITEN
Von Faistenoy nach Einödsbach 1 Std., Anstieg von dort zur Rappenseehütte 3 Std., Gipfelanstieg zum Hohen Licht 2 Std., Abstieg zur Rappenseehütte 1.30 Std., Abstieg nach Einödsbach 2.30 Std., Rückkehr nach Faistenoy 1 Std.; Gesamtgehzeit 11 Std.

SCHWIERIGKEIT
Von Faistenoy führt parallel zur Fahrstraße ein Natursträßchen, das wir für zu den Zugang ins Tal nehmen. Der Anstieg von Einödsbach hinauf zur Rappenseehütte erfolgt auf Bergwanderwegen und Bergsteigen – Der Gipfelanstieg zum Hohen Licht erfordert jedoch Trittsicherheit und Schwindelfreiheit.

HÜTTEN/EINKEHR
Rappenseehütte (2091 m), AV-Hütte, Kat. I, bewirtschaftet von Mitte Juni bis etwa Mitte Oktober, 115 Zimmerlager, 189 Matratzenlager; Buchung über Huetten-Hoilday.de

KARTE
Topographische Karte 1:50 000 Blatt »Allgäuer Alpen« (LDBV)

Nur knapp muss sich das Hohe Licht geschlagen geben, es fehlen nur wenige Meter. Aber auch als zweithöchster Gipfel der Allgäuer Alpen genießt es ein gutes Renommee. Die Sicht von dort oben ist großartig, sie reicht vom Kaisergebirge bis in die Schweizer Alpen. Daher wird es auch sehr häufig besucht. Im Jahr 1899 wurde eine Steiganlage installiert, das brachte dem Gipfel zwar mehr Besucher, trotzdem musste er sich bald geschlagen geben, denn der gleichzeitig gebaute Heilbronner Weg brach bald alle Rekorde.

Erschlossen wurde diese Ecke der Allgäuer Alpen aber erst mit dem Bau der Rappenseehütte im Jahr 1885. Die ursprünglich ganz aus Holz erbaute Hütte ist heute ein stattliches Haus und verfügt über die größte Aufnahmekapazität aller Unterkunftshütten in den Bayerischen Alpen. Und noch ein Superlativ: Sie ist Deutschlands südlichste Bergsteigerunterkunft. Zur großen Beliebtheit dieser Hütte tragen nicht nur die zwei nahe gelegenen Rappenseen bei, sondern auch die Fülle der möglichen kleinen und großen Gipfelziele.

Der Anstieg zur Rappenseehütte Vom Parkplatz in Faistenoy folgen wir dem markierten, unbefestigten Wirtschaftsweg (parallel dazu verläuft ein gesperrter Fahrweg) nach Birgsau. Kurz hinter Birgsau nehmen wir

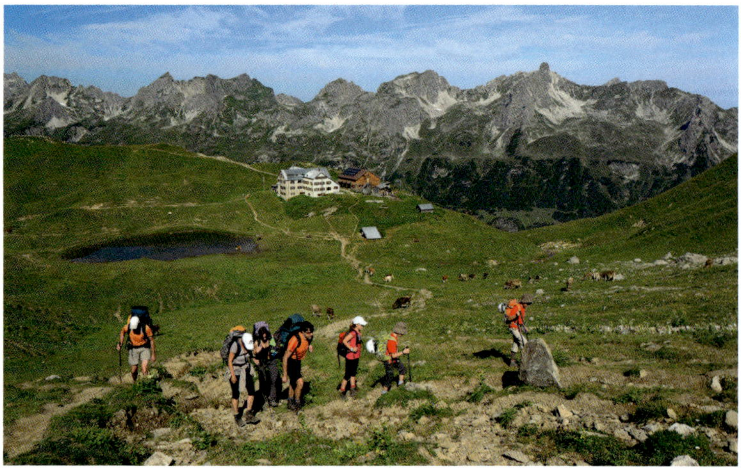

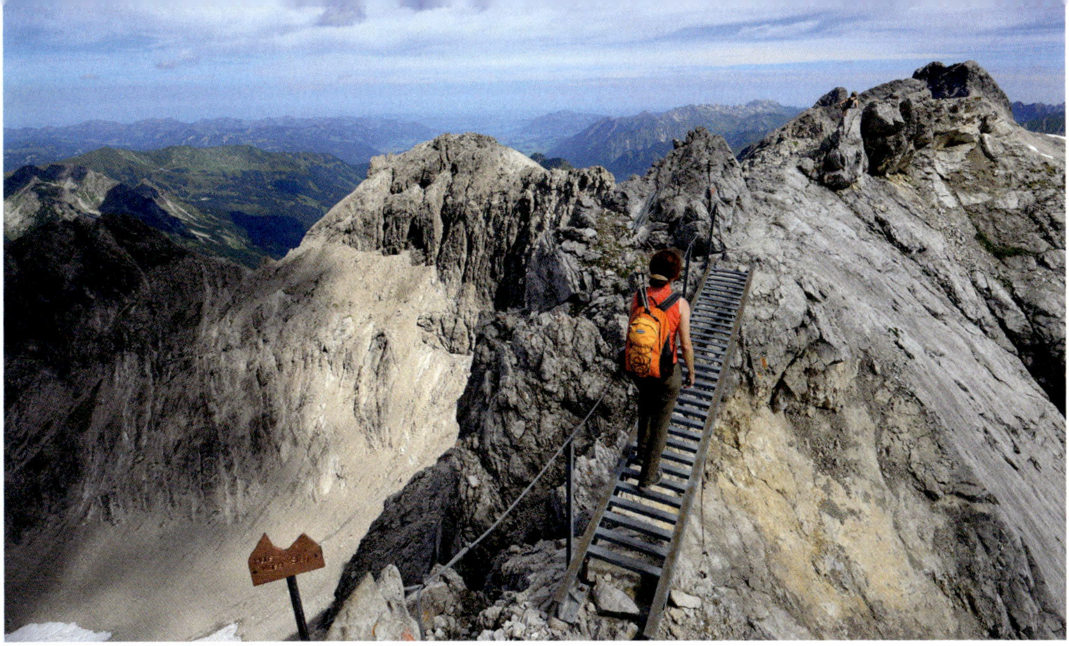

das linker Hand weiterführende Sträßchen nach Einödsbach. Dort, beim Berggasthaus, beginnt der eigentliche, markierte Hüttenweg. Zunächst hinab zum Steg, der den Bacherlochbach quert, dann jenseits leicht ansteigend durch Wald zu einer Wegverzweigung; dort links in Serpentinen hinauf zur Petersalpe; der Weiterweg zur Jausenstation Enzianhütte erfolgt dann in sehr steilem Gelände. Von dort steigen wir in Kehren hinauf zum Sattel am Seebichl. Jenseits geht es dann hinab zum großen Unterkunftshaus am idyllischen Rappensee.

Gut gesicherter Anstieg auf das Hohe Licht

Linke Seite: Ausgangspunkt unserer Gipfeltour ist die Rappenseehütte.

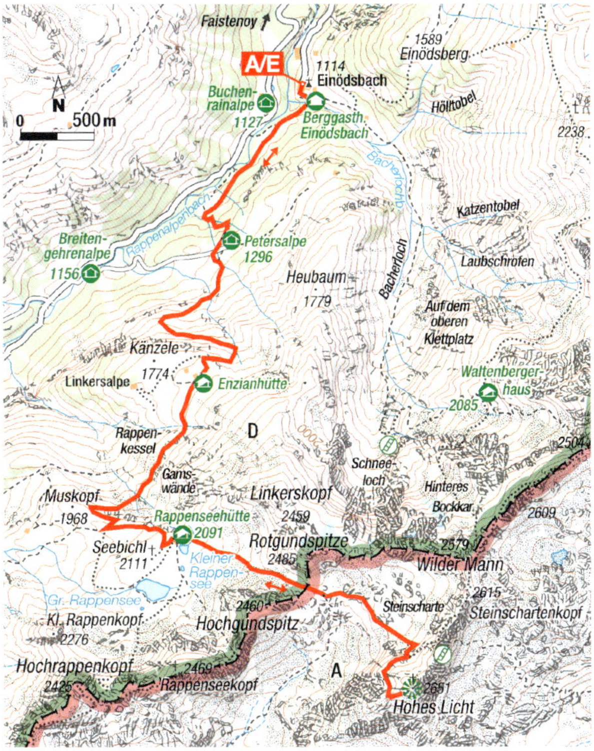

Der Anstieg zum Hohen Licht Von der Rappenseehütte folgen wir dem ausgeschilderten Pfad links am Rappensee vorbei über die grünen Berghänge hinauf zur Steinscharte (2262 m). Hier passieren wir auch die Grenze zu Österreich. Auf felsigem Steig geht es weiter durch ein riesiges Felsenmeer, dem Wieseleskar. Wir befinden uns nun bereits auf dem Heilbronner Weg. Auf einer gut gesicherten Weganlage steigen wir bald höher und gelangen an eine Wegverzweigung (Wegweiser; links setzt sich der Heilbronner Weg fort). Wir gehen hier rechts und lassen uns gut markiert und teilweise gesichert durch die Nordwestflanke des Hohen Lichts leiten. In Kehren geht es dann in einem Linksbogen hinauf zum Gipfelkreuz des Hohen Lichts.

39

Biberkopf (2599 m)

Auf den formschönsten Gipfel der Allgäuer Alpen

schwer | 2120 Hm | 5.30 Std.

TALORT
Lechleiten (1539 m)

AUSGANGSPUNKT
Parkplatz in Lechleiten (1540 m)

ANFAHRT
a) *mit dem Auto:* Auf der Autobahn Ulm–Füssen (A 7) bis zum Grenztunnel, dann auf der Bundesstraße durch das gesamte Lechtal bis kurz vor Warth; dort rechts ab und hinauf nach Lechleiten (ca. 1 km); der Parkplatz liegt am oberen Ende des Dorfes.
b) *mit Bahn/Bus:* Mit der Außerfernbahn bis Reutte, von dort weiter mit dem Bus durch das Lechtal bis zur Haltestelle »Lechleiten« kurz vor Warth; das letzte Stück zu Fuß

GEHZEITEN
Anstieg von Lechleiten auf den Biberkopf 3.30 Std., Abstieg 2 Std.; Gesamtgehzeit 5.30 Std.

SCHWIERIGKEIT
Markierte und an den heiklen Stellen gesicherte (Drahtseile) Bergsteige. Reste von Altschnee sowie Steinschlag möglich. Kletterstellen im I. Schwierigkeitsgrad. Absolute Trittsicherheit und Schwindelfreiheit erforderlich, da ausgesetzte Passagen bewältigt werden müssen.

HÜTTEN/EINKEHR
Unterwegs keine. Gaststätten und Hotels in Lechleiten

KARTE
Topographische Karte 1:50 000 »Allgäuer Alpen« (LDBV)

Der Biberkopf ist nicht der höchste, aber vielleicht der formschönste Gipfel der Allgäuer Alpen – vor allem aus dem oberen Lechtal gesehen. Zugleich gilt er als südlichster Gipfel Deutschlands. Der Gipfel selbst ist etwas zerklüftet, das zeigt sich auch am Aufstieg von der Rappenseehütte, von der ein gesicherter Steig zum Gipfel führt. Die elegantere Anstiegsroute führt allerdings von Lechleiten hinauf – auch erspart sie uns einige Höhenmeter sowie eine Hüttenübernachtung.

Erste Ersteiger dieses südwestlichen Eckpfeilers der Rappenalpen waren vermutlich im Jahr 1853 königliche Vermesser. Auch Hermann von Barth hat diesen Gipfel im Jahr 1873 bei seinen Ausflügen in die Allgäuer Alpen bestiegen, aber keine nähere Beschreibung hinterlassen, da er sich wohl eher steiglos auf den Gipfel mühte. Er hat ihn dann überschritten, um auf die Lechtaler Seite zu gelangen, wo sein nächstes Ziel das Hohe Licht war.

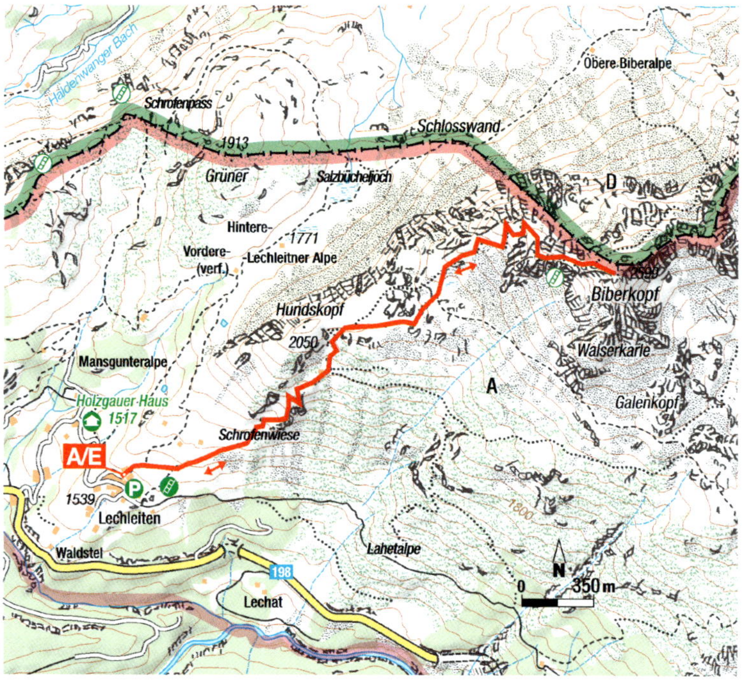

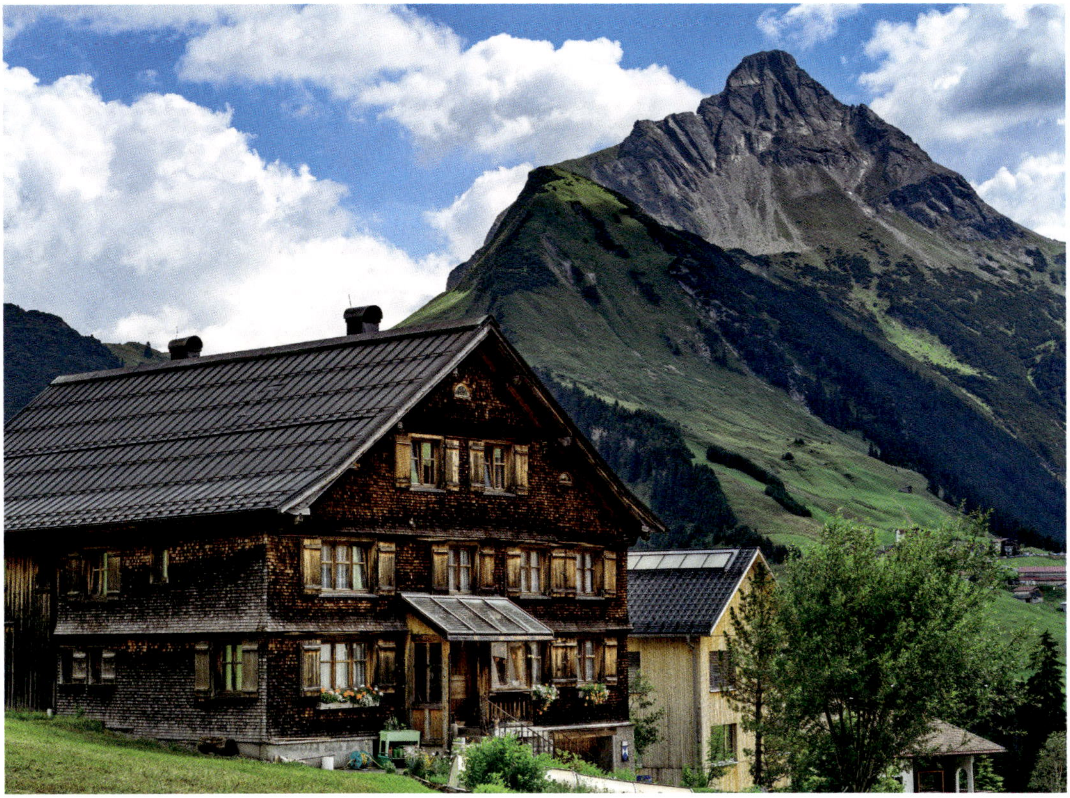

Blick auf den Biberkopf von Lechleiten, der von dort seine schönste Seite zeigt; auch ist der Anstieg von dort kürzer und bietet schönere Ausblicke.

Der Aufstieg von Lechleiten Vom Parkplatz nehmen wir den ausgezeichneten Steig (Mark. Nr. 439) durch die Bergwiesen oberhalb und steigen zuerst hinauf – zuletzt durch Latschen – zur Hundskopfalpe (2013 m) und weiter über einige Serpentinen durch eine breite grasige Rinne, dem sogenannten Gang, hinauf zu den grasigen Mulden östlich des Hundskopfs (2050 m). Die Route biegt nun um in Richtung Nordosten. Bei der folgenden Wegverzweigung halten wir uns geradeaus und auf den südwestlichen Gratausläufer des Biberkopfs zu und steigen in Kehren zu diesem auf. Dort in einem leichten Rechtsbogen auf der Nordseite über gesicherte Platten bis zur Wegverzweigung (links haltend geht es mit Mark. Nr. 439 weiter zur Rappenseehütte). Wir halten uns rechts, bleiben dann etwas unterhalb der Gratschneide (Seilsicherungen), dann weiter auf dem Westgrat, der sich zu einer ausgesetzten Passage verengt und an deren Ende wir das kleine Gipfellabyrinth erreichen. Durch die Gipfelrinne weiter (hier können selbst im Sommer noch einige Altschneereste liegen) hinauf zum Gipfelkreuz.
Die Aussicht von diesem fast frei stehenden Gipfel ist eindrucksvoll. Besonders der Tiefblick ins Lechtal ist hervorzuheben; aber natürlich überblicken wir nahezu die gesamten Allgäuer Alpen, im Süden sind es die Lechtaler Alpen und im Westen geht der Blick bis hinein in die Schweizer Alpen.

Der Abstieg erfolgt auf dem Anstiegsweg.

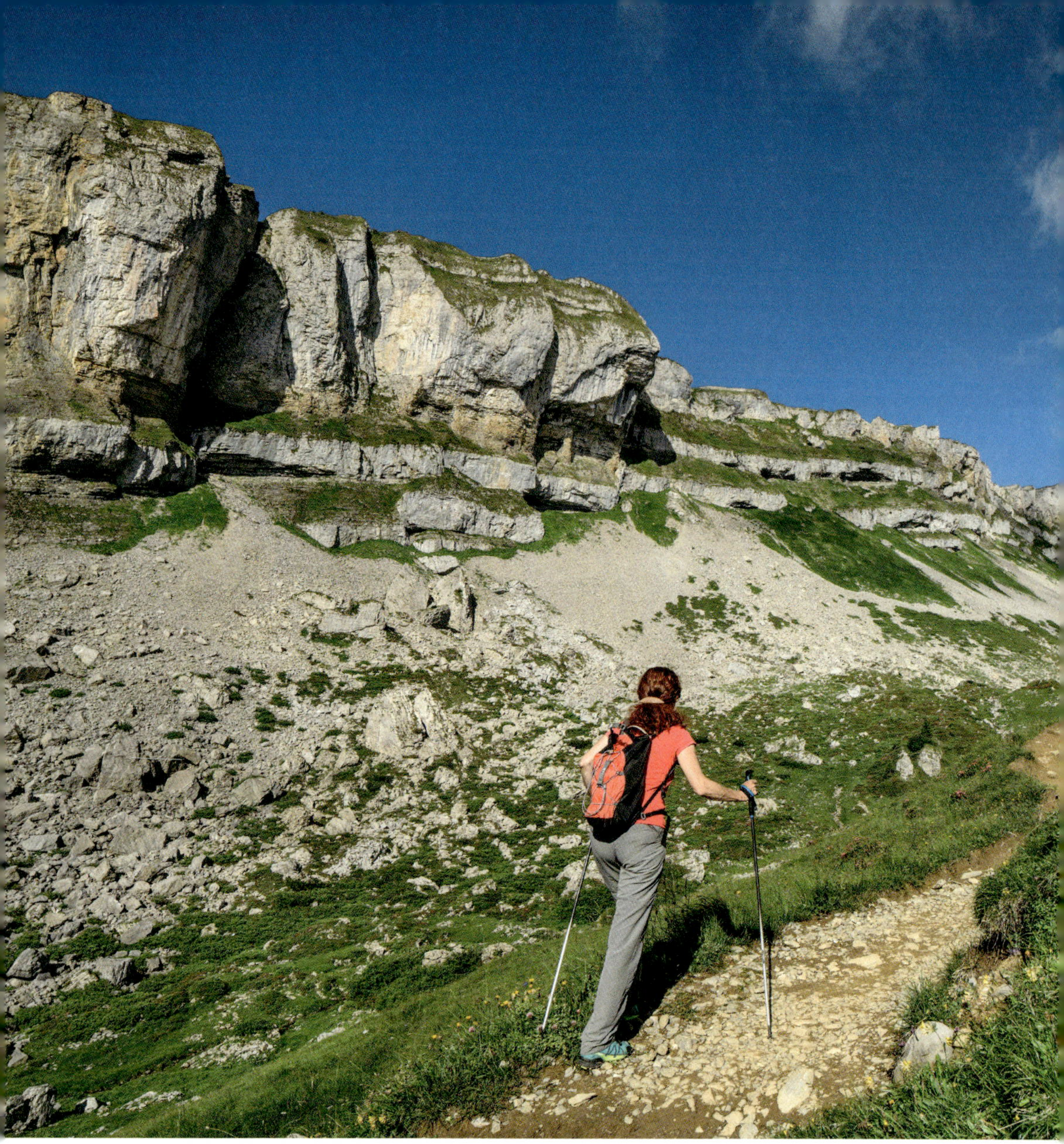

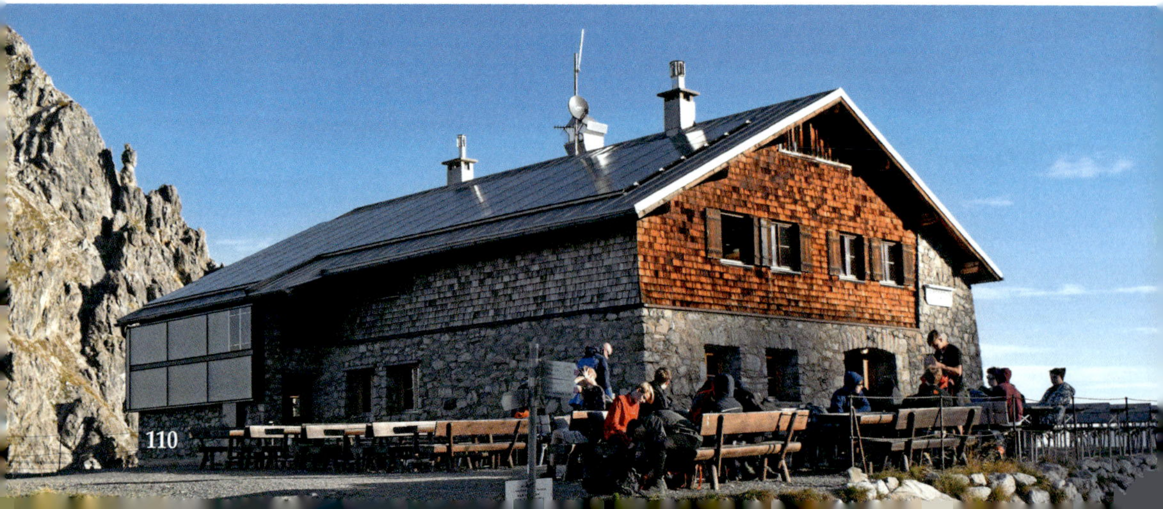

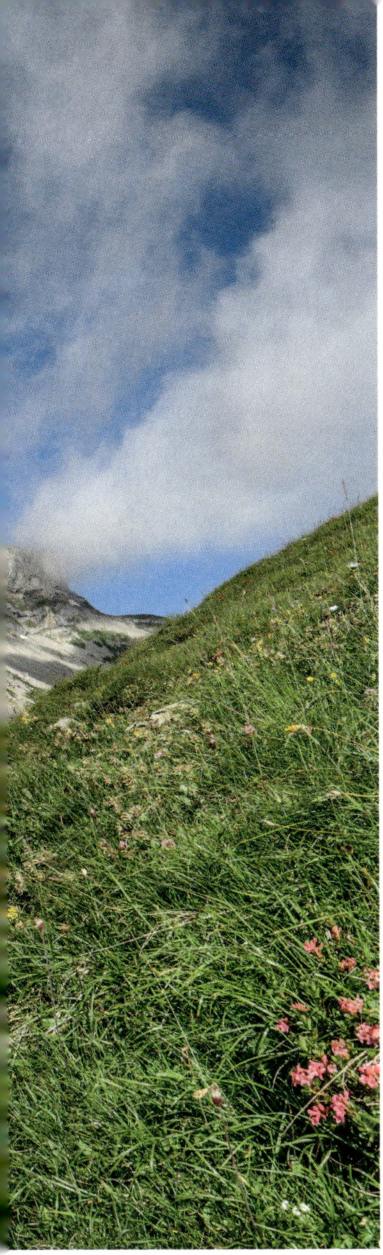

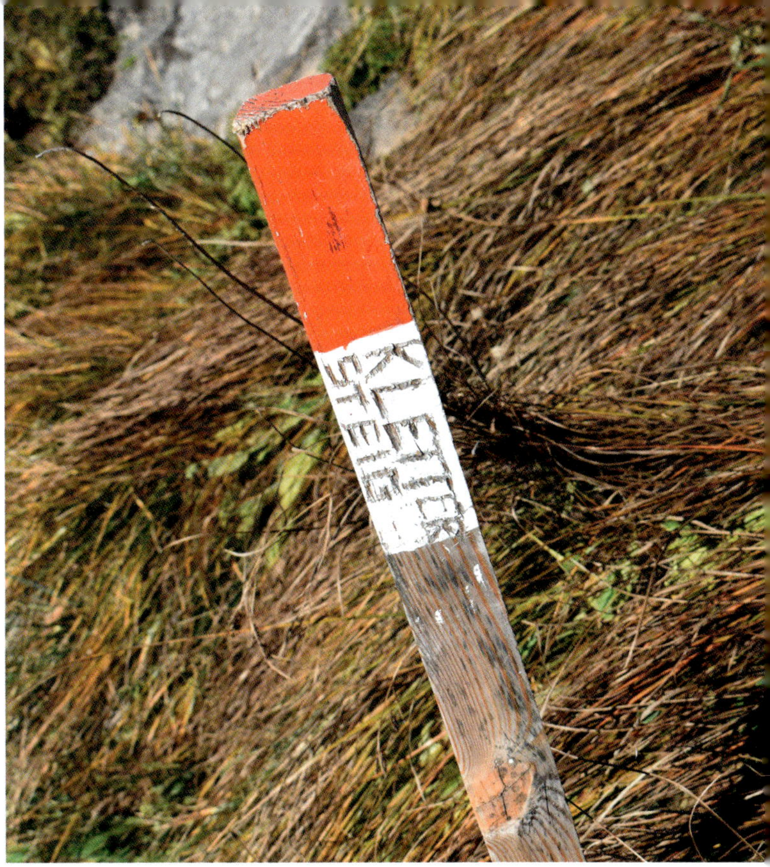

Walsertaler Berge

Im Anstieg zum Hohen Ifen (li. o.). Die Fiderepasshütte am Beginn der Schafalpen (li. u.). Einstiegsmarkierung zum Mindelheimer Klettersteig (re. o). Das Fellhorn ist der Blumenberg der Allgäuer Alpen und dank Bergbahn schnell erreichbar (re. u.).

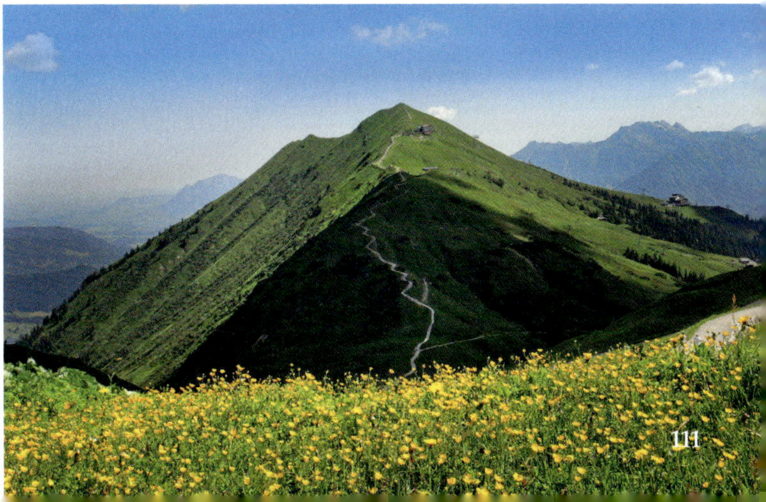

40 Besler (1679 m)

Ein kleines alpines Abenteuer

mittel | 580 Hm | 4.00 Std.

TALORT
Obermaiselstein (859 m)

AUSGANGSPUNKT
Wanderparkplatz auf der Riedbergpasshöhe (1420 m)

ANFAHRT
a) *mit dem Auto:* Auf der B 19 über Sonthofen nach Fischen; dort rechts ab und über Obermaiselstein hinauf zum Riedbergpass (1420 m). Großer Parkplatz auf der Passhöhe. Oder einige Hundert Meter hinab in Richtung Balderschwang; dort einige Parkmöglichkeiten am linken Straßenrand (1380 m)
b) *mit Bahn & Bus:* Mit dem »Alex« nach Fischen bzw. Oberstdorf; von dort weiter mit dem Bus in Richtung Balderschwang bis zur Riedbergpasshöhe

GEHZEITEN
Vom Parkplatz zum Besler 1.30 Std., Abstieg zur Frieburgarsalpe 1 Std., Rückkehr zum Ausgangspunkt 1.30 Std.; insgesamt 4 Std.

SCHWIERIGKEIT
Zu Beginn auf Alpweg, dann auf Bergwanderwegen mit einigen steilen Passagen (eine kleine Gipfel-Ferrata, die Trittsicherheit und Schwindelfreiheit erfordert; Seilsicherung; kann aber umgangen werden). Auf der Südseite des Besler Alpfahrwege

HÜTTEN/EINKEHR
Grasgehrenhütte (1447 m), privat, ganzjährig bewirtschaftet, 53 Schlafplätze in Zimmern und Gruppenlagern; Tel. 08326/7773.
Schönbergalpe (1345 m), im Sommer bewirtschaftet.
Frieburgarsalpe (1310 m), im Sommer bewirtschaftet.

KARTE
Topographische Karte 1:50 000 »Allgäuer Alpen« (LDBV)

Der Besler ist ein markanter, felsdurchsetzter Bergrücken aus Schrattenkalk, der uns bei der Auffahrt von Obermaiselstein zum Riedbergpass auf unserer linken Seite ein ständiger Begleiter ist. Mit seinem mehrgipfeligen Kamm und seinen teilweise schroffen Flanken gilt er als eine alpine Trutzburg, die jedoch auch für Normalwanderer gut zu knacken ist.

Auf unserer Anstiegsroute gibt es auch noch eine 30 Meter lange Variante mit Klettersteigcharakter (Drahtseilsicherung). Der Name wird vom Familiennamen Besler abgeleitet. Vom Gipfel des Beslers bietet sich ein schöner Blick auf die Allgäuer Hochalpen. Falls wir nur bis zum Gipfel ansteigen wollen und dann wieder umkehren, müssen wir allerdings auf eine Einkehrmöglichkeit verzichten. Dafür bietet sich dann aber noch als Ausgleich die Grasgehrenhütte oberhalb des Riedbergpasses an. Falls wir jedoch die komplette Runde auslaufen, bieten sich im Sommer zwei traditionsreiche Alpen an, von denen eine sogar unter Denkmalschutz steht.

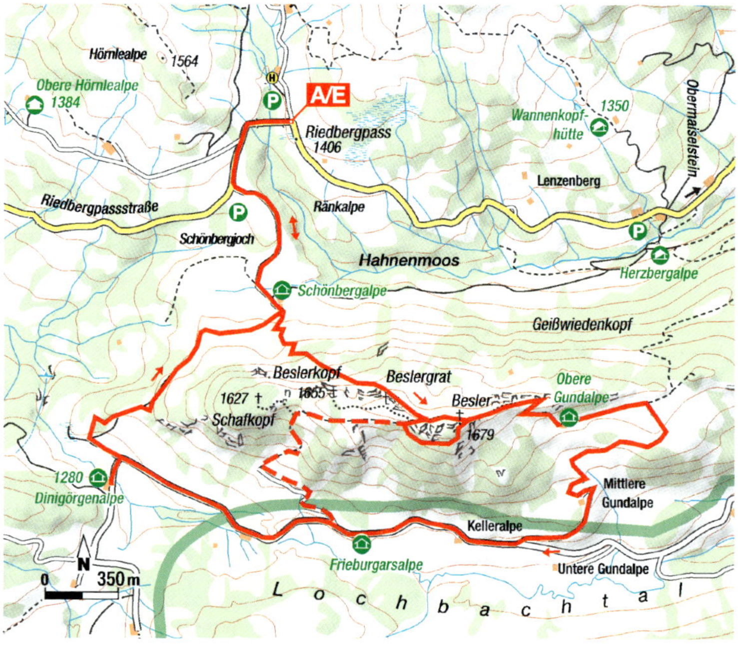

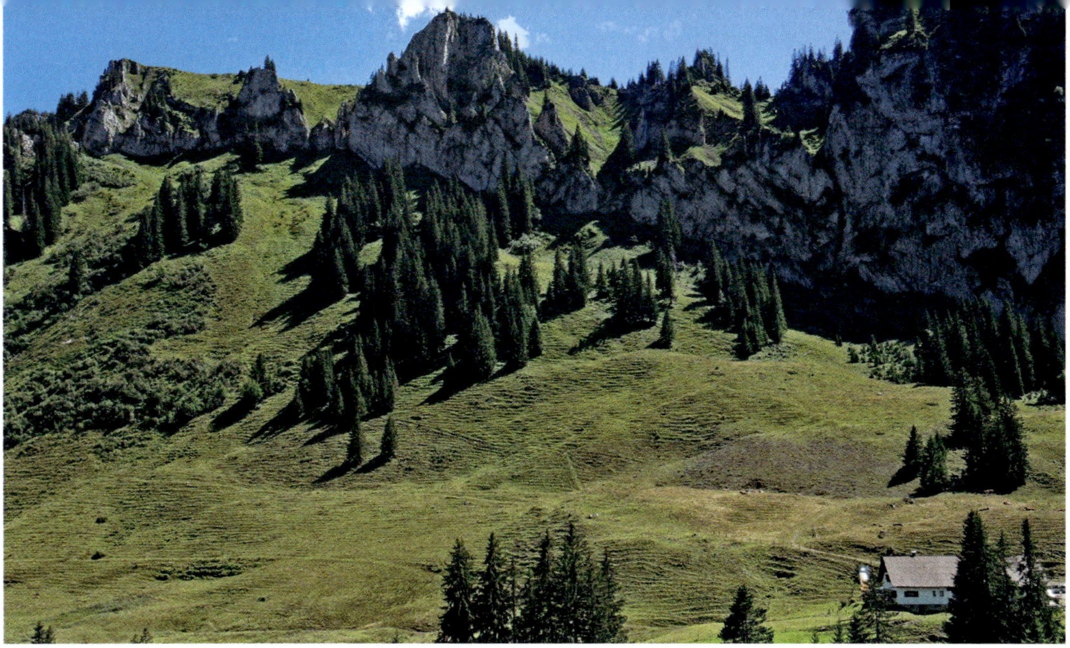

Der abwechslungsreiche Gipfelaufbau des Besler erhebt sich über grünen Matten. Rund um den Bergfuß gibt es fünf Alpen, von denen vier sogar bewirtschaftet sind.

Vom Riedbergpass zum Besler Vom Parkplatz auf der Passhöhe wandern wir ein Stück der Straße entlang in Richtung Balderschwang, bis nach etwa 400 Metern links ein Alpweg (Wegweiser »Besler«) abzweigt. Diesem folgen wir nun hinab zur Schönbergalpe (1335 m). Jenseits der Alpe weiter auf noch breitem Weg zu einer Wegverzweigung. Über Weidegelände dann auf Steig links haltend den Berghang hinauf zu den Felsen des Beslerkopfes; dort links weiter und durch eine Karstrinne in einen kleinen Kessel; hier zweigt links der kleine Klettersteig ab, der unseren Anstieg um eine Viertelstunde verkürzen könnte. Bei der Wegverzweigung halten wir uns rechts und steigen durch eine Gratlücke. Jenseits kurz hinab, wo wir einem quer führenden Weg (Wegweiser) nach links folgen. Bald leitet uns der Weg dann durch leichtes Gelände rechts hinauf zum Gipfelkreuz, das auf einem kleinen Plateau steht.

Rückweg über die Obere Gundalpe Vom Gipfel des Besler gehen wir den Anstiegsweg zurück bis zur Wegkreuzung und folgen dann dem Wegweiser „Königsweg“ am Fuß der Felsen entlang in Richtung Osten. Auf schmalem Grat weiter, dann hinab zur denkmalgeschützten Oberen Gundalpe. Unser Weiterweg leitet uns dann rechts zur Mittleren Gundalpe hinab. Ab dort folgen wir dem Alpfahrweg weiter über die Südseite des Besler hinab, gehen bei der Weggabelung rechts und erreichen dann bald die Frieburgarsalpe. Auf dem Alpweg weiter in Richtung Westen, bei der Weggabelung links, bis kurz vor der Dinigorgenalpe rechts der Wanderweg zur Schönbergalpe abzweigt. Nun müssen wir noch ein paar Höhenmeter ansteigen, um den Westausläufer des Besler zu überwinden und folgen dann dem Alpweg zurück zur Riedbergpassstraße.

Variante Um die Route etwas abzukürzen, können wir vom Gipfel des Besler bzw. bereits dort, wo wir auf den Querweg treffen, auf gutem Bergweg direkt zur Frieburgarsalpe absteigen, wo wir wieder auf den Weg von der Oberen Gundalpe treffen.

41

Hoher Ifen (2230 m)

Auf den bizarrsten Gipfel der Allgäuer Alpen

mittel | 960 Hm | 6.15 Std.

TALORT
Riezlern im Kleinwalsertal (1086 m)

AUSGANGSPUNKT
Wanderparkplatz beim »Alpinlodge« Auenhütte (1275 m)

ANFAHRT
a) *mit dem Auto*: Von Norden auf der A 7 und der B 19 über Sonthofen und Fischen ins Kleinwalsertal bis Riezlern. Am südlichen Ortsrand rechts über die Breitachbrücke und der Ausschilderung »Ifenbahn« folgend bis zum Ende der öffentlichen Fahrstraße; dort großer, gebührenpflichtiger Wanderparkplatz
b) mit Bahn/Bus: Mit der Bahn bis Oberstdorf; von dort weiter mit den Walserbussen bis nach Riezlern im Kleinwalsertal; dort umsteigen in den Bus zur Talstation der Ifenbahn

BERGBAHN
Die Ifenbahn ist eine Kleinkabinenbahn und nahezu ganzjährig in Betrieb; Fahrzeiten in der Sommersaison vom 1. Mai bis ca. 25. Oktober von 8.30 Uhr–16.45 Uhr, Tel. 0043/55 17/527 40

GEHZEITEN
Vom Wanderparkplatz zur Ifenhütte 0.45 Std., von der Bergstation der Ifenbahn (1600 m) zum Hohen Ifen 2.30 Std., Abstieg zur Schwarzwasserhütte 1.45 Std., Rückkehr zum Ausgangspunkt 1.45 Std.; Gesamtgehzeit 6.15 Std.

SCHWIERIGKEIT
Berg- und Wanderwege (teils befestigt). Am Gipfelaufbau Trittsicherheit und Schwindelfreiheit erforderlich (einige Seilsicherungen und Tritthilfen)

HÜTTEN/EINKEHR
Ifenhütte (1586 m), privat, nahezu ganzjährig bewirtschaftet, keine Übernachtung; Tel. 0043/55 17/52 74 59 23. Schwarzwasserhütte (1620 m), AV-Hütte der Kat. I, bewirtschaftet von Anfang Juni bis Anfang/Mitte Oktober, 40 Betten, 30 Lager; Tel. 0043/55 17/30210

KARTE
Topographische Karte 1:50 000 »Allgäuer Alpen« (LDBV)

Der Hohe Ifen im Kleinwalsertal ist allein aufgrund seiner Form einer der beeindruckendsten Berggipfel der Allgäuer Alpen. Einem Schiffsbug gleich ragt er aus der Masse der übrigen Berge heraus – ein reizvolles Ziel für den geübten Bergwanderer. Den höchsten Punkt müssen sich Bayern und Vorarlberg teilen.

Nördlich und östlich des Hohen Ifen schließt sich eine ausgedehnte Karrenlandschaft an, die bezeichnenderweise »Gottesacker« genannt wird und die einer Mondlandschaft ähnelt. Diese »Schrattenkalk« genannte Formation stammt aus der Kreidezeit und ist Heimat seltener Pflanzen. Auch sie lädt zur Entdeckung ein. Wir könnten ein andermal von der Ifenhütte zur Bergadlerhütte hinaufwandern und durch das gesamte weitläufige Areal durchstreifen und anschließend hinab zum Mahdtalhaus wandern.

Der Anstieg auf den Hohen Ifen Vom Wanderparkplatz führt ein Wirtschaftsweg hinauf zur Ifenhütte. Falls die Bergbahn nicht in Betrieb sein sollte, bleibt also diese Möglichkeit. Ansonsten starten wir unsere Tour von der Bergstation der Ifenbahn auf etwa 1600 Meter Höhe. Dort folgen wir der guten Ausschilderung zum Hohen Ifen und wandern auf breitem Wanderweg in Serpentinen über einen grasigen Hang hinauf zur Ifenmulde. Auf deren rechten Seite des immer blockiger werdenden Hangs

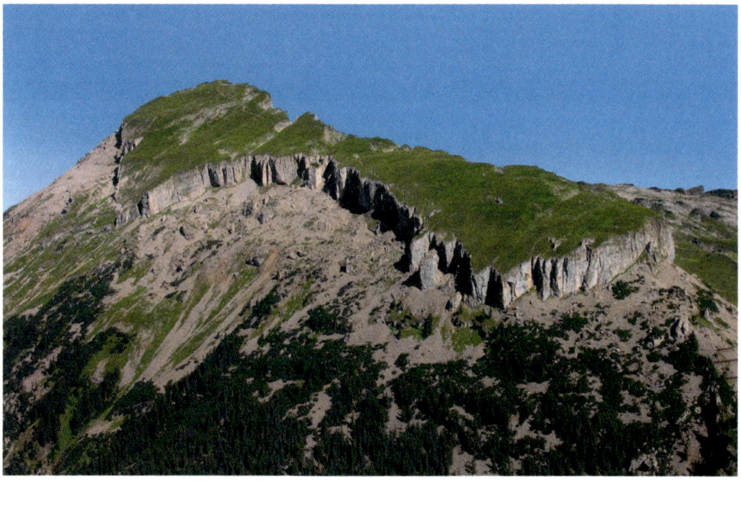

geht es weiter bis zur Wegverzweigung unter der Ifenmauer. Links haltend folgen wir dann dem Steig durch ein weites Geröllfeld hinauf zu einem auffälligen Einschnitt, der uns den Durchschlupf zum Gipfelplateau bietet (Achtung evtl. Altschneereste!). Nach einigen mit Drahtseilen gesicherten Felsstufen haben wir die Geländekante überwunden und sehen uns unvermittelt der schräg abfallenden Gipfelwiese gegenüber. Über diese wandern wir dann gemächlich hinauf bis zum großen Gipfelkreuz. Achtung: Steilabfall! Die Rückkehr erfolgt auf dem Anstiegsweg. Wir können jedoch diese Tour jedoch auch gut zu einer Runde ausbauen.

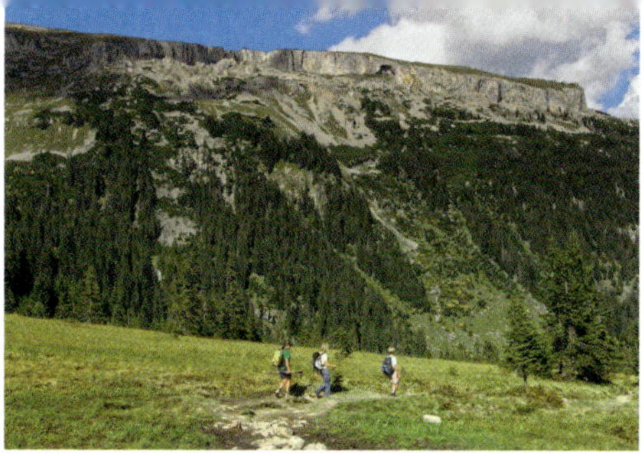

Am Gipfel des Hohen Ifen zeigen sich die bizarren Kalkformationen besonders gut. Diese wilden Formen werden durch einen ungewöhnlichen Reichtum an Blumen zusätzlich bereichert.

Abstieg zur Schwarzwasserhütte Vom Gipfel wandern wir nun wieder über das grüne Gipfeldach zurück bis zur Wegverzweigung knapp unterhalb. Dort folgen wir rechts dem ausgeschilderten Weg (Wegweiser »Eugen-Köhler-Weg«) in Richtung Schwarzwasserhütte bis zum unteren Bereich des Gipfeldachs, das auch im südwestlichen Teil steil abbricht. Der Durchstieg über steiles, teils grasiges, dann blockiges Gelände ist mit eisernen Tritthilfen und Drahtseilen begehbar gemacht. Unten angelangt steigen wir über das Kar weiter ab und queren dann hinüber zu den Weiden der Ifersguntenalp. Der Rückblick zum Gipfel zeigt ihn uns nun von seiner attraktivsten Seite. Über muldiges Weidengelände und über Bachläufe wandern wir nur mehr leicht fallend hinab zur Schwarzwasserhütte; ein Teil des Weges ist als Naturlehrpfad ausgeschildert.

Rückkehr zum Ausgangspunkt Die Wanderung hinab ins Schwarzwassertal – auch hier folgen wir dem Naturlehrpfad – legen wir auf einem schönen Wanderweg zurück und erreichen so die Alpe Melköde (1346 m) Die über 400 Jahre alte Sennalpe ist bekannt für die Herstellung des Melköder Bergkäses. Auf breitem Alpweg wandern wir dann hinaus zu unserem Ausgangspunkt beim »Alpinlodge« Auenhütte.

Linke Seite: Der Hohe Ifen ist eine der ungewöhnlichsten Berggestalten der Allgäuer Alpen; hier der Blick auf den Abbruch des schrägen Gipfelplateaus nach Westen.

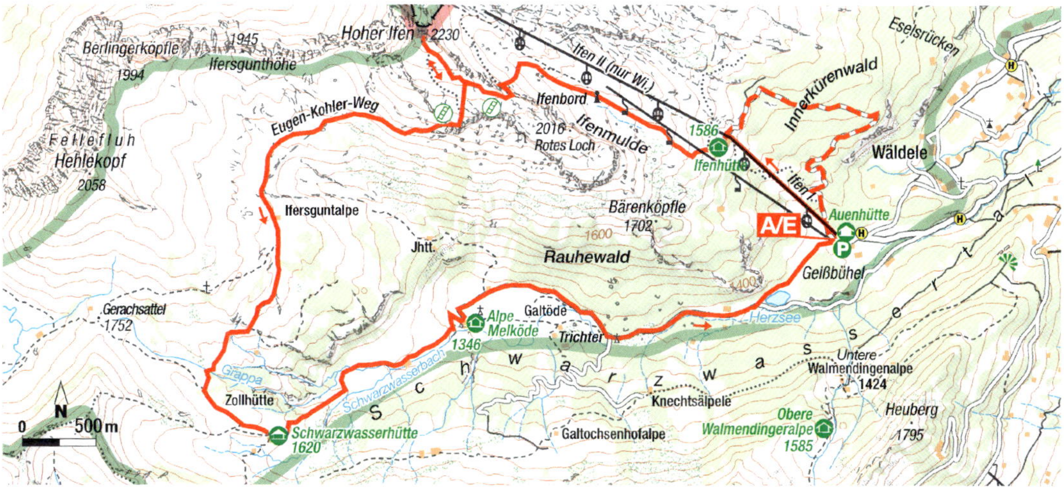

42

Walmendinger Horn (1990 m)

Geologisch und botanisch interessanter Aussichtsgipfel

leicht | 150Hm/890 Hm | 3.15 Std.

TALORT
Mittelberg (1215 m) im Kleinwalsertal

AUSGANGSPUNKT
Talstation der Walmendingerhornbahn (1207 m)

ANFAHRT
a) *mit dem Auto:* Auf der A 7 bis zum Autobahndreieck Allgäu, auf der A 980 bis Waltenhofen und weiter auf der B 19 über Sonthofen nach Oberstdorf, kurz davor beim Kreisverkehr abzweigen ins Kleinwalsertal und über Riezlern nach Mittelberg zur Talstation der Bergbahn mit Wanderparkplatz (gebührenpflichtig) nahe Ortsmitte
b) *mit Bahn/Bus:* Mit dem Zug nach Oberstdorf, dann weiter mit den Walserbussen ins Kleinwalsertal nach Mittelberg zur Talstation der Walmendingerhornbahn

BERGBAHN
Die Walmendingerhornbahn ist seit zwischen 1966 in Betrieb und verkehrt zwischen Mittelberg (1207 m) und der Bergstation (1948 m) am Gipfelfuß des Walmendinger Horns. Betriebszeiten von ca. Mitte Mai bis Anfang November, von 8.30–16.45 Uhr, Tel. 0049/83 22/96 00-0, www.ok-bergbahnen.com

GEHZEITEN
Von der Bergstation zum Walmendinger Horn 0.30 Std.; Übergang von der Bergstation zur Starzelalpe 0.45 Std., Rückkehr nach Mittelberg 2 Std.; Gesamtgehzeit 3.15 Std.

SCHWIERIGKEIT
Lange Bergwanderung auf Wanderwegen, Steigen sowie auf Wirtschaftswegen und Ortssträßchen

HÜTTEN/EINKEHR
Gipfelstuba (1840 m), Restaurant an der Bergstation. Obere Lüchlealpe (1760 m), von Ende Mai bis Ende Oktober bewirtschaftet. Innere Stierhofalpe (1678 m), von Anfang Juni bis Ende Oktober bewirtschaftet.

KARTE
Topographische Karte 1:50 000 »Allgäuer Alpen« (LDBV)

Das Walmendinger Horn ist nicht nur im Winter, sondern auch im Sommer ein beliebtes Ausflugsziel – dank einer Bergbahn, die bereits seit 1966 in Betrieb ist. Man kann das »Horra«, wie es die Einheimischen nennen, aber nicht unbedingt als schönen Gipfel bezeichnen; zu sehr prägen die Lawinenverbauungen und die Liftanlagen den ersten Eindruck. Aber dieser Berg hat auch seine guten Seiten. Der kurze Aufstieg von der Bergstation bis zum Gipfel ist mit einem Alpenblumenlehrpfad versehen, und das ist sicher für Familien mit Kindern ein großer Gewinn.

Neben unserem schnell erreichbaren Gipfelziel – immerhin der Hausberg der Mittelberger – ist es vor allem die großartige Alprunde, die wir von der Bergstation aus unternehmen wollen, denn es gibt an diesem Berg einige der beliebtesten Allgäuer Einkehralpen. Westlich des Walmendinger Horns befinden sich zwar zahlreiche schöne Grasberge, die wir auf Höhenrouten überschreiten könnten, doch sie sind bei Nässe nicht ungefährlich, daher halten wir uns an die Alpwege. Außerdem wollen wir ja auch einkehren.

Der kurze Gipfelaufstieg Von der Bergstation der Walmendingerhornbahn schlendern wir zunächst über die im Sommer mit Blumen übersäte Berg-

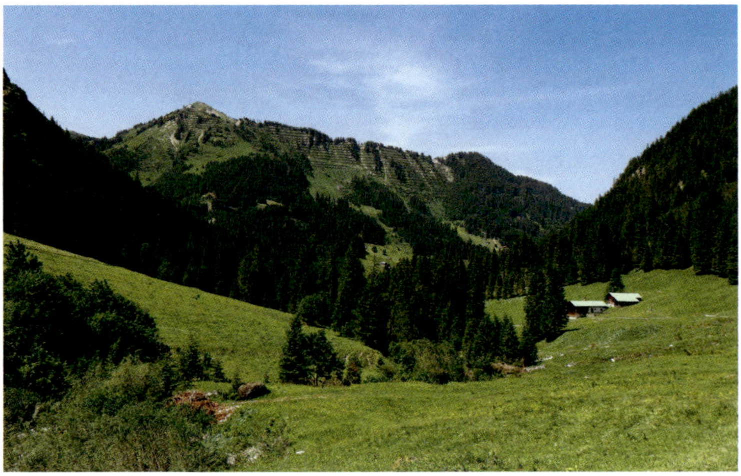

wiese hinauf zum Gipfel und lassen zudem die großartige Aussicht auf uns wirken. Dann wandern wir wieder hinab zur Bergstation. Den neuen Panoramaaufzug lassen wir uns auch nicht entgehen, denn er bringt uns bei der Bergstation auf eine Aussichtsplattform mit Blick ins Dreiländereck und einer besonders reizvollen Perspektive auf den Hohen Ifen mit seiner schroffen Mauer und dem Großen Widderstein direkt gegenüber.

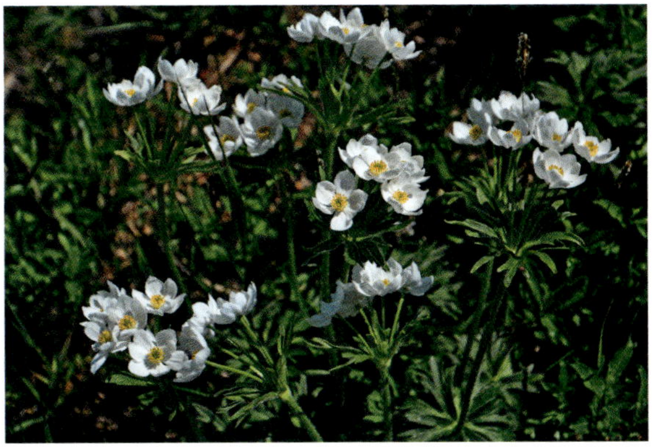

Das zarte narzissenblütige Windröschen trotzt der kargen Landschaft.

Die Abstiegsrunde über die Starzelalpe Nach einer ersten Einkehr auf der Bergstation folgen wir dem südwestlich hinabführenden breiten Weg, wobei wir uns an den Wegweisern in Richtung »Schwarzwasserhütte« und »Obere Lüchlealpe« halten. In einer Senke treffen wir auf eine Wegverzweigung. Wir folgen dem Weg geradeaus weiter und hätten mit der bald erreichten Oberen Lüchlealpe bereits eine weitere Einkehrmöglichkeit (hier könnten wir links über die Untere Lüchlealpe nach Baad hinabwandern, um die Tour abzukürzen). Wir biegen rechts um einen Geländevorsprung herum und wandern durch die lange, erosionsgefährdete Bergflanke auf den Talschluss zu. Im Sommer können wir hier ganze Hänge voller Alpenrosen bewundern. Leicht abwärts gehend erreichen wir dann die Innere Stierhofalpe. Auf der Terrasse sitzen wir hier direkt dem Massiv des Großen Widdersteins gegenüber. Nach der Einkehr folgen wir dem Wanderweg talwärts und erreichen so die schindelgedeckte, aber nicht bewirtschaftete Starzelalp. Hier macht unser Weg eine Spitzkehre und wir folgen hier nun der Ausschilderung hinab nach Baad. Ein schmaler Steig führt uns steil hinab in den Bachgrund. Dann geht es talwärts, nun aber sanfter weiter bergab. Ein breiter Wirtschaftsweg leitet uns dann an der Turaalpe und dem Starzelhaus vorbei hinab nach Baad. Dort orientieren wir uns am Wegweiser »Baader Höhenweg«, über dem wir wieder Mittelberg erreichen.

Linke Seite: Das Walmendinger Horn von Südosten; trotz der Lawinenverbauungen ein attraktiver Gipfel – besonders für Blumenfreunde.

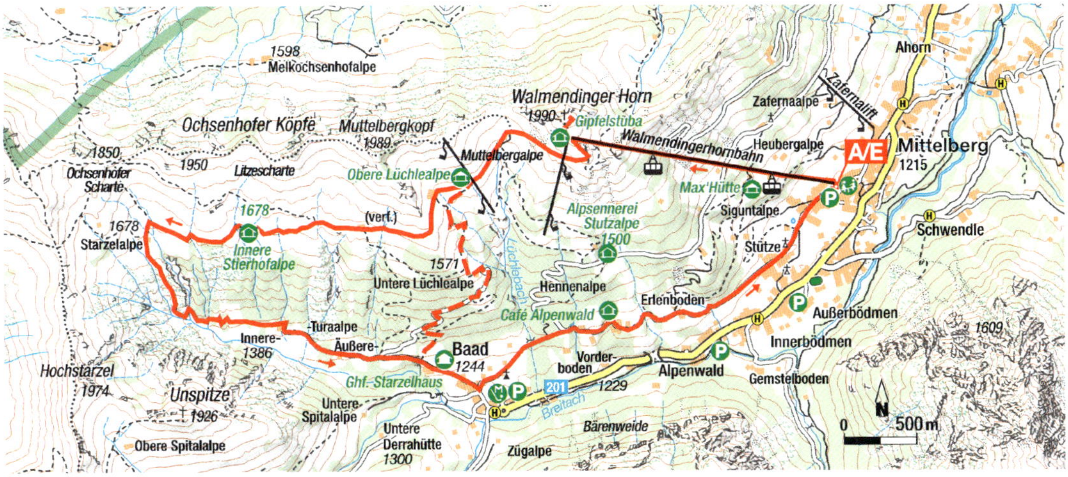

43

Großer Widderstein (2533 m)

Auf das Wahrzeichen des Kleinwalsertals

mittel | 1313 Hm | 8.30 Std.

TALORT
Baad (1244 m) im Kleinwalsertal

AUSGANGSPUNKT
Wanderparkplatz am Eingang ins Bärgunttal (1220 m)

ANFAHRT
a) *mit dem Auto:* Auf der A 7 bis zum Autobahndreieck Allgäu, auf der A 980 bis Waltenhofen und weiter auf der B 19 über Sonthofen nach Oberstdorf, kurz davor beim Kreisverkehr abzweigen ins Kleinwalsertal und weiter nach Baad, Parkplätze am Eingang ins Bärgunttal (gebührenpflichtig)
b) *mit Bahn/Bus:* Mit dem Zug nach Oberstdorf, dann weiter mit den Walserbussen ins Kleinwalsertal nach Baad bis zur Endhaltestelle

GEHZEITEN
Von Baad zur Widdersteinhütte 3.30 Std., Anstieg von dort auf den Großen Widderstein 1.30 Std., Abstieg vom Gipfel zur Hütte 1 Std., Abstieg und Rückkehr durch das Gemsteltal 2.30 Std.; Gesamtgehzeit 8.30 Std.

SCHWIERIGKEIT
Wirtschaftswege und Bergwanderwege. Der Anstieg auf den Großen Widderstein verlangt Trittsicherheit und Schwindelfreiheit und setzt Kletterfertigkeit im I. Schwierigkeitsgrad voraus. Der Abstieg ins Gemsteltal verlangt ebenfalls Trittsicherheit und Schwindelfreiheit.

HÜTTEN/EINKEHR
Widdersteinhütte (2015 m), privat, 22 Lager, bewirtschaftet von Anfang Juni bis etwa Mitte Oktober, Tel. 0043/664/391 25 24.
Bärgunthütte (1408 m), privat, bewirtschaftet von Ende Mai bis Ende Oktober.

KARTE
Topographische Karte 1:50 000 »Allgäuer Alpen« (LDBV)

Über allen Gipfeln des Kleinwalsertals – das zwar seit dem 15. Jahrhundert zu Österreich gehört, aber nur von deutscher Seite aus erreichbar ist – thront sein Wächter: der Große Widderstein. Mit seinen 2533 Metern beherrscht er das Bergpanorama in diesem abgeschiedenen Tal. Er wurde bereits im Jahr 1059 als Widerostein urkundlich erwähnt. Ganz früh wurde er auch touristisch erstiegen.

Am Südfuß des Großen Widderstein haben wir mit der Widdersteinhütte einen idealen Stützpunkt für die Ersteigung dieses Wahrzeichens des Kleinwalsertals. Die gemütliche, privat geführte Hütte liegt auf einer Weideterrasse hoch über dem Hochtannbergpass. Von der Terrasse bietet sich ein fantastischer Panoramablick auf die Allgäuer und Lechtaler Alpen.

Der Anstieg zur Widdersteinhütte Vom hintersten Parkplatz am Taleingang des Bärgunttals wandern wir zunächst links über die Holzbrücke, die hier die Breitach überspannt, und schlendern auf nur mäßig ansteigendem Alpfahrweg (Ausschilderung »Bärgunthütte«) in das freundliche Bärgunttal hinein. Auf schattigem Weg führt er am Bärguntbach entlang und erreicht dann die bewirtschaftete Bärgunthütte.

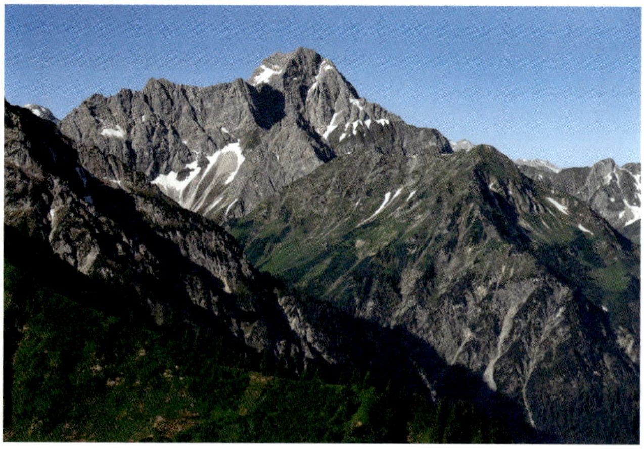

Der Alpfahrweg ist hier zu Ende. Unser Weg steigt nun steiler an, durchquert ein Wäldchen und führt dann über den rechten Talhang durch freies Gelände – vorbei an einer verfallenen Zollhütte – in einem weiten Linksbogen hinauf zum Hochalppass (1908 m). Der Steig zur Widdersteinhütte zweigt allerdings kurz vorher nach links ab. Vorbei an der verfallenen Hochalphütte erreichen wir die im Sommer bestoßene Neue Hochalp. Links erhebt sich der massige Widderstein. Wir lassen den links abzweigenden Gipfelweg liegen und wandern zuerst eben, dann leicht fallend über die Krumbacher Halde hinüber zur Widdersteinhütte.

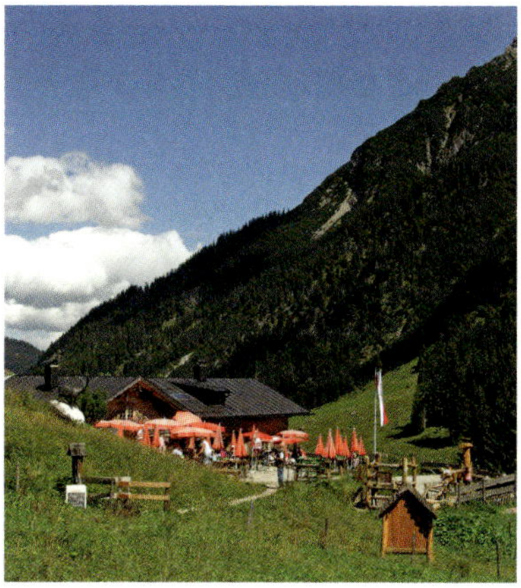

Die Bernhardsgemstelalpe liegt an unserer Abstiegsroute.

Der Anstieg auf den Großen Widderstein Von der Widdersteinhütte folgen wir dem Hüttenanstiegsweg wieder ein Stück zurück und biegen dann rechts auf den Anstiegsweg zum Gipfel ab. Ein Pfad leitet hinauf zum südseitigen Gipfelaufbau; Teleskopstöcke können hier nützlich sein. Dann geht es auf einem Steig in die Schlucht, die die Südwestschulter und den Südgipfel voneinander trennt. In der Schlucht im Zickzack hoch, wobei wir uns gut an die roten, teilweise aber auch weiß-blauen Farbmarkierungen halten können. Mittels einiger Eisenstifte queren wir eine Rinne und erreichen dann den Felskessel oberhalb der Schlucht. Wir müssen also schon ab und zu mal die Hände zu Hilfe nehmen. Den Steigspuren folgend weiter hinauf bis zum Westgrat, dann rechts zum Teil auf dem Grat und über einige Felsstufen hinauf zum Gipfelkreuz.

Linke Seite: Der gewaltige Widderstein von Nordosten

Der Abstieg durch das Gemsteltal Diese Route ist anspruchsvoller als der Anstieg durch das Bärgunttal. Sie bietet sich aber für den geübten Bergwanderer an, um aus der Tour eine komplette Runde zu machen, außerdem passieren wir auf dieser Strecke zusätzliche Einkehrstationen, die den Ausklang zusätzlich schmackhaft machen. Von der Widersteinhütte gehen wir auf einem Bergwanderweg hinüber zum Gemstelpass (1971 m) und steigen dort links hinab zur Oberen Gemstelalpe (1694 m). Dann geht es steil hinab ins Gemsteltal, wobei wir ein paar heikle Stellen (teilweise mit Drahtseilen gesichert) bewältigen müssen. Ab der Oberen Gemstelalpe ist es jedoch nur mehr ein gemütliches Schlendern hinaus nach Innerbödmen auf einer Alpstraße.

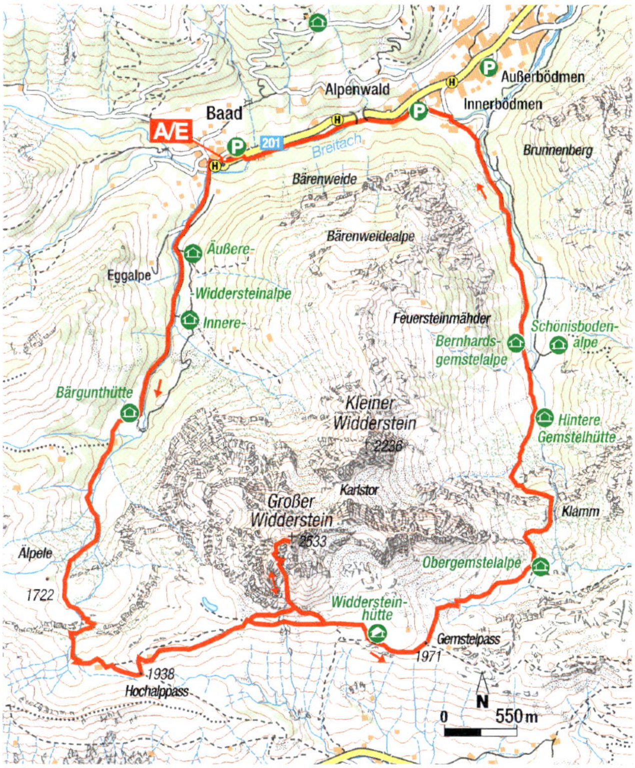

44

Walser Geißhorn (2366 m)

Schöner Aussichtsgipfel über dem Gemsteltal

mittel | 1216 Hm | 7.30 Std.

TALORT
Mittelberg (1215 m) im Kleinwalsertal

AUSGANGSPUNKT
Wanderparkplatz im Gemstelboden bei Bödmen (1150 m)

ANFAHRT
a) *mit dem Auto:* Auf der A 7 bis zum Autobahndreieck Allgäu, auf der A 980 bis Waltenhofen und weiter auf der B 19 nach Oberstdorf, kurz davor beim Kreisverkehr abzweigen ins Kleinwalsertal und über Riezlern und Mittelberg nach Bödmen
b) *mit Bahn/Bus:* Mit dem Zug nach Oberstdorf, dann weiter mit den Walserbussen ins Kleinwalsertal nach Mittelberg-Bödmen bis zur Haltestelle »Gemse«. Von dort weiter zu Fuß (Wegweiser) ins Gemsteltal

GEHZEITEN
Von Bödmen zur Oberen Gemstelalpe 2.15 Std., Anstieg von dort auf das Walser Geißhorn 1.45 Std., Abstieg und Rückkehr durch das Gemsteltal 3.30 Std.; Gesamtgehzeit 7.30 Std.

SCHWIERIGKEIT
Lange und steile Bergwanderung auf Wirtschaftswegen, Wanderwegen und Steigen. Der Anstieg auf das Walser Geißhorn verlangt insgesamt Trittsicherheit und Schwindelfreiheit. Der Aufstieg durch das Hintere Gemsteltal zur Oberen Gemstelalpe erfordert Bergerfahrung (einige mit Drahtseilen gesicherte Passagen)

HÜTTEN/EINKEHR
Im Gemsteltal erwarten uns: Hintere Gemstelalpe (1320 m) und Bernhardsgemstelalpe (1300 m), diese sind von Ende Mai bis Ende Oktober geöffnet.

KARTE
Topographische Karte 1:50 000 »Allgäuer Alpen« (LDBV)

Das Walser Geißhorn ist neben dem Großen Widderstein das zweite große Gipfelziel im Hinteren Kleinwalsertal. Es ist ein botanisch reizvoller Gipfel und ist mit Ausnahme des Anstiegs zur Oberen Gemstelalpe relativ leicht zu besteigen. Zeigt es uns bei der Durchwanderung des Gemsteltals erst einmal seine schroffe, abweisende Seite, so erkennen wir nach Erreichen der Karstböden des Koblats seine »schwache« Flanke – ja, es entpuppt sich im oberen Bereich als nahezu harmloser Grasgipfel.

Das Walser Geißhorn kann auch von der Mindelheimer Hütte über einen bezeichneten Steig gut erreicht werden; von der Alpenvereinshütte ist es nur mehr eine gute Stunde Gehzeit; damit ersparen wir uns – mit Übernachtung – einige Höhenmeter. Der Ausblick von dort oben ist grandios: Im Westen erhebt sich der Große Widderstein, im Südosten die markante Gestalt des Biberkopfs und südlich die zahllosen Gipfel der Lechtaler Alpen.

Der Anstieg zur Oberen Gemstelalpe Vom Wanderparkplatz am westlichen Ortsrand von Mittelberg-Bödmen halten wir mit den entsprechen-

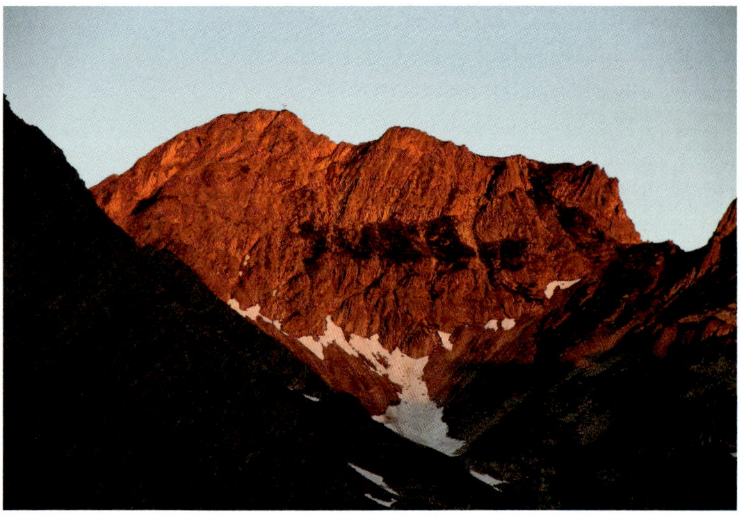

den Wegweisern auf den Taleingang des Gemsteltals zu, queren die Breitach und wandern zum Gemstelboden. Dort folgen wir dem Alpfahrweg auf der linken Talseite – zunächst etwas stärker ansteigend durch Wald – zur unbewirtschafteten Tonis Gemstelalpe, wo sich dann der Talboden weitet. Nun wandern wir über freie Alpwiesen leicht ansteigend hinauf zur Schönisbodenalpe. Wir steigen nun die paar Meter hinab zum Gemstelbach, queren diesen über eine kleine Brücke und wandern auf der anderen Bachseite weiter das Tal hinauf (die Bernhardgemstelalpe liegt etwas weiter unten), wo wir bald die Hintere Gemstelalpe mit dem markanten Steinbock erreichen.

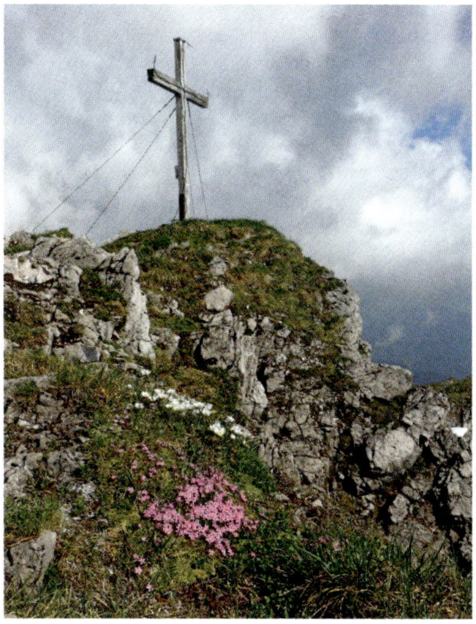

Die Gipfelfelsen mit dem schlichten Kreuz

Ab der Hinteren Gemstelalpe (1320 m) wird es dann steil. Wir durchschreiten zunächst ein Waldstück, dann eine Klamm mit Wasserfall und steigen dann hinauf, wobei wir ein paar heikle Stellen bewältigen müssen (Kunststoffseile). Gratisblick mit ein wenig Schauern hinab die düstere Klamm des Gemstelbachs. Wenn die Obere Gemstelalpe bewirtschaftet ist, können wir uns vor dem Gipfelanstieg noch etwas stärken.

Linke Seite: Die schroffe Seite des Walser Geißhorns; der Anstieg erfolgt über den südlichen Grasbuckel.

Der Anstieg auf das Walser Geißhorn Von der Oberen Gemstelalpe (1694 m) folgen wir dem bezeichneten Steig, der oberhalb der Alphütte links haltend in Richtung Sterzerhütte und Mindelheimer Hütte beginnt. Nachdem wir die Sterzerhütte (eine verschlossene Jagdhütte) passiert haben, steigen wir über die grasigen, teils auch steinigen Südwesthänge steil an. Zuweilen gönnen wir uns einen kurzen Rückblick auf die Felsen der beiden Widdersteine. Auf der Kammhöhe angelangt, schwenken wir nach links und folgen auf der bayerischen Seite dem Weg zum Koblatpass (mit der Mark.-Nr. 444) bis zu einer Weggabelung, wo der Anstieg von der Mindelheimer Hütte heranführt. Dort halten wir uns nun links (Gipfelwegweiser) und steigen über Serpentinen hinauf zum Gipfel des Walser Geißhorns, das ein Kreuz schmückt. Aufgrund der etwas abgelegenen Position haben wir hier oben vielleicht eine gute Gelegenheit, die etwas scheuen Steinböcke zu beobachten.

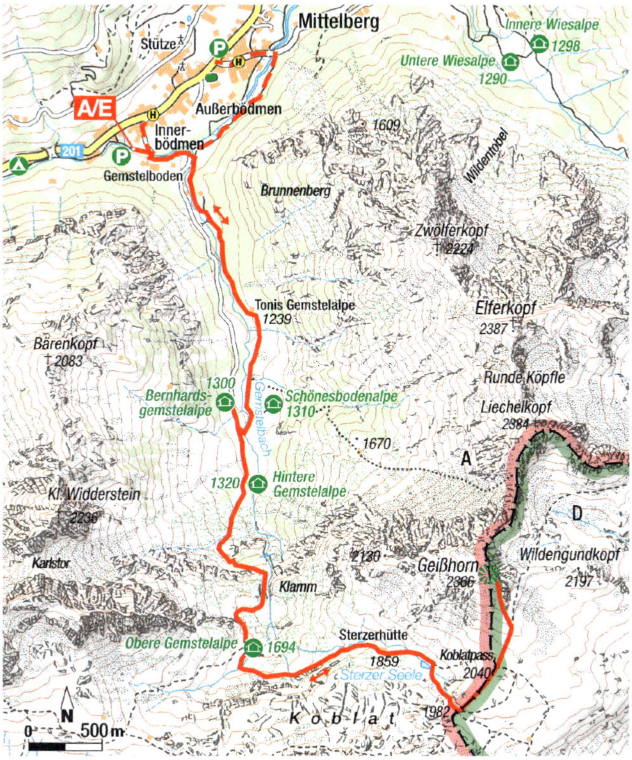

Die Rückkehr erfolgt auf dem Anstiegsweg.

45

Fellhorn (2038 m)

Familientour in einem Blumenparadies

leicht | 590 Hm | 2.30 Std.

TALORT
Oberstdorf (813 m)

AUSGANGSPUNKT
Wanderparkplatz Faistenoy (904 m; gebührenpflichtig) bzw. Bergstation der Fellhornbahn (1917 m)

ANFAHRT
a) *mit dem Auto:* Auf der Autobahn Ulm–Füssen (A 7) bis zum Autobahndreieck Allgäu, auf der A 980 bis Waltenhofen und auf der B 19 über Sonthofen nach Oberstdorf; rechts seitlich am Ort vorbei in Richtung Kleinwalsertal, dann links weiter zur Fellhornbahn (Ausschilderung)
b) *mit Bahn/Bus:* Mit dem Zug nach Oberstdorf, dann weiter mit dem Bus (Linienverkehr) nach Faistenoy

GEHZEITEN
20 Minuten von der Bergstation der Fellhornbahn (1967 m) zum Fellhorngipfel; Abstieg zur Schlappoltalpe 1.30 Std.; Rückweg zur Mittelstation 35 Minuten; Gesamtgehzeit ca. 2.30 Std.

SCHWIERIGKEIT
Zum Fellhorngipfel breiter Wanderweg. Der Kammweg über den Schlappoldkopf zur Schlappoldalpe ist ein Bergpfad und erfordert Trittsicherheit; nicht bei Nässe unternehmen, Rutschgefahr!

HÜTTEN/EINKEHR
Mittel- und Bergstation der Fellhornbahn (1780 bzw. 1967 m), Selbstbedienungsrestaurants mit Sonnenterrasse.
Schlappoldalpe (1700 m), von Anfang Juni bis Anfang/Mitte September bewirtschaftet.

KARTE
Topographische Karte 1:50 000 »Allgäuer Alpen« (LDBV)

Die Allgäuer Alpen sind ein Dorado für Blumenfreunde und das Fellhorn, der höchste Allgäuer Flyschgipfel, ist wiederum einer der schönsten Blumenberge der Allgäuer Alpen. Manche halten ihn sogar für einen der schönsten Blumenberge der Alpen. Im späten Frühjahr und im Hochsommer empfängt uns dort oben eine verschwenderische Fülle an seltenen Alpenblumen, Kräutern und Orchideen.

Ab Ende Juni erwartet uns dort zusätzlich ein Meer von Alpenrosen. Kein Wunder, dass am Fellhorn große Bereiche als Naturschutzgebiete ausgewiesen sind. Dazu gibt es an der Talstation einen kleinen Blumenführer zu kaufen. Der Name Fellhorn ist übrigens noch nicht sehr alt, noch bis zur Mitte des 19. Jahrhunderts war es bekannt als Schlappolder Spitz, was seiner tatsächlichen Form aber gar nicht gerecht wurde. Alles in allem eine bequeme, aussichtsreiche Gipfelrunde, die wir bei Bedarf sogar abkürzen können.

Kurzer Sprung hinauf zum Fellhorn Von der Bergstation der Fellhornbahn steigen wir auf einem gestuften Weg die wenigen Meter hinauf zur grasigen Kammhöhe, die zugleich die Grenze zwischen Bayern und Vorarlberg darstellt, und folgen rechts haltend dem breiten Weg hinauf zum Fellhorn, das mit einer großartigen Rundumsicht aufwarten kann. Tief unter uns liegt das Kleinwalsertal, auf der anderen Seite Oberstdorf.

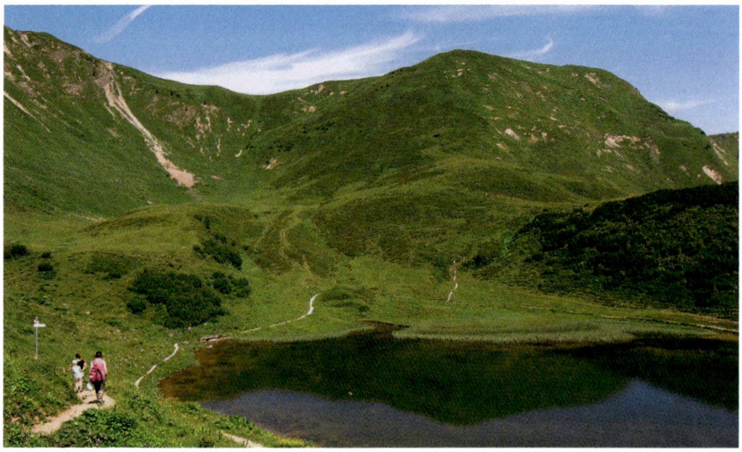

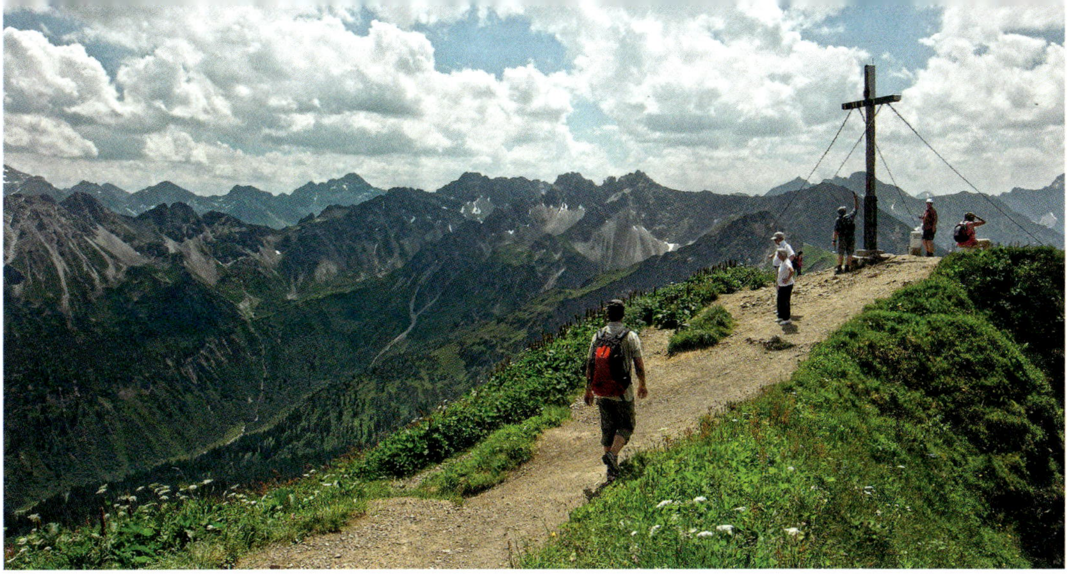

Der mit der Bergbahn leicht erreichbare Gipfel des Fellhorns; er bietet dank seiner Lage zwischen dem Kleinwalsertal und dem Stillachtal ein großartiges Bergpanorama.

Alle wichtigen Allgäuer Gipfel liegen vor unseren Augen. Zur Identifizierung nehmen wir am besten eine gute Wanderkarte mit. Im Südwesten erkennen wir den Biberkopf, im Süden den Großen Krottenkopf, die Trettachspitze und die Mädelegabel. Besonders beeindruckend sind dabei der Hohe Ifen jenseits des Kleinwalsertals mit seiner charakteristischen Form und das weite Karrenfeld des Gottesackerplateaus rechts daneben.

Abstiegsrunde über die Schlappoldalpe Wir verlassen das Fellhorn und steigen jenseits auf schmalem, aber gut begehbarem Pfad hinab, durchschreiten einen Sattel und steigen zum Schlappoldkopf (1968 m) an. Dann geht es aussichtsreich auf der Kammhöhe leicht fallend weiter. Auf der Höhe des Söllerkopfs zweigt rechts ein Pfad ab (Wegweiser), der uns steil hinab zur Schlappoldalpe führt. Die denkmalgeschützte Alp ist Deutschlands höchstgelegene und wohl auch größte Sennalpe.
Ein breiter Wirtschaftsweg führt uns von dort nahezu eben hinüber zum Schlappoldsee, bei dem wir noch einen kurz Aufenthalt einlegen, dann steigen wir recht steil das kurze Wegstück hinauf zur Mittelstation der Fellhornbahn (1780 m).

Linke Seite: Das Gebiet um den Schlappoldsee ist ein Blumenrevier ganz eigener Güte. Nicht weit davon befindet sich die Schlappoldalpe.

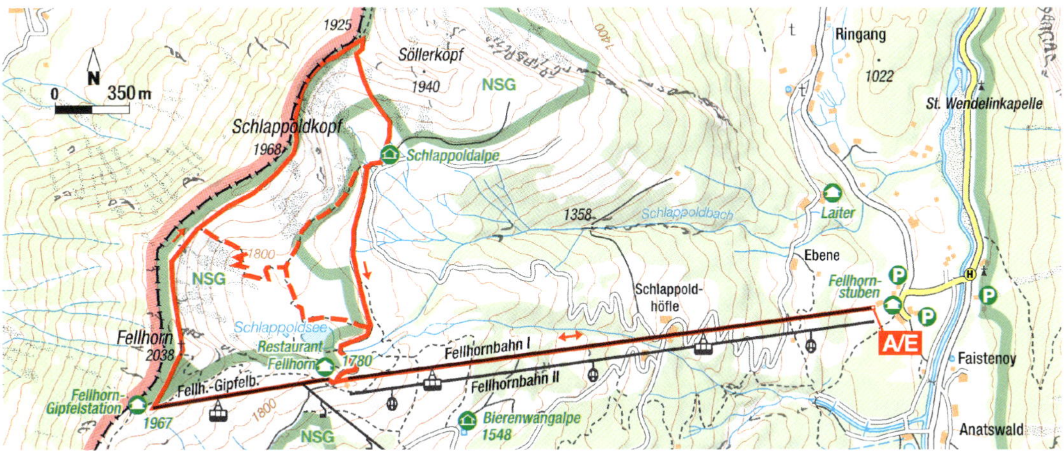

Kanzelwand (2059 m)

Grenzgipfel über dem Kleinwalsertal

46

mittel | 100 Hm/800 Hm | 2.45 Std.

TALORT
Riezlern (1086 m)

AUSGANGSPUNKT
Bergstation der Kanzelwandbahn (1957 m) im Kleinwalsertal

ANFAHRT
a) *mit dem Auto:* Auf der Autobahn Ulm–Füssen (A 7) bis zum Autobahndreieck Allgäu, auf der A 980 bis Waltenhofen und weiter auf der B 19 über Sonthofen nach Oberstdorf, zuvor abzweigen ins Kleinwalsertal bis nach Riezlern; dort durch den Ort zur Talstation der Kanzelwandbahn (1087 m, gebührenpflichtiger Parkplatz)
b) *mit Bahn/Bus:* Mit dem Zug nach Oberstdorf, dann weiter mit dem Bus ins Kleinwalsertal nach Riezlern zur Talstation der Kanzelwandbahn

BERGBAHN
Die Kanzelwandbahn ist seit 1955 in Betrieb und wurde mehrmals modernisiert; sie verkehrt zwischen Riezlern (1086 m) und der Bergstation (1967 m) am Gipfelfuß der Kanzelwand. Betriebszeiten von Anfang Juni bis Anfang November, von 8.30–16.45 Uhr, Tel. 0049/83 22/96 00

GEHZEITEN
Von der Bergstation der Kanzelwandbahn zur Kanzelwand 0.30 Std., Abstieg über die Zwerenalpe zur Talstation im Kleinwalsertal 2.15 Std.; Gesamtgehzeit 2.45 Std.

SCHWIERIGKEIT
Der Anstieg auf die Kanzelwand setzt Trittsicherheit und Schwindelfreiheit voraus (einige Drahtseilsicherungen). Der Abstieg nach Riezlern erfolgt auf einem leichten Bergwanderweg.

HÜTTEN/EINKEHR
Gasthaus Adlerhorst (1880 m), knapp unterhalb der Bergstation, nahezu ganzjährig bewirtschaftet (Montag Ruhetag)

KARTE
Topographische Karte 1:50 000 »Allgäuer Alpen« (LDBV)

Die Kanzelwand ist ein eher unbedeutender Grenzgipfel zwischen dem Kleinwalsertal und dem bayerischen Stillachtal, wird aber durch eine Bergbahn aufgewertet. Aufgrund der Grenzlage kommt es zu einer »Sprachverwirrung«: Für die Kleinwalsertaler ist dieser Gipfel eben die »Kanzelwand« (offenbar abgeleitet von seiner Form), die Allgäuer auf der deutschen Seite nennen ihn Warmatsgundkopf (vermutlich vom althochdeutschen Namen »Warmunt« abgeleitet, was soviel wie warme Weide bedeutet).

Trotz ihrer nur mäßigen Höhe ist die Kanzelwand für Berg-»Sportler« von besonderer Bedeutung. Denn im Gipfelbereich – nach Norden fällt sie mit einer steilen Felswand ab – wurden zwei extreme und auch sehr beliebte Klettersteige installiert: der Walsersteig und der Zweiländersteig. Und im Winter sind hier oben natürlich die Skifahrer aktiv. Am Gipfel der Kanzelwand gibt es zudem einen geologischen Wanderlehrpfad, der uns mit zahlreichen Informationstafeln in die Entstehung der Allgäuer Alpen einführt.

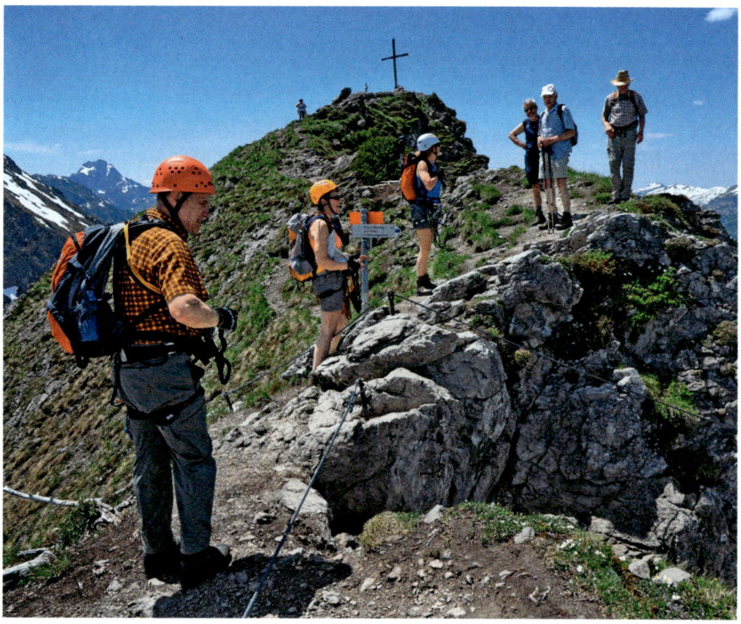

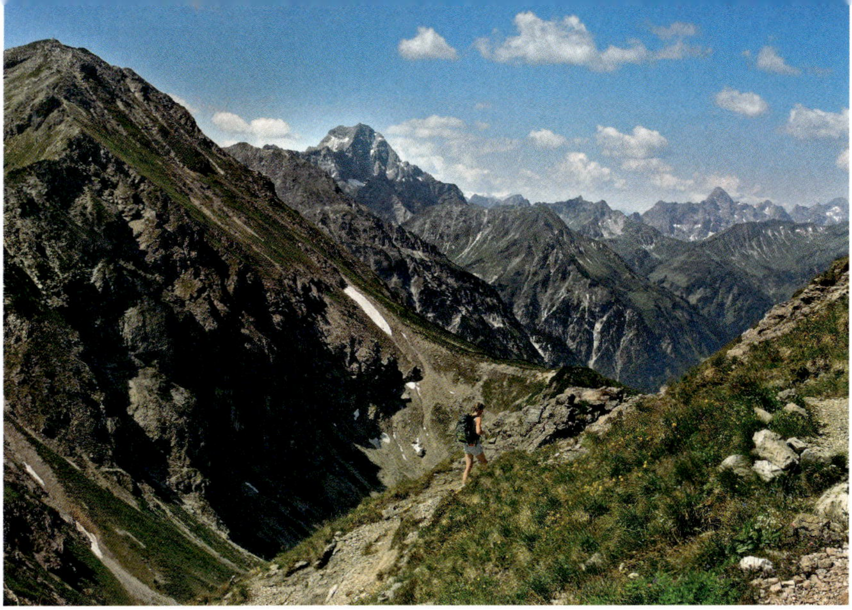

Auf dem Anstiegsweg zur Kanzelwand; im Hintergrund erkennen wir das Wahrzeichen des Kleinwalsertals, den Widderstein.

Linke Seite: Bei den Gipfelfelsen der Kanzelwand; hier enden auch ein paar sportliche Klettersteigrouten.

Von der Kanzelwand-Bergstation auf die Kanzelwand Von der Bergstation (1968 m) gehen wir hinauf zum Kanzelwandsattel oberhalb, wo sich alle Wege verzweigen. Dort folgen wir dem zunächst noch breiten, gestuften Wanderweg, bis dieser sich zu einem gut angelegten Steig verengt. Wir erreichen die Kanzelwandscharte und steigen dort links hinauf zum Kanzelwandgipfel. Dort oben genießen wir ein prächtiges Bergpanorama, das bis zum Säntis in der Schweiz im Westen und bis zur Zugspitze im Osten reicht, nicht zu vergessen die ganze Parade der Allgäuer Hochgipfel. Aber Achtung: Der Gipfel fällt nach allen Seiten steil ab!

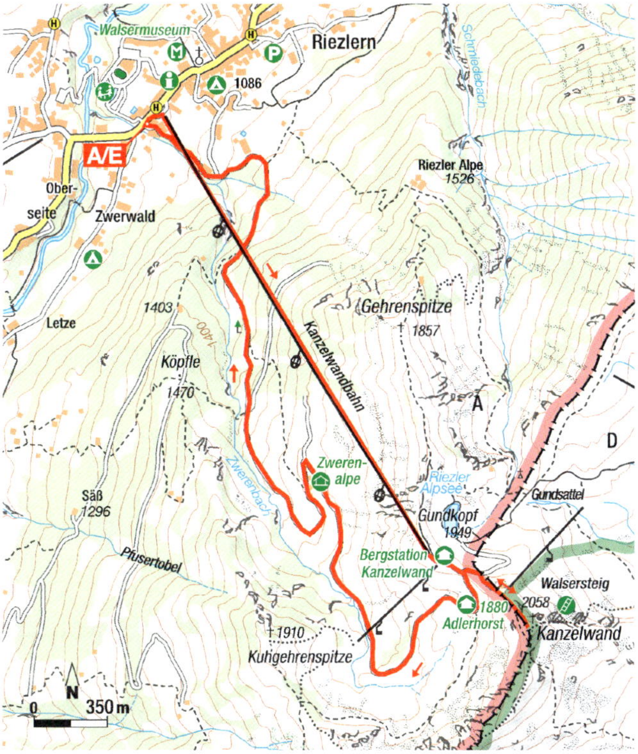

Der Abstieg über die Zwerenalpe Anschließend gehen wir vom Gipfel der Kanzelwand zurück zum Sattel unterhalb, wo sich die Wege verzweigen. Hier folgen wir links dem Wanderweg (»Riezleralpweg«) in südwestlicher Richtung bergab, dann ein Stück dem Zwerenbach und treffen anschließend auf die Zwerenalpe, die bereits im Jahr 1574 erstmals Erwähnung fand. Da es keine Einkehr gibt, verlassen wir die aus fünf Hütten und einer Kapelle bestehende ehemalige Bergsiedlung wieder und wandern – bald wieder am Bach entlang – talwärts, dann unter der Trasse der Bergbahn hindurch hinab zur Talstation der Kanzelwandbahn.

47

Schafalpenköpfe (2302 m)

Auf einem Klettersteig über eine zerklüftete Berggruppe

schwer · 930 Hm · 12.00 Std.

TALORT
Riezlern (1086 m)

AUSGANGSPUNKT
Bergstation der Kanzelwandbahn (1967 m) im Kleinwalsertal

ANFAHRT
a) *mit dem Auto:* Auf der Autobahn Ulm–Füssen (A 7) bis zum Autobahndreieck Allgäu, auf der A 980 bis Waltenhofen und weiter auf der B 19 über Sonthofen nach Oberstdorf, zuvor am Kreisverkehr abzweigen ins Kleinwalsertal bis nach Riezlern; dort durch den Ort bis zur Talstation der Kanzelwandbahn (1087 m); dort gebührenpflichtiger Wanderparkplatz
b) *mit Bahn/Bus:* Mit dem Zug nach Oberstdorf, dann weiter mit dem Bus ins Kleinwalsertal nach Riezlern zur Talstation der Kanzelwandbahn

BERGBAHN
Die Kanzelwandbahn ist seit 1955 in Betrieb und wurde mehrmals modernisiert; sie verkehrt zwischen der Talstation in Riezlern (1086 m) und der Bergstation (1967 m) am Gipfelfuß der Kanzelwand. Betriebszeiten in der Sommersaison von Anfang Juni bis Anfang November, von 8.30–16.45 Uhr, Tel. 0049//8322/9600-0

GEHZEITEN
Übergang von der Bergstation der Kanzelwandbahn zur Fiderepasshütte 2.30 Std., Mindelheimer Klettersteig 4 Std., Rückweg über den Krumbacher Höhenweg zur Fiderepasshütte 3 Std., Rückweg zur Bergstation der Kanzelwandbahn 2.30 Std.; Gesamtgehzeit 12 Std.

Fortsetzung Seite 128

Die Schafalpenköpfe, eine kleine Gebirgsgruppe innerhalb der Walsertaler Berge, bestehen aus Hauptdolomit – also aus sprödem, brüchigem Gestein – und weisen drei Hauptgipfel auf: den Ersten (2272 m), den Zweiten (2302 m) und den Dritten Schafalpenkopf (2320 m). Diese Namensgebung erfolgt auf seiner Südseite, da sie oberhalb der früheren Schafweiden im Bereich der heute aufgelassenen Taufersbergalpe aufragen. Unter anderen war auch Hermann von Barth einer der ersten touristischen »Bezwinger«; man darf aber annehmen, dass schon früher Hirten und Jäger zu den Gipfeln aufgestiegen sind. Das änderte sich mit dem Bau zweier Alpenvereinshütten – der Mindelheimer und der Fiderepasshütte. Aber erst mit dem Bau des Mindelheimer Klettersteigs ist diese Berggruppe zu einer der beliebtesten Ziele in den Allgäuer Alpen geworden.

Der 1975 eröffnete Mindelheimer Klettersteig (mittlerweile intensiv saniert, denn die Zeit nagt an solchen Sicherungsanlagen) hat zahlreiche ausgeprägte Klettersteigpassagen zu bieten. Auf dem etwa drei Kilometer langen Felskamm (der Klettersteig selbst dürfte allerdings fünf Kilometer lang sein) wurde nicht an Leitern, Eisenklammern, einer Metallbrücke und Drahtseilen gespart. Die Route ist höchst abwechslungsreich und voller Überraschungen. Die übliche Route verläuft von der Fiderepasshütte über die drei Schafalpenköpfe zur Mindelheimer Hütte, wird aber auch gerne in anderer Richtung gemacht – mit Gegenverkehr muss also gerechnet werden. Ein kleines Handicap sind allerdings die durchwegs langen Zustiegswege, wobei der Anstieg von der Kanzelwandbahn der bequemste ist.

Von der Bergstation der Kanzelwandbahn zur Fiderepasshütte (1968 m) gehen wir hinauf zum Sattel oberhalb, wo sich alle Wege verzweigen. Dort halten wir uns kurz links in Richtung Fellhorn und wandern hinab zum Gundsattel (1808 m). Rechts haltend weiter ein kurzes Stück in Richtung Obere Bierenwangalpe, wenden uns aber in einer Spitzkehre rechts

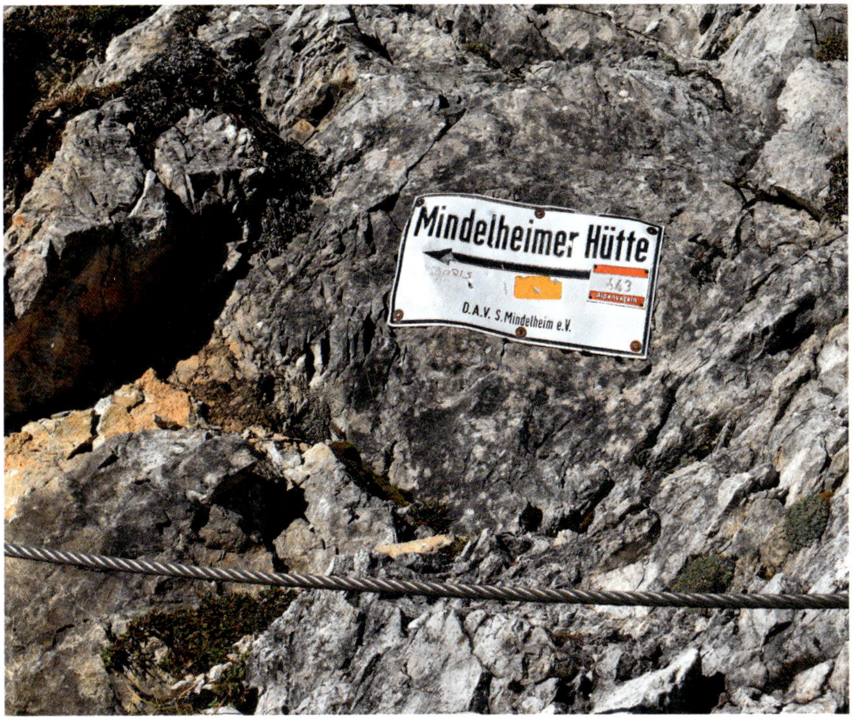

Auf dem gut gesicherten Mindelheimer Klettersteig, der über die Schafalpenköpfe hinweg führt; Ziel ist die gemütliche Mindelheimer Hütte.

hinab und folgen dem Steig in die Mulde der verfallenen Roßgundalpe (1739 m). Weiter geht es dann rechts haltend (Mark. Nr. 446) zur verfallenen Kühgundalpe (1745 m) mit ihren zwei kleinen Hütten (heute von der Bergwacht genutzt). Dort halten wir uns rechts und steigen in das allmählich steiler werdende oberste Warmatsgundbachtal an. Zuletzt erreichen wir über steile Serpentinen die Fiderepasshütte.

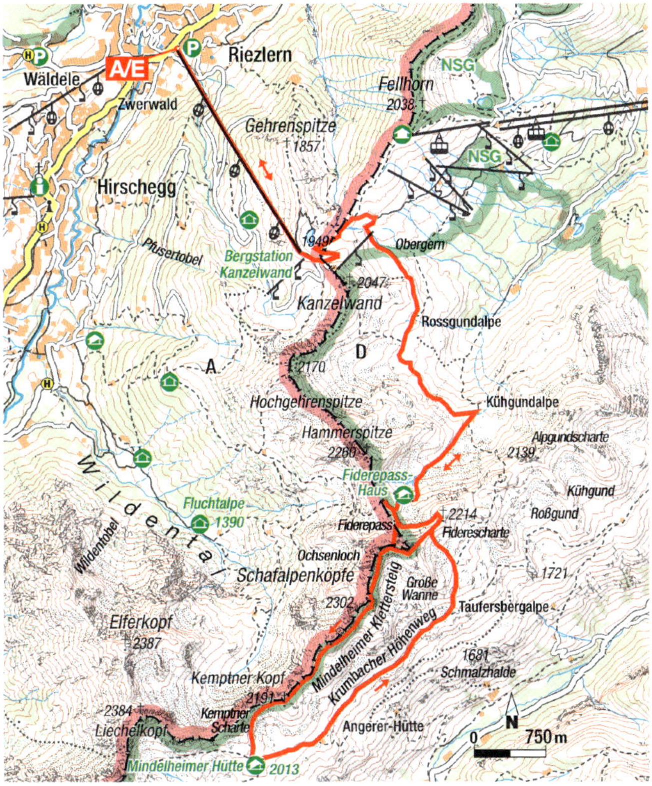

Der Mindelheimer Klettersteig Von der Fiderepasshütte kurz hinab zum Fiderepass (Wegweiser), dann ostwärts auf einem Steig hinauf zur Fiderescharte (2214 m), östlich des nördlichsten Schafalpenkopfes. Dort rechts an die nahezu senkrechten Felsabbrüche heran. Zwei lange Metallleitern und zahlreiche Eisenbügel helfen uns, diese erste Hürde zu neh-

SCHWIERIGKEIT

Der Übergang von der Bergstation der Kanzelwandbahn zur Fiderepasshütte erfolgt auf Bergwanderweg bzw. Bergsteig, Trittsicherheit ist jedoch erforderlich. Der Mindelheimer Klettersteig ist ein hochalpiner Klettersteig, der nur bei besten Wetterbedingungen begehbar ist; er ist mit Stahlseilen, Eisenbügeln und -tritten sowie Metallbrücken und Eisenleitern versehen. Die Rückkehr zur Fiderepasshütte erfolgt auf dem schönen Krumbacher Höhenweg.

HÜTTEN/EINKEHR

Panoramarestaurant an der Bergstation (1967 m) der Kanzelwandbahn.

Fiderepasshütte (2067 m), AV-Hütte, Kat. I, bewirtschaftet von Ende Mai bis Mitte Oktober, 110 Matratzenlager, Winterraum 10 Plätze; Reservierung über die Homepage oder über »Huetten-Holiday«, www.fiderepasshuette.de.

Mindelheimer Hütte (2058 m), AV-Hütte, Kat. I, von Ende Mai bis etwa Mitte Oktober bewirtschaftet, 120 Lager, Winterraum in der kleinen Hütte nebenan mit 12 Notlagern (nur mit AV-Schlüssel); die Hütte ist telefonisch nicht erreichbar; Reservierungen über die Homepage oder über »Huetten-Holiday«.

KARTE

Topographische Karte 1:50 000 »Allgäuer Alpen« (LDBV)

men. Wir gelangen zur Gipfelscharte (hier Notabstieg zum Krumbacher Höhenweg möglich) und steigen dann auf der Südseite auf gesichertem Steig auf dem nun flacheren Grat hinüber in Richtung Mittlerer Schafalpenkopf. Eine weitere Leiter und eine Eisenbrücke sind die nächsten technischen Highlights, dann folgt eine senkrechte, ausgesetzte Felspassage 20 Meter hinab, die mittels einer langen Eisenklammerreihe gemeistert wird. Der Gegenanstieg zum Mittleren Schafalpenkopf (2301 m) stellt dann die Schlüsselpassage dar; stark ausgesetzt steigen wir durch einen engen Kamin bergauf und treffen dann auf eine Plattenwand, die wir mittels Eisenstiften queren. Gut gesichert mit Eisenstiften und -bügeln sowie einer weiteren Metallleiter, aber weiterhin sehr ausgesetzt, steigen wir hinauf zum Gipfelkranz, wo uns ein guter Rastplatz erwartet. Von dort auf grasigem Pfad hinab in eine Mulde und weiter in Kammnähe gut gesichert hinauf zum Gipfel des Südlichen Schafalpenkopfes (2275 m). Von dort haben wir zwei Möglichkeiten: entweder über einen leichten Serpentinenpfad oder durch eine gesicherte steile Rinne hinab, dann auf schrofigem Steig zum Gegenanstieg hinauf zum Kemptner Kopf, der letzten Gipfelerhebung auf unserer Route, und in einer Viertelstunde hinab zur Mindelheimer Hütte.

Rückweg über den Krumbacher Höhenweg Von der Mindelheimer Hütte folgen wir dem ausgeschilderten Höhenweg (Mark.-Nr. 441/442/443) im Auf und Ab zur Gipfelkette der Schafalpen über die Obere Angerer-

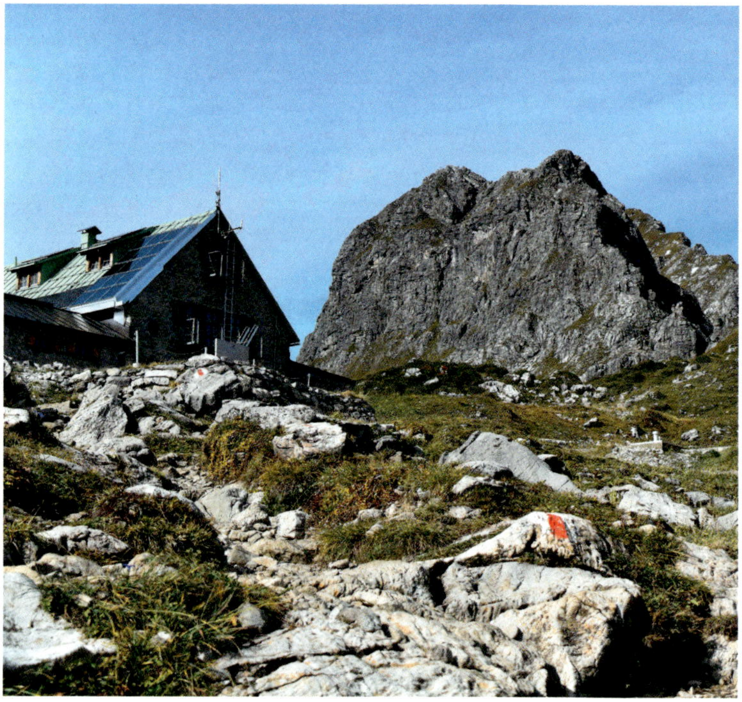

Die Mindelheimer Hütte über dem Rappenalpental; rechts daneben der Angererkopf

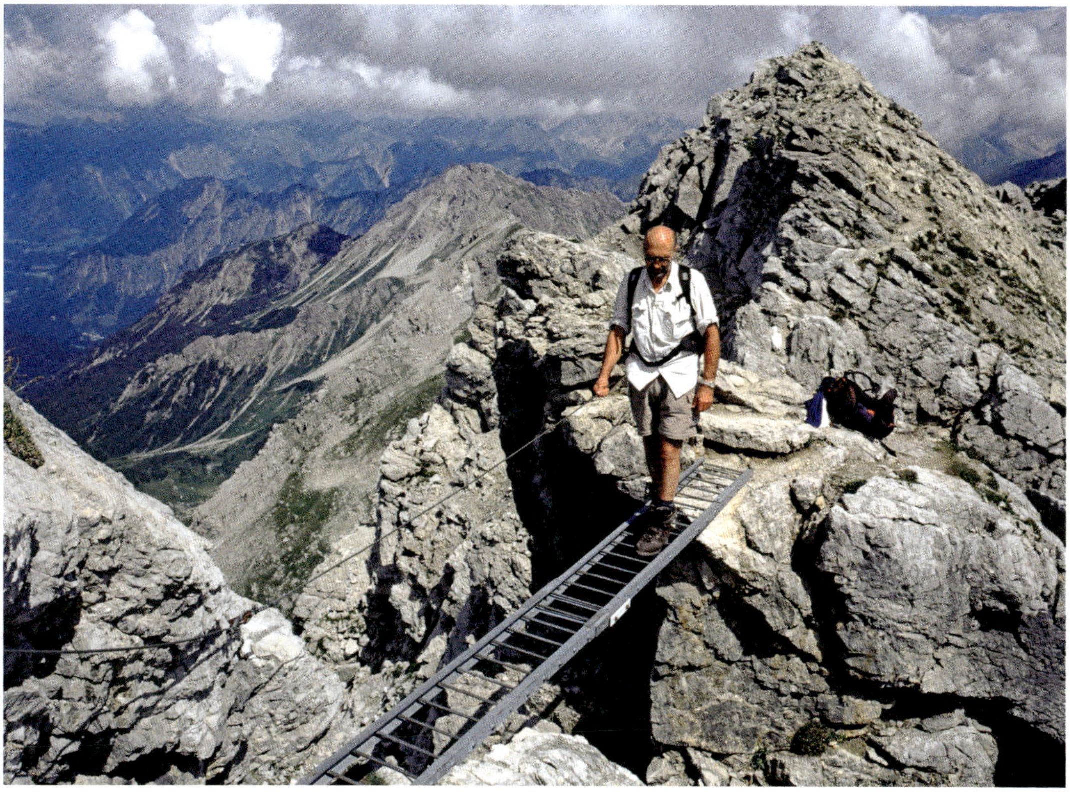

Der Mindelheimer Klettersteig ist gut gesichert; hier die Brücke am Grat zwischen Nördlichem und Mittlerem Schafalpenkopf.

Hütte zur aufgelassenen Taufersbergalpe. Bei der Wegverzweigung halten wir uns links, durchsteigen ein Hochtal und wandern steil hinauf zur Fiderescharte (2214 m). Jenseits hinab und links über Geröllhänge hinüber zur Fiderepasshütte, wo wir uns entscheiden müssen, welchen Abstieg wir wählen möchten.

Rückweg zur Kanzelwandbahn Wie bereits im Zustieg beschrieben, geht es von der Fiderepasshütte über die Kühgundalpe zurück zur Bergstation, wo wir entspannt hinab nach Riezlern schweben können.

Abstiegsvariante durchs Wildental Von der Fiderepassütte steigen wir durch die karge Landschaft zwischen Hammerspitze und Schafalpenköpfen – immer entlang der Materialseilbahn – auf dem markierten Steig (Mark.-Nr. 446) zur Vorderen Wildenalpe ab, wobei wir bei den ersten beiden Wegverzweigungen uns links, bei der dritten rechts halten. Von dort geht es weiter recht steil hinab in den Talgrund des Wildentals hinab, den wir bei der bewirtschafteten Fluchtalpe (1390 m) erreichen. Talwärts geht es nun weiter (Mark.-Nr. 441) – zunächst dem Wildenbach entlang –, dann allmählich weg von ihm zur Oberen Wiesalpe (1298 m), wo wir ebenfalls einkehren können. Der Weiterweg führt nun geradeaus über die Hütten von Wies zum Weiler Höfle. Anschließend gehen wir ein Bachtal aus und wandern über Nebenwasser nach Hirschegg. Von dort leitet uns ein Sträßchen zurück zur Talstation der Kanzelwandbahn (diese Routenführung ist nicht in der Karte dargestellt).

48

Kemptner Kopf (2191 m)

Aussichtsreicher Gipfel am Wegesrand

mittel | 1010 Hm | 7.00 Std.

TALORT
Mittelberg (1215 m) im Kleinwalsertal

AUSGANGSPUNKT
Wanderparkplatz Schwendle bei Bödmen (1180 m)

ANFAHRT
a) *mit dem Auto:* Auf der A 7 bis zum Autobahndreieck Allgäu, auf der A 980 bis Waltenhofen und weiter auf der B 19 über Sonthofen nach Oberstdorf, kurz davor beim Kreisverkehr abzweigen ins Kleinwalsertal und über Riezlern und Mittelberg nach Bödmen; dort am südlichen Ausgang Wanderparkplatz (gebührenpflichtig)
b) *mit Bahn/Bus:* Mit dem Zug nach Oberstdorf, dann weiter mit den Walserbussen ins Kleinwalsertal nach Mittelberg-Bödmen. Von dort weiter zu Fuß (Wegweiser) ins Wildenbachtal

GEHZEITEN
Von Mittelberg/Bödmen über die Obere Wiesalpe und die Fluchtalpe zur Kemptner Scharte 3.30 Std., Aufstieg von dort zum Kemptner Kopf 0.30 Std., Rückkehr über die Kemptner Scharte nach Bödmen 3 Std.; Gesamtgehzeit 7.00 Std. – Abstecher zur Mindelheimer Hütte 1 Std.

SCHWIERIGKEIT
Lange und steile Bergwanderung auf Wirtschaftswegen, Bergwanderwegen und Bergsteigen. Das letzte Stück Anstieg zur Kemptner Scharte verlangt Trittsicherheit und Schwindelfreiheit (Drahtseile und Tritthilfen) und ist etwas mühsam.

HÜTTEN/EINKEHR
Mindelheimer Hütte (2058 m), AV-Hütte, Kat. I, von Ende Mai bis etwa Mitte Oktober bewirtschaftet, 120 Lager, Winterraum in der kleinen Hütte nebenan mit 12 Notlagern (nur mit AV-Schlüssel); die Hütte ist telefonisch nicht erreichbar; Reservierungen über die Homepage oder über »Hueten-Holiday«

KARTE
Topographische Karte 1:50 000 »Allgäuer Alpen« (LDBV)

Der Kemptner Kopf (oder Köpfle) ist eine grasige Erhebung mit einer schöne Felskrone am westlichen Rand der Schafalpenköpfe. Wer den anspruchsvollen Mindelheimer Klettersteig vermeiden will, findet dort oben ein interessantes kleines Gipfelziel.

Natürlich ist eine Bergwanderung erst dann vollständig, wenn sich in die Route der Besuch einer bewirtschafteten Hütte einbauen lässt. Dies ist mit der Mindelheimer Hütte gegeben. Es handelt sich dabei um eine Alpenvereinshütte mit Umweltsiegel in einem ehemals königlichen Jagdrevier. Und der Hüttenwirt dort oben ist ein Urgestein; schon seit mehr als 40 Jahren bewirtschaftet die Familie Krupinksi die Hütte.

Anstieg von Mittelberg zur Kemptner Scharte Vom Wanderparkplatz in Schwendle folgen wir dem zunächst breiten Alpweg ins Wildental hinein und passieren dabei das Wirtshaus Schwendle. Wir gehen um einen Bergrücken rechts herum, queren den Wildenbach und erreichen die Untere Wiesalpe. Dann geht es auf Alpwegen hinauf zur bewirtschafteten Oberen Wiesalpe (1298 m), die wenige Meter oberhalb liegt, und weiter zur ebenfalls bewirtschafteten Fluchtalpe. Dort verlassen wir nun den

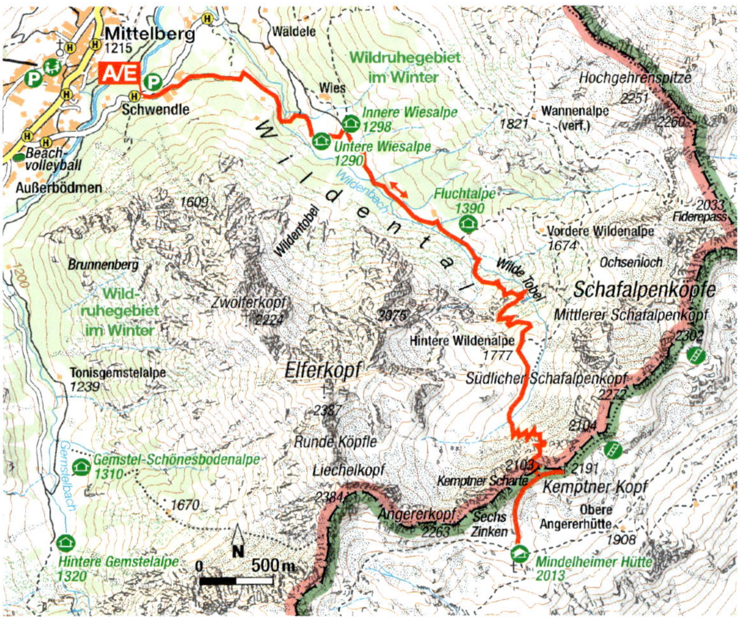

breiten Alpweg (Wegweiser zeigen uns die Route zur »Kemptner Scharte«) nach rechts und steigen auf guten Bergwegen über mehrere Geländestufen durch Lärchenwald und Latschenzonen steiler an. Vor uns sehen wir einen großartigen, hohen Wasserfall. Wir queren eine kleine Holzbrücke und weiter geht es steil hinauf, bis wir die Bergweiden der Hinteren Wildalpe (1777 m) erreicht haben. Vor uns bauen sich die gezackten Schafalpenköpfe auf, links die nicht minder beeindruckenden Hammerspitzen. Auch der Kemptner Kopf ist gut sichtbar. Von dort auf einem Bergpfad oberhalb des jungen Wildenbachs über freies Gelände zu einem gewaltigen Kar. Über steile, gesicherte und auch ausgesetzte Serpentinen geht es nun durch Latschen und über brüchiges Gestein mühsam hinauf zur Kemptner Scharte (2050 m), die den Übergang zur Mindelheimer Hütte bildet. Diese Route nicht zu früh gehen, denn bei noch vorhandenen Schneefeldern ist der Anstieg nicht ungefährlich.

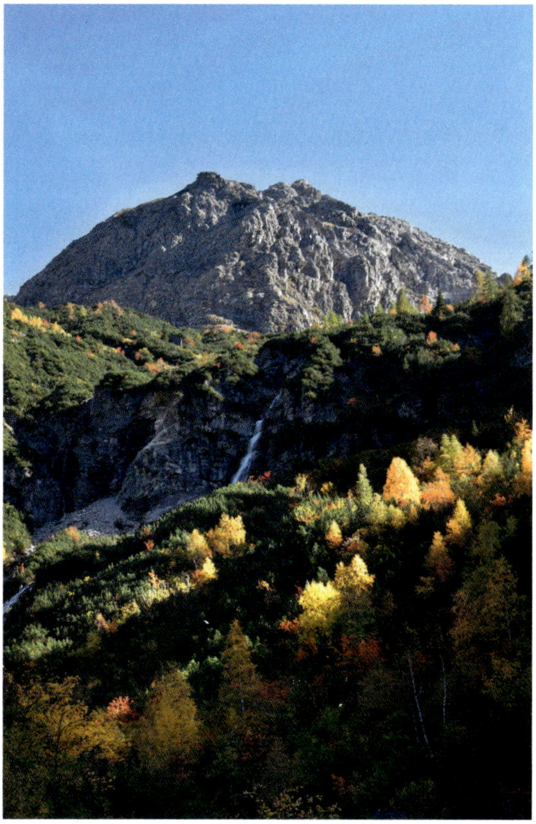

Der Kemptner Kopf, der Hüttenberg der Mindelheimer Hütte, hier von Norden gesehen. Der Anstieg durch das Wildental wird diesem Namen mehr als gerecht.

Zum Kemptner Kopf Von der Kemptner Scharte (Wegweiser) führt uns ein steiniger Steig, dann ein Pfad über steile Bergwiesen bis zum felsigen Gipfelkranz. Dort legen wir ganz kurz die Hände an und schon gehört der Gipfel uns. Auf dem Gipfel erwartet uns dann ein imposantes Gipfelkreuz, das weithin sichtbar ist. Und natürlich eine wunderbare Aussicht – direkt über das Rappenalpental hinweg ist der Allgäuer Hauptkamm zum Greifen nah vor allem mit seinen Hauptgipfeln Biberkopf, Mädelegabel und Trettachspitze. Auf der gegenüberliegenden Seite beeindruckt uns vor allem der Hohe Ifen.

Zur Mindelheimer Hütte Nach dem Gipfelabstecher wandern wir auf leichtem Bergweg in einer Viertelstunde zur bereits sichtbaren Alpenvereinshütte. Dort können wir einkehren, aber auch übernachten; sie ist Zielpunkt oder auch Start des Mindelheimer Klettersteigs. Im Jahr 1990 wurde ein Ersatzbau geschaffen, um dem Andrang Herr zu werden. Auch die alte, kleine Hütte nebenan wurde im Jahr 2001 renoviert und umgebaut. Also rechtzeitig reservieren.

Die Rückkehr erfolgt auf dem Herweg.

Abstiegsvariante Diese Tour kann ideal mit Tour 47 kombiniert werden – auch ohne »Mindelheimer Klettersteig«. Von der Mindelheimer Hütte gehen wir auf dem Krumbacher Höhenweg hinüber zur Fiderepasshütte und steigen von dort zur Fluchtalpe hinab, wo wir wieder auf unseren Anstiegsweg treffen.

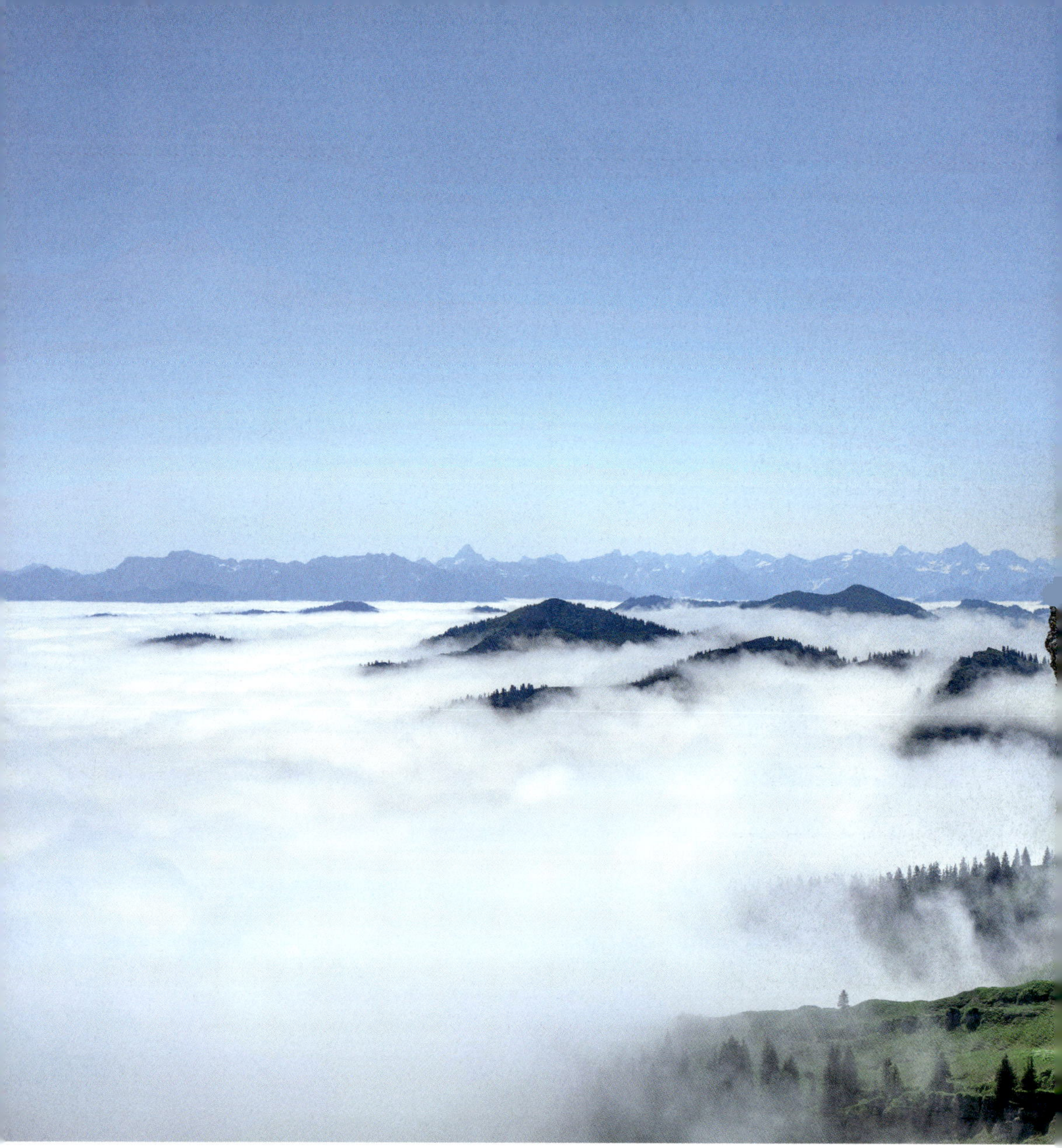

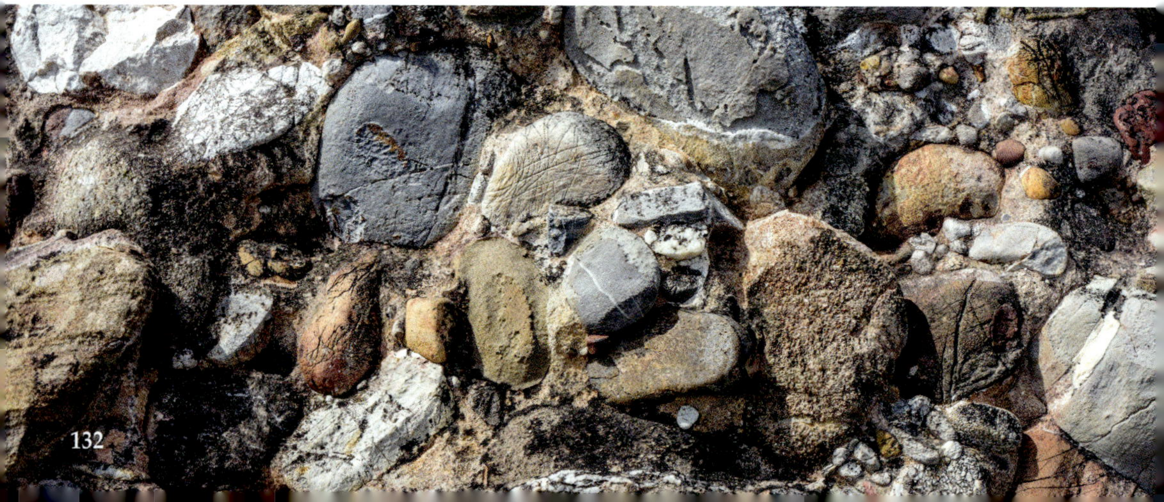

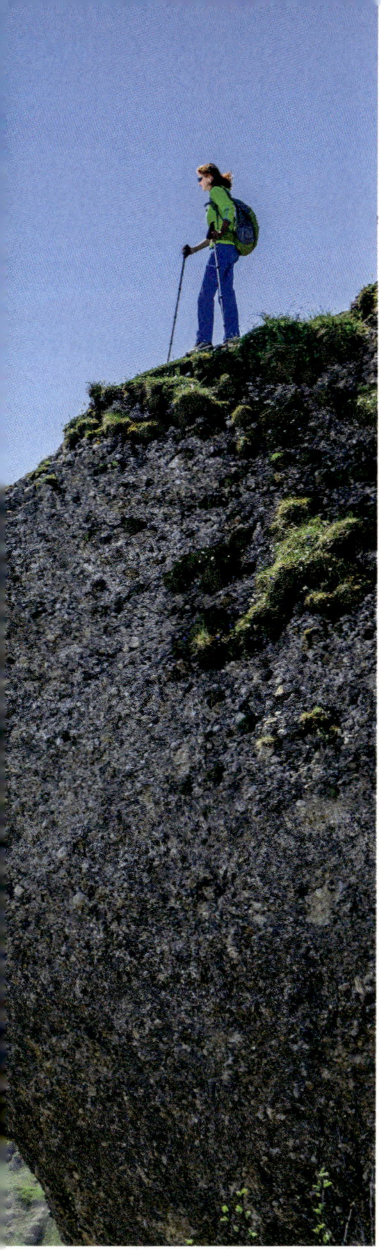

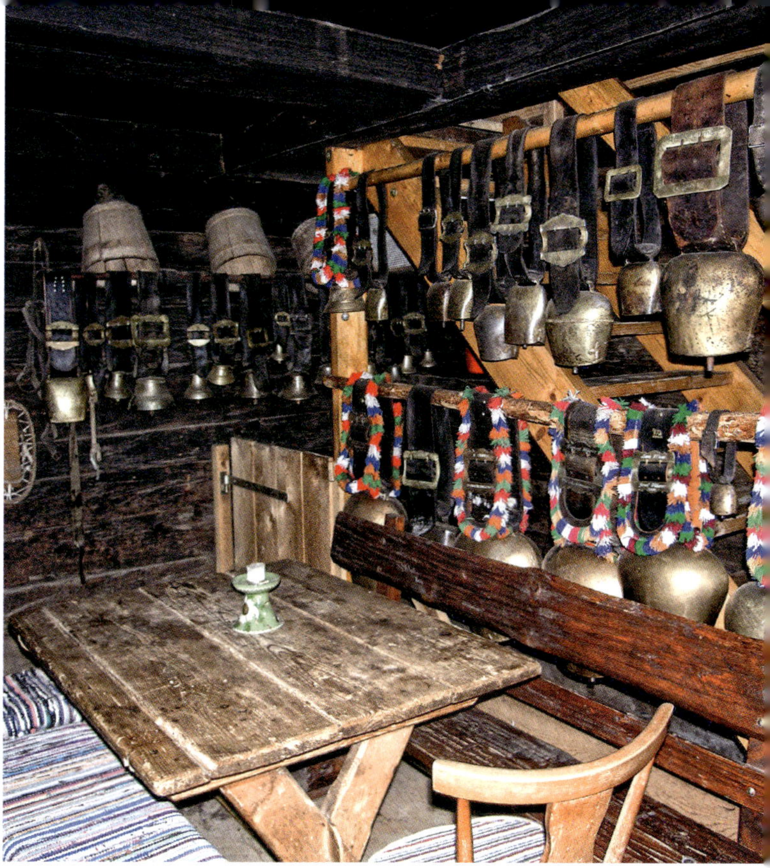

Nagelfluhkette

Blick vom Nagelfluhgrat in die Zentralalpen (li. o.). Nahsicht auf den Nagelfluh, ein fest »verkittetes« Gestein (li. u.). Die Kuhglockensammlung der Scheidwangalpe am Fuß des Rindalphorns (re. o.). Auf dem schmalen, teilweise steil abfallenden Nagelfluhgrat (re. u.).

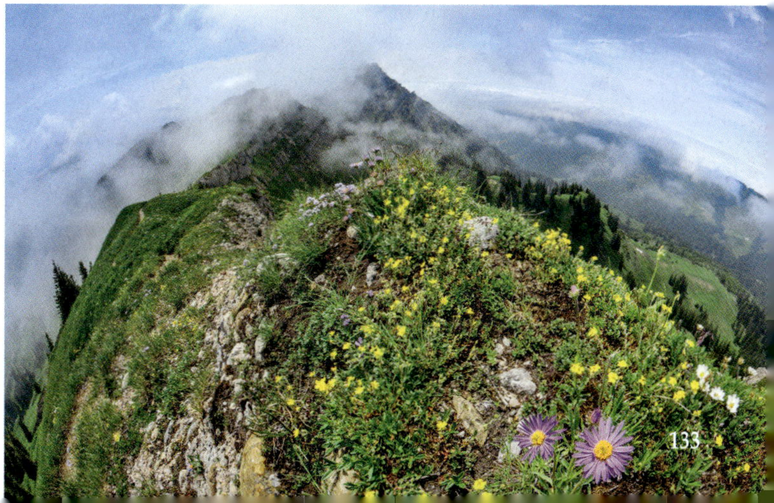

49

Immenstädter Horn (1489 m)

Auf einen Eckpfeiler des Prodelkamms

mittel | 761 Hm | 3.30 Std.

TALORT
Immenstadt (728 m)

AUSGANGSPUNKT
Bahnhof Immenstadt bzw. kleiner Parkplatz beim Friedhof (728 m)

ANFAHRT
a) *mit dem Auto:* Auf der A 7 nach Kempten und weiter auf der B 19 bis Abfahrt Immenstadt (oder auf der B 308 von Sonthofen dorthin) und durch die Stadtmitte bis zum großen Parkplatz Viehmarktplatz. Von dort zum Bahnhof, dann über die Fußgängerbrücke und weiter auf der Adolph-Probst-Straße zum Friedhof
b) *mit Bahn/Bus:* Mit dem »Alex« nach Immenstadt; am Bahnhof links haltend, dann rechts über die Fußgängerbrücke (ausgeschildert) und in 10 Minuten zum Ausgangspunkt beim Friedhof

GEHZEITEN
Von Immenstadt auf das Immenstädter Horn 2 Std.; Abstieg über die Alpe Alp und durch den Steigbachtobel nach Immenstadt 1.30 Std.; Gesamtgehzeit 3.30 Std. – Abstecher zur Kemptener Naturfreundehütte 45 Minuten

SCHWIERIGKEIT
Der Abstieg aufs Immenstädter Horn auf steilem Bergsteig, Wanderwegen und Ziehwegen; der Abstieg erfolgt zunächst auf Bergsteigen; der weitere Abstieg dann auf Forst- und teilweise geteerten Alpwegen. Der Weg durch den Steigbachtobel ist gut angelegt und mit vielen Stufen, Treppen und Holz- und Eisengeländer gesichert.

EINKEHR/ÜBERNACHTUNG
Kemptener Naturfreundehaus (1442 m), ganzjährig bewirtschaftet, Montag Ruhetag, 54 Betten, 65 Lager; Tel. 08323/21 23, www.kemptener-naturfreundehaus.de

KARTE
Topographische Karte 1:50 000 »Allgäuer Alpen« (LDBV)

Das Immenstädter Horn ist der östlichste Gipfel des Prodelkamms und damit der Nagelfluhkette vorgelagert und ebenfalls aus Molisse aufgebaut. Es erhebt sich direkt über dem Großen Alpsee und dem kleinen Städtchen Immenstadt, daher der naheliegende Gipfelname. Nach Norden und Osten fällt der bis zum höchsten Punkt bewaldete Berg steil ab. Trotz der dichten Bewaldung bieten sich beim Aufstieg herrliche Tiefblicke auf Immenstadt (bei der Kanzel) bzw. vom Gipfelkreuz auf den Großen Alpsee und auf die im Westen gelegene lange Nagelfluhkette.

Beliebte Anstiegswege beginnen in den Weilern Gschwend und Rieder über dem Großen Alpsee bzw. durch das Steigbachtal im Südosten. Wir nehmen den steilen Anstieg direkt von der Ortsmitte bzw. vom Bahnhof von Immenstadt unter die Füße, da wir nur an dieser Route den großartigen Tiefblick auf Immenstadt genießen können und in der heißen Jahreszeit der Wald fast durchgehend Schatten spendet. Die in den Karten eingezeichnete »Ingolstädter Hütte« knapp unterhalb des Gipfels zeigt sich als offene Unterstandshütte.

Auf das Immenstädter Horn Vom Bahnhof (bzw. von der Ortsmitte) in Immenstadt wandern wir zuerst über die Adolph-Probst-Straße zum Friedhof mit der kleinen Kapelle, dort links vorbei zum Eingang ins Steigbachtal, wo uns ein Pfosten mit zahlreichen Wegweisern erwartet. Wir ori-

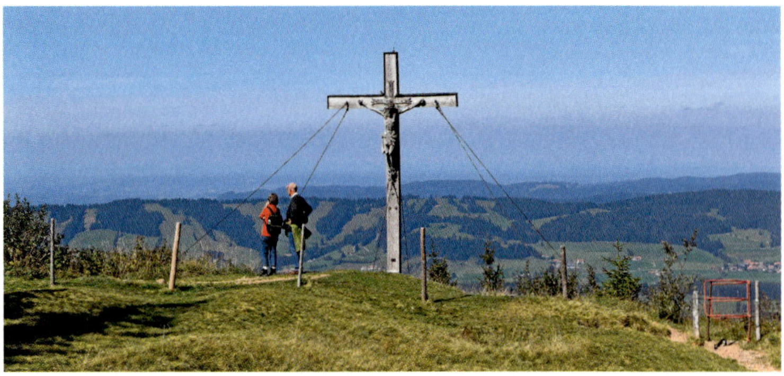

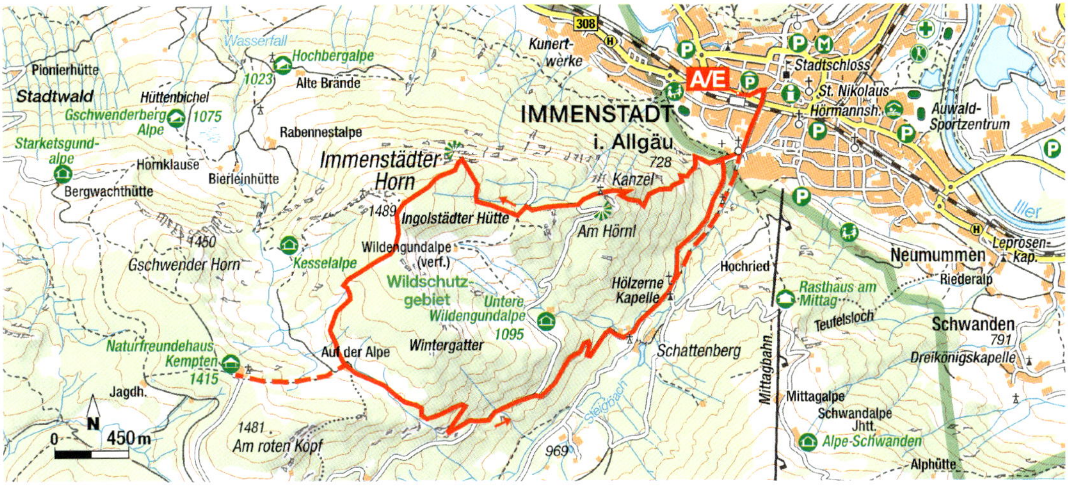

entieren uns am Wegweiser »Kanzel – Immenstädter Horn« nach rechts und gleich wieder nach links. Ein schöner Bergsteig leitet uns nun über zahlreiche steile Serpentinen durch einen romantischen Wald mit bemoosten Felsen bergwärts. Nach einer guten Stunde Gehzeit ist, nach etwas schweißtreibendem Aufstieg, die »Kanzel« (1166 m) erreicht, wo uns nicht nur ein schöner Tiefblick, sondern auch eine Sitzbank erwartet. Nun geht es flacher weiter durch schönen Hochwald und bald ist auch eine Forststraße erreicht, der wir nach rechts folgen, bis unser Wanderweg (Achtung, rote Markierung) links abzweigt. Nun rechts hinauf zu einem Vorgipfel und links haltend weiter zum Hauptgipfel des Immenstädter Horns mit prächtiger Aussicht auf den Großen Alpsee. Das große Gipfelkreuz befindet sich direkt am nördlichen Steilabfall; links daneben steht ein willkommener Brotzeittisch.

Abstieg und Abstecher zum Kemptener Naturfreundehaus Vom Gipfel des Immenstädter Horns haben wir einen freien Blick auf unserer nächstes Ziel: das Kemptner Naturfreundehaus. Wir wandern nun vom Gipfel über Alpböden und durch lichten Wald links haltend hinab, vorbei an der kleinen Schutzhütte – und bald über einen Bohlenweg –, dann hinab durch Wald und Wiesen zur Alpe Alp (1331 m), die wir nach 20 Minuten erreichen. Auf der anderen Seite der Alpe weist uns ein Wegweiser zunächst über Wiesenböden, dann durch Wald den etwas rauen Wanderweg (stellenweise feucht, zahlreiche Treppenstufen) weiter zum Kemptner Naturfreundehaus mit seiner großen Terrasse.

Abstieg durch das Steigbachtal und den Tobel Wir kehren anschließend zur Alpe Alp zurück und folgen nun rechts haltend dem Alpweg hinab in das Steigbachtal. Der gut ausgeschilderte breite Weg leitet uns durch Bergwiesen, dann durch Wald immer talwärts, vorbei an der Hölzernen Kapelle von 1800, hinab nach Immenstadt. Als Variante können wir den Steig durch Tobel einschlagen, der kurz unterhalb der Kapelle nach rechts abzweigt. Über Holzstufen und Eisenstege wandern wir durch die teilweise enge Klamm mit Gumpen und Wasserfällen, bis unser Pfad wieder auf den Alpweg einbiegt, auf dem wir dann geradewegs nach Immenstadt zurückkehren können.

Linke Seite: Vom Gipfelkreuz des Immenstädter Horns reicht der Blick über den Großen Alpsee weit nach Norden ins Voralpengebiet; gleich daneben gibt es eine Sitzbank mit freiem Blick nach Westen.

50

Mittagberg (1451 m) und Steineberg (1660 m)

Ins Naturparadies Nagelfluhkette

mittel | 1140 Hm | 6.00 Std.

TALORT
Immenstadt (728 m)

AUSGANGSPUNKT
Talstation der Mittaghornbahn (730 m)

ANFAHRT
a) *mit dem Auto:* Auf der A 7 nach Kempten und weiter auf der B 19 bis Abfahrt Immenstadt (oder auf der B 308 von Sonthofen dorthin) und durch die Stadtmitte bis zur Talstation der Mittag-Schwebebahn; dort parken
b) *mit Bahn/Bus:* Mit dem »Alex« nach Immenstadt; vom Bahnhof zu Fuß (ausgeschildert) in 10 Minuten zum Ausgangspunkt

BERGBAHN
Die Mittag-Schwebebahn führt in zwei Sektionen hinauf zum Mittagberg (730–1451 m) und ist nahezu ganzjährig in Betrieb. Fahrzeiten von 8 Uhr–12 Uhr und von 12.30–16 Uhr, Tel. 08323/6149

GEHZEITEN
Aufstieg zum Bärenkopf 15 Minuten; Anstieg zum Steineberg 1.30 Std., Weiterweg über das Steineköpfle und Abstieg zur Alpe Gund 2 Std., Abstieg und Rückkehr durch den Steigbachtobel 2.15 Std.; Gesamtgehzeit 6 Std.

SCHWIERIGKEIT
Am Gipfel des Mittag Bergwanderwege; der Übergang zum Steineberg erfolgt auf einem Höhenweg, der streckenweise mit Drahtseilen gesichert ist. Direkter Anstieg auf den Steineberg über eine 17 m lange Leiter (diese kann jedoch umgangen werden). Abstieg zur Alpe Gund und weiter ins Tal auf Bergsteigen, Wanderwegen und Alpfahrwegen.

EINKEHR/ÜBERNACHTUNG
Mittagbahn-Bergstation »Gipfelwirt« (1451 m), nahezu ganzjährig bewirtschaftet. Tel. 083 23/35 55.
Alpe Gund (1502 m), bewirtschaftet von ca. Mitte Mai bis Mitte/Ende Oktober, 12 Betten, Mittwoch ist Ruhetag, daher keine Übernachtungen am Dienstag und Mittwoch.

KARTE
Topographische Karte 1:50 000 »Allgäuer Alpen« (LDBV)

Die bunten Schirme der Gleitschirmflieger und die nicht weniger beeindruckenden Drachenflieger bestimmen am Mittag das Bild. Aber der Mittag ist auch der Familienberg der Immenstädter. Die Bergstation der Mittagbahn – immerhin Bayerns längste Sesselbahn – ist Ausgangspunkt für interessante Höhenwanderungen. Der Übergang zum Steineberg und weiter zum Stuiben ist dann jedoch nur für bergerfahrene Wanderer sinnvoll.

Am Steineberg selbst erwartet uns eine lange Metallleiter aus einem Stück, die jedoch umgangen werden kann. Anschließend geht es weiter in Richtung Stuiben, den wir jedoch links liegen lassen und wo wir stattdessen rechts hinab zur Alpe Gund wandern. Dort können wir in wunderschöner Umgebung auf einer Alpe mit Kühen und Glockengeläut übernachten (allerdings nur nach Voranmeldung, denn es gibt nur eine

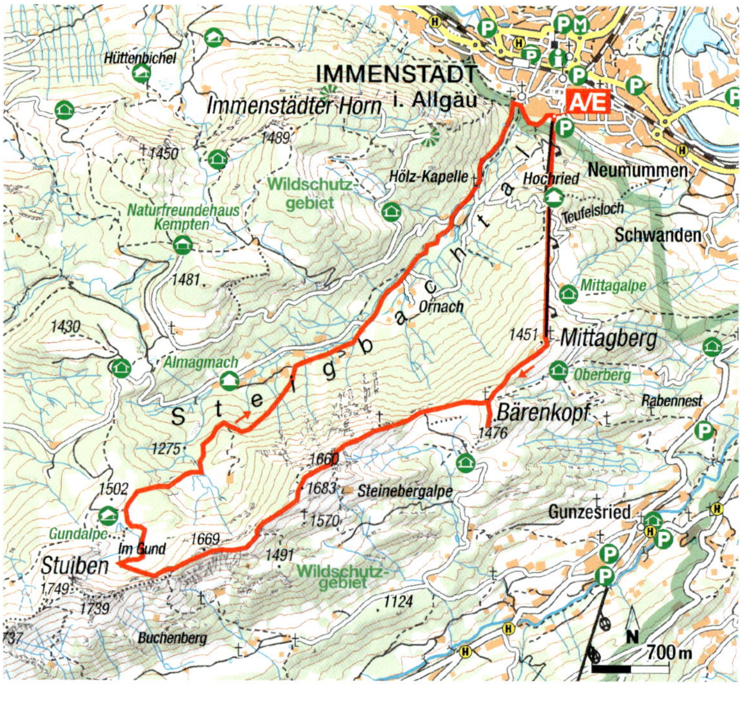

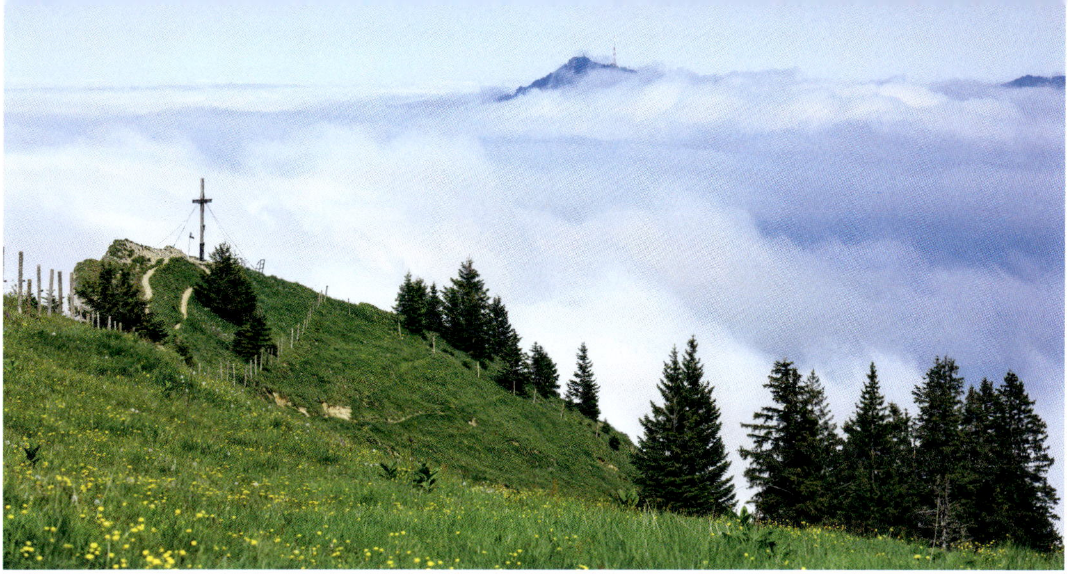

Am Mittagberg; im Bildhintergrund ragt der Grünten aus dem Talnebel. Unser Weiterweg führt dann in die entgegengesetzte Richtung zum Steineberg und zum Stuiben.

beschränkte Anzahl an Betten). Anschließend steigen wir hinab ins Steigbachtal und beschließen diese Runde mit der Durchwanderung des Steigbachtobels.

Über das Bärenköpfle zum Steineberg Von der Bergstation der Mittagbahn folgen wir rechts haltend dem Wanderweg durch Bergwiesen in Richtung Steineberg bis zum Sattel unter dem Bärenköpfle; von dort führt uns ein Steig hinauf zum kleinen, felsigen Gipfel, den ein Kreuz schmückt. Der Name erinnert an den wohl letzten Bären, der Mitte des 18. Jahrhunderts hier erlegt wurde. Anschließend wandern wir weiter in Richtung Südwesten; der Anstieg zum nächsten Gipfel ist bereits einsehbar. Unser Höhenweg führt zunächst durch eine Senke, dann steil hinauf auf teils gestuftem Weg durch Wald, dann nahezu eben auf der Grathöhe (einige Seilsicherungen), zuletzt auf einer schmalen Gratschneide bis zum Gipfelfuß und zu den steil aufragenden Felsen des Steinebergs. Die Leiter, die den direkten Zugang zum Gipfel ermöglicht, ist nicht jedermanns Sache, daher wenden wir uns nach rechts und folgen dem Steig am Fuß der leicht überhängenden Felsen etwa 300 Meter weit, bis links eine Lücke den einfachen Zugang zum Gipfel ermöglicht.

Abstieg zur Alpe Gund Der Weiterweg hat noch ein paar anspruchsvolle Stellen zu bieten. Über eine seilgesicherte Stelle geht es hinab. Wir bleiben auf dem schmalen Grat, steigen wieder leicht an (die Nordseite dieses langen Nagelfluhgrates ist dicht bewaldet), bevor wir dann wieder leicht absteigen zur Wegverzweigung am Eck. Dort zeigt uns ein Wegweiser den Abstieg zur Alpe Gund.

Abstieg durch das Steigbachtal und den Tobel Von dort steigen wir über Bergwiesen und durch Wald hinab zur Forststraße im Steigbachtal. Auf dieser rechts weiter und leicht fallend – vorbei an der Alpe Ornach – zur Hölzernen Kapelle, wo uns ein Wegweiser die Richtung zum Steigbachtobel vorgibt. Nun gehen wir talaus und zweigen bald rechts in den Steigbachtobel ab. Über Holzstufen und Eisenstege wandern wir durch die teilweise enge Klamm, bis unser Pfad auf einen Alpweg einbiegt, auf dem wir dann geradewegs nach Immenstadt zurückkehren können.

51

Stuiben (1749 m)

Großartiger Aussichtsberg über der Alpe Gund

mittel/schwer 1025 Hm 7.00 Std.

TALORT/AUSGANGSPUNKT
Immenstadt (728 m)

ANFAHRT
a) *mit dem Auto:* Auf der A 7 nach Kempten und weiter auf der B 19 bis Abfahrt Immenstadt (oder auf der B 308 von Sonthofen dorthin) und durch die Stadtmitte bis zum großen Parkplatz Viehmarktplatz. Von dort zum Bahnhof, dann über die Fußgängerbrücke und weiter auf der Adolph-Probst-Straße zum Friedhof
b) *mit Bahn/Bus:* Mit dem »Alex« nach Immenstadt; am Bahnhof links haltend, dann rechts über die Fußgängerbrücke (ausgeschildert) und in 10 Minuten zum Ausgangspunkt beim Friedhof

GEHZEITEN
Aufstieg zur Alpe Gund über die Mittelbergalpe 3 Std., Gipfelrunde über den Stuiben mit Abstieg zur Alpe Gund 2 Std., Abstieg und Rückkehr durch den Steigbachtobel nach Immenstadt 2 Std.; Gesamtgehzeit 7 Std.

SCHWIERIGKEIT
Zur Mittelbergalpe auf Fahrwegen; die Runde über den Stuiben erfolgt überwiegend auf Steig, die Ostseite des Stuiben ist stellenweise mit Drahtseilen gesichert und erfordert Trittsicherheit und Schwindelfreiheit. Bei Nässe nicht begehen, da unangenehm lehmige Stellen! Abstieg zur Alpe Gund und weiter ins Tal auf Steigen, Wegen und Fahrwegen; der Weg durch den Steigbachtobel ist mit vielen Stufen, Treppen und Holz- und Eisengeländer gesichert.

EINKEHR/ÜBERNACHTUNG
Mittelbergalpe (1369 m), bewirtschaftet von Anfang Juni bis Mitte Oktober, Donnerstag Ruhetag, Übernachtung nach Voranmeldung; Tel. 083 23/49 20. Gundalpe (1502 m), bewirtschaftet von ca. Mitte Mai bis Mitte/Ende Oktober, 12 Betten, Mittwoch Ruhetag; Tel. 083 23/49 21.

KARTE
Topographische Karte 1:50 000 »Allgäuer Alpen« (LDBV)

Der Stuiben in der langen Nagelfluhkette ist mit einer Höhe von 1749 Metern ein hervorragender Aussichtsberg: im Westen bis zum Säntis und zum Bodensee, im Süden streift der Blick über nahezu die gesamten Allgäuer Alpen und im Osten reicht er bis zur Zugspitze. Der Gipfel selbst hat eine »schwache« Seite im Westen, wogegen der Aufstieg über den Ostgrat deutlich anspruchsvoller ist, da dort der Nagelfluh mit steilen Zacken und senkrechten Felsabbrüchen zum Tragen kommt.

Der Anstieg auf den Stuiben aus dem Gunzesrieder Tal mag für manchen Bergwanderer »spritziger« sein, doch er hat den Nachteil, dass es keine Einkehrstation gibt. Steigen wir hingegen durch das Steigbachtal an (zu Beginn etwas lang und langweilig), warten dann jedoch gleich zwei Einkehralpen auf uns, und auf der Alpe Gund können wir sogar almtypisch übernachten – mit Kuhglockengeläut inklusive. Am Abstiegsweg wartet sogar der gut gesicherte Steigbachtobel auf uns.

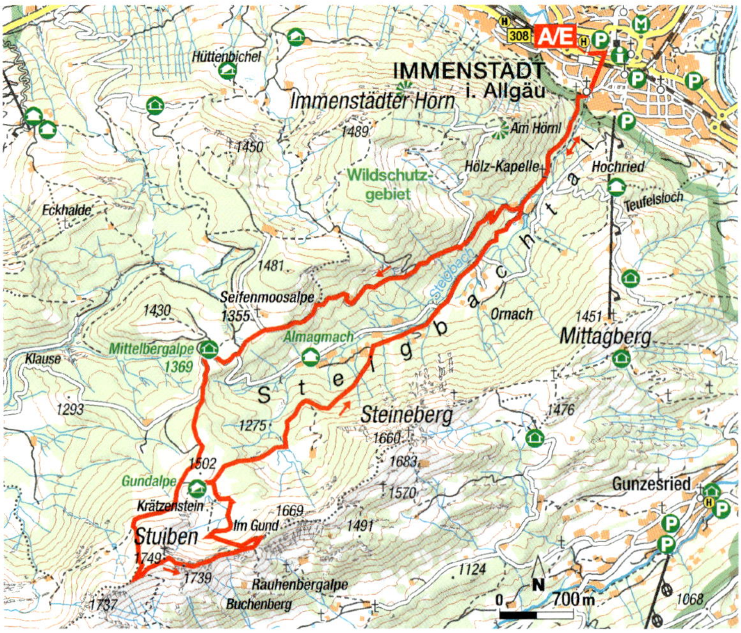

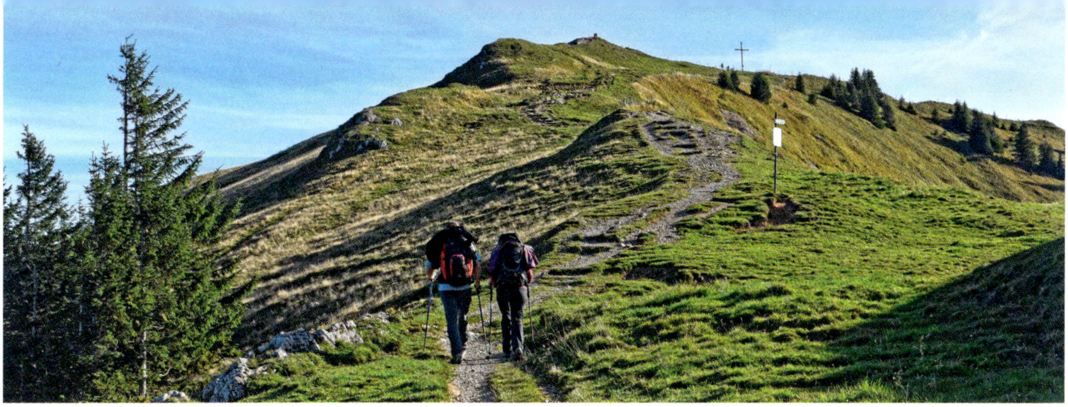

Der von hier gesehen wenig ausgeprägte Gipfel des Stuiben, dem wir uns von Westen nähern; auf der anderen Seite fällt er jedoch steil ab

Aufstieg von Immenstadt zur Alpe Gund Vom kleinen Parkplatz am Friedhof folgen wir den zahlreichen Wegweisern (»Alpe Gund«, »Sennalpe Mittelberg«) in das Steigbachtal hinein. Vorbei an einer überdachten Holzbrücke erreichen wir zunächst die Hölzerne Kapelle, die an den Einfall der Schweden im Dreißigjährigen Krieg erinnert. Bei der Weggabelung folgen wir dem Teerweg geradeaus (falls wir links gehen wollen, erreichen wir über eine Variante den Berggasthof Almagmach und können auch so die Alpe Mittelberg erreichen) und bei der nächsten Abzweigung links (»Alpe Seifenmoos«). In Kehren geht es durch Wald hinauf zu den Böden der Alpe Seifenmoos (1355 m). Dort halten wir uns links und steigen zur bereits sichtbaren Alpe Mittelberg (1370 m) hinauf. Dort weiter auf einem Fahrweg, den wir bald nach links verlassen. Ein Wanderweg leitet uns nun durch Wald hinauf zur Alpe Gund und hilft uns den Alpweg abzukürzen.

Gipfelrunde über den Stuiben Von der Gundalpe gehen wir links am Katzenstein vorbei, queren nach rechts und erreichen über freies und steiles Gelände die Grathöhe, wo wir links haltend (Wegweiser) den sanften Anstieg über freies Gelände zum Stuiben beginnen. Am Gipfel finden wir neben dem schlichten Gipfelkreuz auch eine Windrose vor, die uns hilft, die einzelnen Gipfel rundum zu identifizieren. Falls wir nicht schwindelfrei sind, kehren wir hier um und gehen auf dem Anstiegsweg zurück. Alle anderen setzen ihre Route nun in Richtung Osten fort. Vom Gipfel des Stuiben folgen wir dem rauen, felsdurchsetzten Ostgrat, der mit fest verankerten Drahtseilen (»Stuibensteig«) aufwartet, denen wir nun ausgesetzt zunächst auf seiner Südseite, dann wechselnd auf die Nordflanke hinabsteigen, bis wir die tiefste Scharte zwischen Stuiben und Steineberg erreichen. Dort geht es links haltend über einen Steig hinab und zurück zur Alpe Gund.

Abstieg durch das Steigbachtal und den Tobel Von der Alpe Gund nehmen wir auf deren Ostseite den alten Alpweg, der uns hinunter zur Hinteren Krumbachalpe (1364 m) leitet. Bei einer Weggabelung halten wir uns links, dann queren wir eine Bachbrücke und steigen steil in das Steigbachtal ab, wo wir auf eine Forststraße stoßen. Dieser folgen wir rechts und treffen auf den Alpweg hinauf zum Berggasthof Almagmach bzw. zur Mittelbergalpe. Hier ebenfalls rechts weiter, immer talwärts, vorbei am Jagdhaus Ornach, bis zur Hölzernen Kapelle. Dort weiter auf dem Alpweg hinaus nach Immenstadt oder mit einem Schlenker über den Tobelweg, der kurz vor Immenstadt wieder auf den Alpweg trifft.

52

Rindalphorn (1821 m)

Formschönster Gipfel der Nagelfluhkette

mittel · 770 Hm · 4.15 Std.

TALORT
Blaichach (733 m)

AUSGANGSPUNKT
Wanderparkplatz bei der Hinteren Aualpe (1052 m)

ANFAHRT
a) *mit dem Auto:* Auf der B 19 bis Ausfahrt Immenstadt und über Blaichach ins Gunzesrieder Tal und weiter bis zur Gunzesrieder Säge (930 m). Dort beginnt die mautpflichtige Straße ins Aubachtal, der wir 5 km bis zur Hinteren Aualpe (1052 m) folgen; dort Wanderparkplatz
b) *mit Bahn/Bus:* Mit dem Allgäu-Schwaben-Takt bis Blaichach oder Sonthofen, dann weiter mit dem Bus bis Gunzesrieder Säge. Von dort allerdings noch 5 km bis zum Ausgangspunkt (1.15 Std.)

GEHZEITEN
Von der Hinteren Aualpe über die Gündlesscharte auf das Rindalphorn 2 Std., Abstieg über die Brunnenauscharte zur Scheidwangalpe 1.30 Std., Rückkehr von dort zum Ausgangspunkt 45 Minuten; Gesamtgehzeit 4.15 Std.

SCHWIERIGKEIT
Sehr steile Wanderung. Vom Wanderparkplatz bis zur Vorderen Rindalpe auf breitem Alpweg, im oberen Bereich auf schmalen Wegen und Pfaden. Bis zum Gipfel ohne größere Probleme, am Gipfel jedoch Vorsicht, Trittsicherheit ist erforderlich

HÜTTEN/EINKEHR
Scheidwangalpe (1368 m), bewirtschaftet von Ende Mai bis Mitte Oktober. Gasthaus Alpenrose (930 m) in Gunzesrieder Säge, ganzjährig bewirtschaftet

KARTE
Topographische Karte 1:50 000 »Allgäuer Alpen« (LBDV)

Das Rindalphorn ist nach dem Hochgrat die höchste Erhebung im langen Hochgratkamm der Nagelfluhkette. Seinen Namen hat es von den Rindalpen, die sich 600 Meter tiefer auf der Nordseite sowie auch 400 Meter auf der Südseite dieses gewaltigen Bergmassivs befinden. Auf unserer Route überschreiten wir diesen nach allen Seiten stark abfallenden Berggipfel über die Gündlesscharte im Aufstieg und über die Brunnenauscharte im Abstieg.

Das Rindalphorn wird häufig auf der langen Gratüberschreitung vom Mittagberg zum Hochgrat überschritten. Doch auch als eigenständiges Bergziel hat es seine Berechtigung. Immerhin können wir direkt zum Ausgangspunkt hinter der Gunzesrieder Säge gelangen, während wir bei der Überschreitung der Nagelfluhkette auf die Unterstützung von Bergbahnen angewiesen sind, falls wir nicht eine Hüttenübernachtung einplanen wollen.

Der Aufstieg zum Rindalphorn Vom Wanderparkplatz bei der Hinteren Aualpe folgen wir dem ausgeschilderten Alpweg am Bach entlang zur

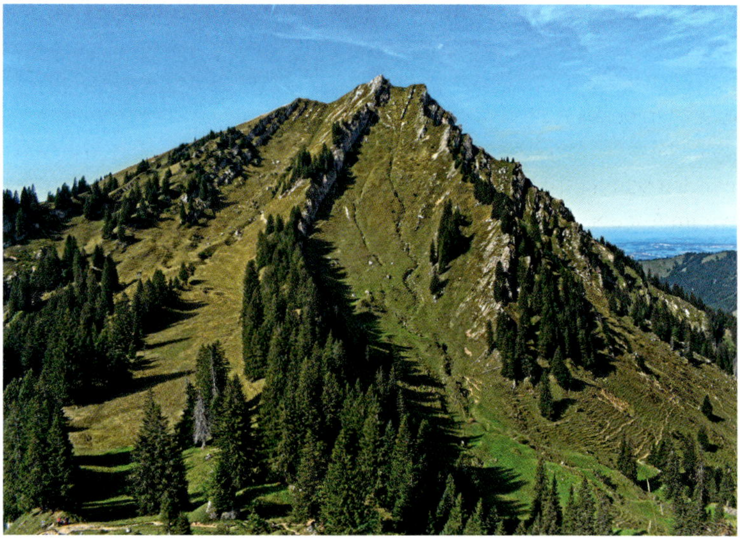

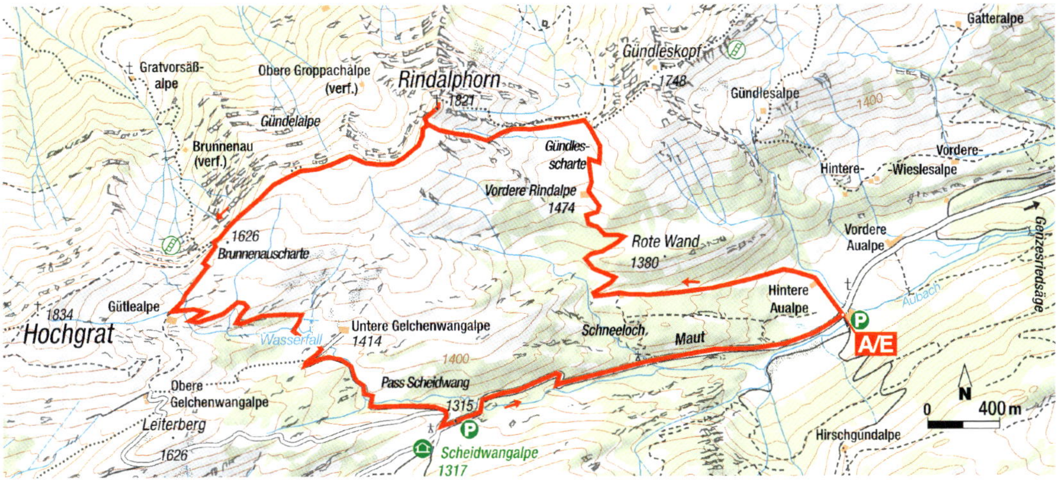

Hinteren Aualpe. Dort biegt der Wirtschaftsweg nach links um und führt uns steil durch Wald am Fuß der Roten Wand entlang, die uns durch ihre Nagelfluhformationen beeindruckt. Anschließend biegt der Weg nach rechts und führt uns über zahlreiche Kehren hinauf zur unbewirtschafteten Vorderen Rindalpe, wo der Alpweg endet. Von dort wandern wir über Bergwiesen und vereinzelten Nadelwaldbestand auf einem Wanderweg hinauf zur Gündlesscharte, einer großen, teilweise noch bewaldeten Einsenkung zwischen dem Gündleskopf und dem Rindalphorn. Hier treffen wir auf zahlreiche Wegweiser (denn hier kreuzt der lange Höhenweg über die Nagelfluhkette). Geradeaus ginge es ins Tal der Weissach hinab. Wir halten uns nun links, wandern durch lichten Baumbestand leicht abwärts und sehen dann bald den steil aufragenden Gipfel des Rindalphorns vor uns. Unser Anstieg führt links der Gipfellinie durch eine breite, grasige Rinne, die sich im oberen Bereich verengt und sich dann über zahlreiche steile Serpentinen höher schraubt. Nachdem wir die Grathöhe erreicht haben, geht es rechts haltend über einen steinigen Pfad – immer auf der Südseite bleibend – hinauf zum Gipfelkreuz.

Der Abstieg über die Brunnenauscharte Vom Gipfelkreuz zurück zur Weggabelung, dann geradeaus weiter zu einer kleinen Mulde, die einen idealen, grasigen Brotzeitplatz darstellt. Anschließend wandern wir in Richtung Westen. Rechts vor uns sehen wir den schön geschichteten Vorgipfel des Rindalphorns. Auf gutem Pfad wandern wir im Auf und Ab hinüber, überschreiten ihn, bevor es über Bergweiden auf breitem Weg – immer seitlich des Hangabbruchs – steil hinab zur Brunnenauscharte (1628 m) geht. Dort halten wir uns links und folgen dem Wegweiser hinab zur Scheidwangalpe. Durch lichten Baumbestand zunächst hinab zur Gütlealpe, wo wir uns links halten. Auf dem Alpweg weiter hinab durch Bergweiden und Waldstücke über einige weite Kehren, bis wir den Talgrund erreichen, wo wir auf die Einkehralpe stoßen.

Rückweg von der Scheidwangalpe Von der Alpe links haltend an der Mautstraße entlang zu unserem Ausgangspunkt. Aber vielleicht haben wir Glück und es nimmt uns jemand mit dem Auto mit.

Linke Seite: Das Rindalphorn von Osten gesehen. Unser Anstieg führt durch den langen und steilen Grashang links der zentralen Bewaldung, die nahezu bis zum höchsten Punkt hinaufführt. Von der Gratschneide ist es nur ein kleiner Sprung hinauf zum Gipfel mit Kreuz.

53

Hochgrat (1834 m)

Auf den höchsten Gipfel der Nagelfluhkette

mittel | 1100 Hm | 2.30 Std.

TALORT
Oberstaufen (791 m)

AUSGANGSPUNKT
Talstation (856 m) der Hochgratbahn

ANFAHRT
a) *mit dem Auto:* Auf der B 308 nach Oberstaufen, dann hinab nach Weissach, jenseits wieder hinauf nach Steibis und weiter zur Talstation der Hochgratbahn bei der Eibelealpe; dort gebührenpflichtiger Parkplatz
b) *mit Bahn/Bus:* Mit der Bahn bis Oberstaufen, von dort mit dem Bus über Steibis bis zur Talstation der Hochgratbahn (regelmäßiger Pendelverkehr vom Bahnhof Oberstaufen)

BERGBAHN
Die Hochgratbahn verbindet mit einer Kleinkabinenbahn die Talstation (856 m) mit der Bergstation (1708 m) am Hochgrat. Betriebszeiten von 8.30–17 Uhr., Tel. 083 86/82 22, www.hochgrat.de

GEHZEITEN
Aufstieg von der Bergstation zum Hochgrat 0.30 Std.; Abstiegsrunde über die Brunnenauscharte zur Talstation 2 Std.; Gesamtgehzeit 2.30 Std.; direkter Abstieg zur Talstation 2 Std.

SCHWIERIGKEIT
Der Anstieg auf den Hochgrat erfolgt auf breitem Wanderweg (Drahseilsicherungen); die Abstiegsrunde verläuft im Gipfelbereich auf felsigem Steig und auf schönen Bergwegen, unterhalb der Brunnenauscharte teils rauer Weg mit einzelnen Drahtseilsicherungen (Schwindelfreiheit erforderlich). Im Gipfelbereich ist Trittsicherheit erforderlich.

EINKEHR/ÜBERNACHTUNG
Staufner Haus (1614 m), Alpenvereinshütte, von Anfang Mai bis Allerheiligen bewirtschaftet, 17 Betten, 61 Lager; Tel. 083 86/82 55. Alpe Simatsgund (922 m), von Mai bis Anfang Oktober bewirtschaftet.
Obere Lauchalpe (1415 m), von Mitte Mai bis Anfang Oktober jeweils von Donnerstag bis Sonntag sowie an Feiertagen bewirtschaftet.

KARTE
Topographische Karte 1:50 000 »Allgäuer Alpen« (LDBV)

Der Hochgrat ist nicht nur der höchste Gipfel der Westallgäuer Berge, sondern natürlich auch ein großartiger Ausblicksberg. Bei schönem Wetter reicht der Blick sogar bis zum Bodensee. Auch wenn wir nur einen kurzen Ausflug machen wollen, bietet sich dieser Gipfel an, denn selbst wenn wir erst am Nachmittag losziehen, ist er noch zu machen.

Obwohl der Hochgrat nach Norden mit steilen Felsabbrüchen abfällt, ist er auch für nicht Schwindelfreie zu schaffen, denn der Weg ist breit und an den Abbruchstellen mit Drahtseilen gesichert. Eine Sehenswürdigkeit eigener Art ist das Gipfelkreuz aus dem Jahr 1893, das aus genieteten Eisenblechen besteht. Haben wir mehr Zeit, wandern wir nach der Ersteigung des Hauptgipfels hinab zur Brunnenauscharte und kehren so zur Talstation der Hochgratbahn zurück.

Der Anstieg auf den Hochgrat An der Bergstation der Hochgratbahn wandern wir um das Gebäude herum und folgen links dem breit ausgetrete-

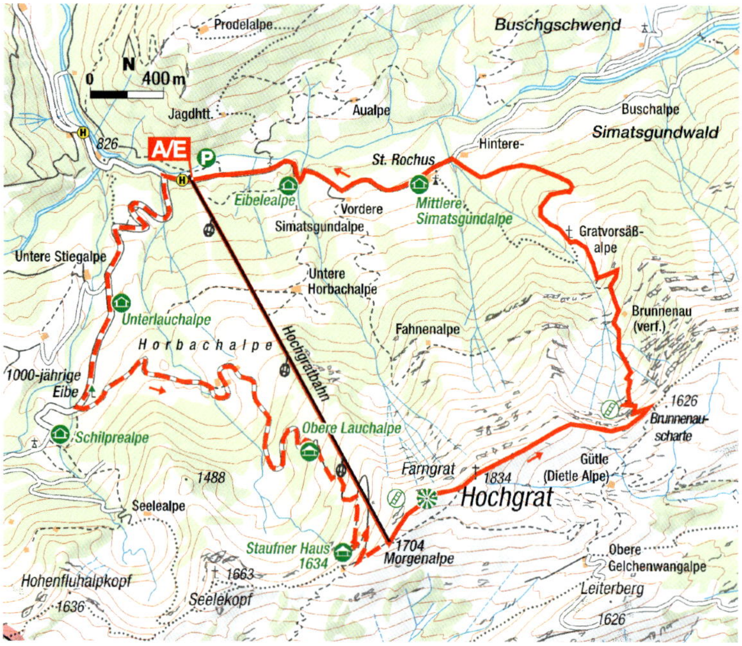

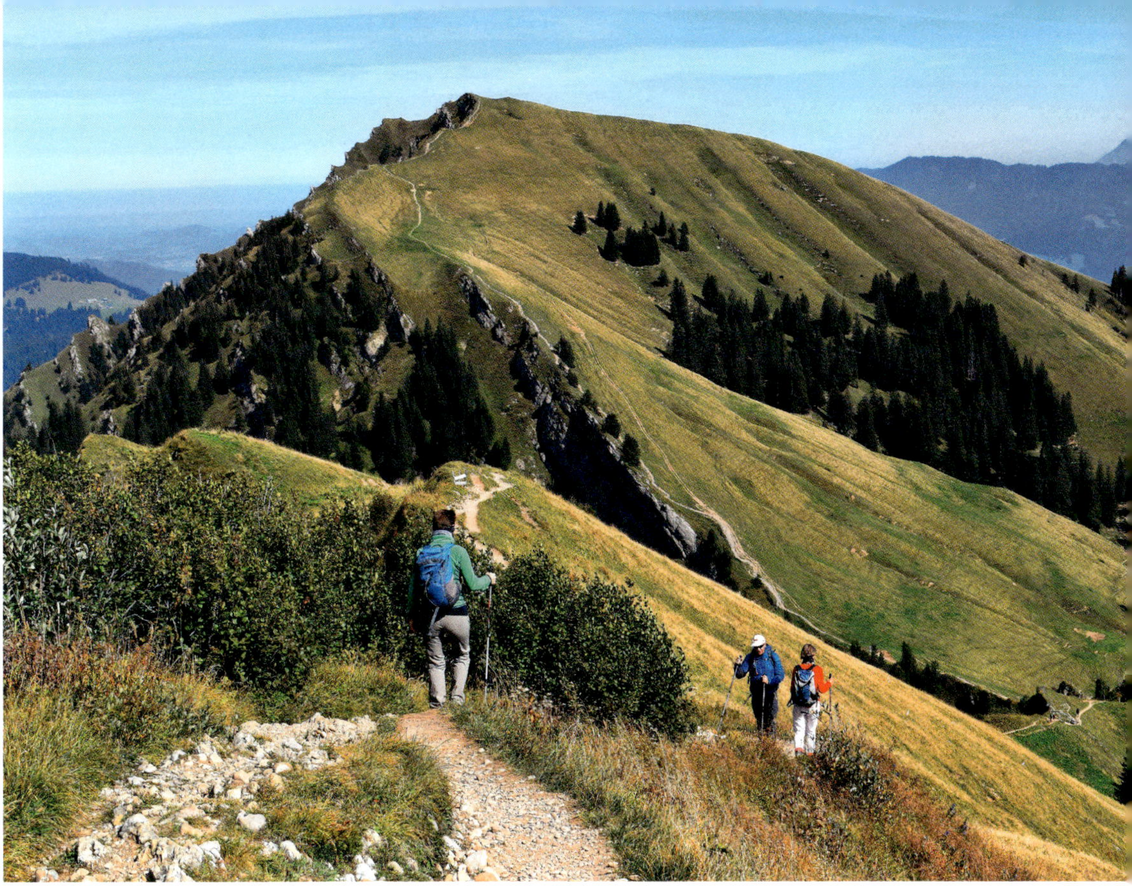

nen Pfad an der Gratkante entlang oder – falls wir nicht schwindelfrei sind – rechts davon durch die freien Hänge hinauf zum Gipfelkreuz des Hochgrat, wo wir uns bei einer ausgedehnten Rast ganz dem umwerfenden Gipfelpanorama hingeben können.

Im Abstieg vom Gipfel des Hochgrat zur Brunnenauscharte; vor uns die freien Südwesthänge des Rindalphorns

Die Abstiegsrunde über die Brunnenauscharte Vom großen Gipfelkreuz des Hochgrat folgen wir nun in östlicher Richtung dem gut angelegten Bergsteig etwas seitlich des Gratabbruchs in Richtung Osten, der uns durch meist freies Weidegelände hinab in die Brunnenauscharte (1624 m) leitet (rechts unterhalb liegt die Gütlealpe). Dort halten wir uns links und steigen auf schmalem, ausgeschildertem Steig steil ab (einige Seilsicherungen), queren zu einem weiteren Nagelfluhfelsen, den wir ebenfalls mit Hilfe eines Drahtseils meistern, und steigen dann hinab in den Kessel der Brunnenaualpe. Links vernehmen wir das Rauschen einiger Wasserfälle. Noch ein Waldstück, dann erreichen wir die an malerischer Stelle gelegene Alpe Gratvorsäß. Von dort geht es weiter hinab – teils durch Wald – zur Alpe Sigmatsgund. Vorbei an der St.-Rochus-Kapelle wandern wir dann talauswärts auf einem Alpfahrweg zurück zur Talstation der Hochgratbahn.

Variante Wer sich den Abstieg über die Brunnenauscharte nicht zutraut, kann natürlich auch den breiten Wanderweg direkt von der Bergstation über die beiden Lauchalpen antreten. Dort gibt es ebenfalls weitere Einkehrmöglichkeiten.

54

Falken (1561 m) und Hochhädrich (1566 m)

Aussichtsberge in der westlichen Nagelfluhkette

leicht/mittel 450 Hm 4.30 Std.

TALORT
Steibis (861 m)

AUSGANGSPUNKT
Talstation (870 m) der Imbergbahn

ANFAHRT
a) *mit dem Auto:* Auf der B 308 nach Oberstaufen, dann hinab nach Weissach, jenseits wieder hinauf nach Steibis und zur Talstation der Imbergbahn; dort großer, gebührenpflichtiger Parkplatz
b) *mit Bahn/Bus:* Mit der Bahn auf der Strecke Immenstadt–Lindau bis Oberstaufen, von dort mit dem Bus nach Steibis zur Talstation der Imbergbahnbahn (regelmäßiger Pendelverkehr vom Bahnhof Oberstaufen)

BERGBAHN
Die Imbergbahn ist eine Gondelbahn und führt zum Imberg. Betriebszeiten von 9.00–17 Uhr. Tel. 08386/930 00, www.huendle-imberg.de

GEHZEITEN
Übergang von der Imbergbahn zur Falkenhütte 1.30 Std.; Aufstieg zum Falken und Übergang zum Hochhädrich 1.30 Std., Abstieg über das Alpengasthaus Hochhädrich und Rückkehr zur Imbergbahn-Bergstation 1.30 Std.; Gesamtgehzeit 4.30 Std.

SCHWIERIGKEIT
Der Übergang von der Bergstation der Imbergbahn erfolgt auf Wirtschaftssträßchen und Wanderwegen, ebenfalls die Rückkehr vom Alpengasthaus Hochhädrich zur Bergstation; der Übergang über den Falken und den Hochhädrich zum Alpengasthof Höchhädrich ist zum Teil ausgesetzt und erfordert Trittsicherheit und Schwindelfreiheit (einige Drahtseilsicherungen)

EINKEHR/ÜBERNACHTUNG
Falkenhütte (1420 m), privat, ganzjährig bewirtschaftet, 78 Betten; Tel. 083 86/81 13. www.falkenhuette.de.
Alpengasthaus Hochhädrich (1530 m), von Anfang Juni bis Ende Oktober bewirtschaftet; Tel. 0043/664/922 24 10

KARTE
Topographische Karte 1:50 000 »Allgäuer Alpen« bzw. »Lindau-Oberstaufen« (LDBV)

Der Hochhädrich und sein kleiner Nachbargipfel, der Falken, sind die westlichsten Erhebungen der Hochgratkette und Teil des Naturparks Nagelfluhkette. Über den Gipfelgrat der beiden nahezu gleich hohen Gipfel verläuft die Grenze zwischen dem österreichischen Vorarlberg und Bayern. Sprachgeschichtlich ist der Name nicht verifizierbar, man geht von botanischen Herleitungen aus. Der »Hochhaderich« wird bereits im Jahr 1471 schriftlich erwähnt.

Das Wandergebiet über Steibis ist mit der Imbergbahn, dem eigenen Auto oder per Wanderbus erreichbar. Der Bus pendelt dabei zwischen Steibis und der Hörmoosalpe. Die Zugänge zu den beiden Gipfeln sind leicht, die kurze Überschreitung setzt jedoch den geübten Bergwanderer voraus. Am Anfang wie am Ende der Überschreitung erwartet uns jeweils ein Berggasthaus. Der schnellste Anstieg zum Hochhädrich erfolgt von Reute bei Hittisau im Vorarlberg, der zweitschnellste vom Alpengasthof Hörmoos. Wir bevorzugen jedoch die Überschreitung, da sich damit eine kleine, »rassige« Tour zusammenstellen lässt.

Von der Imbergbahn zur Falkenhütte Wir starten unsere Wanderung an der Bergstation (1218 m), halten uns rechts, gehen am Imberghaus vorbei und folgen dem Anliegersträßchen südwärts. Vorbei am Berggasthof Hochbühl geht es in Kehren hinab ins Lanzenbachtal und wieder hinauf, bis wir den Berggasthof Hörmoos erreichen. Dort halten wir uns links und wandern auf dem breiten Alpweg durch Weidegelände hinauf zur Falkenhütte (1420 m).

Über den Falken zum Hochhädrich Hier verlassen wir die gebahnten Wege und steigen, den Ausschilderungen folgend, rechts haltend nach dem Weidezaun hinauf zu einem kleinen Sattel, hinter dem sich ein kleiner Almkessel verbirgt, der von Nagelfluhfelsen gesäumt wird. Weiter rechts haltend auf einem Bergpfad. Bei einer Gabelung wiederum rechts und durch eine steile, felsige Rinne hinauf zum Gipfelgrat, der auch die Grenze bildet. Rechts auf dem felsigen Grat in einer knappen Viertelstunde zum leicht verunstalteten Gipfel des Falken mit seinem schlichten Kreuz. Vom Gipfel nun über kleine Bergwiesen und ein bewaldetes

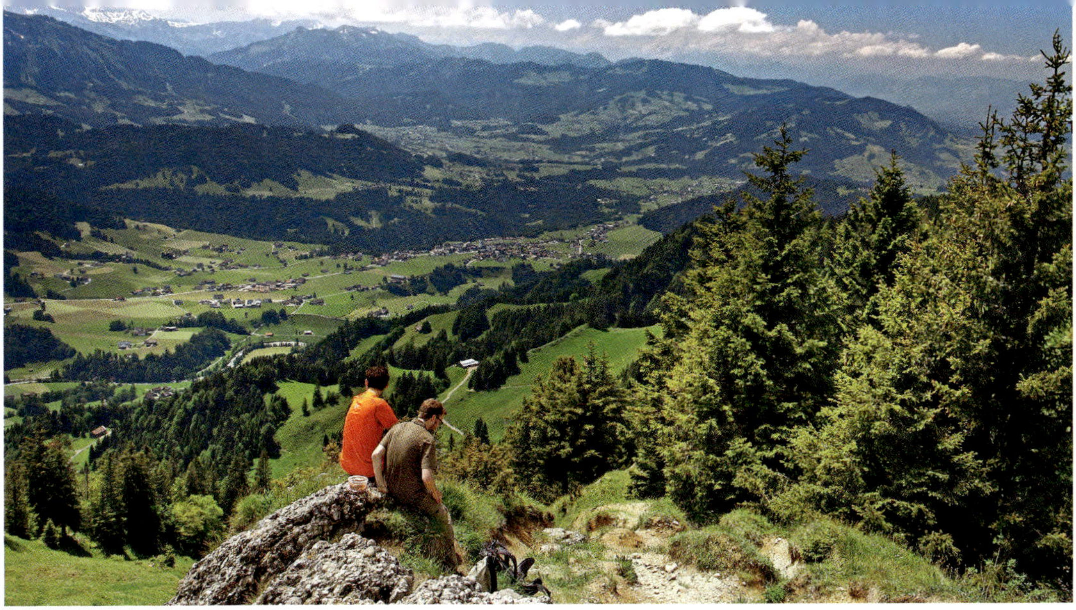

Am Gipfel des Hochhädrichs, wo sich der Blick zum Balderschwanger Tal weitet

Schrofengelände hinab in den Sattel zwischen beiden Gipfeln. Ab hier wird es anspruchsvoll: Ein gut gesicherter, aber stellenweise sehr ausgesetzter Schrofengrat leitet uns nun hinauf in Richtung Hochhädrich. Kurz davor ist noch ein schwieriger Felsabstieg zu bewältigen (bei Nässe unangenehm), der jedoch gut gesichert ist, bis uns ein Anstieg durch Wald hinauf zum Ostgrat des Hochhädrichs leitet. Eine lange, gesicherte Passage teils auf dem Grat, teils knapp darunter bringt uns endgültig zum höchsten Punkt. Am dann freien Gipfel treten die Molasseschichten (Konglomeratgestein) ebenfalls frei zutage. Neben dem schlichten Gipfelkreuz erwartet uns eine großartige Sicht hinaus ins Alpenvorland und südostwärts zum Hohen Ifen und rechts davon hinab zu den hübschen Dörfern des Vorarlbergs und weiter zum Bregenzerwald.

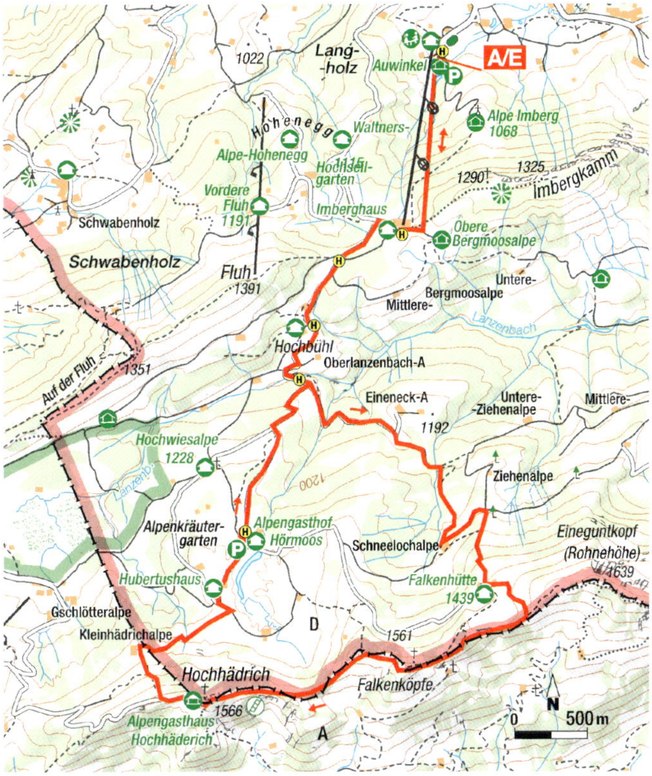

Die Abstiegsroute Vom Gipfel des Hochhädrichs wandern wir dann auf einem Bergpfad über freies Gelände hinab zum Berggasthaus Hochhädrich (1530 m). Kurz auf dem westlich verlaufenden Wirtschaftsweg hinab, dann rechts auf einem steilen Pfad über eine Bergwiese hinab zur Kleinhäderichalpe und weiter zum Alpengasthof Hörmoos. Dort auf dem Herweg weiter zur Bergstation.

55

Siplingerkopf (1746 m)

In die Welt der Nagelfluhfelsen

mittel | 725 Hm | 4.30 Std.

TALORT
Blaichach (733 m)

AUSGANGSPUNKT
Wanderparkplatz Hintere Aualpe (1052 m)

ANFAHRT
a) *mit dem Auto:* Auf der B 19 bis Ausfahrt Immenstadt und über Blaichach ins Gunzesrieder Tal und weiter bis zur Gunzesrieder Säge (930 m). Auf der mautpflichtigen Straße ins Aubachtal, der wir 5 km bis zur Hinteren Aualpe (1052 m) folgen; dort Wanderparkplatz
b) *mit Bahn/Bus:* Mit dem Allgäu-Schwaben-Takt bis Blaichach oder Sonthofen, dann weiter mit dem Bus bis Gunzesrieder Säge. Von dort allerdings noch 5 km bis zum Ausgangspunkt (1.15 Std.)

GEHZEITEN
Von der Hinteren Aualpe zum Siplingerkopf 2.15 Std., Übergang zum Heidenkopf 1 Std., Abstieg über die Scheidwangalpe 1.15 Std.; Gesamtgehzeit 4.30 Std.

SCHWIERIGKEIT
Im unteren Bereich Alpwege, im oberen Bereich schmale Bergpfade. Bis zum Gipfel ohne größere Probleme, Trittsicherheit aber erforderlich; die Überschreitung des Siplingerkopfs und der Gratübergang (ein paar Seilsicherungen) zum Heidenkopf erfordert zudem Schwindelfreiheit. Der Gipfelgrat ist teilweise lehmig. Nicht bei Nässe begehen, denn dann ist der Übergang sehr gefährlich!

HÜTTEN/EINKEHR
Schweidwangalpe (1368 m), bewirtschaftet von Ende Mai bis Mitte Oktober. Gasthaus Alpenrose (930 m) in Gunzesrieder Säge, ganzjährig bewirtschaftet.

KARTE
Topographische Karte 1:50 000 »Allgäuer Alpen« (LBDV)

Zwischen Balderschwang und dem Aubachtal thront der Siplingerkopf. Er ist Teil des Naturparks Nagelfluhkette und weist als Einzelgipfel die schönsten und bizarrsten Formen auf, die aus diesem Gestein geformt wurden. Bei dieser Tour steigen wir ihm sprichwörtlich auf den Kopf. Im Abstieg überschreiten wir dann noch den benachbarten Heidenkopf und gestalten diesen Bergausflug so zu einer abwechslungsreichen Runde.

Das Gunzesrieder Tal – unser Anfahrtsweg – ist ab Gunzesrieder Säge nahezu verkehrsfrei und überrascht mit zahlreichen kleinen Weilern und Einzelhöfen. Im hinteren Talbereich, dem Aubachtal, überrascht die Landschaft mit ungewöhnlichen Felsformationen, deren markantester die Siplingernadel ist. Diese aus Nagelfluh (vor Jahrmillionen zusammengepresstem Schottergestein) bestehenden Türme sind zwar nicht zu erklettern, geben aber ein faszinierendes Landschaftsbild ab.

Aufstieg zum Siplingerkopf Vom Parkplatz bei der Hinteren Aualpe queren wir den Aubach und folgen zunächst dem Wegweiser in Richtung

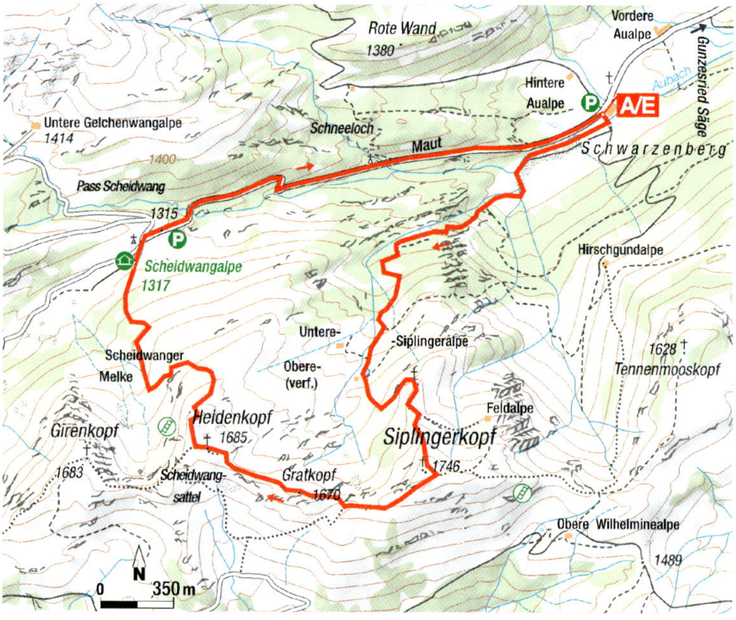

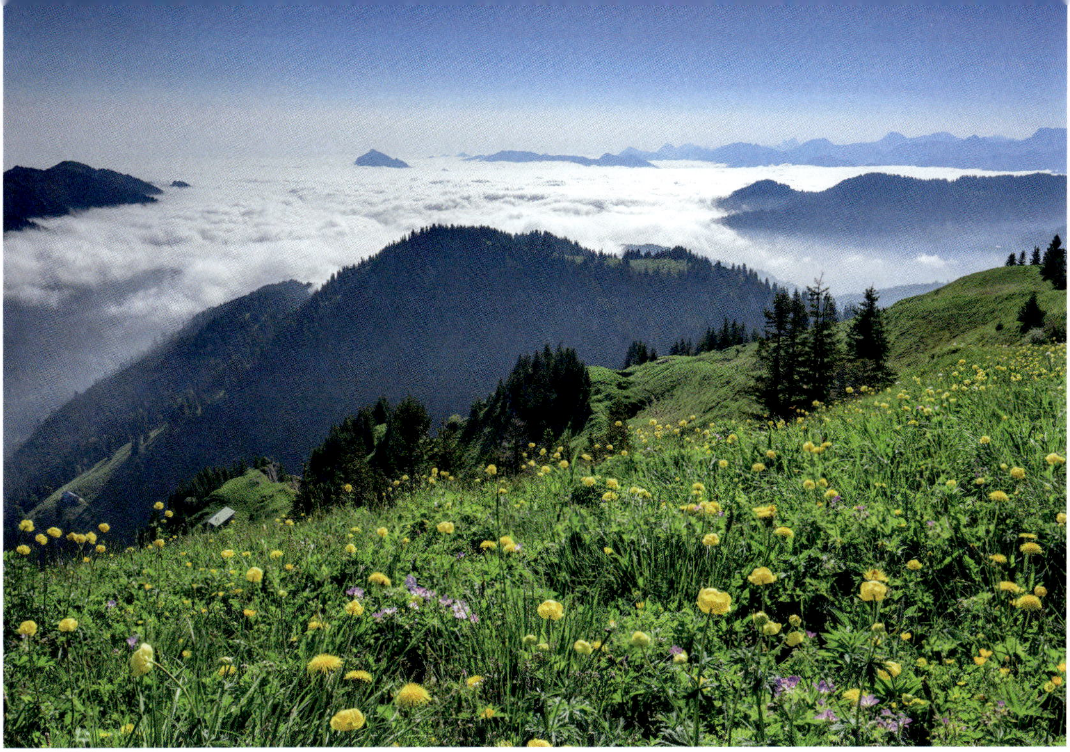

Blick vom Siplingerkopf über die Talnebel hinweg nach Osten

»Hirschgundalpe«. Gleich hinter der Brücke halten wir uns rechts und wandern am Aubach entlang. Ein Steg führt uns über einen Seitenbach, dann steigt der Steig in Serpentinen an. Durch einen lichten Wald – durchsetzt mit Nagelfluhfelsen – erreichen wir die abgelegenen Weideflächen der Siplingeralp. Von nun an sind wir der Sonne ausgesetzt. Über uns thront die Siplingernadel, die von einem Kreuz geschmückt wird. Der gut ausgebaute Wanderweg endet hier und nun steigen wir auf schmalem Pfad weiter bergan. Erst oberhalb der Alpwiesen wird der Weg nun wieder deutlich. Seitlich an der Siplingernadel vorbei erreichen wir über kurze Serpentinen den Nordgrat des Siplingerkopfs. Über den mit Schrofen durchsetzten Grat erreichen wir dann das Gipfelkreuz.

Der Übergang zum Heidenkopf Vom Gipfel des Siplingerkopfs steigen wir nun westwärts über die Gratschneide – flankiert von Nagelfluhtafeln – hinab in den Sattel vor dem Gratkopf (1670 m). Diese unbedeutende Erhebung – wir bleiben immer auf der Grathöhe – überschreiten wir (eine gesicherte, felsige Stelle) und erreichen so einen grasigen Hang, der auf den Heidenkopf (1685 m) zuleitet. Über eine weitere Kuppe hinweg und kurz hinab, dann zuletzt hinauf über eine felsige Flanke zum Gipfel, den ein schlichtes Kreuz schmückt.

Abstieg über die Scheidwangalpe Vom Heidenkopf geht es nun nordwärts steil hinab, zunächst durch eine rutschige Rinne, dann auf dem schmalen, an einer Stelle ausgesetzten Grat und über weite, von Nagelfluh durchsetzte Alpwiesen auf schmalem Steig steil hinab zu einem Hochalmkessel. Das letzte Stück führt nun durch Wald zur altehrwürdigen Scheidwangalpe, wo wir den Talgrund erreichen. Dort rechts haltend an der Mautstraße entlang zu unserem Ausgangspunkt.

56

Höllritzereck (1669 m) und Bleicherhorn (1669 m)

Romantischer Tobel und zwei leichte Gipfel

mittel | 739 Hm | 5.00 Std.

TALORT
Gunzesried-Säge (930 m)

AUSGANGSPUNKT
Wanderparkplatz am Ortsbeginn

ANFAHRT
a) *mit dem Auto:* über Kempten, Immenstadt oder Sonthofen, dort von der B 308 abzweigen nach Gunzesried, das Tal ganz durchfahren bis zum Parkplatz vor Gunzesried-Säge
b) *mit Bahn/Bus*: Zug oder Bus nach Sonthofen, weiter mit Bus ins Gunzesrieder Tal zum Ortsteil Säge

GEHZEITEN
Vom Parkplatz zur Höllritzenalpe 2 Std., über beide Gipfel 1.30 Std., von der Alpe zurück zum Parkplatz 1.30 Std.; Gesamtgehzeit 5 Std.

SCHWIERIGKEIT
Leichte Steige, Fahrwege und Gipfel, etwas steilere Anstiege aus dem Ostertal zur Alpe Höllritzen und von dort zum Höllritzereck

HÜTTEN/EINKEHR
Alpe Höllritzen (1420 m), Anfang Juni bis Anfang Oktober. Alpe Mittelberg (1248 m), Mitte Juni bis Anfang Oktober.

KARTE
Topographische Karte 1:50 000 »Allgäuer Alpen« (LDBV)

Schönste Allgäulandschaft, wie sie abwechslungsreicher nicht sein kann, erwartet uns auf dieser Tour. Dazu mit der Alpe Höllritzen eine denkmalgeschützte Alphütte, die aus dem 19. Jahrhundert stammt und bei der man sich vor oder nach der Gipfelrunde stärken und ausruhen kann.

Den Auftakt bildet ein romantischer Bachtobel mit Nagelfluhfelsen und kleinen Wasserfallstufen, den Weg durchs Ostertal säumen grüne Rücken und Köpfe. Dann geht es hinauf zur Alpe und über die Gipfel. Sie bieten schöne Sicht ins Hochgebirge, darunter zum markanten Hochvogel und Hohen Ifen, dem die Gottesackerwände vorgelagert sind. Auf dem Rückweg passieren wir ein reizvolles Hochmoor, haben linker Hand die Nagelfluhkette und wandern über den sanften Rücken des Ostertalberges auf den Grünten zu, bevor es zur nächsten Alpeinkehr und wieder hinab geht zum Ausgangspunkt.

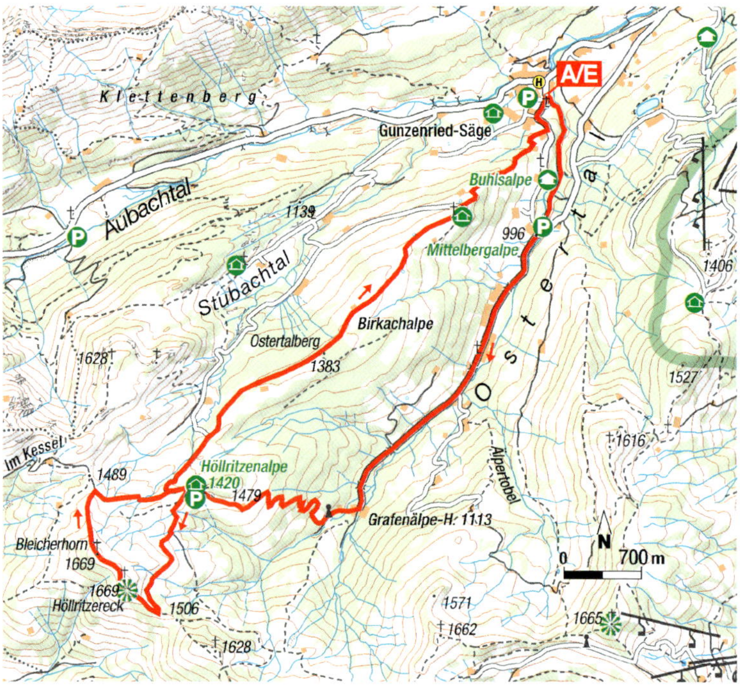

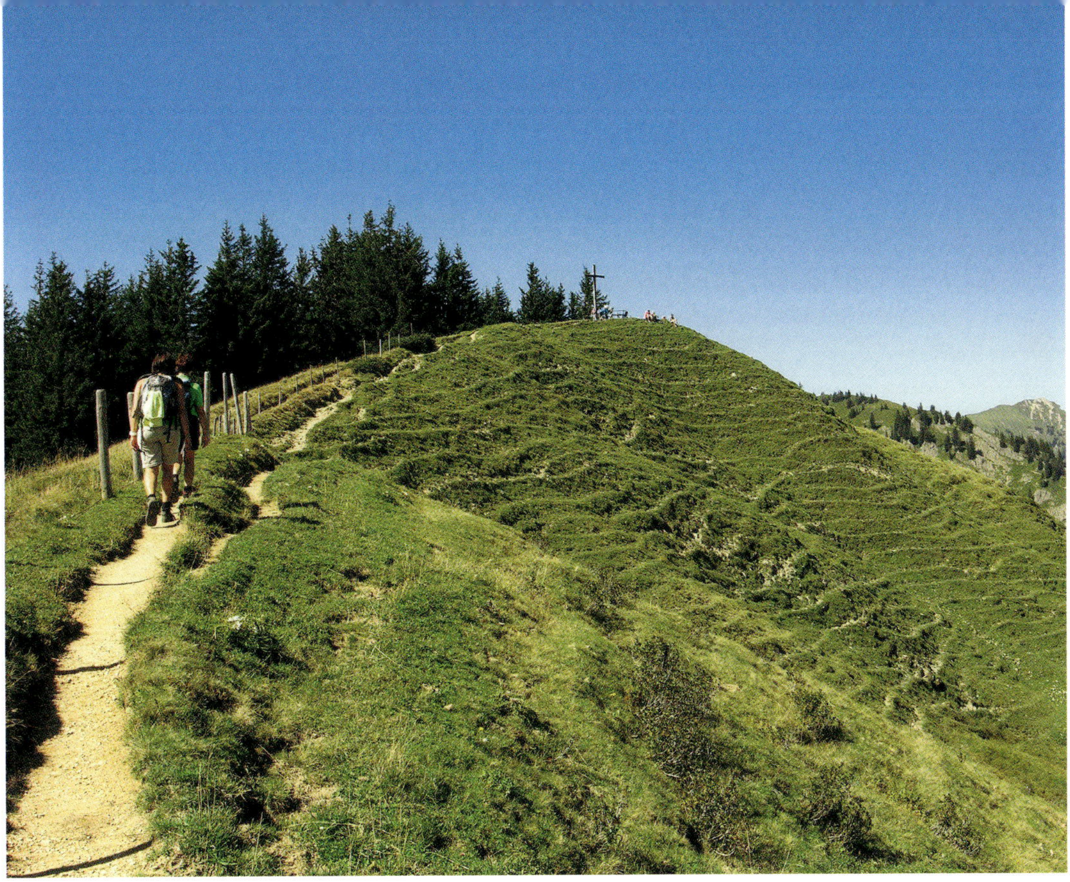

Im Anstieg zum Bleicherhorn, der mehr einem Spaziergang gleicht. Vielleicht erwartet uns dort auch deswegen nur ein schlichtes, kleines Holzkreuz.

Durch den Tobel zur Höllritzenalpe Vom Parkplatz starten wir hinauf in den Ort, halten uns links und biegen kurz darauf links ab in den Ostertaltobel. Später bleiben wir geradeaus und kommen hinaus zum Ostertal-Parkplatz. Auf dem Asphaltweg gerade durchs Ostertal, leitet uns die Beschilderung »Höllritzeralp, Balderschwang«. Zunächst am Bach entlang, erreichen wir die Grafenalphütte, eine Diensthütte. Hier beginnt nach rechts der kräftige Anstieg, der in Serpentinen hinaufzieht zur Alpe Höllritzen.

Die Gipfelrunde Hinter der Alphütte nehmen wir den linken Weg, von dem wenig später rechts der Bergsteig abzweigt zum Höllritzereck. Er führt hinauf ins Joch. Dort rechts bringt uns ein kurzer, kräftiger Anstieg den ersten Gipfel ein. Gemütlich spazieren wir hinüber zum zweiten Gipfel, dem Bleicherhorn. Auf der anderen Seite leitet der Steig gemäßigter abwärts und rechts Richtung Höllritzenalpe zum Teersträßchen, auf dem es rechts nur wenige Meter zur Alpe wären.

Zurück nach Gunzesried-Säge Sonst folgen wir gleich der Straße abwärts und verlassen sie an der Linkskurve geradeaus Richtung Alpe Birkach, Alpe Mittelberg, durchqueren die schöne Moorlandschaft und – an der Gabelung links – ein Waldstück. Dann passieren wir auf dem freien Rücken die Birkachalpe und laufen abwärts zur Alpe Mittelberg. Dahinter leitet das Schild »Gunzesried-Säge« etwas steiler am Wald hinab zu den ersten Häusern und links zurück zum Parkplatz.

57

Riedberger Horn (1787 m) und Großer Ochsenkopf (1662 m)

Zwei Grasgipfel und eine gemütliche Hütte

mittel · 550 Hm · 4.30 Std.

TALORT
Obermaiselstein (859 m)

AUSGANGSPUNKT
Wanderparkplatz am Riedbergpass bzw. bei der Grasgehrenhütte (1445 m)

ANFAHRT
a) *mit dem Auto:* Auf der A 7 und der A 390 nach Waltenhofen und auf der B 19 über Sonthofen nach Fischen; dort rechts ab und über Obermaiselstein hinauf zum Riedbergpass (1420 m). Auf der Passhöhe rechts ab zur Grasgehrenhütte; dort großer Wanderparkplatz
b) *mit Bahn/Bus:* Mit dem Allgäu-Schwaben-Takt nach Fischen bzw. Oberstdorf; von dort weiter mit dem Bus in Richtung Balderschwang bis zum Riedbergpass und zur Grasgehrenhütte

GEHZEITEN
Von der Grasgehrenhütte zum Riedberger Horn 1.15 Std., Übergang vom Riedberger Horn zum Großen Ochsenhorn 1.15 Std., Abstieg zum Berghaus Schwaben 20 Minuten, Rückweg zur Grasgehren 1.30 Std.; Gesamtgehzeit 4.30 Std.

SCHWIERIGKEIT
Alpwege und Bergwanderwege mit einigen steilen Passagen. Auf der Nordseite des Riedberger Horns einige harmlose felsige Passagen.

HÜTTEN/EINKEHR
Grasgehrenhütte (1447 m), beim Riedbergpass, privat, ganzjährig bewirtschaftet, 53 Schlafplätze in Zimmern und Gruppenlagern; Tel. 083 26/77 73.
Berghaus Schwaben (1510 m), privat, ganzjährig bewirtschaftet, 27 Betten, 20 Lager, Übernachtung nur nach Voranmeldung; Tel. 083 26/438

KARTE
Topographische Karte 1:50 000 »Allgäuer Alpen« (LDBV)

Das Riedberger Horn ist ein Grasgipfel über dem Riedbergpass und bietet trotz seiner relativ geringen Höhe eine schöne Aussicht auf das Illertal und die Berge rund um Balderschwang. Der kürzeste Anstieg beginnt bei der Grasgehrenhütte wenig oberhalb des Riedbergpasses und erfordert lediglich die Überwindung von 340 Höhenmetern.

Wenn wir ein bisschen mehr Zeit haben und eine Übernachtung einplanen wollen, finden wir auf der Hälfte der Tour mit dem Berghaus Schwaben eine reizvolle, typische Allgäuer Bergunterkunft. Auf dem Kammweg zwischen Riedberger Horn und Großem Ochsenkopf ist der Bergwanderpfad rechts abwechslungsreich. Falls Kinder dabei sind, können sie ein paar leichte Felsen überklettern und außerdem gibt es dort oben ein kleines Hochmoor.

Aufstieg zum Riedberger Horn Vom Wanderparkplatz auf der Passhöhe gehen wir das kurze Stück zur Grasgehrenhütte und folgen dann dem

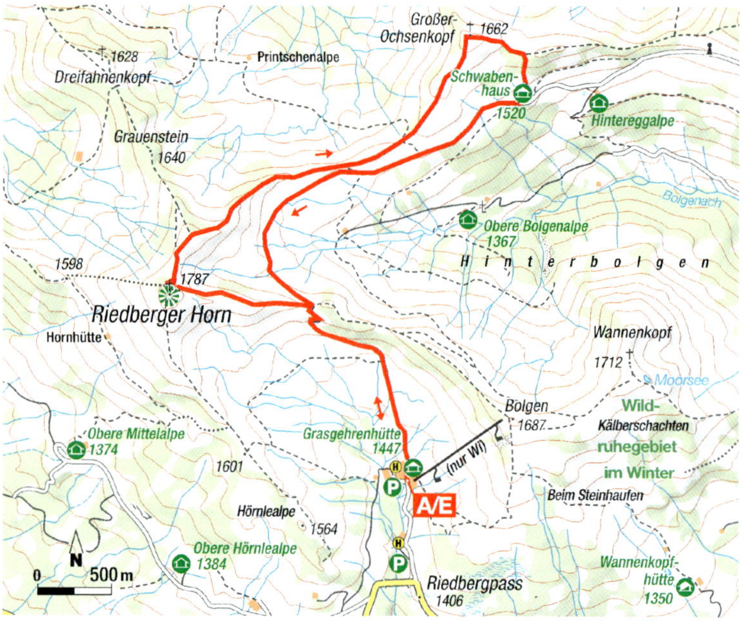

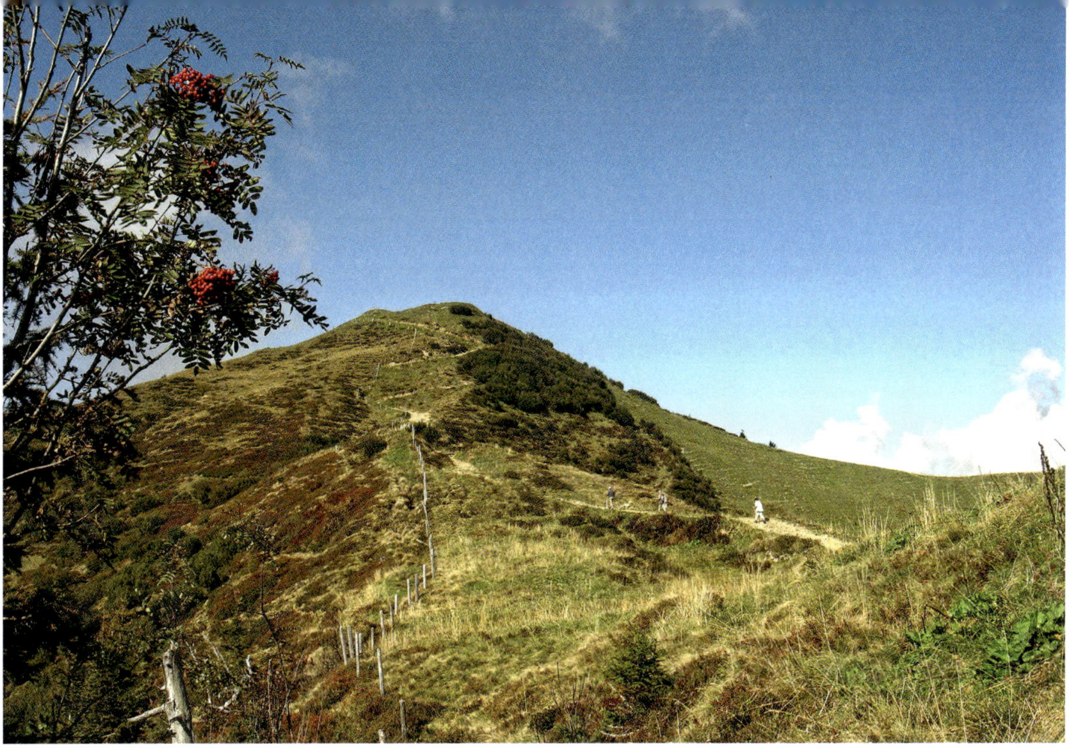

ausgeschilderten und breiten Alpweg, der anfangs noch geteert ist, durch die Bergwiesen der Grasgehrenalp. Der Weg geht dann in einen Bergwanderweg über, wird etwas steiler und führt dann mit ein paar Kehren hinauf zu einem Sattel in dem Gratrücken, der den Bolgen nach Westen abschließt. Dort halten wir uns links und wandern dann über den grasigen Gratrücken – zuletzt steil – (im Frühsommer sehen wir hier jede Menge blühende Alpenrosen) hinauf zum Gipfel des Riedberger Horns.

Das Riedberger Horn von Südosten, vom Anstiegsweg von der Grasgehrenhütte; dort oben überrascht uns dann ein nahezu freier Blick zur Nagelfluhkette.

Übergang zum Großen Ochsenhorn Wir steigen nun jenseits des Riedberger Horns hinab, wobei einige leichte felsige Stellen für Abwechslung sorgen. Bei der Wegverzweigung auf einer unbenannten Kuppe halten wir uns rechts und steigen dann – immer auf der Grathöhe bleibend – hinab zum tiefsten Punkt auf dem Grat, der das Riedberger Horn mit dem Großen Ochsenkopf verbindet. Dann steigen wir wieder leicht an, passieren ein kleines Hochmoor und erreichen dann den Großen Ochsenkopf (1662 m), der sich direkt über dem Berghaus Schwaben erhebt. Jenseits nun steil hinab über Grashänge und durch lichten Wald zum Berghaus Schwaben.

Rückkehr zur Grasgehrenhütte Vom Berghaus Schwaben nehmen wir zu Beginn den breiten Alpweg (Wegweiser »Grasgehrenhütte«), der unter dem Verbindungskamm entlangführt. Wir wandern durch Weidehänge, gehen ein paar Taleinbuchtungen aus und steigen dabei langsam an. Fast erreichen wir wieder die Kammhöhe. Bei der ersten Wegverzweigung halten wir uns links, bei der folgenden rechts, steigen nun in einem weiten Linksbogen den Talschluss der Bolgenach aus und erreichen so den Sattel, der Bolgen und Riedberger Horn trennt. Auf dem Anstiegsweg kehren wir dann zu unserem Ausgangspunkt zurück.

58

Über die Hörner (1665 m)

Panoramatour mit und ohne Gipfeleinlagen

leicht · 830 Hm · 3.30 Std.

TALORT
Ofterschwang (864 m)
Bolsterlang (892 m)

AUSGANGSPUNKT
Talstation des Weltcup-Express (880 m)

ANFAHRT
a) *mit dem Auto:* Auf der B 19 bis Sonthofen-Süd, dann über Sigishofen nach Ofterschwang und zur Talstation des Weltcup-Express; dort mehrere Parkplätze
b) *mit Bahn/Bus:* Mit der Bahn bis Sonthofen oder Fischen. Dann mit dem Bus entweder nach Ofterschwang oder nach Bolsterlang (wenn die Tour von dort aus gestartet werden soll)

BERGBAHNEN
Weltcup-Express ab Ofterschwang zur Bergstation auf 1304 m Höhe. Die Hörnerbahn Bolsterlang (Kleinkabinenbahn) bringt uns über zwei Sektionen wieder hinab ins Tal. Beide Bahnen sind zwischen 8.30 und 16.30 Uhr in Betrieb.

GEHZEITEN
Überschreitung mit Gipfeleinlagen gut 3 Std. Übergang vom Weiherkopf zur Bergstation der Hörnerbahn 20 Minuten; Gesamtgehzeit 3.30 Std., Abstieg vom Weiherkopf zur Mittelstation 30 Minuten; evtl. Abstieg von der Mittelstation ins Tal 1 Std.

SCHWIERIGKEIT
Leichte Höhenwanderung auf teilweise breiten Alpwegen, Bergwanderwegen und leichten Bergpfaden.

HÜTTEN/EINKEHR
Weltcuphütte (1300 m), bei der Bergstation, nahezu ganzjährig geöffnet. Hörnerhaus (1400 m), privat, wenige Minuten abseits der Route, ganzjährig bewirtschaftet, 130 Betten in Mehrbettzimmern und Lagern, ideal für Gruppen, Tel. 083 26/639.

KARTE
Topographische Karte 1:50 000 »Allgäuer Alpen« (LDBV)

Die Hörnertour über Ofterschwang und Bolsterlang ist ein Klassiker des Familienwanderns in den Allgäuer Alpen. Zwei Bergbahnen unterstützen uns dabei, Höhenmeter zu sparen und uns ganz dem genussvollen Wandern hinzugeben. Auf unserer Überschreitung der »Hörner« vom Ofterschwanger Horn bis zum Weiherkopf genießen wir die herrlichen Ausblicke auf das gesamte Illertal. Mehrere Gipfel entlang des Weges können wir seitlich passieren oder auch überschreiten, je nach Gusto.

Als reizvolle Einkehrstelle am Weg treffen wir schon bald auf die Fahnengehrenalpe, eine typische Allgäuer Alpe mit viel Vieh auf der Weide. Als weitere Möglichkeit bietet sich die Übernachtung auf dem Hörnerhaus an, die nur wenig oberhalb der Mittelstation der Hörnerbahn liegt und sich gut als Übernachtungsstation für Familien und Schulklassen eignet. Im Bereich der Mittelstation befindet sich auch mit der Alpe Ornach eine weitere Einkehrmöglichkeit, die bereits im 15. Jahrhundert urkundlich als Sennalpe erwähnt ist.

Eine Umrundung des Ofterschwanger Horns Von der Bergstation des Weltcup-Express gehen wir ein paar Meter hinab zum breiten Alpweg, der

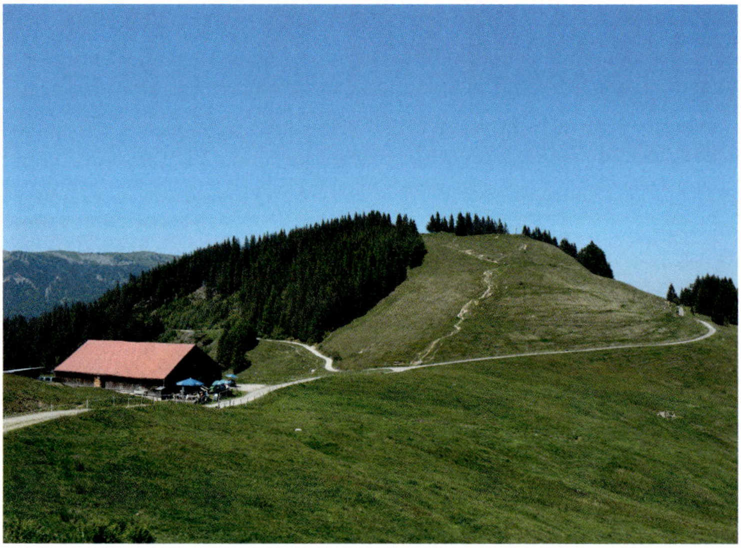

vom Allgäuer Berghof heraufkommt und weiter zur Fahnengehrenalpe führt. Auf diese biegen wir nun links ein und nehmen aber schon nach wenigen Metern den rechten Abzweiger. Wir passieren ein Viehgatter und wandern dann auf breitem Weg durch Bergweiden und ein kleines Waldstück rechts um das Ofterschwanger Horn. Bald weitet sich der Blick und schweift über das Gunzesrieder Tal hinweg auf die Nagelfluhkette mit Stuiben und Hochgrat. Wir durchwandern dann dann ein kurzes Waldstück und haben bald die Fahrengehrenalpe erreicht. Von hier bietet sich der kurze Abstecher auf das Ofterschwanger Horn an, das über einen grasigen Pfad schnell erreicht ist.

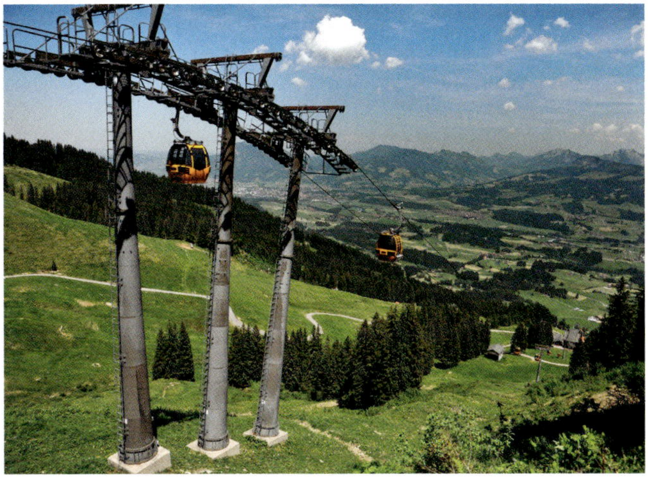

Die Hörnerbahn, die von Bolsterlang herauf führt

Linke Seite: Die Fahnengehrenalpe am Fuß des Ofterschwanger Horns

Die Panoramaroute zum Weiherkopf Wir gehen dann an der Fahnengehrenalpe links vorbei und folgen nach einem Weidegatter dem ansteigenden Bergwanderweg, der seitlich durch den teilweise bewaldeten Hang am Sigiswanger Horn vorbeiführt. Der Gipfelabstecher dort hinauf lohnt nicht, da der Gipfel bereits wieder bewaldet ist. Vorbei an der Sigiswanger Hornalpe erreichen wir die Kammhöhe. Hier bietet sich die Überschreitung des Rangiswanger Horns an. Alternativ können wir jedoch seitlich durch die Ostflanke den Gipfel umgehen. Nun immer auf der überwiegend bewaldeten Kammhöhe leicht ansteigend hinauf zum Weiherkopf, wo wir wieder die Aussicht genießen können.

Der Abstieg nach Bolsterlang Vom Weiherkopf, am Ende der Gipfelroute, steigen wir auf dem breiten und teilweise gestuften Weg geradewegs hinab und könnten nun bequemerweise auf dem breiten Gratrücken des Bolsterlanger Horns zur Bergstation der Hörnerbahn hinüber wandern. Von dort schweben wir wieder bequem hinab ins Tal.

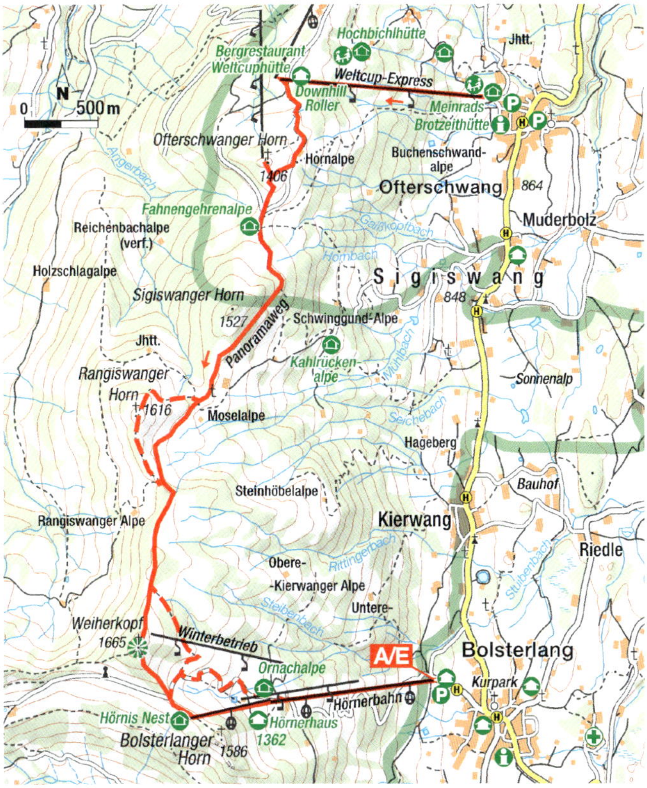

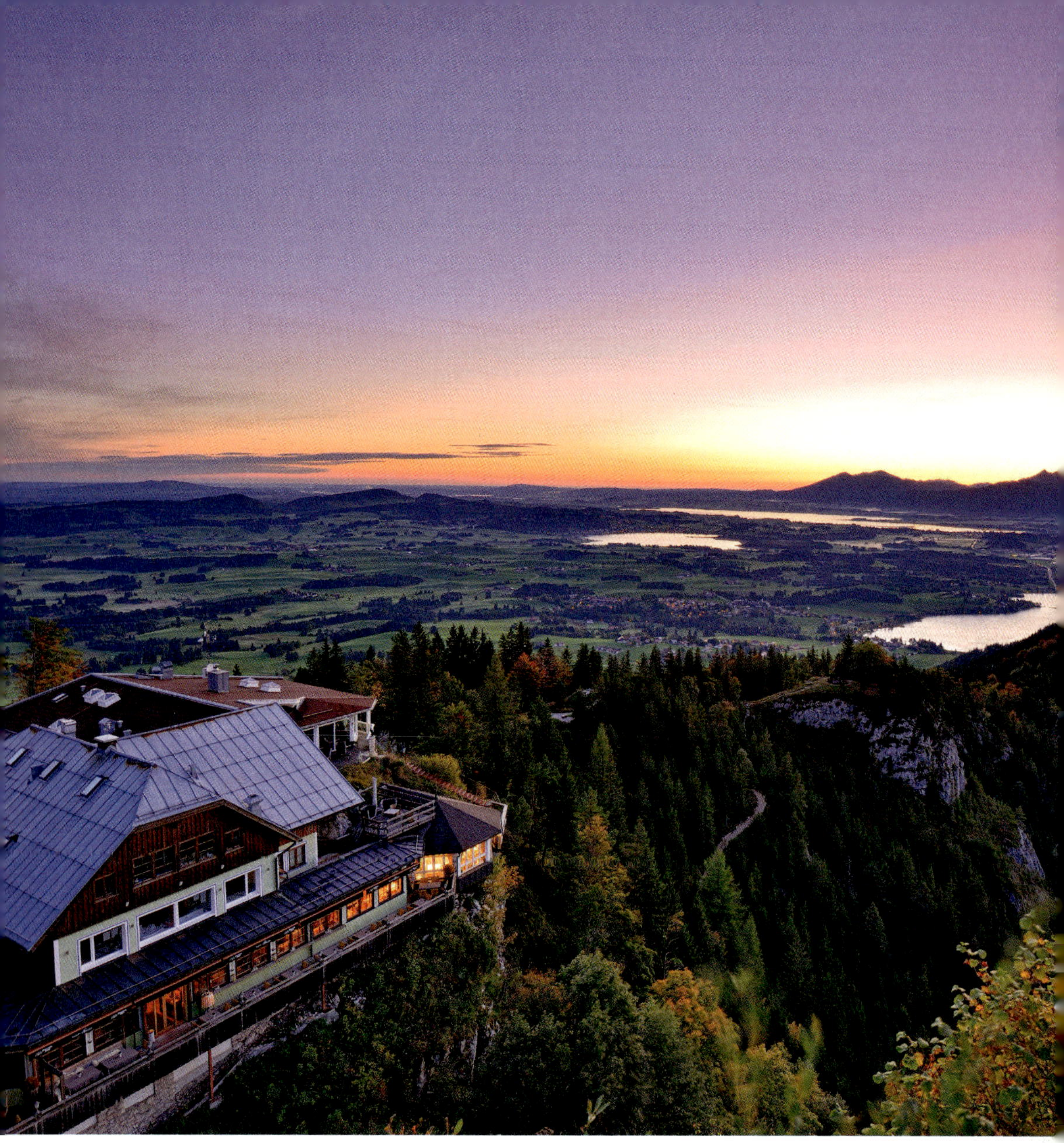

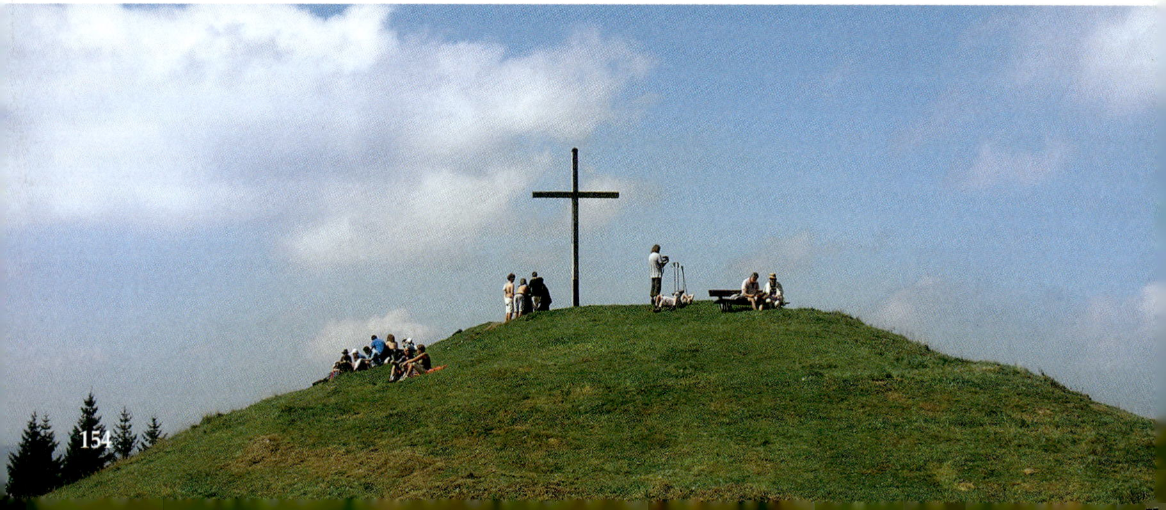

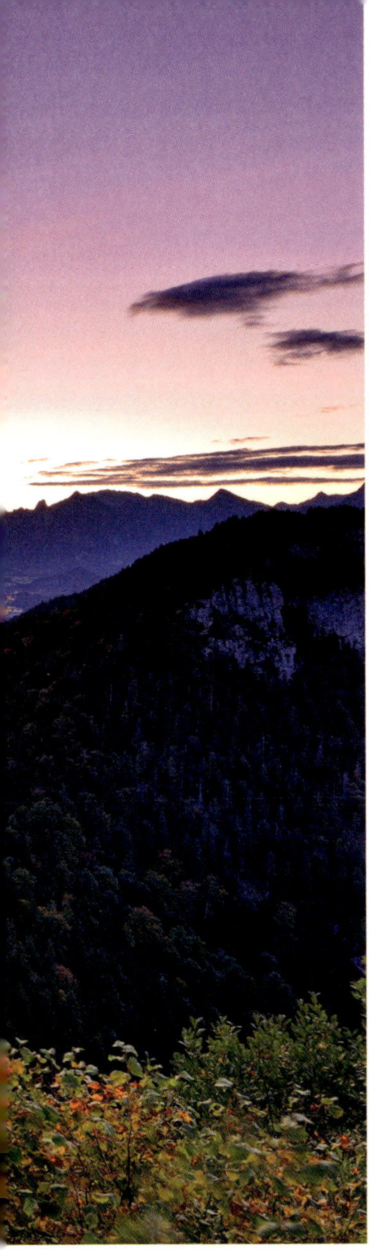

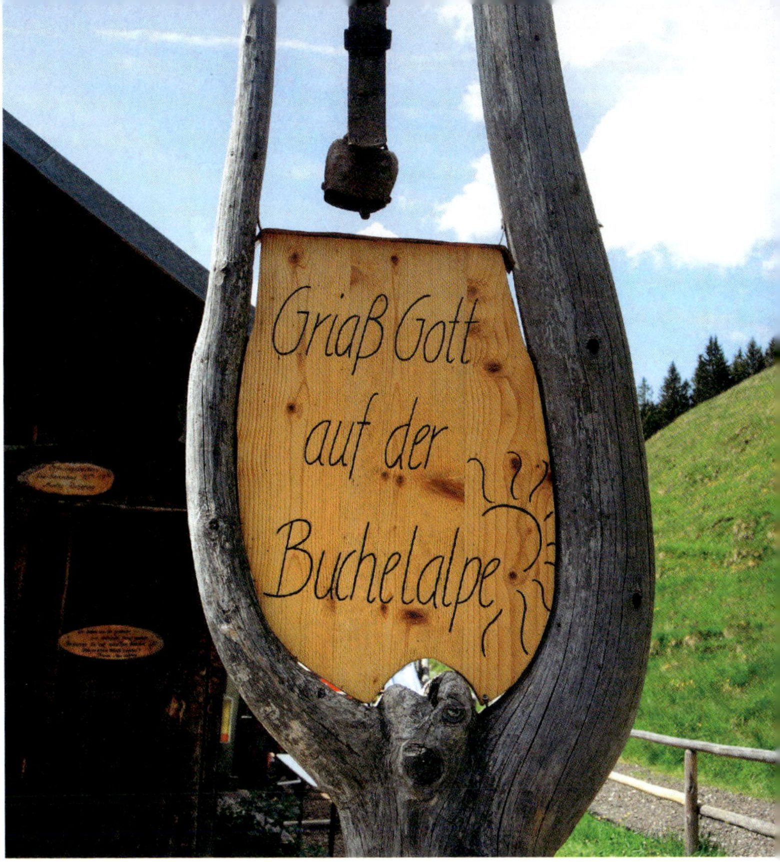

Allgäuer Voralpen

Blick über das Burgrestaurant Falkenstein über den Falkenstein und den Zirmgrat zur Ostallgäuer Seenplatte (li. o.). Der sanfte Grasgipfel des Riedberger Horns (li. u.). Unübersehbar lockt die Buchelalpe zur Einkehr (re. o.). Hinweis am Pfänder auf das formgebende Gestein dieses Gipfels (re. u.).

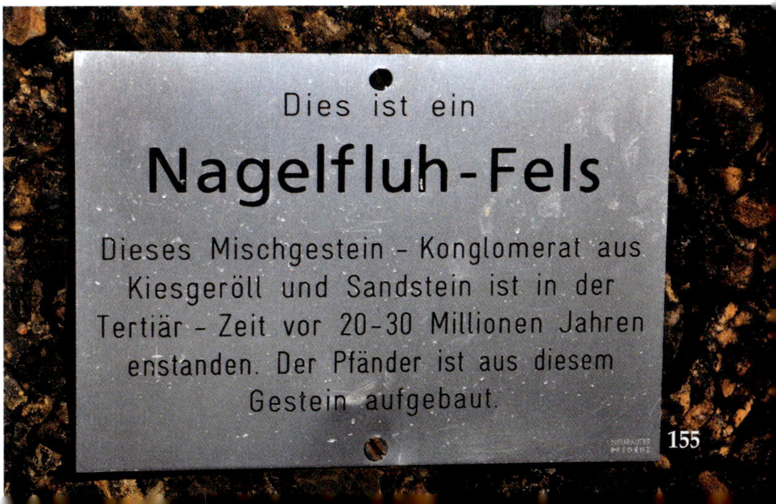

59

Edelsberg (1630 m) und Alpspitze (1575 m)

Auf die Hausberge von Nesselwang

leicht · 860 Hm · 4.00 Std.

TALORT
Nesselwang (867 m)

AUSGANGSPUNKT
Talstation der Alpspitzbahn (900 m)

ANFAHRT
a) *mit dem Auto:* Auf der A 7 über Kempten oder Füssen bis zur Ausfahrt Oy-Mittelberg und weiter nach Nesselwang und zur Talstation der Alpspitzbahn (ausgeschildert), dort großer Wanderparkplatz
b) *mit Bahn/Bus:* Von Kempten bzw. über Reutte mit der Außerfernbahn nach Nesselwang; von dort zu Fuß (15 Min.) zur Talstation der Alpspitzbahn

BERGBAHN
Die Alpspitzbahn (900–1511 m) ist eine Kombibahn von Kleinkabine und Sessellift, die in zwei Sektionen zur Alpspitze führt. Während der Wandersaison ist diese Bergbahn von Mitte Mai bis Allerheiligen von 9–17 Uhr in Betrieb. Tel. 083 61/12 70, www.alpspitzbahn.de

GEHZEITEN
Gipfelrunde über den Edelsberg knapp 2 Std.; Übergang zur Kappeler Alpe 30 Minuten; Abstieg über Maria Trost zur Talstation 1.30 Std.; Gesamtgehzeit 4 Std.

SCHWIERIGKEIT
Leichte Bergwanderwege bzw. Wirtschaftswege; im Gipfelbereich des Edelsbergs Trittsicherheit erforderlich

HÜTTEN/EINKEHR
Enzianstube (1120 m), bei der Mittelstation der Bergbahn, ganzjährig bewirtschaftet.
Panoramastadel Alpspitz (1490 m), bei der Bergstation der Alpspitzbahn.
Kappeler Alp (1350 m), privat, ganzjährig bewirtschaftet, Dienstag/Mittwoch Ruhetag; Tel. 083 61/32 53.

KARTE
Topographische Karte 1:50 000 »Füssen« (LDBV)

Der Edelsberg und die Alpspitze über Nesselwang sind grandiose Aussichtsberge, von denen sich wegen ihrer Randlage in Richtung Süden Hunderte von Gipfeln erspähen lassen. Der Blick nach Norden geht hinaus ins Alpenvorland mit seinen zahllosen großen und kleinen Seen. Dank der Alpspitzbahn verzeichnen diese Gipfel einen regen Zuspruch. Mittlerweile scheinen sie aber immer weiter zuzuwachsen.

Für den Abstieg bietet sich dann der Schlenker über die reizvolle Kappeler Alpe und das Wallfahrtskirchlein Maria Trost an. Nicht weniger interessant ist der direkte Weg abwärts, der uns durch die mit einer Steiganlage begehbare Mühlbachschlucht führt – und mit Abstechern zur Kronenhütte und zur Ruine der Nesselburg angereichert werden kann.

Der Aufstieg zu Alpspitze und Edelsberg Von der Bergstation schlendern wir zunächst die wenigen Höhenmeter hinab zum Panoramastadel. Dort weisen uns Wegweiser in Richtung Alpspitz und Edelsberg. Zunächst machen wir ein kleines Intermezzo und steigen in 20 Minuten hinauf zur schrofigen Alpspitz mit großartigem Panorama und schlichtem Holzkreuz. Dann wieder hinab zur Einsattelung zwischen der Alpspitze und dem Edelsberg; dort halten wir uns rechts und steigen über die Weidehänge und durch Wald hinauf zum Gipfel des Edelsbergs. Wir überschreiten diesen und wandern dann wieder hinab zum Panoramastadel.

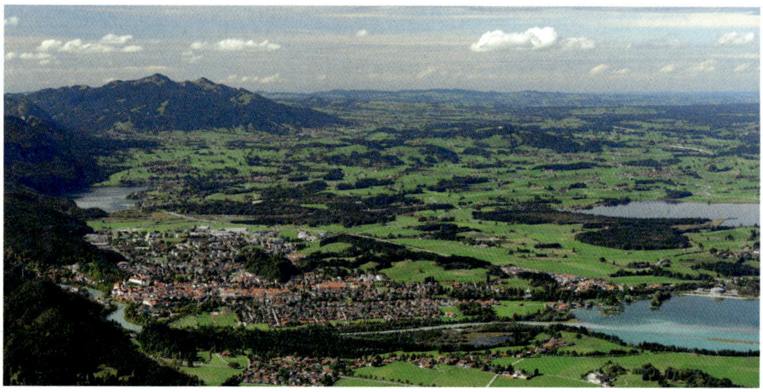

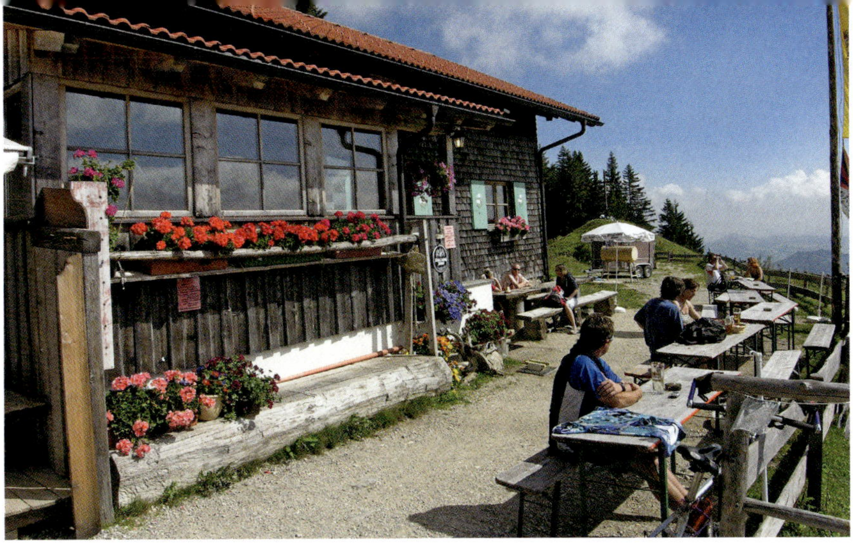

Die Kappeler Alp mit schöner Aussicht am Nordostausläufer des Edelbergs; hier stärken wir uns noch einmal, bevor es hinabgeht nach Nesselwang.

Die Abstiegsroute Beim Panoramastadel halten wir uns kurz in Richtung Sportheim Böck, wo wir am Waldrand auf zahlreiche Wegtafeln treffen. Hier folgen wir dem rauen Wirtschaftsweg (Mark.-Nr. 42) zunächst durch Wald, dann immer in Nähe des Kammes in Richtung Osten. Der Weg verengt sich zuletzt, dann erreichen wir die aussichtsreich gelegene Kappeler Alp. Dort zweigt der ausgeschilderte Wanderweg zur Wallfahrtskirche Maria Trost ab, deren jetziger Bau aus dem 18. Jahrhundert stammt. Durch Wald auf stufenreichem Weg hinab (Wegweiser »Alpspitzbahn-Parkplatz«), dann an dieser vorbei und auf dem Kreuzweg weiter hinab zu einem Sträßchen. Dank zahlreicher Wegweiser verlaufen wir uns nicht, trotz der vielen Verzweigungen entlang der Route. Wir queren dann den Mühlbach und gelangen so wieder zur Talstation der Alpspitzbahn.

Linke Seite: Blick über Füssen hinweg nach Westen – im Hintergrund Edelsberg und Alpspitze.

Variante durch die Mühlbachschlucht Falls wir die Kappeler Alp auslassen und direkt nach Nesselwang absteigen wollen, haben wir die Möglichkeit, der Mühlbachschlucht einen Besuch abzustatten. Die kurze Klamm bietet uns mehrere Wasserfälle. Bei den Wegtafeln vor dem Sportheim Böck folgen wir dem Fahrweg gerade hinab, queren die Zufahrtsstraße zur Kronenhütte und wandern dann in das felsige Bachtal hinab. Mit langen Holztreppen und Holzstegen wurde die Schlucht begehbar gemacht, wobei die längste Holztreppe am großen Wasserfall über hundert Stufen zählt. Weiter unten trifft unser Weg wieder auf die Abstiegsroute von Maria Trost.

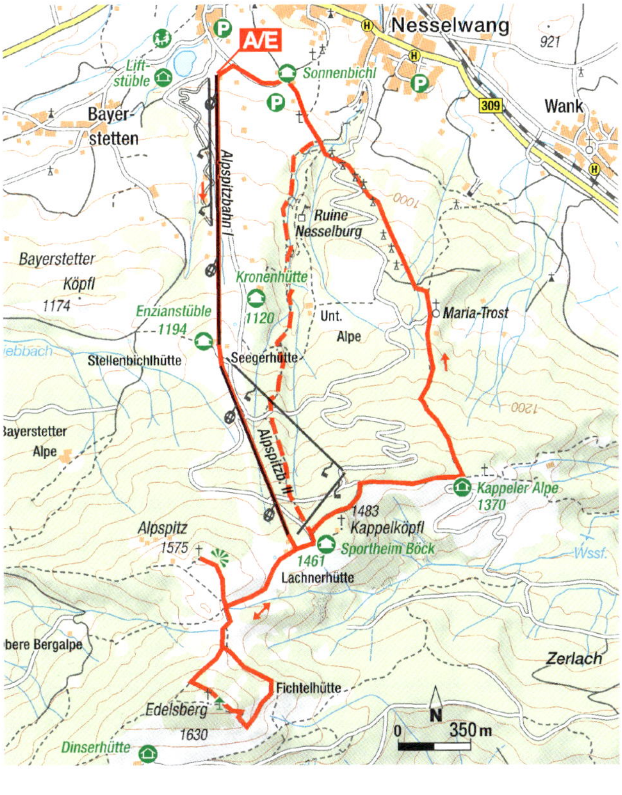

60

Sorgschrofen (1636 m) und Zinken (1613 m)

Doppelgipfel mit scharfen Zacken über Jungholz

schwer | 660 Hm | 5.00 Std.

TALORT
Jungholz (1058 m)

AUSGANGSPUNKT
Wanderparkplatz an der Deutschen Alpenstraße (980 m), bei der Alpe Vordere Sorg

ANFAHRT
a) *mit dem Auto:* Über Bad Hindelang oder Oy-Mittelberg und Wertach (B 310) auf der Deutschen Alpenstraße in Richtung Unterjoch; Wanderparkplatz kurz vor der Alpe Vordere Sorg
b) *mit Bahn/Bus:* Mit dem Zug nach Sonthofen oder Oy-Mittelberg, weiter jeweils mit RVA-Bus nach Unterjoch und die Tour von dort starten

GEHZEITEN
Vom Wanderparkplatz nach Unterjoch 45 Minuten, Aufstieg über die Zehrerhöfe zum Zinken 2 Std., Übergang zum Sorgschrofen 30 Minuten, Abstieg über die Hintere Alpe Sorg zum Ausgangspunkt 1.45 Std.; Gesamtgehzeit 5 Std.

SCHWIERIGKEIT
Talsträßchen, Bergwanderwege und Bergsteige. Im Gipfelbereich von Zinken und Sorgschrofen einige Seilsicherungen. Trittsicherheit und Schwindelfreiheit unbedingt erforderlich, einige ausgesetzte Passagen

HÜTTEN/EINKEHR
Hintere Sorgalpe (Sorg 2, 1014 m), bewirtschaftet von Mitte Mai bis Anfang Oktober; Tel. 08324/7647. Hotel Krone in Unterjoch. Gaststätten in Oberjoch und in Jungholz.

KARTE
Topographische Karte 1:50 000 »Allgäuer Alpen« (LDBV)

Der Sorgschrofen und sein Nachbar, der Zinken, sind Grenzgipfel, die die Tiroler Enklave Jungholz nicht nur vom bayerischen Allgäu trennen, sondern auch vom Stammland Tirol. Sollten also einmal alle Grenzen geschlossen werden, könnte man nur über den Gipfel des Sorgschrofen nach Jungholz gelangen. Nur führt von dieser Seite kein Steig hinauf. Sein gezackter Gipfelgrat wirkt wie ein Felsenriff, das aus der Tiefe aufgestiegen ist. Beide Gipfel schmückt jeweils ein schlichtes Gipfelkreuz.

Von zwei Ausgangspunkten werden diese beliebten Gipfel bestiegen: Von Jungholz direkt auf den Sorgschrofen und von Unterjoch direkt auf den Zinken. Die Überschreitung des Doppelgipfels wird jedoch nur erfahrenen Bergwanderern empfohlen, die trittsicher und schwindelfrei sind, denn sie führt über zerklüftete Felsen. Unterwegs gibt es keine Einkehrmöglichkeit, daher ist Rucksackverpflegung angesagt. Erst im Tal können wir eine typische Allgäuer Brotzeit genießen.

Vom Wanderparkplatz über Unterjoch zu den Zehrerhöfen Wir folgen kurz dem Alpweg in Richtung Hintere Alpe Sorg, verlassen diesen jedoch bald und wandern auf breitem Weg an der Wertach entlang, queren diese zweimal und steuern dann auf Unterjoch zu. Im Ort nun nicht links hal-

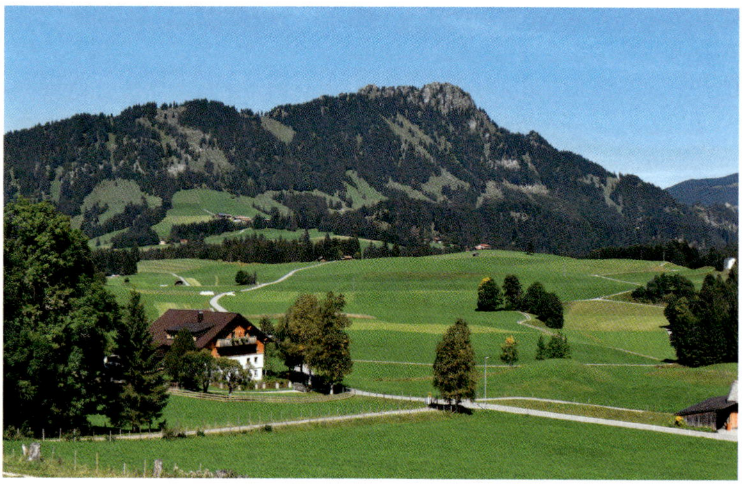

tend weiter auf den Forstweg, sondern links an der Kirche vorbei und auf dem Steinebergweg, einem Teersträßchen, zum Weiler Steineberg mit seinen schönen alten Bauernhöfen. Wir folgen weiter dem Sträßchen – nun ansteigend – zu den Zehrerhöfen, wo uns ein Wegweiser »Zinken« weiterhilft. Auf einem steilen Bergpfad wandern wir nun bergwärts über Widen zum Waldrand; dann durch eine bewaldete Flanke und jenseits über freies Gelände steil hinauf zum Gipfelgrat. Dort halten wir rechts auf den Gipfel des Zinken zu. Einigen Schrofen weichen wir auf der Südseite aus, dann queren wir durch ein Felsenfenster – mit Drahtseil gesichert – auf die Nordseite des Grates, wo uns ein weiteres Seil hinauf zum Gipfel leitet.

Linke Seite: Sorgschrofen und Zinken von Süden; dort erfolgt auch der Aufstieg durch Bergwiesen und Wald, bis der Gipfelgrat erreicht ist; der Abstieg erfolgt dann in Richtung Westen.

Die Gipfelüberschreitung Vom Gipfel des Zinken steigen wir kurz auf dem Anstiegsweg zurück und passieren nochmals das Felsfenster. Die Markierungen leiten uns dort durch einen Felspalt auf die Osteite, kurz darauf wechseln wir aber auf die Nordseite, um die steilen Felszacken zu umgehen, die mindestens Kletterfertigkeit im Schwierigkeitsgrad III erfordern würden. Nun über den zerklüfteten Grat ausgesetzt auf oder neben dem Grat hinüber zum Sorgschrofen. Durch seine Insellage bietet der Gipfel natürlich ein prächtiges Panorama: im Osten reicht der Blick zum Aggenstein und den Tannheimer Bergen, im Norden erkennen wir Edelsberg und Alpspitz, im Süden schauen wir über den markanten Einstein hinweg auf die Vilsalpseeberge und die zentralen Allgäuer Alpen.

Der Abstieg über die Hintere Alpe Sorg Vom eigentlichen Nordostgipfel des Sorgschrofen geht es noch etwas luftig weiter, wir umgehen einen Felszacken nach rechts und steigen dann durch eine Schrofenmulde auf der Nordseite ab. Nun kurz noch auf dem Grat, dann links halten über Bergwiesen hinab, wo wir die Bergstation eines Skilifts ansteuern. Dort links im spitzen Winkel hinab zur Alphütte Älpele (1336 m). Dort gehen wir auf einem Wiesenpfad in Kehren hinab zur Waldgrenze, bis links ein Forstweg abzweigt; nun durch Wald weiter. Der sanft fallende Weg verzweigt sich nach etwa 20 Minuten; hier halten wir uns scharf rechts und wandern zunächst weiter durch Wald, dann über Matten auf die Hintere Alpe Sorg (1014 m) zu, wo wir endlich einkehren können. Anschließend in einer weiten Schleife hinab zu unserem Ausgangspunkt an der Deutschen Alpenstraße.

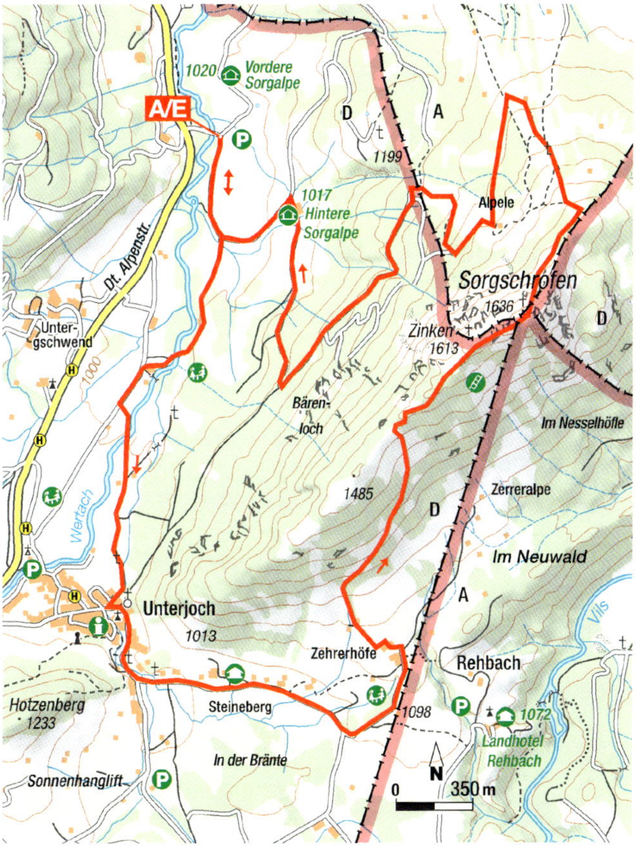

61

Schönkahler (1688 m)

Einsamer Gipfel aus dem Engetal

mittel | 690 Hm | 4.15 Std.

TALORT
Pfronten (853 m)

AUSGANGSPUNKT
Wanderparkplatz im Engetal (1000 m), ca. 3 km nach dem Gasthaus Fallmühle auf der rechten Talseite

ANFAHRT
a) *mit dem Auto*: Auf der A 7 in Richtung Füssen, bis zur Ausfahrt Nesselwang, dann über Pfronten in Richtung Grän bis zum Wanderparkplatz Schönkahler (mit Wegweiser und Info-Karte)
b) *mit Bahn/Bus:* Mit der Bahn über Kempten bzw. Garmisch/Reutte (»Außerfernbahn«) nach Pfronten; von dort mit dem Tälerbus in Richtung Tannheimer Tal bis zur Haltestelle Achental (nur im Sommer). Von dort 10 Minuten auf Wander-/Radweg zurück auf der Anfahrtsstrecke bis zum Ausgangspunkt

GEHZEITEN
Vom Wanderparkplatz Engetal 2.30 Std., Abstieg auf dem Anstiegsweg 1.45 Std.; Gesamtgehzeit 4.15 Std.

SCHWIERIGKEIT
Vom Tal bis zur Pfrontner Alpe bewegen wir uns auf einem Forstweg; der weitere Anstieg zum Gipfel erfolgt auf Wald- und Wiesenpfaden. Bei Nebel eventuell Orientierungsprobleme im Gipfelbereich

HÜTTEN/EINKEHR
Unterwegs keine, also Brotzeit und Getränke mitnehmen. Gasthof Fallmühle am Anfahrtsweg

KARTE
Topographische Karte 1:50 000 »Allgäuer Alpen« (LDBV)

Der Schönkahler liegt abseits der beliebten Gipfel rund ums Tannheimer Tal, doch gerade deswegen findet auch er seine Liebhaber. Üblicherweise besteigt man diesen großteils bewaldeten Gipfel von Zöblen aus. Doch wir haben den Aufstieg aus dem Engetal gewählt, denn erstens können wir den Ausgangspunkt unkompliziert mit dem Bus erreichen, zweitens finden wir auch mit dem Auto leicht einen Wanderparkplatz, und drittens ist auf dieser Route fast niemand unterwegs.

Ein weiteres Plus sind die schönen Wiesenmatten im Gipfelbereich, wo es sich wunderbar rasten lässt und wo wir nach allen Seiten hin einen freien Blick haben, besonders hinüber zur Tannheimer Hauptkette mit den steilen Felsgipfeln Rote Flüh, Gimpel und Kellespitze. Über dem Gipfel verläuft auch die Bayerisch-Tiroler Grenze. Die beste Zeit, um den Schönkahler zu besteigen, sind der Spätfrühling, wenn auf den Bergwiesen die Blumen blühen, und der Herbst, wenn die hohen Ziele schon nicht mehr begehbar sind.

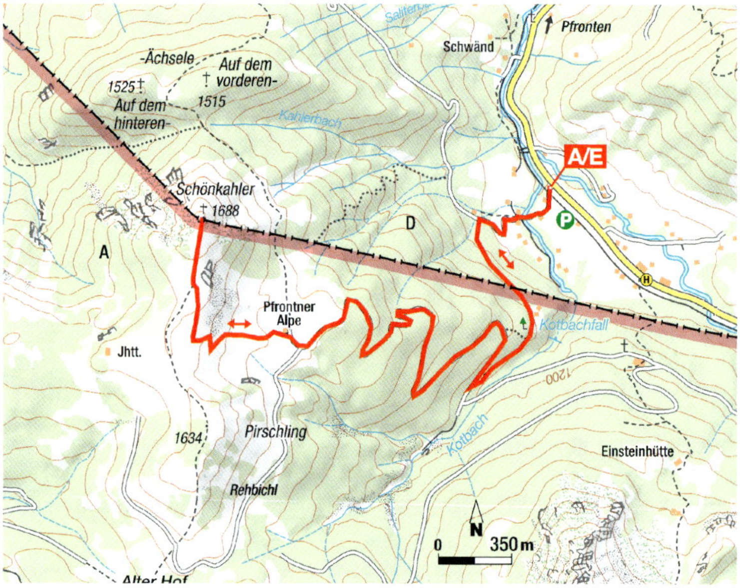

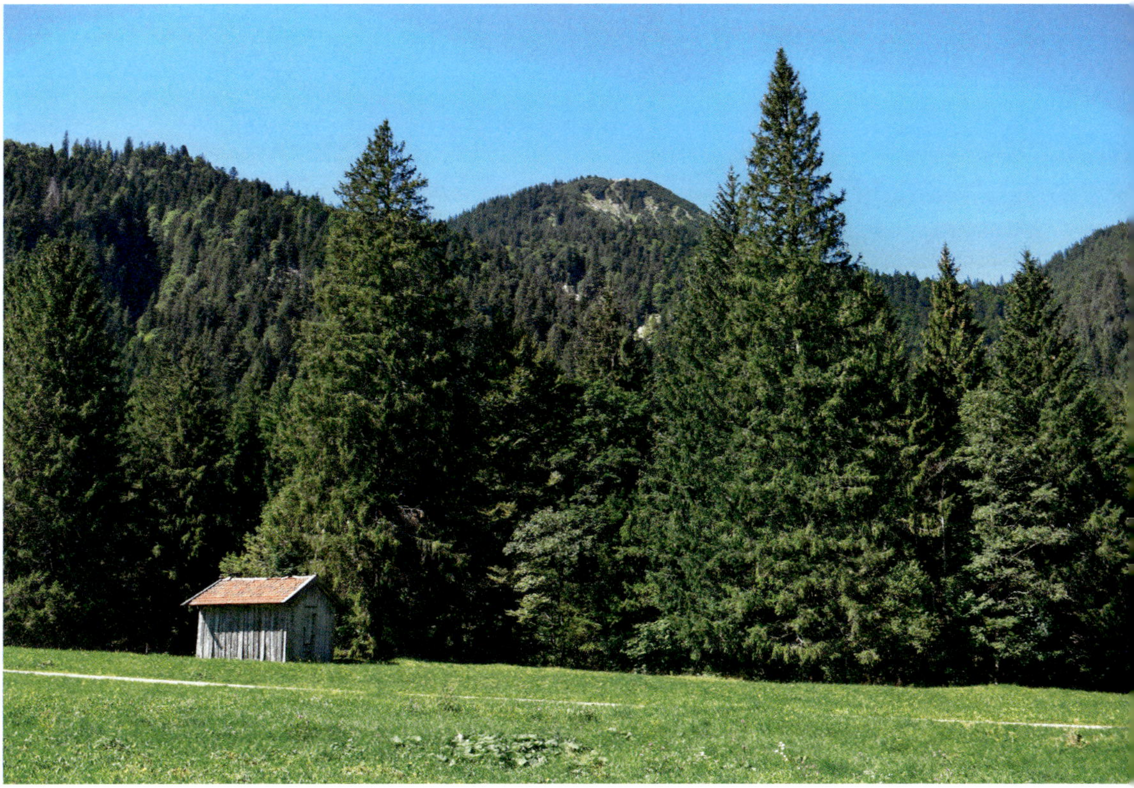

Der nahezu bis zum Gipfel bewaldete Schönkahler; hier von Osten, vom Engetal aus gesehen. Leider müssen wir uns an diesem Gipfel aus dem Rucksack verpflegen.

Der Anstieg zur Pfrontner Alpe Vom Wanderparkplatz folgen wir dem ausgeschilderten und markierten Wirtschaftsweg eben durch Bergwiesen, dann am Waldrand entlang zum Bergfuß, wobei wir den Kotbach überschreiten. Dort zweigt dann links ein Bergwanderweg ab, der uns durch Wald leicht ansteigend bergwärts führt. Etwas oberhalb geht es dann am Kotbach entlang, bis wir nach einer halben Stunde Gehzeit auf einen Forstweg stoßen, der von links aus dem Engetal heraufführt und beim »Wilden Bachtl« den Kotbach quert. Wir halten uns dort rechts und folgen ihm in weiten Kehren bis hinauf zu den Bergwiesen der Pfrontner Alpe (1456 m), wo der Wald und der Wirtschaftsweg enden.

Der Gipfelanstieg Jenseits des verschlossenen Alpgebäudes geht es auf einem Wiesensteig in gerader Linie weiter bergan, dann über einige kurze Kehren bis zu einer Lache, wo unser Weg einen Rechtsschwenk macht. Weiter leicht bergan, nun immer weiter in Richtung Schönkahler, der bald vor uns aufragt. Nachdem der Weg von Zöblen von links her auf unseren Anstiegsweg trifft, ist es nun nicht mehr weit zum großen Gipfelkreuz des Schönkahlers, den wir nach einem kurzen, steiler ansteigenden Bergpfad erreichen. Stille, eine Rundumsicht vom Sorgschrofen, über den Breitenberg und den Aggenstein bis zur Vilser Gruppe; im Süden erheben sich der Ponten und die Vilsalpseeberge. Ein gemütlicher Platz zum Rasten und Schauen.

Der Abstieg erfolgt auf dem Anstiegsweg.

62

Falkenstein (1268 m) und Zirmgrat (1293 m)

Eine »königliche« Ruine und ein aussichtsreicher Gratweg

mittel | 400 Hm | 5.45 Std.

TALORT
Pfronten (853 m)

AUSGANGSPUNKT
Wanderparkplatz in Pfronten-Steinach (850 m)

ANFAHRT
a) *mit dem Auto:* Von Kempten (A 7) oder über Marktoberdorf bzw. über Füssen nach Pfronten-Steinach (B 314 bzw. B 309), am südlichen Ende von Pfronten. Großer, gebührenpflichtiger Wanderparkplatz gegenüber der Talstation der Breitenbergbahn
b) *mit Bahn/Bus:* Mit der Außerfernbahn von Kempten bzw. von Füssen nach Pfronten-Steinach. Am Abend kaum Betrieb, daher besser vorher den Fahrplan konsultieren

GEHZEITEN
Von Pfronten-Steinach zum Falkenstein 1.15 Std., Übergang über den Zirmgrat zur Saloberalm 2 Std., Abstieg ins Tal 1 Std., Rückkehr entlang der Vils nach Pfronten 1.30 Std.; Gesamtgehzeit 5.45 Std.

SCHWIERIGKEIT
Überwiegend leichte Streckenwanderung mit einigen steilen Passagen am Anstieg wie am Abstieg. Am Zirmgrat Trittsicherheit erforderlich. Im Talbereich Wirtschaftswege. Der Weg ist durchgehend als »Burgenweg« ausgeschildert.

HÜTTEN/EINKEHR
Burgrestaurant Falkenstein (1220 m) mit Kiosk; nahezu ganzjährig bewirtschaftet.
Saloberalm (1089 m), von Anfang Mai bis Anfang November bewirtschaftet, Montag und Dienstag Ruhetag, im Sommer nur am Montag.
Burghotel Falkenstein (1220 m), Tel. 08363/91 45 40; Auffahrt mit Pkw möglich.

KARTE
Topographische Karte 1:50 000 »Füssen« (LDBV)

Hoch über dem Vilstal, das die Verbindung zwischen dem Pfrontener Talbecken und dem Lech herstellt, liegen die Reste von zwei mittelalterlichen Burgen: die Ruine Falkenstein, Deutschlands höchstgelegene Burgruine auf einer Höhe von 1270 Metern, und die Ruine Vilsegg.

Eine Büste am Zugang zur Burgruine erinnert heute noch an die Ambitionen unseres Märchenkönigs. Der kurzweilige Anstieg und das prächtige Panorama der Ostallgäuer Seenplatte und der Allgäuer Berge entschädigen aber hinreichend für das nicht gebaute Fantasieschloss. Anschließend wandern wir über den reizvollen Zirmgrat hinüber zur bewirtschafteten Saloberalm und über die Burgruine Vilsegg hinab nach Vils.

Der Aufstieg zum Falkenstein Vom Wanderparkplatz bei der Talstation der Breitenbergbahn folgen wir wenige Minuten dem Rad-/Fußweg an der Bundesstraße in Richtung Vils, biegen dann links in den Zirmenweg ein und entdecken bereits die ersten Wegweiser zu unserem Ziel: »Mariengrotte« und »Ruine Falkenstein«. Wir queren die Bahnlinie und die Vils und treffen am Bergfuß auf einen Sandweg. Auf diesem kurz nach links, dann sogleich rechts auf den ausgeschilderten Pfad, der den Südanstieg zum Falkenstein vermittelt. Bald folgt eine Wegkreuzung, wo wir uns geradeaus halten.

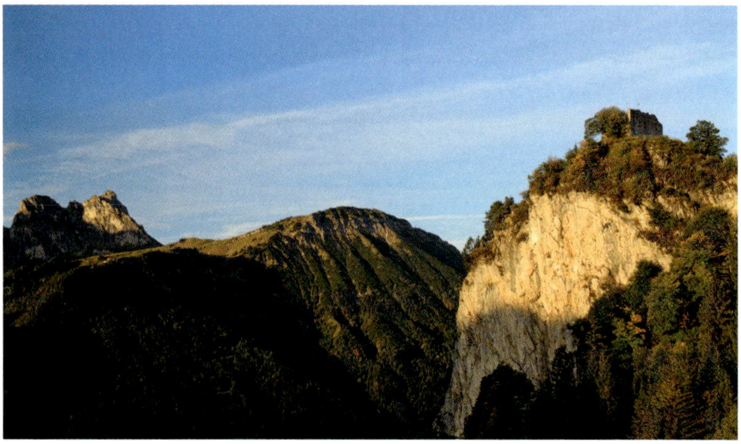

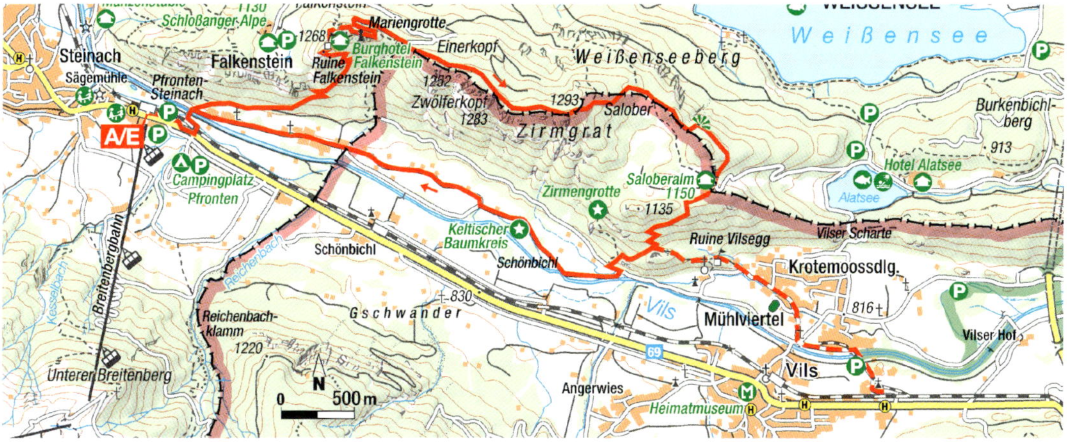

Wir steigen weiter durch Wald an und sehen bald die Südwand des Falkensteins vor uns. An ihrem Wandfuß befindet sich die Mariengrotte (1200 m; schöner Rastplatz), die sich unter einem überhängenden Wandteil befindet. Anschließend folgen wir dem linken Weg hinauf zur Burggaststätte mit schöner Aussichtsterrasse. Ein gut ausgebauter Steig mit vielen Stufen und mit einem Geländer versehen leitet uns hinauf zur Burgruine Falkenstein.

Der Übergang auf dem Zirmgrat zur Saloberalm Wir gehen nun links um das Burghotel herum und folgen dem Zufahrtssträßchen bis zur ersten Kehre, dann vertrauen wir uns dem Pfad an, der die Straßenkehre abkürzt, und gelangen so zur Einmündung des Weges, der direkt von der Mariengrotte herüberkommt. Auf einem Pfad weiter parallel zum Sträßchen hinab. Dort, wo dieser wieder auf die Straße trifft, zweigt rechts der Zugang zum Zirmgrat ab. Wir folgen nun dem Wegweiser bergan durch Wald, seitlich an der felsigen Bergflanke entlang, und steigen dabei immer höher. Nach einer halben Stunde Gehzeit ist die Grathöhe erreicht. Bald geht es steil durch Wald hinab. Beim Grenzschild Achtung: Hier rechts halten und immer der roten Markierung folgen. Wir kommen dann zum Vier-Seen-Blick und folgen anschließend der Ausschilderung zur Saloberalm oberhalb des Alatsees. An der Frontseite der Alm links haltend zum Fahrweg, dann rechts und sogleich wieder links auf den ausgeschilderten Pfad in den lichten Wald hinein. Nach einem kurzen Anstieg wandern wir steil durch Wald hinab. Bei der Wegverzweigung halten wir uns links und bald sehen wir die Ruine Vilsegg vor uns, die wir mit einem kurzen Abstecher besuchen können. Leider steht auch hier nur mehr ein Teil des Bergfrieds, der früher über fünf Geschosse verfügte. Auf einem breiten Weg wandern wir dann hinab ins Vilstal, kurz bevor wir dieses erreichen nochmals rechts über einen Steg und hinab zu einem Sträßchen. Hier haben wir die Möglichkeit, auf ausgeschildertem Weg zum Bahnhof in Vils zu wandern.

Linke Seite: Blick vom Zirmgrat auf den Falkenstein mit der Burgruine; links im Bild der Breitenberg und der Aggenstein

Rückkehr nach Pfronten Falls wir – statt die Bahn zu benutzen – liebern wandern: Zwischen Bergfuß und Vils führt ein ausgeschilderter, überwiegend unbefestigter Wirtschaftsweg – vorbei an der St.-Anna-Kirche – zurück nach Pfronten.

63

Reuter Wanne (1542 m)

Grüner Hügel und eine Alpe mit vielen Tieren

leicht | 650 Hm | 3.30 Std.

TALORT
Wertach (915 m)

AUSGANGSPUNKT
Sebastiankapelle an der Wertachbrücke

ANFAHRT
a) *mit dem Auto:* über die A 7, Ausfahrt Oy-Mittelberg, auf der B 310 Richtung Oberjoch oder von Bad Hindelang übers Oberjoch nach Wertach. An der Ampelkreuzung Richtung Nesselwang über die Wertachbrücke und rechts zum Parkplatz beim Kirchlein
b) *mit Bahn/Bus:* Zug nach Sonthofen oder Oy-Mittelberg, weiter jeweils mit RVO/RVA-Bus nach Wertach, Haltestelle »Rathaus«. Über den Schleifweg zur Wertachbrücke

GEHZEITEN
Von der Sebastiankapelle zur Alpe Reuterwanne 1 Std., weiter zum Gipfel 1.15 Std., hinab zur Buronhütte 0.30 Std. und weiter zum Ausgangspunkt 0.45 Std.; Gesamtgehzeit 3.30 Std.

SCHWIERIGKEIT
Unschwierige Familienwanderung auf leichten Wegen und Steigen. Kurzzeitig etwas kräftiger bergan auf dem Überstieg zur Alpe Reuterwanne, ebenso zur Oberen Reuterwannealpe, zuletzt über Wiesengelände zum grünen Gipfel

HÜTTEN/EINKEHR
Alpe Reuterwanne (1130 m), Anfang Mai bis Anfang Oktober täglich geöffnet.
Buronhütte (1250 m), derzeit Freitag 17–21 Uhr, Samstag und Feiertage 11–17 Uhr offen.

KARTE
Topographische Karte 1:50 000 »Allgäuer Alpen« (LDBV)

Der erstaunlich aussichtsreiche Gipfel lässt sich gut in eine familientaugliche Rundwanderung einbinden. Für nicht ausgelasteten Nachwuchs oder einen Extra-Ausflug finden sich an der Talstation der Buron-Skilifte der Buron-Kinderpark sowie am Nordostufer des Sees der Kletterwald Grüntensee. Ein erstes Ziel ist die Untere Reuterwannenalpe, die mit ihren vielen Tieren vor allem die Kinder begeistern wird.

Dass der Grüntensee kein Natursee ist, sondern durch den Stau der Wertach entstand, sieht man ihm von oben überhaupt nicht an, ebenso wenig vom Wanderweg, der rund um den See führt. Wir haben jedoch ein Gipfelziel, zu dem wir bei der Kapelle St. Sebastian starten wollen. Sie hat ihren Ursprung in der im Jahr 1511 aus Leutkirch eingeschleppten Pest. 1762 gestaltete der Architekt und Stuckateur Bernhard Metz den Innenraum in erstaunlicher Anlehnung an die berühmte Wieskirche bei Steingaden.

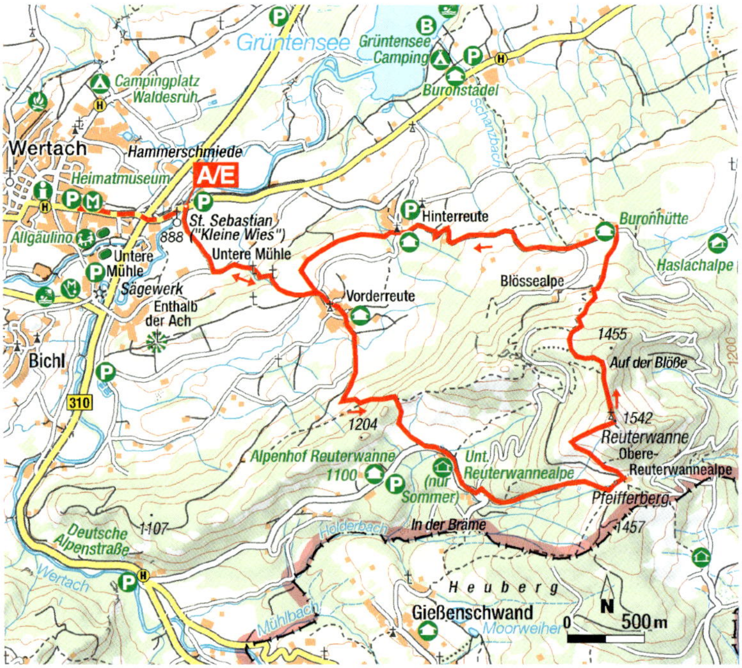

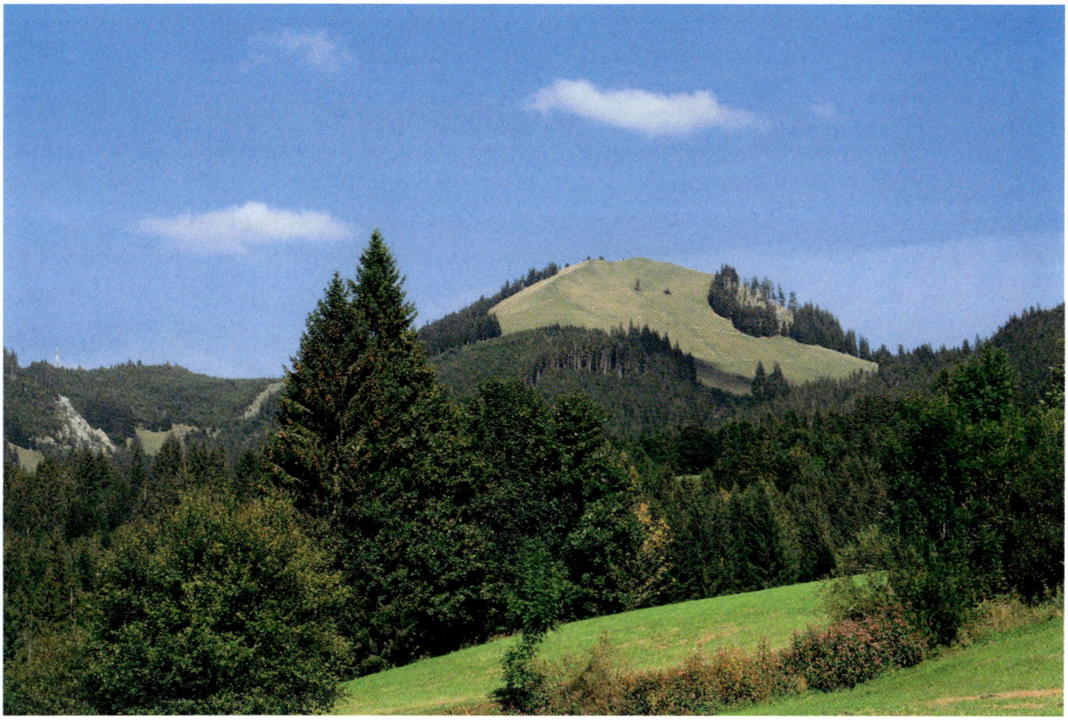

Die Reuter Wanne über dem Grüntensee. Wald und Bergwiesen wechseln sich hier ab, daher gibt es auch einige Alpen zum Einkehren.

Zur Alpe Reuterwanne Bei der Kirche folgen wir dem Sträßchen durch die Wiesen zu einem Querweg mit Bank. Hier links und kurz darauf rechts, nun halten wir uns an die Beschilderung »Untere Reuterwannenalpe«. Kräftig steigend geht es durch den kleinen Tobel hinauf zum Wanderparkplatz bei Vorderreute und rechts durchs Dorf. Wenig später zweigt geradeaus ein Steig ab, der steil und steinig auf die bewaldete Rippe führt, von der wir auf der anderen Seite hinablaufen zum Teersträßchen, auf dem wir geradeaus auch schon die Alpe Reuterwanne, wie sie sich jetzt nennt, erreicht haben.

Das Gipfelziel Auf dem Sträßchen geht es gerade weiter und vor der Bachbrücke links, die Richtung heißt nun »Obere Reuterwannenalpe«, »Reuterwanne«. Wenig später zweigt unsere Route nach rechts ab, und auf einem steileren Weg erreichen wir die Obere Alpe. Jetzt an der Hütte vorbei und den Steig über die Weideflächen hinauf zum Gipfel mit seiner prachtvollen Rundsicht.

Abstieg nach Wertach Richtung Buronhütte verlassen wir die wohlgerundete Kuppe über eine Rippe und laufen aus der Senke gerade in den Wald. Gerade weiter kommen wir zum Skilift, neben dem es mit schönem Seeblick steil hinabgeht zur Buronhütte. Nach links folgen wir dem Sträßchen Richtung Hinterreute und werden links zum Ort geleitet. An dessen Beginn scharf links, schickt uns der Wegweiser nach Vorderreute. Zuvor halten wir uns an die Beschilderung »St. Sebastian« und nehmen das Sträßchen rechts abwärts zum Wanderparkplatz, dann den rechten Feldweg zum Wald und folgen unserem Anstiegsweg hinab zum Kirchlein.

64

Grünten (1738 m)

Auf den »Wächter« des Allgäus

mittel | 790 Hm | 5.30 Std.

TALORT
Burgberg (752 m)

AUSGANGSPUNKT
Wanderparkplatz »Auf dem Ried« (980 m)

ANFAHRT
a) *mit dem Auto:* Auf der A 7 und der B 19/B 308 nach Sonthofen, dann dem Abzweig nach Burgberg folgen. Dort folgen wir dem Wegweiser zum Berggasthaus Alpenblick. Kurz davor liegt der Wanderparkplatz »Auf dem Ried«.
b) *mit Bahn/Bus:* Mit dem Allgäu-Schwaben-Takt bis Sonthofen, dann mit Bus nach Burgberg; von dort weiter zu Fuß in Richtung Berggasthaus Alpenblick

GEHZEITEN
Vom Wanderparkplatz zur Oberen Schwandalpe 1.15 Std., Weiterweg zum Grüntenhaus 1.30 Std., Aufstieg zum Übelhorn 0.45 Std., Abstieg zum Wanderparkplatz 2 Std.; Gesamtgehzeit 5.30 Std.

SCHWIERIGKEIT
Zu Beginn Wirtschaftswege, dann leichte, aber zum Teil steile Bergwanderwege und Bergpfade. Das letzte Stück zum Übelhorn (hier ist etwas Vorsicht geboten) steiniger Bergweg

HÜTTEN/EINKEHR
Berggasthof Alpenblick (1060 m), ganzjährig bewirtschaftet, nahezu ganzjährig geöffnet, 8 Zimmer; Tel. 083 21/33 54.
Obere Schwandalpe (1330 m), von Anfang Juni bis Mitte Oktober bewirtschaftet.
Grüntenhaus (1585 m), privat, bewirtschaftet von Mai bis Ende Oktober, im Winter bei gutem Wetter an Wochenenden, 44 Betten, Übernachtung für Gruppen nur nach Voranmeldung; Tel. 083 21/33 72.

KARTE
Topographische Karte 1:50.000 »Allgäuer Alpen« (LDBV)

Der Grünten ist der letzte Vorposten der Allgäuer Alpen, bevor sie im Vorland mit kleinen Moränenhügeln ausklingen. Aufgrund dieser Randlage reicht der Blick dann auch dementsprechend weit. Dafür müssen wir uns allerdings bis zum Gipfel hinaufbemühen, das sogenannte Übelhorn –, denn der Name Grünten bezieht sich »nur« auf das gesamte Bergmassiv –, das ein aufwändiges Denkmal für die Gebirgsjäger aus dem Jahre 1924 krönt.

Der Grünten war schon früh als Bergwanderziel populär, deshalb wurde dort oben mit dem Grüntenhaus bereits im Jahr 1852 die erste gewerbliche Hütte der gesamten Allgäuer Alpen erbaut. Selbst König Max II. von Bayern war hier im Jahr 1850 schon oben, als er seine berühmte Fußreise vom Bodensee bis nach Berchtesgaden unternahm. Der Grünten hat aber auch schon früher von sich reden gemacht, so wurde dort über Jahrhunderte Eisenerz im Tagebau abgebaut, dessen Spuren wir am ausgeschilderten Erzgrubenweg noch heute nachspüren können. Und im Jahr 1827 wurde am Grünten der letzte Wolf der Allgäuer Alpen erlegt.

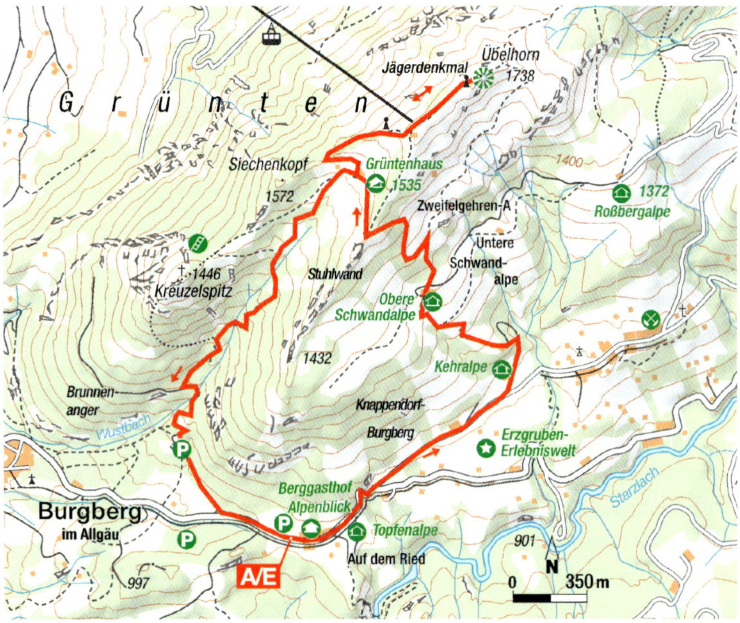

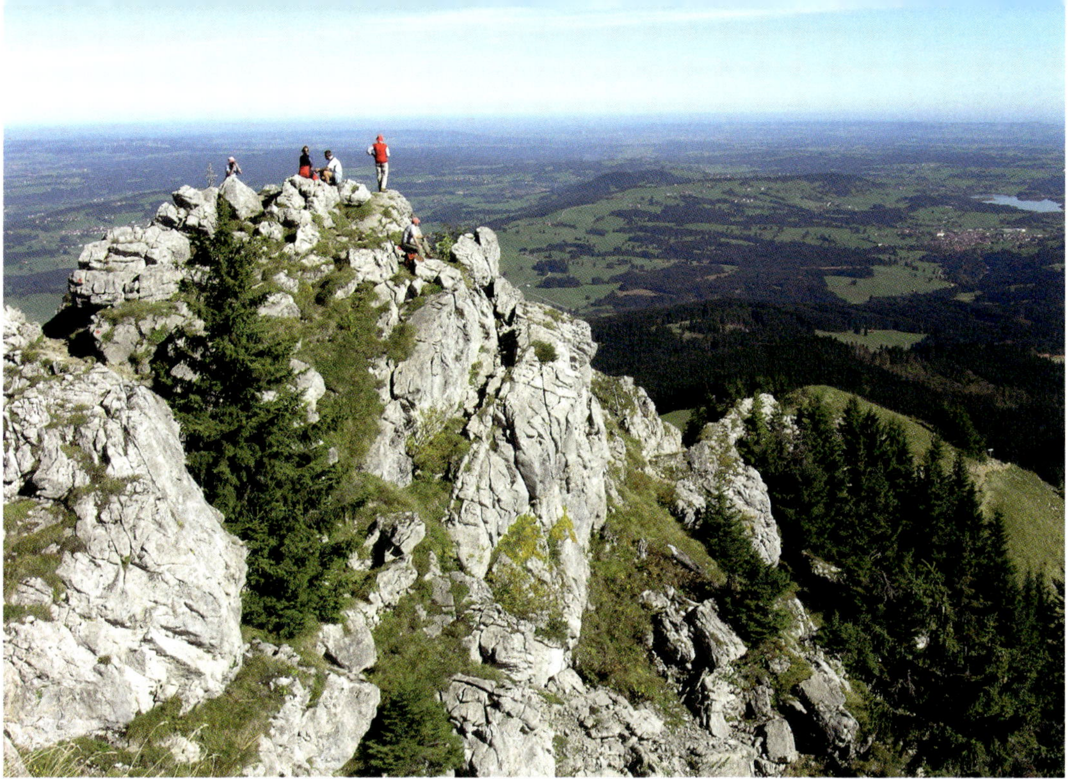

Der schrofige Gipfelaufbau des Grünten, genauer gesagt des Übelhorns. Von dort oben bietet sich ein freier Blick hinaus ins Alpenvorland.

Der Anstieg zum Grüntenhaus Vom Wanderparkplatz folgen wir dem Teersträßchen bergan, gehen am Berggasthaus Alpenblick vorbei und halten uns bei der folgenden Wegverzweigung links. Bei der Alpe Kehr verlassen wir den Fahrweg nach links (geradeaus geht es zum Erzgrubenweg) und steigen – der Weg ist noch breit und immer gut ausgeschildert – in Kehren über die Alpweiden nun steil hinauf zur Oberen Schwandalpe, wo wir eine erste Rast einlegen und auf der kleinen Terrasse den freien Blick ins Tal genießen können. Dann folgen wir dem Bergpfad hinauf zur Zweifelgehrenalpe, wo sich kurz vorher unser Weg verzweigt. Links haltend weiter bergan hinauf zu einem bewaldeten Kammausläufer und nahezu eben hinüber zum Grüntenhaus.

Der Gipfelabstecher Vom Grüntenhaus queren wir nun hinüber zu einem bewaldeten Kamm und folgen dort rechts dem Pfad hinauf (Wegweiser) zur Sendestation des Bayerischen Rundfunks; dort entdecken wir auch eine große Panoramatafel, die uns bei der Aufschlüsselung der westlichen Allgäuer Berge hilft. Links am Sendeturm vorbei und weiter auf dem nun freien, aber ungefährlichen Grat hinauf zum höchsten Punkt mit dem Jägerdenkmal.

Der Abstieg ins Tal Vom Grüntenhaus rechts hinüber zum bewaldeten Kamm (Wegweiser) und links haltend hinab in den bewaldeten Graben, der den Kreuzelspitz und die Stuhlwand trennt. Geradewegs mit vielen kleinen Serpentinen talwärts hinab. Kurz bevor wir die Fahrstraße zum Berggasthof Alpenblick erreichen, links auf Ziehweg vor zu dieser und dem Sträßchen folgend noch das kurze Stück hinauf zum Wanderparkplatz.

65

Kleiner Hirschberg (1500 m)

Durch den Hirschbachtobel

mittel | 700 Hm | 4.15 Std.

TALORT
Hindelang (820 m)

AUSGANGSPUNKT
Hirschbachbrücke am östlichen Ortsrand von Hindelang (820 m)

ANFAHRT
a) *mit dem Auto:* Auf der A 7 bis Ausfahrt Oy-Mittelberg und weiter auf der B 310/B 308 nach Oberjoch und über die Oberjoch-Passstraße hinab nach Hindelang; kleiner Parkplatz am Ortseingang von Hindelang. Oder Anfahrt über die B 19 über Immenstadt und Sonthofen
b) *mit Bahn/Bus:* Mit dem Allgäu-Schwaben-Takt bis Sonthofen, dann weiter mit Bus nach Hindelang (Haltestelle »Letzter Heller«)

GEHZEITEN
Von Hindelang durch den Hirschbachtobel zum Hirschberg 2.15 Std. Abstieg über das Steinköpfle nach Hindelang 2 Std.; Gesamtgehzeit 4.15 Std. – Variante Abstieg über die Klankhütte 2.30 Std.

SCHWIERIGKEIT
Gut angelegter Weg und Steig mit Brücken und Geländern sowie Seilsicherungen durch den Hirschbachtobel; Trittsicherheit und Schwindelfreiheit erforderlich. Wanderwege, Bergsteige und Pfade für den restlichen Weg. Bei Nässe nicht empfehlenswert!

HÜTTEN/EINKEHR
Café Polite (960 m), ganzjährig bewirtschaftet (kurzer Abstecher vom Weg durch den Hirschbachtobel). Hotels, Pensionen und Gasthöfe aller Kategorien in Hindelang

KARTE
Topographische Karte 1:50 000 »Allgäuer Alpen« (LDBV)

Der Kleine Hirschberg ist der Vorposten des Großen Hirschbergs, der knapp 150 Meter höher ist. Die geringere Höhe macht er jedoch mit einem spektakulären Anstiegsweg wett, der durch den Hirschbachtobel führt. Durch seine vorgeschobene Lage ist er ein großartiger Aussichtsberg – hinab nach Hindelang und auf die gegenüberliegende Daumengruppe.

Der Hirschbachtobel bei Hindelang in den Allgäuer Alpen bietet eine wildromantische Szenerie mit steilen Felswänden, umgestürzten Bäumen, Strudeln, Gumpen und kleinen Wasserfällen. Zudem gilt er unter Geologen als Ausnahmeerscheinung, denn er baut sich aus verschiedenen Gesteinschichten auf, die zwischen 100 und 200 Millionen Jahre alt sind. Ein vorbildlich angelegter geologischer Lehrpfad mit 14 Tafeln gibt uns Einblicke in diese Gesteinsbildung.

Der Anstieg durch den Hirschbachtobel Von der Hirschbachbrücke am östlichen Ortsrand von Hindelang folgen wir zunächst dem Wegweiser

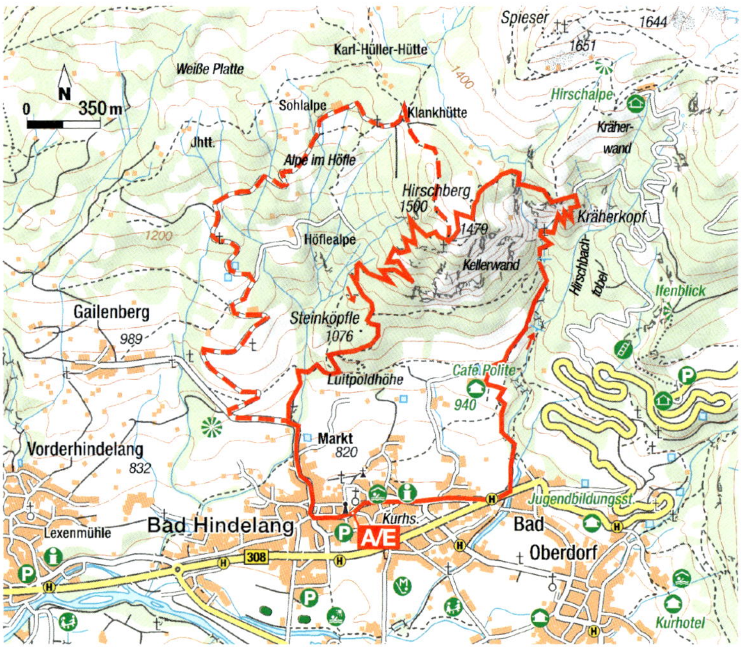

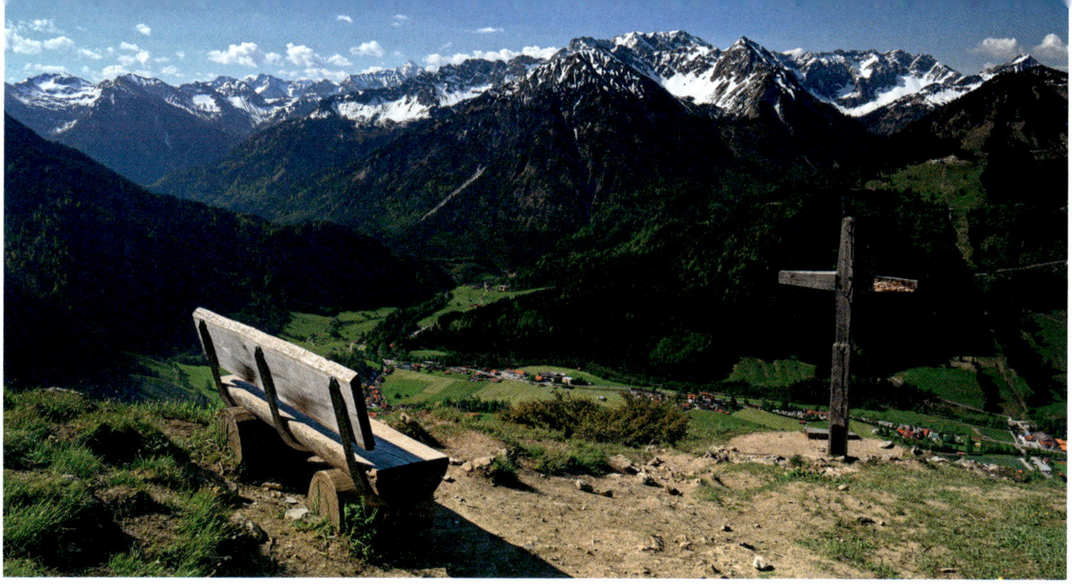

Blick vom Kleinen Hirschberg über das Hindelanger Tal hinweg zum Allgäuer Hauptkamm; rechts im Bild das Imberger Horn, das mit einer Bergbahn erschlossen ist.

»Hirschbachalpe« und wandern am eingefassten Hirschbach entlang. Bald geht es in den Wald hinein, dann queren wir den Bach und treffen auf eine große Tafel, auf der die Geologie des Hirschbachtals anschaulich dargestellt ist. Anschließend folgen wir dem zu Beginn noch breiten Tobelweg auf der rechten Seite des Baches bergan. Der Weg verengt sich bald und wird steiniger. Die ersten Infotafeln am Weg geben uns Einblick in die Schichtungen der alten Sedimente, die einen 100 Millionen Jahre umfassenden Abschnitt der Erdgeschichte dokumentieren. (Falls wir die Wanderung hier abbrechen wollen, biegen wir nach dem Eisensteg links ab und wandern hinauf zum Café Polite – lange Eisentreppe). Einige Stege, Treppen und gesicherte Wegabschnitte bürgen für einen abwechslungsreichen Wegverlauf, wobei der geologische Lehrpfad zuweilen vom normalen Weg abzweigt. Nach einer halben Stunde sind wir im Innersten des Tobels angelangt, das durch einen großen Wasserfall abgeschlossen wird. Über steile Kehren steigen wir nun rechts durch die wilden Felsflanken (Eisentritte und Drahtseilsicherungen) der Krähenwand hinauf (Achtung, nicht bei Nässe begehen!), wo wir auf eine Forststraße stoßen. Bald zweigt links der direkte Weg zum Hirschberg ab (rechts geht es hinauf zur bewirtschafteten Hirschalpe), wir queren den Hirschbach und steigen über den Osthang hinauf zum Gipfelkreuz auf dem Kleinen Hirschberg und dann noch ein Stück weiter zum höchsten Punkt.

Abstieg nach Hindelang Vom Gipfel des Hirschbergs folgen wir links dem steilen Steig, der uns in zahllosen Kehren durch Wald talwärts führt. Wir stoßen auf den Kellerwandweg, der links wieder in den Hirschtobel führt. Wir gehen jedoch rechts und steigen durch den Südabfall des Steinköpfles weiter ab. Bald stoßen wir auf einen Querweg (Geologischer Wanderweg); dort rechts haltend weiter talwärts und auf breitem Wanderweg den Zillenbach entlang, bis wir auf die Gailenbergstraße stoßen, die uns links haltend nach Hindelang hinableitet.

Abstiegsvariante über die Klankhütte Vom Kleinen Hirschberg folgen wir einem Steig durch Wald und über Wiesen zur Klankhütte; dort folgen wir einem Alpweg und Fahrsträßchen in einen weiten Linksbogen hinab nach Hindelang.

66

Großer Hirschberg (1644 m)

Brotzeit- und Gipfelvergnügen am Oberjoch

leicht | 560 Hm | 3.30 Std.

TALORT
Bad Hindelang-Oberjoch (1136 m)

AUSGANGSPUNKT
Parkplatz 1 in Oberjoch

ANFAHRT
a) *mit dem Auto:* über Bad Hindelang oder Oy-Mittelberg und Wertach bzw. durchs Tannheimer Tal nach Oberjoch
b) *mit Bahn/Bus:* Zug nach Sonthofen oder Oy-Mittelberg, weiter jeweils mit RVO/RVA-Bus 48 nach Oberjoch; von Reutte mit Regionalbus 120 (VVT) über Weißenbach und das Tannheimer Tal nach Oberjoch

GEHZEITEN
Von Oberjoch zur Hirschalpe 1.30 Std., auf den Großen Hirschberg 0.30 Std., zum Kreuz am Jochschrofen 0.30 Std., hinab nach Oberjoch 1 Std.; Gesamtgehzeit 3.30 Std.

SCHWIERIGKEIT
Familienwanderung auf leichten Bergwegen und Steigen, zuletzt über Wiesengelände zum Gipfel

HÜTTEN/EINKEHR
Hirschalpe (1495 m) Mitte Mai bis Anfang November täglich von 11 bis 17 Uhr, Gastronomie in Oberjoch

KARTE
Topographische Karte 1:50 000 »Allgäuer Alpen« (LDBV)

Als familientauglich erweist sich die Rundwanderung vom Bad Hindelanger Ortsteil Oberjoch zur Hirschalpe und weiter auf die grüne Kuppe des Großen Hirschbergs, den man auch auslassen kann. Allerdings gehört eine Brotzeit auf der Hirschalpe sozusagen zum Pflichtprogramm. Sie ist eine traditionsreiche Alpe, die bereits 1436 als »Alb Hirsperg« auftaucht, denn schon in der Frühzeit wussten die Bauern die von Hirschwild beweideten Flächen als natürliche Alpwiesen zu schätzen.

Die Aussicht lohnt den Abstecher auf den Großen Hirschberg, bietet er doch einen prachtvollen Rundumblick in die Allgäuer Hochalpen mit den Gipfeln des Hindelanger Klettersteigs, Richtung Kleinwalsertal mit dem markanten Schrägdach des Hohen Ifen, im Westen zur Nagelfluhkette und zum Grünten, im Norden liegt die flache Kuppe des Wertacher Hörnles, und im Osten schaut man übers Tannheimer Tal zu den Tannheimer Bergen.

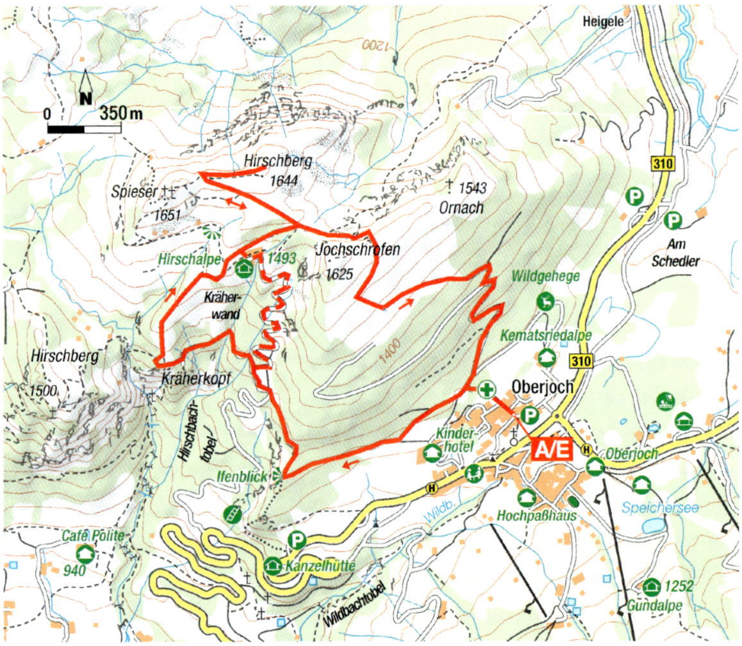

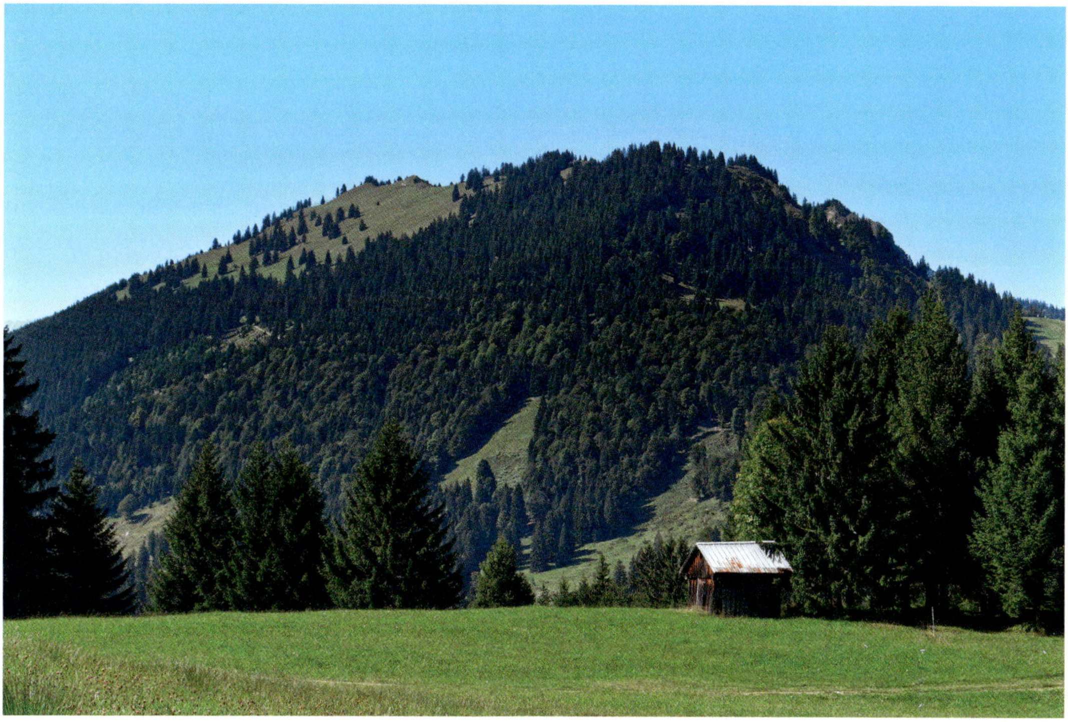

Der ebenfalls stark bewaldete Große Hirschberg; mit der Hirschalpe gibt es hier auch eine beliebte Einkehr.

Von Oberjoch zur Hirschalpe Vom Parkplatz 1 in Oberjoch spazieren wir abwärts zur Bushaltestelle und wechseln danach über die Passstraße zur kleinen Steinkirche. Rechts auf dem Fußweg daran vorbei, wenden wir uns oben schräg links in den Riedlesweg und folgen ihm bergan in den Wald. An der Rechtskurve nehmen wir geradeaus den Abzweig Richtung Hirschalpe, dann den linken Steig, der uns zum Panoramaweg bringt. Auf diesem rechts weiter zum Ifenblick, einem Aussichtspunkt über steilen Kletterwänden. Auf der Rippe empor, dann zieht der Steig hinüber zum geteerten Alpsträßchen, dem wir in vielen Kehren bergan folgen können zur Hirschalpe. Empfehlenswert ist es jedoch, kurz darauf abzuzweigen und mit geringem Höhenverlust der Beschilderung Hirschalpe über Kräherwand, beim Wendeplatz Hirschberg, Hirschalpe zu folgen. Ab hier führt ein Steig den Hang hinauf und rechts zur Hirschalpe.

Auf den Gipfel Hinter der Alpe halten wir uns beim Wegweiser rechts Richtung Unterjoch und gehen auf einem Steig hinauf in den Sattel zwischen Großem Hirschberg und Jochschrofen. Nach links gelangen wir auf den Kamm und rechts über grüne Matten auf den höchsten Punkt des Hirschbergs.

Rückweg nach Oberjoch Auf gleichem Weg gehen wir wieder hinab in den Sattel, links abwärts durch die Nordseite des Jochschrofens, bis ein Schild »Oberjoch« nach rechts weist. Ein kurzer, steiler Anstieg bringt uns hinauf zu einem Kreuz, dann kurvt der schmale Steig den Hang hinab zu einem breiten Weg, dem wir nach links folgen und der uns in einigen Kehren hinunter bringt nach Oberjoch.

67

Iseler (1862 m) und Kühgundkopf (1907 m)

Felsige Hausberge über dem Oberjoch

leicht/schwer 320/730 bzw. 320/840 Hm 1.45/3.45 Std.

TALORT
Bad Hindelang (820 m)

AUSGANGSPUNKT
Parkplatz gegenüber der Iselerbahn in Oberjoch (1200 m)

ANFAHRT
a) *mit dem Auto:* Über Bad Hindelang oder Oy-Mittelberg und Wertach (B 310) bzw. durchs Tannheimer Tal (B 308) nach Oberjoch; großer Wanderparkplatz gegenüber der Talstation der Iselerbahn
b) *mit Bahn/Bus:* Zug nach Sonthofen oder Oy-Mittelberg, weiter jeweils mit RVA-Bus nach Oberjoch; von Reutte mit Regionalbus 120 (VVT) über Weißenbach und das Tannheimer Tal nach Oberjoch

BERGBAHN
Die Iselerbahn ist ganzjährig (täglich ab 9 Uhr) in Betrieb, da dort im Winter auch Skibetrieb herrscht. Die Bergstation liegt auf einer Höhe von 1560 m; Tel. 08324/93 39 90.

GEHZEITEN
Von der Bergstation der Iselerbahn zum Iseler 45 Minuten, Abstieg ins Tal zum Ausgangspunkt 1 Std.; Gesamtgehzeit 1.45 Std. – Der Übergang zum Kühgundkopf und der Abstieg ins Tal erfordern 3 Std.

SCHWIERIGKEIT
Von der Bergstation zum Iseler Wanderweg bzw. Steig. Abstieg von der Bergstation zur Talstation auf Wanderweg, zuletzt auf Alpweg. Der Übergang zum Kühgundkopf und der Abstieg nach Oberjoch erfolgen auf Bergpfaden und Bergsteigen; Drahtseilsicherungen beim Abstieg vom Iseler in Richtung Kühgundkopf; Trittsicherheit und Schwindelfreiheit jedoch erforderlich, einige ausgesetzte Passagen

HÜTTEN/EINKEHR
Alpe Gund (1252 m), oberhalb von Oberjoch, ganzjährig bewirtschaftet, Übernachtung für 12 Personen möglich; Tel. 08324/97 37 30.

KARTE
Topographische Karte 1:50 000 »Allgäuer Alpen« (LDBV)

Dieser Ausflug in die Berge bietet Raum für zwei nahezu entgegengesetzte Ansprüche für Bergwanderungen: dem Seilbahn-Wanderer, der den leichten Aufstieg zum Iseler ohne Problem bewältigt, und dem erfahrenen Bergwanderer, der den Gratübergang vom Iseler über den Kühgundkopf zu schätzen weiß, einen großartigen Höhensteig, der Trittsicherheit und Schwindelfreiheit voraussetzt.

Für Klettersteigaspiranten wurde 2008 am Iseler ein Klettersteig eingerichtet, später kamen noch zwei Varianten dazu (zur Zeit – 2022 –) wegen Sanierung jedoch nur teilweise begehbar; Wintersperre ab 10. 11. bis zum 1. 6., um die Wildpopulation zu schützen). Durch die Seilbahnnähe recht beliebt. Ob nun Bergwanderer oder Klettersteigliebhaber – an der gemütlichen Iseler-Platz-Hütte treffen sie sich dann alle wieder, um den Tagesausflug bei einem kühlen Getränk ausklingen zu lassen. Wer flexibel ist, kann vom Iseler über die Zipfelsalpe auch nach Hinterstein absteigen.

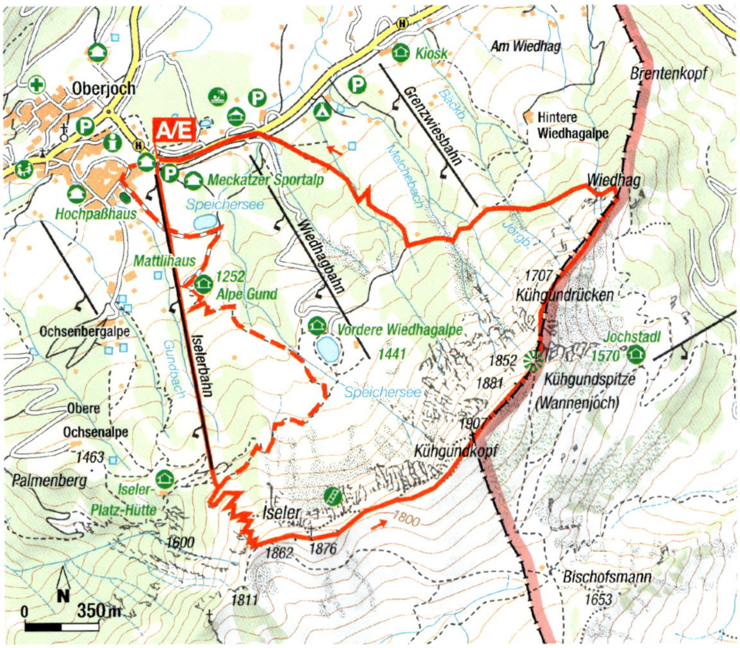

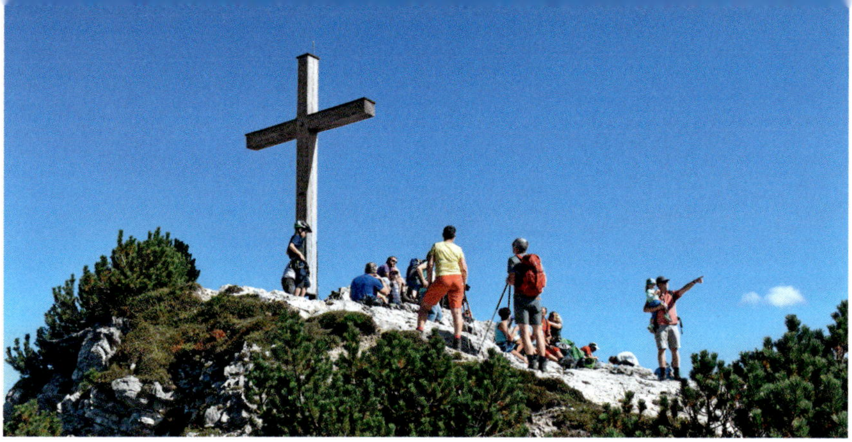

Am Gipfel des Iseler; er ist schnell und leicht erreichbar;der Weiterweg über den Kühgundkopf ist allerdings wesentlich anspruchsvoller.

Von der Bergstation zum Iseler Nach dem Ausstieg halten wir uns rechts und steigen auf dem gut ausgeschilderten Bergwanderweg gipfelwärts. Er leitet uns anfänglich noch durch lichten Bergwald, bis wir in der Latschenzone landen. Über zahlreiche gut gestufte Serpentinen steigen wir höher, bis links der Zustieg zum Klettersteig abzweigt. Wir bleiben auf dem Normalweg. Bald wird der Blick freier und wir schauen hinüber zur Rotspitze und zum Großen Daumen. Bei einer Aussichtsbank genießen wir den Blick nach Süden, zu Ponten und Bschießer. Von hier ist der Gipfel des Iseler nicht mehr weit. Zuletzt geht es noch durch eine lange Latschengasse, dann können wir sogar einen Rundumblick genießen.

Über den Kühgundkopf und Abstieg nach Oberjoch Vom Gipfel des Iseler ist unser Weiterweg über den Kühgundkopf bereits zu sehen. Er führt gut ausgeschildert bzw. markiert direkt vom Gipfel zunächst ostwärts über ein schrofiges Steilgelände hinab in die tiefste Einsenkung zwischen Iseler und Kühgundkopf (der im österreichischen »Wannenjoch« heißt) und dann durch Latschengelände – immer auf der Gratschneide entlang – über einen Vorgipfel hinauf zum Kühgundkopf. Anschließend bleiben wir immer auf der felsigen Grathöhe und wandern im Auf und Ab – nun wieder fallend – über den Kühgundspitz und den Kühgundrücken, bis wir den Grat bei einigen Bäumen nun nach links verlassen können. Nun durch einen steilen Hang abwärts, links an der Hinteren Wiedhagalm vorbei bis zu einer Weggabelung. Dort rechts haltend hinab zur B 308. Links an dieser entlang und zurück zum Wanderparkplatz in Oberjoch.

Schnellabstieg von der Bergstation zur Talstation Falls wir nur den Iseler als Gipfelziel ansteuern wollen, ist es kein Problem, anschließend der Iseler-Platz-Hütte einen Besuch abstatten zu wollen. Dieser idyllische Platz ist es wert, nicht links liegen gelassen zu werden; außerdem befindet er sich ja nur 10 Minuten von der Bergstation entfernt. Da wir auf unserer Gipfelrunde über den Kühgundkopf an keiner Einkehrstelle vorbeikommen, sollten wir uns diesen kleinen Genuss gönnen, bevor wir loslegen.
Falls wir von der Bergstation direkt nach Oberjoch absteigen wollen, folgen wir dann dem zu Beginn schmalen Bergwanderweg durch lichten Wald und über Bergwiesen, wobei wir einen langen, langen Treppenweg bewältigen müssen, bevor wir dann auf breiterem Weg die Alpe Gund und dann Oberjoch, unseren Ausgangspunkt, erreichen

68

Spieser (1651 m)

Beschaulicher Gipfel, gemütliche Brotzeitalpen

leicht | 601 Hm | 4.00 Std.

TALORT
Obergschwend (1057 m) bei Unterjoch

AUSGANGSPUNKT
Parkplatz an der B 310 in Obergschwend

ANFAHRT
a) *mit dem Auto:* über die A 7, Ausfahrt Oy-Mittelberg und auf der B 310 Richtung Oberjoch oder von Bad Hindelang übers Oberjoch Richtung Wertach
b) *mit Bahn/Bus:* Zug nach Sonthofen oder Oy-Mittelberg, weiter jeweils mit RVO/RVA-Bus nach Obergschwend

GEHZEITEN
Von Obergschwend auf den Gipfel 2 Std., Abstieg zur Buchel Alpe 1.30 Std. und nach Obergschwend 0.30 Std.; Gesamtgehzeit 4 Std.; Abstecher zur Hirschalpe 10 Minuten

SCHWIERIGKEIT
Familienwanderung auf leichten Bergwegen und Steigen, zuletzt am Kamm entlang zum Gipfel. An den Kanten zur schrofigen Nordseite ist etwas Vorsicht angebracht.

HÜTTEN/EINKEHR
Hirschalpe (1495 m), Mitte Mai bis Anfang November täglich von 11 bis 17 Uhr. Buchel Alpe (1290 m), Anfang Mai bis Ende Oktober, Montag Ruhetag.

KARTE
Topographische Karte 1:50 000 »Allgäuer Alpen« (LDBV)

Als Nachbar des Großen Hirschbergs bietet sich der Spieser, manchmal auch Spießer genannt, ebenfalls zu einer unschwierigen Familientour an. Die Steigungen sind nicht zu steil, die Aussicht vom Gipfel in die Allgäuer Alpen ist famos, der Abstieg zunächst eher ein Panoramaweg mit herrlichen Ausblicken ins Tannheimer Tal, bevor es über die Buchel Alpe wieder hinunter geht nach Obergschwend.

Der Spieser ist der höchste Gipfel einer Berggruppe zwischen Bad Hindelang und Unterjoch, zu der auch der Große Hirschberg, Ornach und Jochschrofen zählen und die zum Landschaftsschutzgebiet Großer Wald/Grünten gehören. Der Natur verpflichtet fühlen sich auch die Betreiber der Alpen beidseits des Berges, bei denen überwiegend regionale Produkte auf den Tisch kommen. Ein besonderes Schmankerl ist der Hefezopf aus Dinkelmehl, der auf der Alpe Buchel im Holzofen gebacken wird.

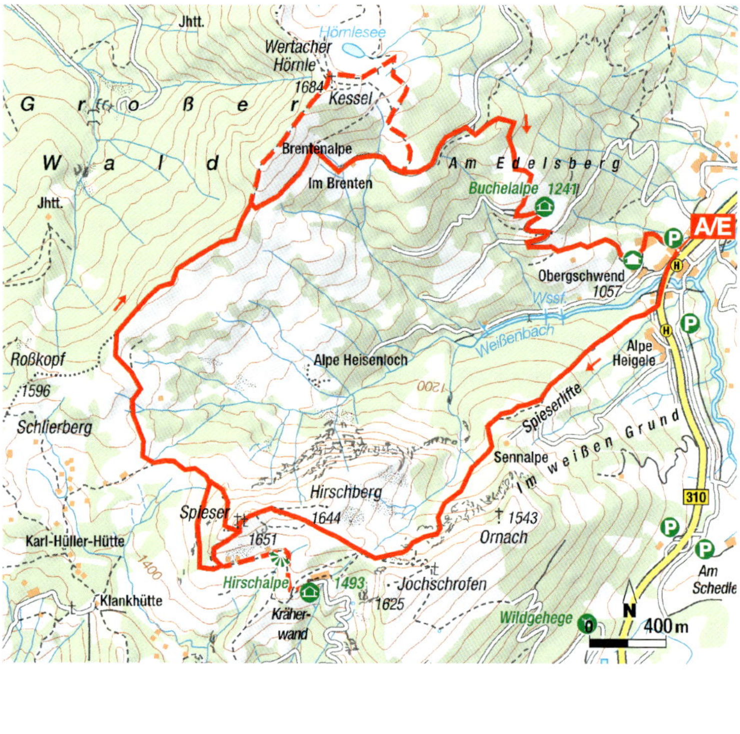

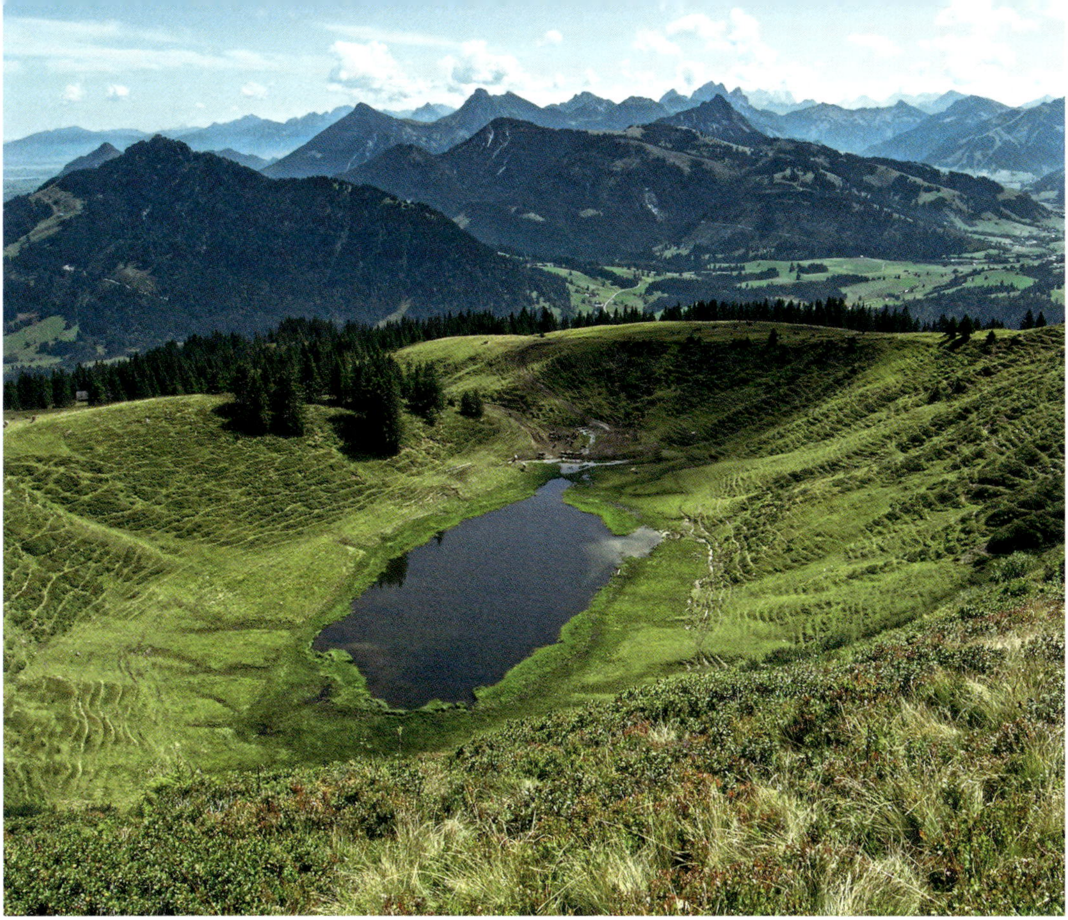

Blick vom Wertacher Hörnle über den Hörnlesee hinweg nach Osten; mit scharfem Auge erkennen wir sogar die Zugspitze.

Von Obergschwend auf den Gipfel Wir starten vom Parkplatz entlang der Straße Richtung Spieser, gehen vor der Bushaltestelle rechts und gleich wieder links, über die Brücke zu den Skiliften und folgen davor rechts der Beschilderung. Entlang der Skipiste zieht der Steig zunächst mit erträglicher Steigung und manchmal etwas feucht, dann steiler empor und läuft unter der Nordflanke des Jochschrofens zum Steinpasssattel, bei dem man gleich zur Hirschalpe und von dort weiter zum Gipfel gehen könnte. Da ein echter Bergsteigermagen auf Brotzeit kurz vor dem Gipfel nicht eingerichtet ist, bleiben wir weiter ansteigend geradeaus und wenden uns schließlich links dem Spieser zu, dessen höchsten Punkt wir kurz darauf erreichen.

Abstieg über die Alpen nach Obergschwend Der steile und schrofige Abstieg über die Nordseite ist vor allem für Kinder nicht unbedingt empfehlenswert, so gehen wir südlich über die weiten Grashänge, die herrliche Aussicht genießend, hinab zu einem Weg, auf dem man nach links den Abstecher zur Hirschalpe machen könnte. Sonst wenden wir uns rechts, spazieren um den Berg herum, nehmen rechts den Abzweig Richtung Wertacher Hörnle (das wir mit einem Schlenker mitnehmen können), bleiben am nächsten Abzweig rechts und erreichen einen Fahrweg. Wir folgen ihm bis zum Rechtsabzweig zur Buchel Alpe und gehen hinab zur Alpe. Weiter abwärts leiten uns die Schilder »Obergschwend« zunächst auf dem Alpfahrweg, dann rechts ab in einen Steig, der uns hinunter bringt zum Parkplatz.

69 Hündlekopf (1112 m)

Erlebnisberg für die ganze Familie

leicht | 400 Hm | 3.00 Std.

TALORT
Oberstaufen-Hinterstaufen (741 m)

AUSGANGSPUNKT
Talstation der Hündlebahn (741 m)

ANFAHRT
a) *mit dem Auto:* von Norden über die A 96 und A 7 oder über die B 12 nach Kempten, weiter nach Immenstadt und auf der B 308 Richtung Oberstaufen zur Hündlebahn. Von Westen auf der A 96 bis Sigmarszell und die B 308 über Lindenberg und Oberstaufen zur Hündlebahn (Parkplätze)
b) *mit Bahn/Bus:* Zug nach Immenstadt oder Oberstaufen, weiter mit Buslinie 39 nach Knechtenhofen und zur Hündlebahn

GEHZEITEN
Von der Talstation über den Naturlehrpfad zur Schwand- und Hochsiedelalpe 1.30 Std., weiter auf den Hündlekopf und zur Hündle-Sennalpe 0.45 Std., Abstieg zur Talstation 0.45 Std. oder vom Hündlekopf zu den Buchenegger Wasserfällen und über Buchenegg zurück zur Talstation 2 bis 3 Std.

SCHWIERIGKEIT
Leichte und breite Natur- und Asphaltwege, über den Hündlekopf, den man auch auslassen kann, ein einfacher kurzer Steig im Wiesengelände. Zu Beginn bis zum Abzweig auf den Naturerlebnispfad etwas steil, ebenso vom Abzweig vor der Schwandalpe zur Hochsiedelalpe

HÜTTEN/EINKEHR
Berghütte Schwändle (926 m), 10.30 bis 17 Uhr; Hündle-Sennalpe (1100 m), Ende Mai bis Mitte September täglich. Hündle-Berggaststätte (1050 m) täglich 9.30 bis 16.30 Uhr.

KARTE
Topographische Karte 1:50 000 »Allgäuer Alpen« (LDBV)

Ein einfaches Gipfelchen und fahrwegbreite Wanderwege in einem aufgerüsteten Skigebiet sind vielleicht nicht gerade das, wovon ein Bergwanderer träumt, doch für Familien mit Kindern versprechen die Attraktionen am und um den Berg einen gelungenen Tag.

An der Talstation bildet der Spielplatz mit Streichelzoo den Auftakt für die Kleinen. Den Wanderkindern wird es auf dem Naturerlebnispfad mit vielen Stationen nicht langweilig werden, und das Highlight ist die Sommerrodelbahn, auf der man schwungvoll zu Tal sausen kann. An Regentagen bietet sich im nahen Knechtenhofen das Haus Nr. 7, »s'Huimatle«, zur Besichtigung an. In dem über 300 Jahre alten Holzhaus gegenüber der Kirche ist ein Bauernhausmuseum entstanden, dessen Inneres weitgehend original belassen wurde und in dem es viel zu entdecken gibt (Mittwoch 14–16 Uhr und Sonntag 10–12 Uhr).
Den Naturliebhaber erwartet auf dem Weg über die Hochsiedelalpe ein schöner Blick über den Großen Alpsee bis zum Grünten, vom Gipfel ein ebensolcher Weitblick zur Nagelfluhkette und in den Bregenzerwald. Bei der Kürze der Wanderzeit bietet es sich an, noch einen Abstecher zu den

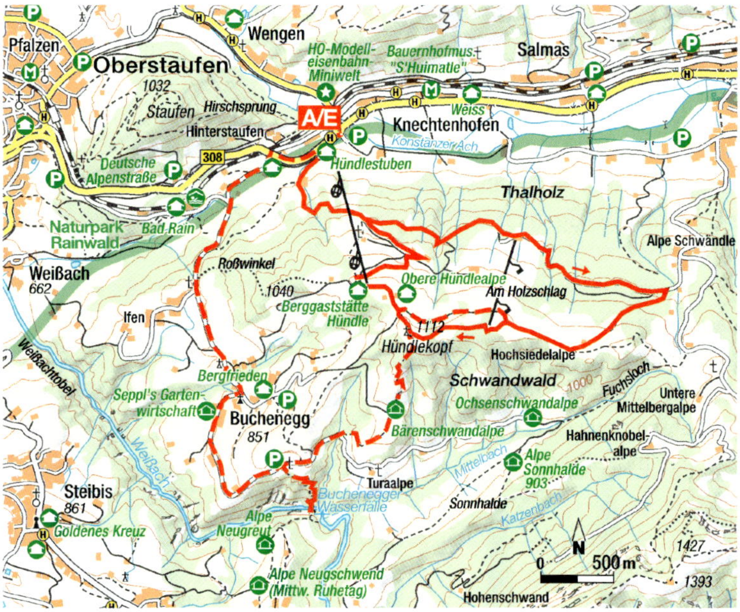

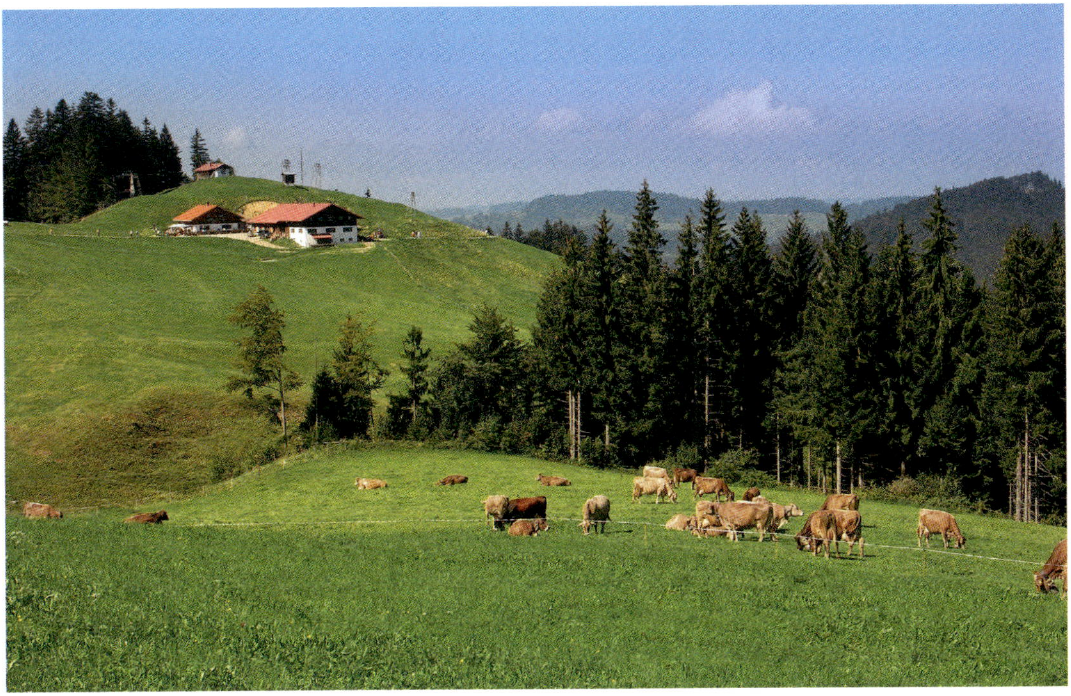

wildromantischen Buchenegger Wasserfällen zu machen. Dazu verlässt man den Hündlegipfel in südlicher Richtung und folgt den Wegweisern über die gastliche Bärenschwandalpe 340 Höhenmeter abwärts in den Grund der Weißachschlucht. Zurück kann man dann direkt über Buchenegg zur Talstation gehen.

Die Hündle-Sennalpe knapp unterhalb des höchsten Punktes; mit seinen sanften Hügeln, leichten Wegen und zahlreichem Alpvieh gerade das Richtige für einen Familienausflug.

Von der Talstation zur Hochsiedelalpe Wir gehen an der Talstation vorbei, anschließend wählen wir den linken Weg Richtung Hündle und Hündlealpe. Kräftig steigend kurvt der Teerweg zunächst den Hang hinauf. Dann nehmen wir den Abzweig Richtung Schwandalpe und folgen dem Naturlehrpfad. Es geht mit geringen Höhenunterschieden lange durch Wald, unterbrochen von Wiesen und Skiliftstationen. Kurz bevor wir ins Freie und zur Schwandalpe mit der Berghütte Schwändle kommen, biegen wir rechts ab und folgen dem breiten Wanderweg etwas steiler bergauf zur Hochsiedelalpe.

Über den Hündlekopf zur Hündle-Sennalpe Oberhalb der Alphütte gerade vorbei, halten wir uns rechts an den breiten Weg bis zu einem Linksabzweig. Kurzzeitig bergan (oder geradeaus um die Kuppe herum direkt zur Hündle-Sennalpe) passieren wir die Bergstation des Hochsiedellifts und erreichen durch eine kleine Senke das Gipfelkreuz des Hündlekopfs. Auf der anderen Seite gehen wir hinab zur sichtbaren Hündle-Sennalpe.

Zurück zur Talstation Von der Sennalpe sind es nur wenige Minuten zur Bergstation der Hündlebahn mit der Berggaststätte oder zur Sommerrodelbahn. Fußgänger halten sich rechts und spazieren den Teerweg hinunter zur Talstation.

70

Pfänder (1064 m)

Bodensee- und Rheintalblicke par excellence

leicht | 637 Hm | 5.00 Std.

TALORT
Bregenz (427 m)

AUSGANGSPUNKT
Talstation Pfänderbahn für Seilbahnnutzer, sonst breiter Bahnübergang am Hafen

ANFAHRT
a) *mit dem Auto:* über die A 96 Ausfahrt 2 Lindau, weiter nach Bregenz zum ersten Kreisverkehr, dort 3. Ausfahrt und links zum Parkplatz/-haus Pfänderbahn
b) *mit Bahn/Bus:* Zug über Lindau nach Bregenz, zu Fuß zurück zum breiten Bahnübergang am Hafen oder mit Stadtbuslinie 1 zur Talstation der Pfänderbahn
c) *mit Schiff:* von Lindau mit dem Linienschiff nach Bregenz und zum breiten Bahnübergang

GEHZEITEN
Vom Hafen zum Gebhardsberg 1 Std., über Fluh zur Bergstation und zum Pfändergipfel 2 Std., Abstieg über Hintermoos und Haggen zur Talstation 1.45 Std., bis zum Hafen 2 Std.

SCHWIERIGKEIT
Überwiegend Wander- und Forstwege und Sträßchen, kurzzeitig Steige. Der Weg übers Känzele (730 m) ist an der Abbruchkante sehr gut gesichert, somit ebenfalls problemlos. Eine Strecke per Seilbahn verkürzt die Tour entsprechend und ist Familien mit Kindern zu empfehlen.

HÜTTEN/EINKEHR
Burgrestaurant Gebhardsberg (598 m) Juli und August täglich ab 11 Uhr, sonst Montag Ruhetag. Gasthaus Adler in Fluh ab 11 Uhr, Montag plus Dienstag bis 17 Uhr Ruhetag.
Gastronomie an der Bergstation und am Gipfel, kurz unterhalb Alpengasthof Schwedenschanze, Montag Ruhetag

KARTE
Topographische Karte 1:50 000 »Allgäuer Alpen« (LDBV)

Nicht umsonst hat man auf die Erhebung oberhalb von Bregenz eine Seilbahn gebaut, bietet sie doch unvergleichliche Ausblicke über den Bodensee, ins Rheintal und bis in die Schweizer Berge, die im Südwesten der 2502 Meter hohe Säntis dominiert. Nahe der Bergstation ist der Alpenwildpark eine Attraktion, ebenso die vielen Spielmöglichkeiten für Kinder.

Zu sehen gibt es bereits in Bregenz genug: nahe der Parkplätze die Seebühne mit dem jeweils aktuellen Bühnenbild, die gepflegte Seepromenade, die Schiffe im Hafen, in dem oft das Eventschiff »Sonnenkönigin« ankert, sowie diverse Museen und das hochrangig bestückte Kunsthaus. Auf dem Weg durch die Oberstadt treffen wir neben schönen Fachwerk- und Bürgerhäusern stimmungsvolle Plätze und den Martinsturm an, das erste barocke Bauwerk am Bodensee (1599–1602), dessen Holzschindelkuppe die größte in Europa sein soll. Beim Gebhardsberg lohnt es, am Parkplatz rechts hinaufzugehen zur Aussichtsplattform, zur Besichtigung der Burgruine Hohenbregenz und der Wallfahrtskapelle.

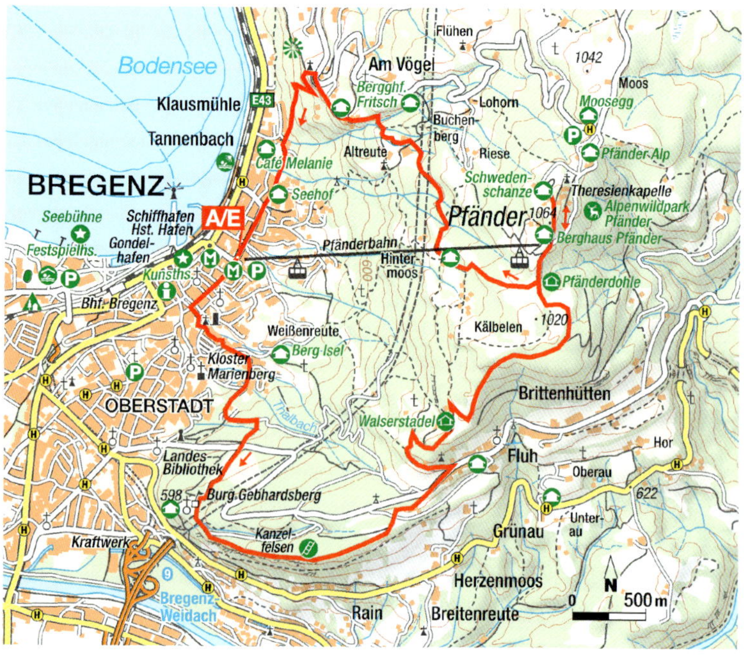

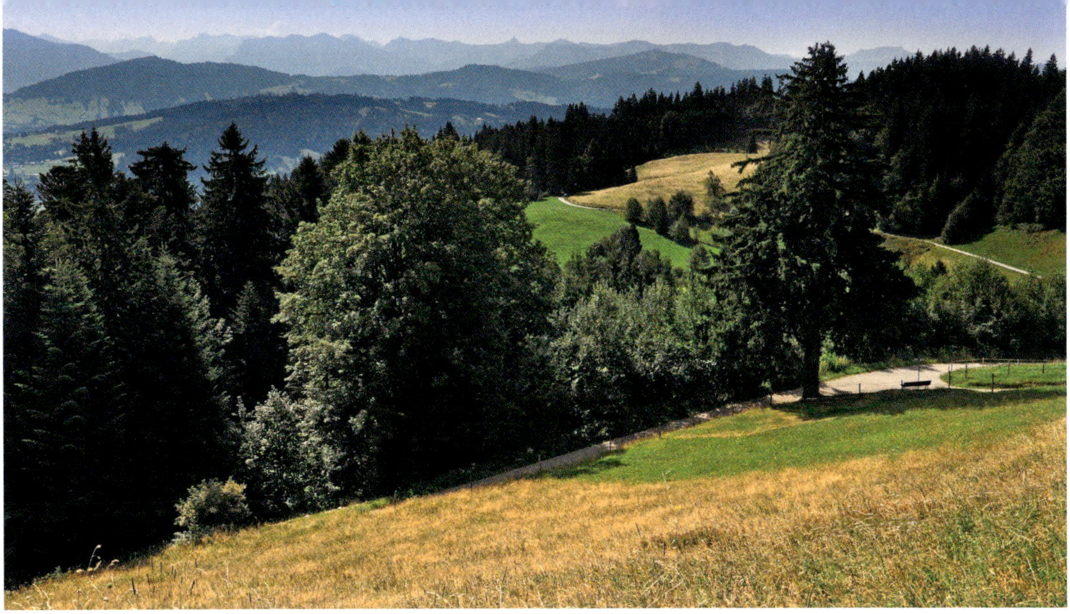

Ausblick vom Pfänder nach Südwesten bis hinein in die Schweizer Bergwelt.

Vom Hafen zum Gebhardsberg Wer bei der Talstation der Pfänderbahn parkt, geht durch die Ebnergasse und rechts haltend zur Kreuzung mit der Belruptstraße, diese links und stets geradeaus, bis links die Deuringstraße abzweigt zur Oberstadt. Vom Hafen aus queren wir den breiten Bahnübergang und die Straße und nehmen geradeaus, am besten gleich linksseitig, die Rathausstraße, dann die Deuringstraße und Stadtsteig hinauf in die Oberstadt. An deren oberen Ende links verlassen wir durch die Mildenbergstraße die Altstadt und folgen der Beschilderung, teils durchs Erholungsgelände, dann die Fluher Straße querend, zum Gebhardsberg, zum ersten Prachtblick ins Rheintal sowie auf Bregenz und den Bodensee.

Übers Känzele auf den Pfänder Zurück zum Parkplatz schlagen wir jetzt den Weg zum Känzele ein und laufen durch den Buchenwald hinauf zum Abbruch des Kanzelfelsens und am Rand entlang zur Aussichtskanzel. Weiter geht es Richtung Fluh. Vor dem Ort folgen wir wenige Meter dem Sträßchen, dann schickt uns der Wegweiser »Pfänder« nach links, und nicht allzu steil, aber stetig steigend kommen wir hinauf zur Bergstation. Dort halten wir uns an den Gipfelweg und erreichen den höchsten Punkt beim imposanten Sendemast.

Rückweg nach Bregenz Wieder hinab zur Bergstation und gerade in die Senke können wir nahe dem Gasthaus Pfänderdohle (im Sommer geschlossen) nach rechts den Weg über die Skipiste nehmen oder wenig später rechts abzweigend auch um den Lifthügel herumgehen nach Hintermoos. Dort beginnt ein ruhiges Sträßchen, das Richtung Haggen, Lochau, Bregenz überwiegend abfallend am Hang dahinläuft. Der Gasthof Seibl bietet einen schönen Gastgarten und Seeblick, dann kommen wir beim einstigen Landgasthof Haggen zum Wendepunkt mit prachtvoller Aussicht auf den Bodensee und die Lindauer Bucht. Hinter dem Haus links Richtung Lochau, Bregenz und hinter der Kapelle erneut links, geht es steiler den Hang hinunter zum Ortsteil Klausmühle. Nun folgen wir der Beschilderung »Pfänderbahn« zur Talstation oder spazieren weiter zum Hafen.

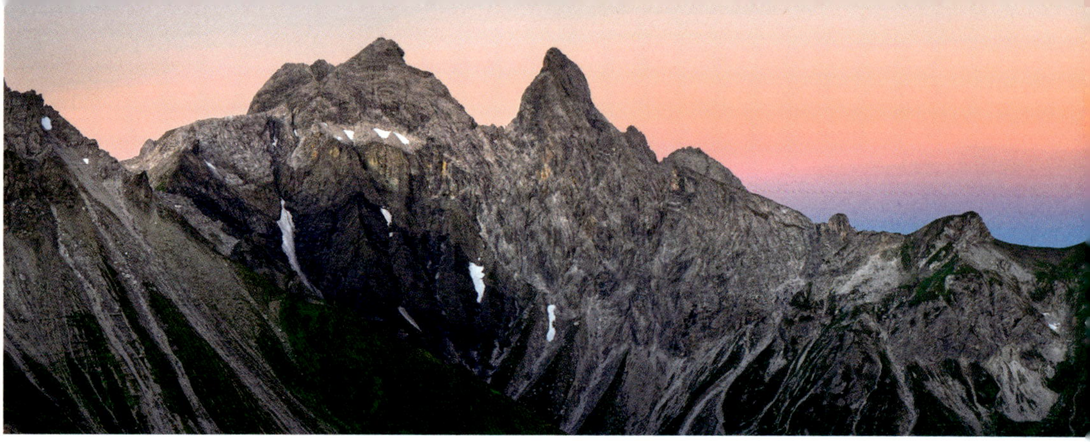

Alle Gipfel auf einen Blick

Tannheimer Berge						
1 ●● Aggenstein (1985 m)	5.00 Std.	400/1050 m	•	•	•	
2 ● Breitenberg (1838 m)	5.00 Std.	920 m			•	
3 ● Vilser Kegel (1831 m)	5.45 Std.	905 m		•		
4 ● Läuferspitze (1956 m) Schartschrofen (1968 m)	3.30 Std.	260/865 m	•	•		
5 ● Rote Flüh (2108 m)	8.45 Std.	1500 m	•	•		•
6 ● Gimpel (2173 m)	5.15 Std.	1040 m		•		•
7 ●● Hahnenkamm (1938 m)	2.30 Std.	210 m	•	•	•	
8 ● Gaichtspitze (1986 m)	5.00 Std.	890 m		•		
9 ● Große Schlicke (2059 m)	4.45 Std.	980 m	•	•		
10 ● Köllenspitze (2238 m)	6.45 Std.	1115 m		•		
11 ● Gehrenspitze (2163 m)	8.45 Std.	1335 m		•		
12 ● Einstein (1866 m)	4.30 Std.	769 m		•		

Vilsalpseeberge						
13 ● Ponten (2045 m) Bschießer (1998 m)	6.15 Std.	1179 m		•		
14 ● Geishorn (2247 m)	6.00 Std.	1190 m		•		
15 ● Rauhhorn (2240 m)	8.00 Std.	1375 m		•		

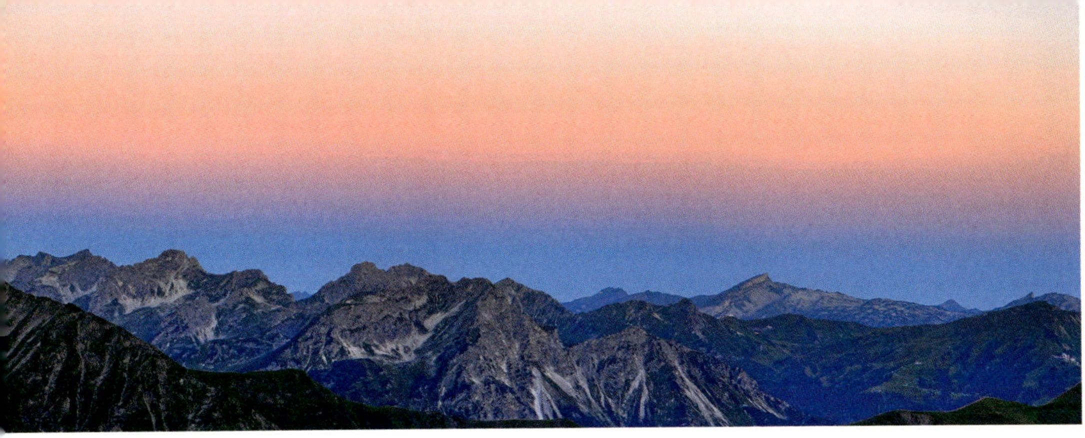

Panoramablick auf das Allgäuer Dreigestirn – Trettachspitze, Mädelegabel und Hochfrottspitze – nach Nordwesten zu den Walsertaler Bergen; rechts im Hintergrund der Hohe Ifen

		Hm				
16 ● Lachenspitze (2126 m)	7–8.15 Std.	600/1285 m	●	●		
17 ● Leilachspitze (2274 m)	8.00 Std.	1170 m		●		
18 ● Schochenspitze (2089 m) Sulzspitze (2069 m)	6.00 Std.	1190 m		●		
19 ● Steinkarspitze (2067 m) Rote Spitze (2130 m)	10.00 Std.	1400 m		●		
20 ● Litnisschrofen (2068 m)	5.45 Std.	980 m		●		
21 ● Krinnenspitze (2000 m)	4.30 Std.	871 m	●	●		
Allgäuer Hauptkamm mit Nebenkämmen						
22 ● Imberger Horn (1655 m)	4.30 Std.	340/840 m	●	●	●	
23 ●● Rotspitze (2034 m) Breitenberg (1893 m)	6.00/8.15 Std.	1100/1510 m		●		●
24 ● Rubihorn (1952 m)	6.00 Std.	1065 m		●		
25 ● Großer Daumen (2280 m)	7.00 Std.	520/355 m	●	●		●
26 ● Nebelhorn (2224 m)	5.30 Std.	300/1310 m	●	●		
27 ● Laufbachereck (2178 m)	6.30 Std.	500/1600 m	●	●		
28 ● Hochvogel (2593 m)	13.30 Std.	1712 m		●		
29 ● Höfats (2259 m)	9.30 Std.	1570 m		●		
30 ● Rauheck (2384 m) Kreuzeck (2367 m)	9.30 Std.	1570 m		●		

31 ● Muttlerkopf (2368 m)	7.30 Std.	1360 m		•		
32 ● Großer Krottenkopf (2656 m)	13.00 Std.	1980 m		•		
33 ● Plattenspitze (2489 m)	8.30 Std.	1460 m		•		•
34 ● Jöchlspitze (2226 m) Rothornspitze (2393 m)	6.15 Std.	670/1260 m	•	•		
35 ● Urbeleskarspitze (2632 m) Bretterspitze (2608 m)	8.15 Std.	1530 m				
36 ● Klimmspitze (2664 m)	7.00 Std.	1465 m				
37 ● Mädelegabel (2644 m)	11.00 Std.	1179 m		•		
38 ● Hohes Licht (2651 m)	11.00 Std.	1700 m		•		
39 ● Biberkopf (2599 m)	5.30 Std.	1060 m		•		

Walsertaler Berge

40 ● Besler (1679 m)	4.00 Std.	580 m				
41 ● Hoher Ifen (2230 m)	6.15 Std.	960 m	•	•		
42 ● Walmendinger Horn (1990 m)	3.15 Std.	150/890 m	•	•	•	
43 ● Großer Widderstein (2533 m)	8.30 Std.	1313 m		•		
44 ● Walser Geißhorn (2366 m)	7.30 Std.	1216 m		•		
45 ● Fellhorn (2038 m)	2.30 Std.	590 m	•	•	•	
46 ● Kanzelwand (2058 m)	2.45 Std.	100/800 m	•	•		•
47 ● Schafalpenköpfe (2302 m)	12.00 Std.	930 m		•		•
48 ● Kemptner Kopf (2191 m)	7.00 Std.	1010 m		•		

Nagelfluhkette

49 ● Immenstädter Horn (1489 m)	3.30 Std.	761 m		•	•	
50 ● Mittagberg (1451 m) Steineberg (1660 m)	6.00 Std.	1140 m	•	•		•
51 ●● Stuiben (1749 m)	7.00 Std.	1025 m		•		•
52 ● Rindalphorn (1821 m)	4.15 Std.	770 m		•		

53 ● Hochgrat (1834 m)	2.30 Std.	1100 m	•	•		
54 ●● Falken (1561 m) Hochhädrich (1566 m)	4.30 Std.	450 m	•	•		
55 ● Siplinger Kopf (1746 m)	4.30 Std.	725 m		•	•	
56 ● Höllritzereck (1669 m) Bleicherhorn (1669 m)	5.00 Std.	739 m		•	•	
57 ● Riedberger Horn (1787 m) Großer Ochsenkopf (1662 m)	4.30 Std.	550 m		•	•	
58 ● Über die Hörner (1665 m)	3.30 Std.	830 m	•	•	•	
Allgäuer Voralpen						
59 ● Edelsberg (1630 m) Alpspitze (1575 m)	4.00 Std.	860 m	•	•	•	
60 ● Sorgschrofen (1636 m) Zinken (1613 m)	5.00 Std.	660 m				•
61 ● Schönkahler (1688 m)	4.15 Std.	690 m		•	•	
62 ● Falkenstein (1268 m) Zirmgrat (1293 m)	5.45 Std.	400 m		•	•	
63 ● Reuter Wanne (1542 m)	3.30 Std.	650 m		•	•	
64 ● Grünten (1738 m)	5.30 Std.	790 m			•	
65 ● Kleiner Hirschberg (1500 m)	4.15 Std.	700 m		•	•	
66 ● Großer Hirschberg (1644 m)	3.30 Std.	560 m		•	•	
67 ●● Iseler (1876 m) Kühgundkopf (1907 m)	1.45/3.45 Std.	320/730 bzw. 840 m	•	•	•	
68 ● Spieser (1651 m) Wertacher Hörnle (1601 m)	4.00 Std.	601 m		•	•	
69 ● Hündlekopf (1112 m)	3.00 Std.	400 m	•	•	•	
70 ● Pfänder (1064 m)	5.00 Std.	637 m	•	•	•	

Piktogramme erleichtern den Überblick

- ● leicht
- ● mittel
- ● schwer
- Gehzeit
- Höhenunterschied
- Seilbahn
- öffentliche Verkehrsmittel
- für Kinder geeignet
- Klettersteig

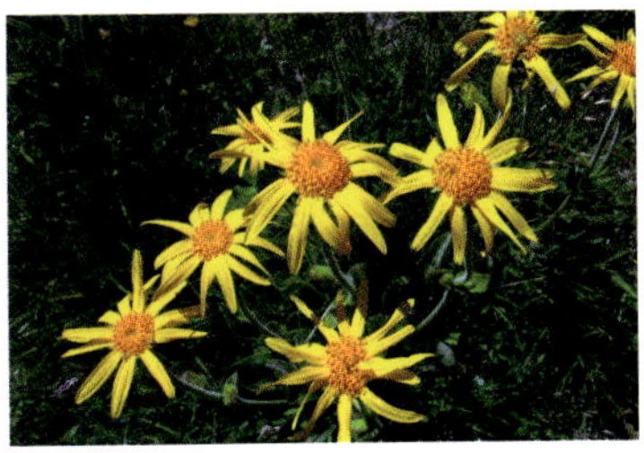

Alle Hütten auf einen Blick

Die Angabe der Bewirtschaftungszeiten der Berghütten, Alpen und Berggasthöfe erfolgt unter Vorbehalt, da sie besonders zu Beginn und Ende der Bergwandersaison stark von den Wetterverhältnissen bestimmt wird. Bei den Hütten, in denen eine Übernachtung möglich ist, wurden die Zahl der Plätze (Betten und Lager) sowie die Telefonnummer und die Homepage – soweit vorhanden – angegeben. Bei allen anderen wurde nicht weiter darauf verwiesen und teilweise auf die Angabe der Telefonnummer verzichtet (Abkürzungen: AV = Alpenverein; TVN = Touristenverein »Die Naturfreunde«).

Alpe Eschbach (950 m), Genossenschaftsalpe, einfach bewirtschaftet von Anfang Mai bis Ende Oktober, Brotzeiten und Getränke. / Tour 37 und 38

Alpe Gratvorsäß (1179 m), während der Weidezeit einfach bewirtschaftet. / Tour 53

Alpe Gund (1502 m), bewirtschaftet von ca. Mitte Mai bis Mitte/Ende Oktober, 12 Betten, Mittwoch ist Ruhetag, daher keine Übernachtungen am Dienstag und Mittwoch; Tel. 08323/4921. www.alpe-gund-huette-immenstadt-allgaeu.de / Tour 50 und 51

Alpe Gund (1252 m), oberhalb von Oberjoch, ganzjährig bewirtschaftet, Übernachtung für 12 Personen möglich; Tel. 08324/97 37 30. www.gundalpe-oberjoch.de / Tour 67

Alpe Kehr (1060 m), im Sommer bewirtschaftet. / Tour 64

Alpe Ornach (1200 m), von Mitte Juni bis Anfang Oktober bewirtschaftet. Jeden Donnerstag ab 9.30 Uhr kann man dort beim Käsen zuschauen. / Tour 58

Alpe Reuterwanne (1130 m), Anfang Mai bis Anfang Oktober täglich geöffnet. / Tour 63

Alpe Simatsgund (922 m), von Mai bis Anfang Oktober bewirtschaftet. / Tour 53

Alpengasthof Birgsau (960 m), privat, ganzjährig bewirtschaftet, Übernachtungsmöglichkeit. www.berggenussbirgsau.de / Tour 37 und 38

Alpengasthof Hörmoos (1283 m), nahezu ganzjährig bewirtschaftet, Dienstag Ruhetag, Zimmer und Ferienwohnungen; Tel.0836/8129. www.hoermoos.de / Tour 54

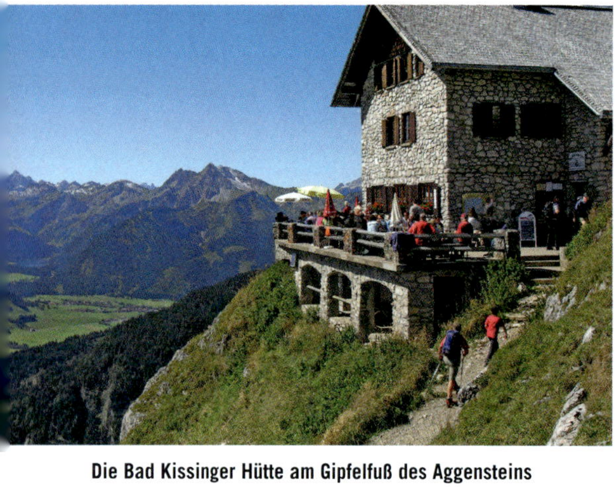

Die Bad Kissinger Hütte am Gipfelfuß des Aggensteins

Alpengasthof Schwedenschanze, ganzjährig bewirtschaftet, Montag Ruhetag. / Tour 70

Alpinlodge Auenhütte (1275 m), privat, Sommer und Winter bewirtschaftet, Übernachtung in »urigen« Zwei- bis Vierbettzimmern; Tel. 0043/544 95 55. www.auenhuette.at / Tour 41

Bad Kissinger Hütte (1788 m), AV-Hütte, Kat. I, von Anfang Mai bis Ende Oktober, bei günstigem Wetter evtl. noch im November bewirtschaftet, 34 Betten, 27 Lager, unversperrter Winterraum mit 10 Lagern; Tel. 0043/676/3731166. www.davplus.de/bad-kissinger-huette

Bergchalet Kronenhütte (1120 m), an der Mittelstation der Alpspitzbahn, ganzjährig bewirtschaftet, Montag/Dienstag Ruhetag, 17 Betten, Übernachtung nur nach Voranmeldung; Tel. 08361/3170. / Tour 59

Berggasthof Alpenblick (1060 m), ganzjährig bewirtschaftet, nahezu ganzjährig geöffnet, 8 Zimmer; Tel. 08321/3354. / Tour 64

Berggasthof Einödsbach (1114 m), privat, nahezu ganzjährig bewirtschaftet, Dienstag Ruhetag, Betten und Lager; Tel. 08322/98454. www.einoedsbach.de / Tour 37 und 38

Berggasthof Gerstruben (1157 m), ganzjährig bewirtschaftet, keine Übernachtung. / Tour 29 und 30

Berggasthof Spielmannsau (990 m), privat, von Weihnachten bis Anfang November durchgehend bewirtschaftet, Zimmer, Suiten und Apartments; Tel. 08322/3015. www.spielmannsau-berggasthof.de / Tour 30, 31 und 32

Berghaus Schwaben (1510 m), privat, ganzjährig bewirtschaftet, 27 Betten und 20 Lager, Übernachtung nur nach Voranmeldung; Tel. 08326/438. www.berghaus-schwaben.de/ Tour 57

Berghütte Schwändle (926 m), von 10.30–17 Uhr bewirtschaftet, bayerische Sommerferien täglich geöffnet, sonst wöchentlich ein Ruhetag. / Tour 69

Bergsteigerhotel »Grüner Hut« in Hinterstein (885 m), nahezu ganzjährig bewirtschaftet, Zimmer und Ferienwohnungen; Tel. 08324/ 438 98 76. www.bergsteigerhotel.de / Tour 15

Bernhardseckhütte (1812 m), Mitte Mai bis Mitte November, Montag Ruhetag außer Juli bis Anfang September, 50 Schlafplätze; Tel. 0043/676/608 97 16. www.bernhardseck.at / Tour 34

Buchelalpe (1290 m), von Anfang Mai bis Ende Oktober bewirtschaftet, Montag Ruhetag. / Tour 68
Burghotel Falkenstein (1220 m), Tel. 08363/91 45 40; Auffahrt mit Pkw möglich. / Tour 62
Burgrestaurant Falkenstein (1220 m), mit Kiosk; nahezu ganzjährig bewirtschaftet. / Tour 62
Buronhütte (1250 m), privat, normalerweise nahezu ganzjährig bewirtschaftet, Dienstag Ruhetag, derzeit nur Freitag 17 bis 21 Uhr, Samstag und Feiertage 11 bis 17 Uhr offen, 31 Betten; Tel. 08365/290. www.buronhuette.de / Tour 63
Café Polite (960 m), ganzjährig bewirtschaftet (kurzer Abstecher vom Weg durch den Hirschbachtobel). / Tour 65
Edenbachalpe (1405 m), im Sommer almtypisch bewirschaftet. / Tour 19
Edmund-Probst-Haus (1932 m), AV-Hütte, etwa vom 25. Dezember bis nach Ostern und von Ende Mai bis Ende Oktober bewirtschaftet, 32 Betten, 62 Lager; Reservierung über die homepage oder über „Hüttenholiday". www.edmund-probst-haus.de / Tour 25, 26 und 27
Enzianhütte (1804 m), privat, bewirtschaftet von Anfang Juni bis etwa Mitte Oktober, 32 Betten und 90 Lager; Tel. 0049/170/793 16 55. www.enzianhuette-oberstdorf.de /Tour 38
Enzianstüble (1120 m), an der Mittelstation der Alpspitzbahn; ganzjährig bewirtschaftet; Tel. 08361/922 990. / Tour 59
Fahnengehrenalpe (1330 m), im Sommer bewirtschaftet. / Tour 58
Falkenhütte (1420 m), privat, ganzjährig bewirtschaftet, 78 Betten; Tel. 08386/8113. www.falkenhuette.de - Die Falkenhütte kann auch per Pkw angefahren werden, dadurch verkürzt sich die Gipfelrunde erheblich. / Tour 54
Fiderepasshütte (2067 m), AV-Hütte, Kat. I, 110 Lager, von Ende Mai bis Mitte Oktober bewirtschaftet; Winterraum mit 10 Lagern, Schlüssel bei der Sektion; die Hütte ist telefonisch nicht erreichbar, Reservierungen über die Homepage bzw. über Fax 0043/5517/3157. www.fiderepasshuette.de / Tour 47
Fluchtalpe (1390 m), von Mitte Mai bis Ende Oktober bewirtschaftet. / Tour 48
Füssener Hütte (1550 m), privat, 50 Betten und Lager, bewirtschaftet von Anfang Mai bis Mitte Oktober; Tel. 0049/8362/880 98 49 oder 0043/676/342 32 21). www.fuessener-huette.at / Tour 5 und 9
Gaisalpe (1160 m), von Anfang Mai bis Ende Oktober bewirtschaftet, im Sommer kein Ruhetag, keine Übernachtung; Tel. 08326/7917. www.gasthof-gaisalpe.de /Tour 24
Gasthof Fallmühle (950 m), nahezu ganzjährig bewirtschaftet, Mittwoch und Donnerstag ist Ruhetag, Übernachtungsmöglichkeit für 30 Personen in Doppel- und Mehrbettzimmern; Tel. 08363/481. www.fallmuehle.de / Tour 2 und 61
Gasthof Holzgauer Haus (1512 m), bei Lechleiten, privat, ganzjährig bewirtschaftet, 20 Betten, 10 Lager; Tel. 0043/5583/3513. www.holzgauerhaus.at / Tour 39

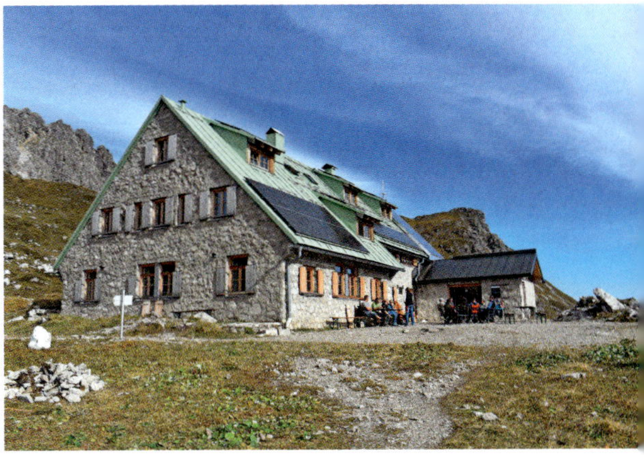

Die Mindelheimer Hütte am Endpunkt des Mindelheimer Klettersteigs

Gasthof Starzelhaus (860 m), ganzjährig bewirtschaftet (mit Übernachtungsmöglichkeit); Tel. 0043/664/215 34 92. / Tour 42
Gibleralm (1209 m), private Jausenstation mit schöner **Terrasse**, nahezu ganzjährig bewirtschaftet, im Winter Rodelbetrieb, Montag Ruhetag. / Tour 34
Giebelhaus (1068 m), privat, ganzjährig bewirtschaftet, keine Übernachtung. www.giebelhaus.de / Tour 28
Gimpelhaus (1659 m), privat, 50 Betten, 110 Lager, vom 1. Mai bis zum 3. Sonntag im Oktober bewirtschaftet; Tel. 0043/5675/8251. www.gimpelhaus.at / Tour 6 und 10
Grasgehrenhütte (1447 m), privat, ganzjährig bewirtschaftet, 53 Plätze in Zimmern und Lager; Tel. 08326/7773. www.berghuette-grasgehren.de / Tour 40 und 57
Grüntenhaus (1585 m), privat, bewirtschaftet von Mai bis Mitte November, im Winter bei gutem Wetter an Wochenenden, 44 Betten, Übernachtung für Gruppen nach Voranmeldung; Tel. 08321/3372. www.gruentenhaus.de / Tour 64
Gundhütte (1810 m), privat, von Ende Mai bis Mitte Oktober bewirtschaftet. An der Bergstation der Vogelhornbahn. / Tour 16
Hermann-von-Barth-Hütte (2129 m), AV-Hütte der Kat. I, bewirtschaftet von Mitte Juni bis Ende September, Montag Ruhetag, außer Juli bis Anfang September, 4 Betten, 65 Lager, offener Winterraum mit 10 Lagern; Tel./Fax 0043/5634/6671. www.hermann-von-barth.at / Tour 33
Hintere Seealpe (1764 m), im Sommer bewirtschaftet. / Tour 26
Hintere Sorgalpe (Sorg 2, 1014 m), bewirtschaftet von Mitte Mai bis Anfang Oktober; Tel. 08324/7647. / Tour 60
Hintere Traufbergalpe (1217 m), von Ende Mai bis Ende September bewirtschaftet. / Tour 30
Hirschalpe (1495 m), von Mitte Mai bis Anfang November täglich von 11 bis 17 Uhr bewirtschaftet. www.hirschalpe.de / Tour 66 und 68

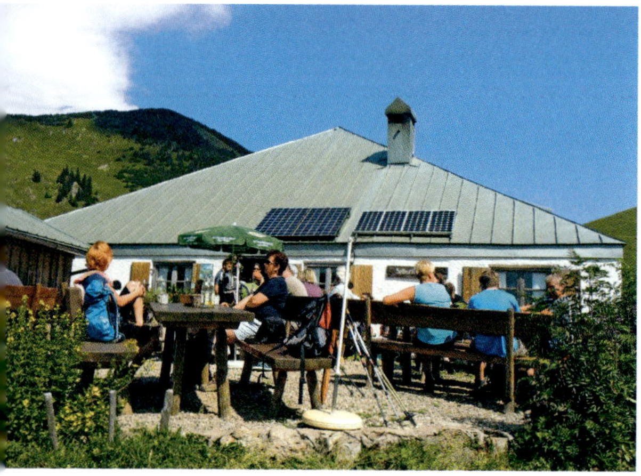

Die denkmalgeschützte Zipfelsalpe an unserer Route über den Ponten und den Bschießer

Hörnerhaus (1400 m), privat, ganzjährig bewirtschaftet, kein Ruhetag, 130 Betten in Mehrbettzimmern und 4 Lager mit bis zu 21 Plätzen; Tel. 08326/639. www.hoernerhaus.de / Tour 58

Hündle-Berggaststätte (1050 m), täglich von 9.30–16.30 Uhr bewirtschaftet. / Tour 69

Hündle-Sennalpe (1100 m), von Ende Mai bis Mitte September täglich bewirtschaftet. / Tour 69

Ifenhütte (1586 m), privat, nahezu ganzjährig bewirtschaftet, November bis kurz vor Weihnachten Betriebsruhe, große Terrasse, keine Übernachtung; Tel. 0043/5517/52 74 59 23. www.ifenhuette.at / Tour 41

Ifersguntenalpe (1750 m), im Sommer einfach bewirtschaftet. / Tour 41

Imberghaus (1225 m), privat, ganzjährig bewirtschaftet, 2 Ferienwohnungen; Tel. 08386/8106. www.imberghaus.de / Tour 54

Iseler-Platz-Hütte (1523 m), nur an den Wochenenden bewirtschaftet; Tel. 08324/97 36 98. Fünf Minuten von der Bergstation der Iselerbahn. / Tour 67

Jausenstation »Schäferhütte« im Weiler Berg (1095 m), Montag/Dienstag Ruhetag; ansonsten täglich bewirtschaftet von 11 – 20 Uhr. / Tour 12

Käseralpe (1406 m), etwa von Juni bis Mitte September/Anfang Oktober. / Tour 27

Kappeler Alp (1350 m), privat, ganzjährig bewirtschaftet, Dienstag/Mittwoch Ruhetag, 18 Lager; Tel. 08361/3253 oder 0170/289 56 26. www.kappeleralp-edelsberg.de / Tour 59

Kasermandl (1410 m), privat, von Anfang Mai bis Ende Oktober sowie im Winter bewirtschaftet, Dienstag Ruhetag (mit Ausnahme von Feiertagen und in den Schulferien), Übernachtungsmöglichkeiten in Ferienwohnungen und einem Zimmer mit Stockbetten; Tel. 0043/5634/200 57. www.kasermandl.tirol / Tour 33

Kaufbeurer Haus (2005 m), AV-Hütte, Kat. I, Selbstversorgerhütte der AV-Sektion Allgäu-Immenstadt, betreut von der Ortsgruppe Bad Wörishofen, von Pfingsten bis Anfang Oktober bewartet, 14 Lager; Winterraum mit 14 Lagern, Schlüssel über die Sektion; Lagerreservierung durch den Hüttenwart: Tel. 0049/8269/91996. / Tour 35

Kemptener Naturfreundehaus (1442 m), TVN-Haus, ganzjährig bewirtschaftet, Montag Ruhetag, 54 Betten, 65 Lager, Übernachtung mit Halbpension; Tel. 08323/2123. www.kemptener-naturfreundehaus.de / Tour 49

Kemptner Hütte (1846 m), AV-Hütte, 103 Betten, 186 Lager, 10 Notlager, von Mitte Juni bis Mitte Oktober bewirtschaftet; Winterraum mit 24 Lagern offen; Wege-Hotline 08322/700152. Die Hütte ist telefonisch nicht erreichbar; Reservierungen über »Huetten-Holiday« bzw. über die Homepage. www.kemptner-huette.de / Tour 31 und 32

Konstanzer Jägerhaus (940 m), privat, ganzjährig bewirtschaftet. / Tour 28

Landsberger Hütte (1810 m), AV-Hütte, Kat. I, 30 Betten, 90 Lager, bewirtschaftet von Ende Mai bis Mitte Oktober, offener Winterraum mit 16 Lagern; Tel. 0043/5675/6282. www.servus@landsbergerhuette.at /Tour 16, 18 und 19

Lechaschauer Alm (1660 m), bewirtschaftet von Mitte Mai bis Ende Oktober, 30 Lager; Tel. 0043/676/424 79 53. www.lechaschauer-alm.com / Tour 7

Lechtaler Hexenkessel (1200 m) an der Talstation, Anfang/Mitte Mai bis Mitte Oktober, Mittwoch Ruhetag, außer August. / Tour 34

Mahdtalhaus (1100 m), AV-Haus, Kat. II, Selbstversorgerhütte, von ca. 20. Dezember bis Ende Oktober bewartet, nach Ostern vier Wochen Betriebsruhe, 16 Betten, 18 Lager; Tel. 0043/5517/6423. Kioskbetrieb (Montag geschlossen). www.dav-mahdtalhaus.at / Tour 41

Melköde (1346 m), privat, Jausenstation und 400 Jahre alte Sennalpe, Herstellung des bekannten Melköder Bergkäses, bewirtschaftet von Mitte Mai bis Ende Oktober. www.alpe-melkoede.at / Tour 41

Mindelheimer Hütte (2013 m), AV-Hütte, Kat. I, von Ende Mai bis Mitte Oktober bewirtschaftet, 120 Lager, Winterraum in der kleinen Hütte nebenan mit 12 Lagern; die Hütte ist telefonisch nicht erreichbar, Reservierungen über die Homepage sowie über »Huetten-Holiday«. www.mindelheimer-huette.de / Tour 47 und 48

Mittelbergalpe (1369 m), bewirtschaftet von Anfang Juni bis Mitte Oktober (im Winter ist an den Wochenenden geöffnet, Donnerstag Ruhetag, Übernachtungen sind nach Voranmeldung möglich; Tel. 08323/4920. www.alpe-mittelberg.de / Tour 51

Mountain-Hostel Spielmannsau (1071 m), Jugendherberge für Gruppen, aber auch Einzelwanderer; Tel. 08322/987 05 80. www.mountain-hostel.de / Tour 31 und 32

Musauer Alm (1290 m), privat, bewirtschaftet von Anfang Mai bis Mitte Oktober, im Winter an den Wochenenden, Montag Ruhetag, 15 Betten, 25 Lager; Tel. 0043/720/510336 oder Tel. Tal 0043/650/210 02 26. www.musaueralm.at / Tour 11

Obere Gemstelalpe (1694 m), bewirtschaftet von Ende Mai bis Oktober. / Tour 43 und 44

Obere Strindenalpe (1660 m), zur Weideeit bewirtschaftet. / Tour 16 und 19

Obere Wiesalpe (1298 m), von fingsten bis Anfang Oktober bewirtschaftet. / Tour 48
Ostlerhütte (1838 m, privat, nahezu ganzjährig bewirtschaftet, von Anfang November bis Weihnachten und eine Woche nach Ostern bis Christi Himmelfahrt geschlossen, Montag Ruhetag, außer zu den bayerischen Ferienzeiten sowie an Feiertagen, 42 Betten und Lager; Tel. 08363/424 oder 6615). www.huette-mit-herz.de / Tour 2
Otto-Mayr-Hütte (1528 m), AV-Hütte, Kat. I, 47 Betten, 37 Lager, von etwa Mitte Mai bis Mitte Oktober bewirtschaftet; zur Zeit steht kein Winterraum zur Verfügung; Tel. 0043/5677/8457. www.ottomayrhuette.de / Tour 5 und 9
Oytalhaus (1010 m), privat, nahezu ganzjährig bewirtschaftet, im Winter Montag Ruhetag, keine Übernachtung; Tel. 08322/80381. www.berggasthof-oberstdorf.de / Tour 26 und 27
Petersalpe (1296 m), privat, während der Weidezeit bewirtschaftet. / Tour 38
Prinz-Luitpold-Haus (1846 m), AV-Haus, Kat. I, 48 Betten, 268 Lager, von Anfang Juni bis Anfang Oktober bewirtschaftet; die Hütte ist telefonisch nicht erreichbar; Reservierungen über die Homepage bzw. über »Hütten-Holiday«; hinter dem Haus befindet sich die immer zugängliche Winterhütte mit 16 Lagern. www.prinz-luitpoldhaus.de / Tour 28
Rappenseehütte (2091 m), AV-Hütte, Kat. I, 115 Betten, 189 Lager, von Mitte Juni bis Mitte Oktober bewirtschaftet; Winterraum offen, 24 Lager; Info-Tel. 08322/700155; Reservierung nur über »Huetten-Holiday«. www.rappenseehuette.de / Tour 38
Saloberalm (1089 m), von Anfang Mai bis Anfang November bewirtschaftet, Montag und Dienstag Ruhetag, im Sommer nur am Montag. www.saloberalm.de / Tour 62
Schlappoldalpe (1670 m), privat, größte deutsche Sennalpe, von Anfang Juni bis Anfang/Mitte September bewirtschaftet. Von der Station Schlappoldsee der Fellhornbahn 20 Min. www.alpe-schlappold.de / Tour 45
Schönbergalpe (1345 m), im Sommer bewirtschaftet. / Tour 40
Schwarzwasserhütte (1620 m), AV-Hütte der Kat. I, von Anfang Juni Mai bis Anfang/Mitte Oktober und von Weihnachten bis Ostern bewirtschaftet, 40 Betten, 30 Lager; Tel. 0043/5517/30210, nur für kurzfristige Buchungen; Reservierungen kontakt@schwarzwasserhuette.com oder »Huetten-Holiday«). Daneben gibt es eine Selbstversorgerhütte mit 12 Lagern (Winterraum; Schlüssel über Hüttenwirt). www.schwarzwasserhuette.com / Tour 41
Sonnalm (1800 m), an der Bergstation der Jöchelspitzbahn, bewirtschaftet von Ende Mai bis Ende Oktober, Montag Ruhetag, 50 Schlafplätze; Tel 0043/5634/6834. / Tour 34
Sportheim Böck MountainLodge (1461 m), privat, ganzjährig bewirtschaftet, exklusive Lodges, Übernachtung nur nach Voranmeldung; Tel. 08361/3366. www.sportheim-boeck.de / Tour 59
Staufner Haus (1614 m), AV-Haus, Kat. II, 17 Betten, 61 Lager, von Anfang Mai bis Allerheiligen täglich und vom 26. Dezember bis Ende März, Termine im Winter auf Anfrage; Tel. 08386/8255; Reservierung online über die Homepage oder Telefon. www.staufner-haus.de / Tour 53
Tannheimer Hütte (1713 m), AV-Hütte der Kat. I, 22 Lager; zur Zeit geschlossen. Neubau ab 2022. www.davplus.de/tannheimer-huette / Tour 6 und 10
Tiroler Stadl (1285), privat, Mittwoch und Donnerstag Ruhetag, außer an Feiertagen, geöffnet ab 17 Uhr. www.tirolerstadl.de / Tour 2
Untere Älpenalpe (1313 m), evtl. im Sommer einfach bewirtschaftet. / Tour 23
Untere Lauchalpe (1020 m), etwas oberhalb des Abstiegsweges; von Mitte Mai bis Ende Oktober bewirtschaftet, Montag Ruhetag. / Tour 53
Vilser Alpe (1226 m), privat, ganzjährig bewirtschaftet, im April Betriebsruhe, Dienstag Ruhetag, im Winter auch am Montag, 18 Betten, 14 Lager; Tel. 0043/676/5111263. www.vilseralm.at / Tour 3
Vordere Seealpe (1267 m), an der Mittelstation der Nebelhornbahn, während der Betriebszeiten der Bergbahn bewirtschaftet. / Tour 26
Waltenbergerhaus (2084 m), AV-Haus, Kat. I, von Anfang/Mitte Juni bis Anfang Oktober bewirtschaftet, 42 Betten, 28 Lager, Winterraum mit 9 Lagern; die Hütte ist telefonisch nicht erreichbar, Reservierungen nur über »Huetten-Holiday«. www.waltenbergerhaus.de / Tour 37
Widdersteinhütte (2015 m), privat, 22 Lager, von Anfang Juni bis Mitte Oktober bewirtschaftet; Tel. 0043/664/391 25 24, Reservierung auch über die homepage. www.widderstein-huette.at / Tour 43
Willersalpe (1456 m), von etwa Ende Mai bis Ende Oktober, je nach Wetter, bewirtschaftet, 30 Lager, Tel. 0171/993 98 47 / Tour 13 und 15

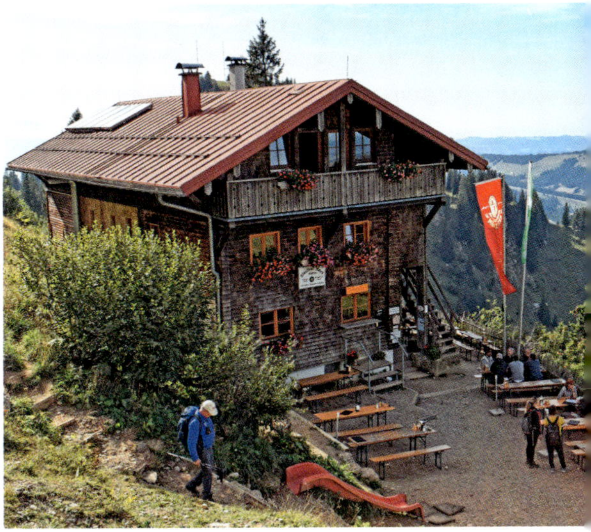

Das ganzjährig bewirtschaftete Staufner Haus unterhalb des Hochgrat-Gipfels

Register

I

J

K

L

M

N

O

Impressum

Verantwortlich: Stefanie Krüger
Redaktion, Lektorat und Satz: Andreas Kubin
Umschlaggestaltung: Rudi Stix, Mathias Frisch
Repro: LUDWIG:media
Kartografie: Bruckmann Verlag GmbH, Heidi Schmalfuß
Herstellung: Alexander Knoll
Printed in Slovenia by Florjancic

★★★★★

Sind Sie mit diesem Titel zufrieden? Dann würden wir uns über Ihre Weiterempfehlung freuen.
Erzählen Sie es im Freundeskreis, berichten Sie Ihrem Buchhändler, oder bewerten Sie bei Onlinekauf.Und wenn Sie Kritik, Korrekturen, Aktualisierungen haben, freuen wir uns über Ihre Nachricht an Bruckmann Verlag, Postfach 40 02 09, D-80702 München oder per E-Mail an lektorat@verlagshaus.de.

Unser komplettes Programm finden Sie unter www.bruckmann.de

In diesem Buch wird aus Gründen der besseren Lesbarkeit das generische Maskulinum verwendet. Weibliche und anderweitige Geschlechteridentitäten werden dabei ausdrücklich mitgemeint, soweit es für die Aussage erforderlich ist.

Empfehlung der Redaktion
Sie sind auf der Suche nach weiterführender Literatur? Dann empfehlen wir Ihnen den Titel »Bayerische Hausberge« von Heinrich Baureggger. Oder Sie werfen einen Blick in die Zeitschrift BERGSTEIGER. Hier werden Sie bestimmt fündig.

Bildnachweis: Heinrich Bauregger: S. 5 oben, 9, 17 oben und unten, 25, 26, 28, 31, 32, 39, 44, 46 unten, 47 (2), 54, 59, 61, 110 unten, 111 oben, 128, 131, 134, 139, 140, 143, 158, 161, 171, 173, 185, 187; Bad Hindelang Tourismus/Wolfgang B. Kleiner: S. 69, 169; Christel Blankenstein: S. 5 unten, 6, 10, 11, 19, 22, 40, 43, 48, 49, 52, 55, 57, 62, 65, 67 oben, 75, 79, 86, 88, 93, 99, 103, 111 unten, 113, 114, 119, 122, 123, 125, 133 oben, 149, 151, 154 unten, 155 oben und unten, 157, 165, 167, 175, 177, 183, 184, 186; Peter Fischer (Architekt): S. 104; Ernst Platz: S. 86 links; Wolfgang Rauschel: S. 16, 20 (2), 21, 30, 33, 41, 73, 76, 94, 95, 98, 101, 117, 124, 127, 129, 153, 179; Andreas Strauß: S. 2, 4, 12, 13, 14, 15, 16/17 oben, 29, 45, 46/47 oben, 51, 63, 66/67 oben, 66 unten, 77, 81, 82, 83, 85, 92, 105, 106, 107, 109, 110/111 oben, 115, 132/133 oben, 132 unten, 133 unten, 137, 147, 154/155 oben, 156, 162, 180/181; Tourismus Hörnerdörfer: S. 152; Mark Zahel: S. 7, 8, 34, 37, 53, 67 unten, 71, 89, 91, 97, 100, 116, 118, 120, 121, 145
Umschlagvorderseite: Der südlichste Alpengasthof Deutschland! Einödsbach, dahinter Trettachspitze, Mädelegabel und Hochfrottspitze (lookphotos/Strauß, Andreas)
Umschlagrückseite: Unterwegs am Laufbacher Eck, hinten die Höfats (Foto Andreas Strauß)

Die Deutsche Nationalbibliothek verzeichnet diese Publikation in der Deutschen Nationalbibliografie; detaillierte bibliografische Daten sind im Internet über http://dnb.d-nb.de abrufbar.

Infanteriestraße 11a
80797 München

ISBN: 978-3-7343-1678-4